21世纪经济管理新形态教材·金融学系列

保险学

U0368089

张月飞 张晓奇 ◎ 编 著

清华大学出版社

北京

内 容 简 介

本书主要介绍风险与风险管理的基本知识,包括保险发展的基础理论、保险合同的内容、保险的基本原则、财产保险、人身保险、责任保险、信用保证保险、保险公司业务经营与管理、保险市场与组织、保险公司监管及保险并购监管等。本书融合了最近几年来保险理论界与实务界的研究成果,体现了我国保险行业的最新发展趋势。书中引入了最新的保险业界新闻热点,同时加入了相关案例分析,既体现了保险理论与时代的同步发展,又充分体现了基础理论与实践的结合。

图书在版编目(CIP)数据

保险学 / 张月飞,张晓奇编著. —北京:清华大学出版社,2020.11

21世纪经济管理新形态教材. 金融学系列

ISBN 978-7-302-56554-3

Ⅰ. ①保… Ⅱ. ①张… ②张… Ⅲ. ①保险学—高等学校—教材 Ⅳ. ①F840

中国版本图书馆 CIP 数据核字(2020)第 187351 号

责任编辑:梁云慈
封面设计:汉风唐韵
责任校对:王荣静
责任印制:宋 林

出版发行:清华大学出版社

  网 址:http://www.tup.com.cn,http://www.wqbook.com

  地 址:北京清华大学学研大厦 A 座   邮 编:100084

  社 总 机:010-62770175   邮 购:010-62786544

  投稿与读者服务:010-62776969,c-service@tup.tsinghua.edu.cn

  质量反馈:010-62772015,zhiliang@tup.tsinghua.edu.cn

印 装 者:北京国马印刷厂

经 销:全国新华书店

开 本:185mm×260mm 印 张:18 字 数:389 千字

版 次:2020 年 11 月第 1 版   印 次:2020 年 11 月第 1 次印刷

定 价:49.00 元

产品编号:081262-01

前言

改革开放 40 年来,在党中央的坚强领导下,中国保险业高举改革开放伟大旗帜,锐意深化改革,行业面貌发生了巨大变化,取得了举世瞩目的成绩。我国保险市场由改革开放之初中国人民保险公司独家经营,全部保费收入只有 4.6 亿元,到 2017 年年底,全国保险机构达到 218 家,总资产 16.7 万亿元,实现保费收入 3.7 万亿元,市场规模增长 7 900 多倍,世界排名跃升至第 2 位,承担保险责任金额 4 154 万亿元,是同期 GDP 的 50 倍,保险赔付也达到了 1.1 万亿元,成为名副其实的保险大国。更可贵的是,行业在发展定位、体制机制、行业功能、人民的获得感等方面实现了根本性的转变。2014 年,国务院再次颁布《关于加快发展现代保险服务业的若干意见》,开篇即重申"保险是现代经济的重要产业和风险管理的基本手段,是社会文明水平、经济发达程度、社会治理能力的重要标志",并明确提出"立足于服务国家治理体系和治理能力现代化,把发展现代保险业放在经济社会工作整体布局中统筹考虑"。

与此同时,由大数据时代带来的区块链、产业链、物联网、车联网等科技支撑下的保险新业态也在快速崛起,互联网保险、机动车保险改革尤为突出,因此,我国保险教育也进入了一个崭新的发展阶段,一个"学保险、懂保险、用保险、普及保险知识、提高全民风险和保险意识"的新时代已悄然来临。

为了适应国内外保险业的迅速发展、吸收国内外保险理论的新成果和保险经营的新技术、适应我国保险法律法规和规章的颁布和修订,也为了适应新形势下培养大批保险专业人才的需要和普及保险知识的需要,促进我国保险教育的发展,我们认为很有必要出版一本源于实践又指导实践、内容全面新颖的保险理论教材,以满足当前的保险教学的需要;同时让更多的大众百姓学习保险知识、明白它的意义、了解它的作用,知道它的基本原理。编写出版本教材也是为了这种社会的广泛需要尽一份自己的力量。

本教材作为国际贸易、金融学专业本科生的必修专业课程教材,基于多年教学研究所积累的经验,力求博采众长并有所创新,有所发展。本教材在编写时突出以下几个特点:

(1) 时效性强。现代保险业务不断创新,国家相关的保险政策也时有变化,该教材结合最新发展的实际,力求向学生介绍最新的理论、制度和政策,始终保持教材的"精"与"新"。

(2) 内容新颖。本教材在介绍保险基本知识的基础上引入当前保险学中的最新发展,紧跟时代步伐,并对热点问题进行前瞻性探索。通过众多案例的讲授,力求引导学生发现问题、积极思考、解决问题,使知识点更易掌握,学习更轻松有趣。

（3）系统性强。除了在每章中通过学习目标和学习导航，使学生在了解整章内容、将所学内容系统化外，还将强调各章节之间的内在联系，强调各章节知识的相互关系和综合运用。

（4）体例创新。书中每章都设有"本章小结""重要概念""思考题"及"在线自测"等栏目，结合案例及其他数字化资源，方便读者学习。

本教材可作为各类普通高等院校及高职高专的保险、社会保险、金融、投资理财等专业的教材或学习参考书，也可作为商业保险、社会保险、保险中介、银行保险、投资理财等从业人员和政府官员的学习参考书，还可作为有一定文化基础的社会公民了解保险知识的学习用书。

本教材共分十二章四个模块。其中第一~四章为保险基础理论模块，包括风险与风险管理、保险概述、保险合同、保险基本原则等；第五~七章为保险业务内容模块，包括财产保险、责任和信用保险、人身保险等；第八~十章为保险公司及其经营模块，包括保险业务、保险市场及保险组织；第十一、十二章为保险监管模块，主要是保险监管内容。

本教材由教材编写组集体编写完成。由张月飞拟就编写大纲并组织各章节编写的分工安排。戚琪琪负责编写第一、四章，王金子负责编写第二、三章，章紫薇负责编写第七章，陈志峰负责编写第六章，曹宇辰负责编写第五章，张晓奇负责编写第九章，郑富城负责编写第八章，张月飞负责编写第十一、十二章，并对全书进行总审稿。

本教材直接或间接引用了一些保险专家所编写教材上的优秀成果，在此我们表示敬意和衷心的感谢；教材编写和出版受到了各方的大力支持，尤其是浙江大学教材建设委员会、浙江大学经济学院、浙江大学财税大数据研究所提供了一定的经费资助；清华大学出版社责任编辑梁云慈老师为本书的早日出版倾注了大量的心血，对此我们也表示衷心的感谢。由于本书编者们的水平所限，加之时间仓促，书中一定会有诸多的错误与不足，敬请专家与读者批评指正。

张月飞

2020 年 9 月 3 日于杭州

目 录

第 一 章

风险管理与保险

市场经济是风险经济，任何经济单位和个人都面临来自自然、社会和市场的风险威胁。因此，人们都在寻求回避风险、处理风险的方法，探索有效的途径来降低风险成本。而保险自从诞生之日起，就与风险联系在一起，它以风险的客观存在为前提，没有风险就没有保险。因此，认识保险、研究保险必然从风险开始，它是保险研究的逻辑起点。

第一节　风　险　概　述

一、风险定义、特征

（一）风险定义

在日常生活中，总会发生一些自然灾害或者意外事故，比如 2008 年的汶川大地震、2015 年天津滨海新区的爆炸事故、2019 年四川凉山的森林火灾，人们无法预知这些灾害和事故何时何地发生又会致害于何人，造成的后果如何，一般而言，风险通常被理解为诸如此类的自然灾害和意外事故。

人类的"风险"意识由来已久，相传在远古时期，由于渔民出海时如果遇到大风兴起大浪就很有可能船毁人亡，所以这些以捕鱼为生的渔民们每次出海前都要祈祷，祈求神明，保佑自己在出海时能风平浪静、满载而归。捕捞活动使他们深刻认识到"风"会给他们带来无法预测、

补充阅读 1-1
保险这么给力，
你知道吗?

无法确定的灾难性危险，有"风"就意味着有"危险"，这或许就是"风险"一词的由来。可见，"风险"是一个与不确定性密切相关，对实现目标不"吉利"的事件。

学术上，风险是指某一特定危险情况发生的可能性和后果的组合。风险大致有两种定义：一种定义强调了风险表现为不确定性；而另一种定义则强调风险表现为损失的不确定性。两种定义的区别在于所包含的范围的不同，若风险表现为不确定性，说明风险产生的结果可能是损失或获利或是无损失也无获利，属于广义风险。而风险表现为损失的不确定性，说明风险只能表现出损失，没有从风险中获利的可能性，属于狭义风险。

保险领域中的风险就属于狭义风险，指在一定条件下，某种自然现象、生理现象、社会现象、经济现象是否发生，及其对人类的社会财富和生命安全是否造成损失及损失程度的

客观不确定性,包含以下三层含义:首先,风险是损失的不确定性,不造成损失的事件不能称为风险;其次,不确定的损失才是风险,即在一定时期内某个事件 A 发生的概率在 $0\sim1$ 的开区间,$P(A)=(0,1)$,当 $P(A)=0.5$ 时,不确定性最大,风险可能性最大,必然会发生、必然不会发生或已经发生了损失的事件皆无风险可言;最后,风险既是客观现实,也是一种主观感受,一方面,它是一种不以人的意志为转移的客观存在,另一方面,个人对不确定性的认识与估计同个人的知识、经验、精神和心理状态有关,不同的人面对相同的事物会有不同的判断。

(二)风险属性

风险具有三大基本属性,分别是自然属性、社会属性和经济属性。

1. 自然属性

风险是由客观存在的自然现象所引起的,大自然是人类生存、繁衍生息的基础,自然界通过地震、洪水、雷电、暴风雨、滑坡、泥石流、海啸等运动形式给人类的生命安全和经济生活造成损失,对人类构成风险。自然界的运动是有其规律的,人们可以发现、认识和利用这些规律,降低风险事故发生的概率,减少损失的程度。

2. 社会属性

不同的社会环境下,风险的内容不同。风险是在一定社会环境下产生的,这是风险的社会属性。风险事故的发生与社会制度、技术条件、经济条件和生产力等都有一定的关系。例如战争、冲突、瘟疫、经济危机、恐怖袭击、车祸等受社会发展规律影响和支配。

3. 经济属性

风险的经济属性强调风险发生后所产生的经济后果,即风险与经济的相关联性。只有当灾害事故对人身安全和经济利益造成损失时,才体现出风险的经济属性。例如股市风险、信用风险、企业的生产经营风险等,都可能造成相关的经济损失。

(三)风险特征

1. 风险存在的客观性

自从人类诞生以来,风险就伴随着人类的一切活动,但风险又是独立于人类的意识之外的客观存在,不以人的意志而转移。如地震、洪水、台风、疾病等自然灾害,战争、瘟疫、社会冲突、意外事故等社会风险,无论人类是否意识到,它们总是客观存在的,而不为人们主观意志所转移。这是因为无论是自然界的物质运动还是人类的社会运动,都是由客观事物的内部因素所决定,由独立于人们的主观意识之外的客观规律所决定。人们在风险面前,只可能在一定程度上改变风险存在和发生的条件,降低风险发生的频率和损失程度,而不可能根治、消除风险。

2. 风险存在的普遍性

风险的普遍性是指风险无时不在,无处不有。生产力极其低下的原始社会,就面临着诸如地震、洪水、瘟疫等各种各样自然风险的威胁。随着时代的发展、生产力的提高、科学技术日新月异以及社会文明的进步,人们可以消除一些风险,但又造就了新的风险。汽车文明在给人类生活以交通便利的同时,也给人类带来了碰撞等新的意外事故,造成财产损失和人身伤亡。不仅如此,随着生产力水平的提高,科学技术的进步,风险事故所造成的损失也越来越大,给人类社会带来的伤害也越来越深。市场经济条件下的个人面临着生、老、病、死、残、失业等风险的威胁,企业面临着自然风险、市场风险、技术风险、政治风险等,甚至国家和政府机关也面临着各种风险。总之,风险渗入了人类社会生活的方方面面,无时、无处不在。因此,可以说人类社会的文明史就是一部风险斗争史。

3. 具体风险发生的偶然性

风险尽管是客观的、普遍的,但就某一具体风险面言,其发生却是偶然的,是一种随机现象。也就是说,某一具体风险,在发生之前,人们无法准确测定、预期其发生的时间、地点、损失程度等。之所以如此,是由于任何风险的发生都是各种因素综合作用的结果,而每一因素的作用时间、方向、强度及各种因素的作用顺序等必须达到一定的条件才能引发风险。而这些因素在风险发生之前,相互之间却无任何联系,许多因素出现的本身就是偶然的。

例如暴雨,虽然可以预测暴雨的大致范围和时间,但无法预测暴雨来临时所造成的损失情况。再比如交通事故,人们能够确定每天将有若干起交通事故,但却无法知道这些交通事故将会造成何种程度的损失。

4. 大量风险发生的必然性

就个别风险来看,其发生是偶然的、无序的、杂乱无章的,然而,对大量发生的同一风险进行观测,可以看出其明显呈现出一定的规律,可以利用数理统计的方法进行准确的描述,从而使人们能准确把握大量相互独立的风险运动规律。因此,根据以往的历史统计资料,利用数理统计方法和概率论,就可测算出风险发生的概率及由此引起的损失幅度,据此就可构造出风险分布模型,这种模型便成为风险估测的基础。

5. 风险的损害性

一般的风险发生会给人们的生活带来损害(或称损失)。物质上的损失往往可以用货币来衡量,但一旦造成人身损害,就比较难以用货币来衡量了。但通过其他途径也可以用货币的形式表现出来,通常为经济收入上的减少、支出的增加或两者兼而有之。总之,风险的发生将会给人们的生活带来损害。

6. 风险的发展性

随着人类社会的不断进步和发展,风险也处于变化和发展之中。例如,向太空发射卫星,把风险拓展到了外层空间;原子能的利用,核电站的建立,则带来了核污染及核爆炸的巨大风险等。因而,风险会因时间、空间因素的不断变化而不断发展变化。

二、风险要素

风险主要由风险因素、风险事故和损失构成。这些要素共同作用,决定了风险的存在、发展和发生。

1. 风险因素

风险因素,是指引起风险事故发生的因素,增加风险事故发生可能性的因素,以及在事故发生后造成损失扩大或加重的因素。风险因素是风险事故发生的潜在原因,是造成损失的间接原因,消除了风险因素,也就消除了风险。例如粗心大意、木结构的房屋、冰冻的街面和不卫生的环境分别是失窃、火灾、车祸和疾病等风险事故的风险因素。

根据风险因素的性质分类,通常可将其分为物质风险因素、道德风险因素以及心理风险因素三种。物质风险因素,又称实质风险因素或有形风险因素,是指增加某一标的风险事故发生机会或者加重损失严重程度的物质条件,如在地震多发区建房,汽车刹车系统的磨损等,这一因素不为人力所控制、无法左右;道德风险因素,是与人的品德修养有关的因素,即出于恶意行为或不良企图,故意制造风险事故,以致形成损失结果或扩大损失程度,如某些骗保行为;心理风险因素,是与人的心理状态有关的因素,是由于人们主观上的疏忽或过失,以致增加风险事故的发生机会或扩大损失程度的原因和条件,如酒后驾车。道德风险因素和心理风险因素又被合称为人为风险因素或无形风险因素。

2. 风险事故

风险事故是指造成生命财产损失的偶发事件,是造成损失的直接或外在的原因,是损失的媒介物,风险因素只有通过风险事故的发生,才能导致损失。例如,汽车的刹车系统失灵酿成车祸导致二死一伤,刹车失灵是风险因素而车祸为风险事故。

需要明确的是风险因素和风险事故的区分不是绝对的,有时会出现同一事件在一定条件下是风险事故而在另一条件下是风险因素。比如天寒地冻落下冰雹造成连环车祸,虽然冰雹是风险因素,车祸是风险事故,但冰雹落下击伤行人似乎它又成为风险事故。又如暴风雨,如果是毁坏房屋、庄稼等,暴风雨就是风险事故;如果是造成路面积水、能见度差、道路泥泞,引起连环车祸,暴风雨就是风险因素,车祸才是风险事故。一般说来,当风险事故与风险因素难以区分的时候,应以是否是导致损失的直接原因来判断它是属于风险事故还是风险因素。风险事故是损失发生的直接原因,而风险因素是损失发生的间接原因。通常,风险事故发生的根源主要有自然灾害、社会经济变动以及人和物体本身。

3. 损失

在风险管理中,损失是指非故意的、非预期的和非计划的经济价值的减少,即经济价值意外的减少或灭失,一般以丧失所有权、预期利益,支出费用和承担责任等形式表现,精神打击、政治迫害、折旧等行为的结果一般不能视为损失。

在保险实务中,常将损失分为直接损失和间接损失。由风险事故导致的财产本身损失和人身伤害称为直接损失,由直接损失引起的其他损失称为间接损失,包括额外费用损失、收入损失和责任损失等,有时间接损失可能超过直接损失。

4. 三要素之间的关系

风险是由风险因素、风险事故和损失构成的,风险因素引发风险事故,进而导致损失。必须指出的是风险因素、风险事故与损失之间的这一关系并不具有必然性,即风险因素并不一定引起风险事故和损失,风险事故也不一定导致损失。因此,尽管风险因素客观存在,人们还是有可能减少和避免事故的发生,或在事故发生后减少或避免损失。

三、风险分类

为了更好地认识风险、识别风险、评价风险和应对风险,有必要对风险加以分类。按照不同的分类标准,风险可分为多种不同的类型。

(一)按风险后果分类

1. 纯粹风险

纯粹风险是指风险导致的结果只有两种,即没有损失或有损失。纯粹风险不会带来利益,它没有获利的可能性。例如自然灾害、疾病、火灾、交通事故以及失窃都属于此类风险。

2. 投机风险

投机风险是指风险导致的结果有三种,即没有损失、有损失或获得利益。例如股票市场的投资、赌博就属于此类风险。

纯粹风险的风险事故及其损失,一般可以通过大量的统计资料进行科学测量,而投机风险则难以做到,因为投机风险在很大程度上受到政治环境、市场变化和道德因素等的制约,也就是说纯粹风险可以进行管理。纯粹风险和投机风险常常同时存在,即同一标的物同时面临纯粹风险和投机风险。例如房屋,一方面面临火灾等纯粹风险,另一方面也面临着房价涨落的投机风险。区分纯粹风险和投机风险,便于对风险进行管理,降低风险发生的不确定性。

(二)按风险产生的原因分类

1. 自然风险

自然风险是指因自然力的不规则变化产生的现象所导致危害经济活动、物质生产或生命安全的风险,如地震、水灾、火灾、风灾、雹灾、冻灾、旱灾、虫灾以及各种瘟疫等自然现象,在现实生活中是大量发生的。在各类风险中,自然风险是保险人承保最多的风险。自然风险的特征有:(1)自然风险形成的不可控性;(2)自然风险形成的周期性;(3)自然风险事故引起后果的共沾性,即自然风险事故一旦发生,其涉及的对象往往很广泛。

2. 社会风险

社会风险是指由于个人或团体的行为,包括过失行为、不当行为和故意行为,对社会生产力和人类生活造成损失的可能性。如盗窃、抢劫、制造恐怖事件、玩忽职守等属于社会风险。一般来说社会风险造成的损失具有影响范围较小、损失程度较小的特点,但有时也可能影响较大,如美国发生"9·11恐怖袭击事件"。

3. 经济风险

经济风险是指国家经济政策,以及在科研、生产和销售等经营活动中由于受主、客观条件等因素变化的影响,或经营决策失误等导致经济上遭受损失的可能性。

4. 技术风险

技术风险是指伴随着科学技术的发展、生产方式的改变而产生的威胁人们生产与生活的风险。如核辐射、空气污染和噪声等。

5. 政治风险

政治风险又称为国家风险,它是指在对外投资和贸易过程中,因政治原因或订约双方不能控制的原因,使债权人可能遭受损失的风险。政府的不作为或直接干预,也可能产生政治风险。政府的不作为,是指政府未能发出企业要求的许可证或政府未能实施当地法律;直接干预包括不履行合同、货币不可兑换、不利的税法、关税壁垒、没收财产或限制将利润带回母国。

(三)按风险产生的形态分类

1. 静态风险

静态风险是指在社会经济正常情况下存在的风险,是由于自然力的不规则运动或人们的过失或错误判断等导致的风险。从发生的后果来看,静态风险多属于纯粹风险。

2. 动态风险

动态风险是由于人类需求的改变、制度的改进和政治、经济、社会、科技等环境的变迁导致的风险。从发生的后果来看,动态风险既可属于纯粹风险,又可属于投机风险。

静态风险与动态风险的区别主要在于:(1)静态风险的风险事故对于社会而言一般是实实在在的损失,而动态风险的风险事故对社会而言可能对部分社会个体(经济单位)有益,而对另一部分个体则有实际的损失;(2)从影响的范围来看,静态风险一般只对少数社会成员(个体)产生影响,而动态风险的影响则较为广泛;(3)静态风险对个体而言,风险事故的发生是偶然的、不规则的,但就社会整体而言,可以发现其具有一定的规律性,然而动态风险则很难找到其规律。

(四)按风险产生的起源和结果分类

1. 基本风险

基本风险是指由非个人的,或者至少是个人往往不能阻止的因素所引起的、损失通常波及很大范围的风险。这种风险一旦形成,任何特定的社会个人都很难在较短时间内阻止其蔓延。由于基本风险主要不在个人控制之下,在多数情况下它们并非由某个特定个人的过错所造成,如天灾,大气污染、水污染等。个人无法分散或控制这些风险,因此,应当由社会而不是某个人来应付这类风险。

2. 特定风险

特定风险是指由特定的社会个体所引起的,通常是由某些个人或者家庭来承担损失的风险。

（五）按照风险产生的损失程度分类

1. 一般灾害风险

一般灾害风险是指发生频率高，所导致的损失金额相对较小，影响的范围相对较小，周期短的风险。

一般灾害风险是相对于巨灾风险而言的，在日常生活中，一般灾害风险往往随处可见，比如一般的火灾、偷窃、车祸等都属于此类风险。

2. 巨灾风险

巨灾风险是指由巨灾引起的给人类造成损失的风险，包括未来灾害发生的可能性、可能达到的危险程度和可能造成的损失程度等。一般来看，和人类社会面临的不同损失风险相比，巨灾风险具有如下几个典型特征：

（1）成因繁杂，发生频率低。巨灾是由多种因素共同作用而形成的，因此，巨灾的成因与一般灾害相比要繁杂得多，对其成因的探究也会更加困难。在发生的频率方面，巨灾比一般灾害低得多，像是车祸、火灾之类的一般灾害几乎每天都会发生，但是巨灾则很少发生，它偏离

补充阅读 1-2
台风"利奇马"引
发巨灾保险思考

了一般灾害频率规律曲线，导致其规律难以被把握。另外，巨灾的发生地有一定的局限性，例如，靠近海洋或河流的地区容易遭受洪水或飓风的袭击，而另外某些地区则可能位于地震较为活跃的地带。

（2）造成的损失巨大。虽然巨灾的发生频率低，但是一旦巨灾发生，由此造成的损失是非常巨大的，例如，2008 年的汶川大地震给中国造成的损失达一万亿人民币。而且，各种巨灾之间有着非常紧密的联系，往往一种巨灾的发生会诱发其他巨灾的出现，形成灾害链。如在大地震和巨大气象灾害发生时，会伴有巨大的滑坡和泥石流灾害，或伴有重大的疫情，这就使得对某种单一巨灾风险的评估和决策更加困难。同时，由于当今社会各方的关联性不断增强，巨灾的发生不仅会带来直接经济损失，还会带来一系列社会问题、地区问题甚至是国家和国际安全稳定问题，会对社会各个方面都产生强烈震动。在我国和世界历史上，因巨灾而造成社会动荡甚至导致朝代衰亡的事例并不鲜见。

（3）事先所做的预防措施往往无法应对巨灾造成的破坏，需要公共力量的介入。因巨灾难以预报，其主要受灾地区与人口和经济设施的配置细节更不清楚，所以事先所作的预防措施，一般是很容易被超过的。如唐山地区，原被划定为 Ⅷ 度地震烈度区，结果发生了 Ⅺ～Ⅻ 度的大地震，其破坏力远远超过了原来的预防措施。在此背景下，如果完全由个人或商业保险机制来应对巨灾风险损失是远远不够的，政府和社会应该并且可以在巨灾风险的应对方面发挥基础性作用。

（4）灾后重建负担巨大。巨灾往往造成大范围的房屋倒塌，设施损毁，人员伤亡，与一般灾害风险相比，对于巨灾的灾后重建工作显得更为重要，其灾后重建工作包括受灾人员的心理重建，基本生活条件重建，如住房等，残疾人员的再就业问题，受灾地区的基本设

施重建,如水、电等。

（六）按风险的载体分类

1. 财产风险

财产风险是指一切有形财产遭受损失、灭失或贬值的风险。对于企业来说,财产风险不仅包括企业的建筑物、机器设备、原材料、成品、运输工具等有形财产的潜在损失,而且包括企业拥有的权益、信用、运费、租金等无形财产的潜在损失。而对于个人来说,所拥有的房屋、家具、衣物、家用电器以及车辆等,可能会因为火灾、水灾等自然灾害而遭受损失,也可能因为失窃或者是遭受抢劫而丢失。

2. 人身风险

人身风险是指导致人的伤残、死亡、丧失劳动能力以及增加费用支出的风险。人身风险包括生命风险和健康程度的风险。需要说明的是,死亡是人的生命中的必然发生的事,并无不确定可言,但死亡发生的时间却是不确定的,而健康风险则具有明显的不确定性,如伤残是否发生,疾病是否发生,其损害健康的程度大小等,均是不确定的。人身风险所致的损失一般有两种:一种是收入能力损失,另一种是额外费用损失。

3. 责任风险

责任风险是指因个人或团体的疏忽或过失行为,造成他人的财产损失或人身伤亡,按照法律、契约应负法律责任或契约责任的风险。责任风险中的"责任",少数属于合同责任,绝大部分是指法律责任,包括刑事责任、民事责任和行政责任。在保险实务中,保险人所承保的责任风险仅限于法律责任中对民事损害的经济赔偿责任。

4. 信用风险

信用风险又称违约风险,是指借款人、证券发行人或交易对方因种种原因,不愿或无力履行合同条件而构成违约,致使银行、投资者或交易对方遭受损失的可能性。

（七）按风险影响对象属性分类

1. 企业风险

企业风险是指未来的不确定性对企业实现其经营目标的影响。企业风险按其内容不同可分为战略风险、财务风险、商业风险、营运风险等。这些风险对企业经营者来说,既可能提供有利的机会,又可能造成不利影响,威胁企业目标的实现。

2. 家庭风险

家庭风险是指未来不确定性对家庭目标的影响。就整体家庭而言,最基本的家庭目标是"和睦相处、幸福安康"。风险对目标影响也具有"两重性",好的风险影响可促进家庭幸福安康目标的实现,坏的风险影响可破坏家庭幸福安康目标的实现,甚至使家庭毁灭。形成风险威胁的原因,主要是家庭中有的成员未遵循与家庭有关法律法规与道德规范等,如争夺家庭财产、不抚养老人、成员间钩心斗角不和谐、不遵循夫妇间道德规范等。家庭不合将会影响社会安定,还会影响家庭成员的工作。

3. 个人风险

个人风险是指未来的不确定性对个人目标的影响。个人在不同的年龄段有不同的目标。人的一生大体划分为童年阶段、学习阶段、工作阶段和退休养老阶段。在不同的阶段有不同的奋斗目标。就工作阶段而言,其目标应是:身体健康、事业有成、收入满意、家庭幸福。实现这个目标很不容易,它时刻受到风险的影响。

第二节　风险管理

一、风险成本

(一)风险成本定义

风险成本的提出源于保险业,并在保险业中得到了广泛的应用。风险成本的概念最早由美国著名的风险与保险管理协会(RIMs)的前任主席道格拉斯·巴洛(Douglas Barlow)于 1962 年提出。此后,很多学者都提出过风险成本定义,其中最具代表性的是哈林顿和尼豪斯的定义,他们指出由于风险的存在导致企业价值的减少,这种损失所付出的代价即为风险成本。

风险成本是指风险的存在和发生给人们造成经济利益损失,包括经济成本和社会成本。由于风险存在的客观性、普遍性及其发生的必然性,人们为了预防风险的发生和减少风险发生所致的损失,总要采取各种措施,从而必然要支付一定的费用,不仅如此,还要承担风险发生所致的直接经济损失和间接损失。同时,风险的存在还给社会造成种种危害,这一切便构成了风险的成本。

一般来说,风险成本分为三类:风险损失的实际成本、风险损失的无形成本、预防或控制风险损失的成本。

1. 风险损失的实际成本

风险损失的实际成本由风险造成的直接损失成本和间接损失成本共同构成。

(1)直接损失成本。直接损失成本主要包括对损毁资产进行修理或重置的成本,对遭受伤害的员工提出的赔偿、诉讼的支付成本,以及对其他法律诉讼进行辩护和赔偿的成本。例如,当公司由于产品质量问题而遭受起诉时,其损失成本包括:对当事人赔偿等损失、诉讼的费用、由于诉讼导致的销售减少的损失、对同批次产品进行回收的损失、挽回声誉的公关费用,以及如果金额巨大导致公司不得不借贷渡过难关的筹资成本。

(2)间接损失成本。间接损失包括所有因发生直接损失而导致的净利润的减少。

2. 风险损失的无形成本

风险损失的无形成本是指由于风险发生的不确定性引起的企业、个人所付出的经济代价,是指风险对社会经济福利、社会生产率、社会资源配置以及社会再生产等诸方面的破坏后果。首先,风险的不确定性会造成社会经济福利的减少。由于风险具有不确定性,人们为了应对未来风险事故的损失,会提留和维持一定数量的风险补偿基金。当社会资本为常量时,如果提存一定数量的风险补偿准备基金,那么用于生产和流通的资本就会相应减少,进而影响社会经济规模和经济效益,造成社会经济福利的减少。其次,风险损失的不确定性使社会资源配置不能达到最佳状态,影响社会产量达到最佳水平。由于风险的存在,整个社会资源易于流向低风险的领域,使该领域的社会资源供给大于需求,难以形成最佳经济效益。最后,风险的存在会导致心理问题、精神成本。风险的存在会使得人们感到忧虑和恐惧,在一定程度上会影响其正常的工作和生活,可能造成严重的经济损失。

3. 预防和控制风险损失的成本

预防和控制风险损失的成本是指因采取各种预防和控制风险损失措施所付出的经济支出。按照成本投入的主体分类,预防和控制风险损失的成本可以分为个体成本和总体成本。个体成本是指某一具体企业采用某一项措施所支出的费用,如高层建筑安装自动火灾报警系统和自动灭火系统支付的费用。总体成本是指全社会用于某一风险的预防和控制所投入的总费用。例如治理水灾,每年国家投入的兴修水利的物资和资金,集体单位投入的劳动力、物资等水利经费和个人的植树造林费用,构成总体成本。预防和控制风险损失的成本也可以分为直接成本和间接成本,基础设施、设备、软件管理系统、人力资源等属于直接成本,培训费、施救费用及额外费用属于间接成本。

这里需要明确指出为了预防和控制风险,需要相应的管理与工作人员,他们为此耗费了时间又不能同时从事其他活动,这种机会成本也是预防和控制损失的成本。机会成本和风险成本有着明显的不同,机会成本是指为了得到某种东西而所要放弃另一些东西的价值。

(二)风险成本特征

1. 不确定性

不确定性是风险成本的基本特征。在金融保险业中,风险成本的不确定性具有两方面的含义:一方面,影响风险成本的外在客观因素不确定,如利率、汇率、股票价格等,它们总是处于不断变化之中。另一方面,对风险成本的主观控制也存在不确定性。由于主观认识能力和控制手段的限制,人们虽可以在一定程度上把不确定性转化为确定性,但是,不确定性是不可穷尽的,总会存在的。比如,不确定性资产多以权利和合约的形式存在,因为在合约持续期交易与交割分离,这样会导致不确定性的产生。

2. 估值性

受市场等外部因素影响的价格处于不断的变动中,不确定经济事项的最终价值往往要在未来确认。同时,不少需要反映不确定性的非概率型的不确定经济业务,目前尚不能用货币进行计量,或者说,在货币计量假定下,货币的确定性假定掩盖了不确定性的实质,降低了那些较大不确定性经济事项的可靠性和相关性。为此,需要选择新的计量属性如公允价值、现值,以反映风险成本事项。采用新的计量属性,往往需要根据市场价值和将来的价值进行估计和判断,需要更多地借助于统计、数学等知识和计量技术来处理不确定性经济业务。从一般的做法来看,对于风险成本的计量比较倾向于采用估值方法。交易发生但资金没有结算前,持有风险资产或承担的或有负债的最终价值,不能在资产负债日确定,因为将来有可能变动,比如贷款损失发生的成本、保险赔付的成本等。因此,在资产负债日,需要估值来确认和计量坏账准备金和责任准备金,结清时才能最终确定风险成本。

3. 补偿性

从金融风险计量角度得出的风险损失,往往表现为应计的风险损失成本,虽然风险成本与风险损失有某种关联,但是风险成本不等同于风险损失。风险成本与风险损失的区别在于:风险成本是从补偿的角度来定性和分析费用的。金融对风险的研究主要着眼于收益风险,这其中也隐含了风险成本补偿的思想,体现了风险与成本的结合。没有风险成本的补偿,就没有风险的持续经营和风险收益;没有对风险成本的管理,有效的风险管理也就无从谈起。

4. 替代性

在风险成本结构中,风险损失成本与风险管理成本负相关,即在一定的条件下,风险管理成本越大,风险损失成本就越小,反之,就越大。这种负相关反映了在风险成本控制中存在着替代关系,它决定了风险成本的可控性,即通过风险成本的预测、分散、转移等控制手段可达到控制风险成本的目的。风险成本的大小与风险的大小正相关,即风险越大,风险成本就越大,反之,就越小。在风险发生之前或发生时,采用专门的手段和方法分散和转移风险,能减少风险损失成本,增加风险收益。如通过风险管理技术的选择,即控制型技术(包括风险需求、风险分散、风险转移、损失回避、损失预防、分散和转移、损失减轻等)和财务型技术(包括自承担技术与财务转移技术)的具体选择,可以分散和转移风险损失成本。正是这一特性导致组合、期权、远期、互换等金融衍生工具在风险成本管理中得到广泛应用。

二、风险管理

由于风险的客观存在,必然要求人们承担风险成本,特别是在市场经济条件下更是如此。因此,每个经济单位和个人都需要系统地认识、识别自己所面临的各种风险,并尽可能地降低风险成本,以实现经济利益最大化。这就要求各个经济单位必须对所面临的风险进行系统分析,并进行有效管理,这就是风险管理。

(一)风险管理的起源和发展

美国是最先开始进行风险管理理论与实践研究的国家。"一战"以后,美国开始研究风险的负担、除去和转嫁方法,并在企业中建立有关组织机构,对风险管理进行交流和技术研究。"二战"以后,人类大量开发利用新技术、新材料和新能源,社会经济得到全面发展,但同时也给社会带来了新的风险。这种威胁促使风险管理开始走向科学化。

风险管理正式形成是在 20 世纪 60 年代。1953 年 8 月 3 日,美国通用汽车公司的自动变速装置失火,造成 5 000 万美元的巨额损失,这场灾难震动了美国的企业界和学术界,成为风险管理科学发展的契机。一方面,美国各研究机构加强了对风险管理理论的研究,学术活动十分活跃;另一方面,美国的大中企业纷纷设立风险管理部门及风险经理职务。到了 60 年代,风险管理作为一门新的管理科学,首先在美国正式形成。70 年代以后,风险管理在世界范围内得到传播。

【补充阅读 1-3】　海因里希的故事法则

美国安全工程师海因里希(Heinrich)曾统计了 55 万起机械事故,其中死亡、重伤事故 1 666 起,轻伤 48 334 起,其余则为无伤害事故。从而得出一个重要结论,即在机械事故中,死亡或重伤、轻伤和无伤害事故的比例为 1∶29∶300,国际上把这一法则叫作事故法则。这个法则说明,在机械生产过程中,每发生 330 起意外事件,有 300 起未产生人员伤害,29 起造成人员轻伤,1 起导致重伤或死亡。对于不同的生产过程、不同类型的事故,上述比例关系不一定完全相同,但这个统计规律说明了在进行同一项活动中,无数次意外事件,必然导致重大伤亡事故的发生。而要防止重大事故的发生必须减少和消除无伤害事故,要重视事故的苗子和未遂事故,否则终会酿成大祸。例如,某机械师企图用手把皮带挂到正在旋转的皮带轮上,因未使用拨皮带的杆,且站在摇晃的梯板上,又穿了一件有宽大长袖的工作服,结果被皮带轮绞入碾死。事故调查结果表明,他使用这种上皮带的方法已有数年之久。查阅四年病历(急救上药记录),发现他有 33 次手臂擦伤的治疗处理记录,他手下工人均佩服他手段高明,结果还是导致死亡。这一事例说明,重伤和死亡事故虽有偶然性,但是不安全因素或动作在事故发生之前已暴露过许多次,如果在事故发生之前,抓住时机,及时消除不安全因素,许多重大伤亡事故是完全可以避免的。

海因里希的工业安全理论是这一时期的代表性理论。海因里希认为,人的不安全行为、物的不安全状态是事故的直接原因,企业事故预防工作的中心就是消除人的不安全行为和物的不安全状态。海因里希的研究说明大多数的工业伤害事故都是由于工人的不安全行为引起的。即使一些工业伤害事故是由于物的不安全状态引起的,物的不安全状态的产生也是由于工人的缺点、错误造成的。因而,海因里希理论也和事故频发倾向论一样,把工业事故的责任归因于工人。从这种认识出发,海因里希进一步追究事故发生的根本原因,认为人的缺点来源于遗传因素和人员成长的社会环境。

(二) 风险管理的含义

风险管理是指经济单位通过风险识别、风险估测、风险评价,对风险实施有效的控制和妥善处理风险所致损失,期望达到以最小的成本获得最大安全保障的管理活动。风险管理含义的具体内容包括:

(1) 风险管理的对象是风险;

（2）风险管理的主体可以是任何组织和个人；

（3）风险管理的程序包括识别风险、衡量风险、风险评价、风险决策和风险决策方案的实施与绩效评价等；

（4）风险管理的基本目标是以最小的成本获得最大的安全保障，具体可以分为损失前目标（通过风险管理消除和降低风险发生的可能性，为人们提供较安全的生产、生活环境）和损失后目标（通过风险管理在损失出现后及时采取措施，使受损企业的生产得以迅速恢复，或使受损家园得以迅速重建）。

（5）风险管理成为一个独立的管理系统，并成为一门新兴的学科。

（三）风险管理的程序

1. 识别风险

识别风险是风险管理的基础。作为风险管理的第一个环节，是对风险的感知和发现。识别风险有助于风险管理单位及时发现风险因素、风险源，减少风险事故的发生。风险管理人员是在进行了实地调查研究之后，运用各种方法对尚未发生的、潜在的及存在的各种风险进行系统的归类，并总结出企业或项目面临的所有风险。风险识别所要解决的主要问题是风险因素、风险的性质以及后果，识别的方法及其效果。

2. 衡量风险

衡量风险是指对风险存在及发生的可能性以及风险损失的范围与程度进行估计和度量，是在风险识别的基础上，通过对大量过去损失资料的定量分析，估测出风险发生的概率和造成损失的幅度。衡量风险的重要性在于它能使风险管理人员判断各类风险的严重性，并选择相应的对付风险的办法。

3. 风险评价

风险评价是指在衡量风险的基础上，对引发风险事故的风险因素进行综合评价，以此为依据选择合适的风险管理技术并制订正确的风险管理方案。风险评价的目的是为选择恰当的处理风险的方法提供依据。风险评价也是风险管理部门对风险综合考察的结果。

4. 风险决策

风险决策是风险管理的重要步骤，是风险管理者在众多风险管理方案中选择最佳风险管理方案的过程。要制订风险管理方案，首先要选择合适的风险管理技术。在对风险进行衡量、评价以后，风险管理单位必须选择适当的处理风险的技术，即根据风险评价选择风险管理技术。一般来说，主要有四种技术可供风险管理单位选择，包括风险规避、损失控制、风险自留和风险转移。当选择合适的风险管理技术后，就可制订出相应的风险管理方案，而风险管理决策就是在成本—收益分析的基础上，权衡利弊，确定适合风险管理单位实际情况的风险管理方案。

5. 风险决策方案的实施与绩效评价

风险决策方案的实施是风险管理理论付诸实践的重要步骤。风险决策方案的有效实施，需要完善的管理制度和工作程序，需要在实施过程中进行检查和监控，以便发现问题，及时解决。在风险决策方案付诸实施后,风险管理单位需要对风险管理的绩效进行评价,风险管理单位进行风险管理绩效评价的原因主要有以下几个方面:(1)风险管理的过程是动态的。风险是不断变化的,新的风险可能产生,原有的风险可能消失或降低,原来制订的风险管理方案就会发生偏差,就会不适用,定期进行风险管理绩效评价,可以及时发现新的风险,调整风险管理方案。(2)风险管理决策的正误,需要通过检查和评价来确定。评价风险管理效果,可以及时发现风险管理中的问题并加以纠正,这是提高风险管理绩效的重要环节。(3)风险管理评价标准会不适应风险管理的需要。风险管理评价标准是根据以往风险管理的经验制定的,风险评价标准为风险管理提供重要的参考,但是,这些标准也有不适合新风险、新状况发展要求的情况,需要根据风险管理的实践不断地修改风险评价标准。(4)风险管理绩效评价可以提高风险管理工作的效率,同时也可以提高风险管理资金的使用效率。

(四) 风险管理的方法

风险管理的方法按风险管理的技术,可以分为控制型和财务型两大类。

1. 控制型风险管理技术

控制型风险管理技术是通过风险分析,采取措施控制经济单位所存在的风险因素,以此降低风险事故发生的频率和减轻损失程度。

前述提及风险因素是指引起风险事故发生的因素,增加风险事故发生可能性的因素,以及在事故发生后造成损失扩大或加重的因素,相应的,控制型风险管理技术也有三大目标。首先是控制损失根源,从源头上杜绝损失发生的可能性,比如建造房屋时就增加其防火功能;其次是减少已有的风险因素,比如督促员工要遵守安全规章制度;最后是减轻损失,比如事故发生之后迅速准备必要的救援器材、指导人们有序地行动。需要指出的是,所有的这一切都是在事故发生前就计划好的,哪怕是事故发生之后采取的措施也是在事先安排好的,甚至是经过演练的。

控制型风险管理技术主要包括下列方法:

(1)避免。避免是指回避损失发生的可能性,即从根本上消除特定的风险单位和中途放弃某些既存的风险单位,采取主动放弃或中止该项活动的方式。避免风险的方法一般在某特定风险所致损失频率和损失程度相当高或处理风险的成本大于其产生的效益时采用。

该方法还可以细分为前摄性回避和放弃性回避。前摄性回避的特点在于风险管理者预见了风险发生的可能性,在风险未成立前进行处理,例如人们放弃对风险性较大的股票的投资,转而投资其他金融资产。又如某化工厂在为计划的试验做准备工作时发现该试验会对生态环境造成不可逆的破坏进而终止该试验。放弃性回避的特点在于风险已经存在并且为风险管理者所发现然后及时进行风险控制,例如当股市剧烈动荡时,人们改变直接参与股票投资的做法而转向证券投资基金。

虽然主动避免风险从操作上来说相当简单,风险也被回避得彻底,但是这种消极的方法有时候意味着丧失利润,而且并不是所有的风险都可以回避或应该进行回避。如人身意外伤害,无论如何小心翼翼,这类风险总是无法彻底消除。再比如,因害怕出车祸就拒绝乘车,车祸这类风险虽可由此而避免,但拒绝乘车将给日常生活带来极大的不便,实际上并不可行。

(2) 预防。损失预防是指在风险事故发生前即采取行动将引发事故的因素和环境进行隔离以此切断事故链条。这是事前的措施,即所谓"防患于未然"。兴修水利、建造防护林就是典型的例子。预防风险涉及一个现时成本与潜在损失比较的问题:若潜在损失远大于采取预防措施所支出的成本,就应采用预防风险手段。以兴修堤坝为例,虽然施工成本很高,但考虑到洪水泛滥将造成的巨大灾害,就极为必要了。在各种风险管理的方法中,预防占有极重要的地位,保险公司在判断是否承保以及是否减少保险费用时往往以客户能否采取损失预防措施为条件。

损失预防的措施主要有:工程物理法,侧重于风险单位的物质因素的一种方法,如防火结构设计、防盗装备的设置等;人类行为法,侧重于对人们行为教育的一种方法,如消防教育、职业安全教育等;程序法,以制度化的程序和作业方式进行损失控制的一种方法,如汽车年检制度、消防安全检查制度等。

(3) 抵制。损失抵制是指在损失发生时或损失发生之后为降低损失程度而采取的各项措施,它的特点在于减轻损失程度而不是降低损失发生的可能性,主要在发生的损失较大且无法进行风险回避和转移的情况下运用。如在乘坐汽车时系安全带,在座位前安装安全气囊等,虽然这些做法无法阻止车祸的发生但是可以在事故发生时有效地减轻其对驾驶员和乘客的伤害。

损失抵制有一种特殊形式——风险隔离,包括分割和复制两个方面,分割又可以分为分离和分散。分离是将一定量的风险单位拆分开,增加独立风险单位,例如将一批总价值高昂的货物分多个批次运送减少每批次的价值;分散是通过增加风险单位的数量,即扩大样本空间来减少总体损失,比如同时投资不同种类、不同行业的股票。在一般企业中,分散风险的方法不是管理风险的首选,但是对于保险公司而言,分散却是控制风险的主要方法,保险公司为了达到降低所承担的风险的目的必须扩大样本,集中大量的保户。

2. 财务型风险管理技术

世事无绝对,哪怕是再周密的计划和措施也无法完全杜绝风险事故的发生,而风险事故的发生往往会给人们造成经济困难和精神忧虑,此时就需要一定的资金支持,财务型风险管理技术就是在事故发生前就做好财务计划,通常是以提供基金的方式来减少损失的成本,减轻人们财务上的负担,更快地恢复企业生产和家庭正常生活。

财务型风险管理技术主要包括以下方法:

(1) 自留风险。自留风险是指经济单位对风险的自我承担,即通过内部资金融通来弥补所遭受的损失。

自留风险有主动自留和被动自留之分,亦称为计划性承担和非计划性承担。积极的有计划的主动风险自留通常采用准备金或者基金的方式,它的前提是意识到风险的存在并且对可能发生的损失有了较为准确的评估同时又衡量了各种风险管理方法,认为做出一定的财务计划,自身可以承担该风险所造成的损失后果;消极的无计划的被动风险自留往往是由于未识到风险的存在或者错误地评估了风险所造成的损失后果而形成的。主动风险自留和风险回避有相似之处,两者都是在意识到风险存在的前提下来应对风险,但是不同的是后者是采取放弃或中止活动的措施,而前者则是继续从事该项活动同时做出财务安排。

风险自留的可行程度取决于损失预测的准确性和补偿损失的适当安排。其优点是可以节省开支。由于风险自担、收益自留,自保企业还会积极主动地对企业的风险进行控制,使风险降到最低水平;其缺点是保险技术和分散风险的能力不如专业保险公司,因此,一旦发生巨灾,其后果将非常严重。在其他风险管理方法都无法有效实施时,经济单位只能将风险留给自身。

(2)非保险转移风险。非保险转移风险是指通过经济合同,将与损失有关的财务后果,转移给另一些单位或个人去承担。财务型非保险转移的受让人不能是保险人,而且它往往附着于其他合同或者契约,一般情况下也不会进行相关的风险预测和评估。

财务型非保险转移有多种方式,常见的有以下几种:

公司组织。从法律的角度来说,企业一般有三种组织形式:个体所有、合伙企业和公司。前两种形式的企业债务与个人财产没有分开,而公司这种组织形式中,企业是独立的法人,企业财产与个人财产是分离的。企业如果经营失败,股东的损失仅限于他们在该企业的投资部分。可见,公司是转移风险的一种形式,这种形式不会阻止损失的发生,但可以将风险控制在一定范围内。

合同安排。这是指通过合同中的相关条款来转移风险。如免责约定,指合同的一方通过合同条款,将可能发生的对他人人身伤害和财产损失的责任转移给另一方承担,在租赁、销售、建筑等合同中往往采用此种方式来达到转移风险的目的;又如通过担保或保证条款,将风险转移给第三方。

委托保管。这是指将个人财产交由他人进行保护、服务和处理等。这种安排通常规定,受托人只对因自己的过失而造成的财产损失向委托人负赔偿责任。

(3)保险转移风险。财务型保险转移风险特指经济单位或个人以缴纳保费为条件,通过与保险人订立保险合同,将其面临的财产风险、人身风险和责任风险等风险成本转嫁给保险公司承担全部或部分风险成本的一种风险管理技术。由于保险转移是以保险费为条件的,因此,转移之前就发生了风险处理成本,所以,考虑保险转移时,应充分考虑保险转移成本问题。保险人会接受大量的风险单位即保户,同时也会进行相关的风险预测,与其他风险管理方法相比较,保险转移对经济承受能力有限的经济单位或个人来讲,可能是最为有效的方法,也是实际生活中企业和个人在应对风险时最常使用的方法。

第三节 风险与保险

一、风险成本与保险

保险是财务型风险处理的方法之一,是否采取这种方法,还取决于对各种风险处理方法的成本比较,即经济上的合算性和风险的性质是否符合保险公司的承保条件。只有经济单位和个人认为经济上合算,风险性质符合保险公司的承保条件,才能通过保险方法转移部分风险成本。那么,什么样的风险才可能通过保险转移呢?一般来说,只有具备下列条件的风险,才能实现保险转移。

(一)风险必须合法

并不是所有风险都被法律准允通过转移方法转移给其他经济单位或个人承担。如,犯罪所致损失、故意行为所致损失,各国法律都明文规定不得由其他单位或个人承担。因此,法律所禁止的风险,保险公司也不可能承保。不仅如此,保险公司对道德风险都严加控制,对投保人的故意行为所致的损失都不承担责任。

(二)风险成本最低

人们以追求利润最大化或收入最大化为目的来从事经济活动,因为具有追求承担风险成本最低化和处理风险的费用最低化的内在动机,所以人们在处理风险时,都必然要比较各种处理方法的成本,如果有比保险更为经济合算的方法,则不可能采取保险方式来转移风险,这是不言而喻的。通常决定是否以保险来转嫁风险,要考虑:(1)自留风险的管理费用与保险费支出;(2)预期损失估计与保险公司估计的损失额;(3)自己的经济承受力;(4)自己所面临风险的管理能力和对损失的控制能力;(5)技术的保密程度。只有对这些因素进行了通盘考虑,才可能作出是否购买保险的决策。也就是说,通过对各种因素的比较、分析,作出有利于自己承担风险成本最低化的决策。

(三)必须是可保风险

风险种类众多,风险性质各异,因此,保险公司不可能承保一切风险,保险公司乐于承保的是符合其承保条件的风险,这种风险被称之为可保风险。因此,人们只能把符合可保风险条件的风险转移给保险公司承担。

二、可保风险

风险多种多样,其中有的是可保的,有的则不可保。可保风险是保险公司可以接受承保的风险,即符合保险公司承保条件的风险,是风险的一种形式。与可保风险相对应的另一个概念是不可保风险,即保险公司不承保的风险。可保风险与不可保风险间的区别并不是绝对的。例如地震、洪水这类巨灾风险,在保险技术落后和保险公司财力不足、再保险市场规模较小时,保险公司根本无法承保这类风险,它的潜在损失一旦发生,就可能给保险公司带来毁灭性的打击。但是,随着保险公司资本日渐雄厚,保险新技术不断出现,以及再保险市场的扩大,这类原本不可保的风险已被一些保险公司列在保险责任范围之内。

前面章节已提及风险按产生的后果分类可以分为纯粹风险和投机风险,可保风险一般限于纯粹风险,对有可能获利的投机风险一般是不承保的,但是需要明确的是并不是所有的纯粹风险均可向保险公司转嫁,也就是说保险公司是有条件地承保风险。

一般来说,要成为可保风险通常需要满足以下几个条件:

1. 必须是纯粹风险

保险人所承保的风险,应该是只有损失机会而无获利可能的纯粹风险。可保风险不具有投机性,保险人通常不能承保投机风险,因为保险人如果承保投机风险,既难以确定承保条件,又与保险的经济补偿的性质相违背。

2. 风险必须是偶然的

可保风险应该是既有发生的可能,又是不可预知的。因为如果风险不可能发生,就无保险的必要。同时,某种风险的发生情况又不具有必然性。此外,要求风险具有偶然性(或称为随机性)也是"大数法则"得以应用的前提。

3. 风险一旦发生,应有较高程度的损失

潜在损失不大的风险事件一旦发生,其后果完全在人们的承受限度以内,即使受损,也不会给人们带来过大的经济困难和不便,因此,对这类风险无须采取专门措施。但那些潜在损失程度较高的风险事件,如火灾、盗窃等,一旦发生,就会给人们造成极大的经济困难。对此类风险事件,保险便成为一种有效的风险管理手段。

4. 风险发生的概率较小

这是因为风险发生的概率很大,则意味着相应的纯保费很高,加上附加保费,总保费与潜在损失将相差无几。如某地区自行车的失窃率很高,有40%的新车被盗,即每辆新车有40%的被盗概率。这样,自行车损失发生的概率很高,保险公司便有可能无利可图,所以实践中保险公司不愿把类似于自行车这种损失概率很高的产品纳入保险范围。

5. 风险具有确定的概率分布

这是进行保费计算的首要前提。计算保费时,保险人对客观存在的损失分布要能作出正确的判断。保险人在经营中采用的风险事故发生率只是真实概率的一个近似估计,是靠经验数据统计得出的。因此,正确选取经验数据对于保险人确定保费至关重要。有些统计概率,如人口死亡率等,具有一定的时效性,像这种经验数据,保险人必须不断做出相应的调整。

6. 存在大量的具有同质风险的风险单位

保险的职能在于转移风险、分摊损失和提供经济补偿,所以,任何一种保险险种,必然要求存在大量的风险单位。这样,一方面,可积累足够的保险基金,使受险单位能获得充足的保障；另一方面，根据"大数法则"，可使风险发生次数及损失值在预期值周围能有一个较小的波动范围。换句话说，大量的同质风险单位会保证风险发生的次数及损失值以较高的概率集中在一个较小的波动幅度内。显然，与预测值的偏差越小，就越有利于保险公司的稳定经营。这里所指的"大量"，并无绝对的数值规定，它因险种的不同而不同。一般的法则是：损失概率分布的方差越大，就要求有越多的风险单位。保险人为了保证自身经营的安全性，还常采用再保险方式，在保险人之间分散风险。这样，集中起来的巨额风险在全国甚至国际范围内得以分散，被保险人受到的保障程度和保险人经营的安全性都得到了提高。

7. 风险必须是意外的

风险的意外性是指损失的发生必须是意外的和非故意的。所谓意外，是非人们的故意行为所致。故意行为容易引起道德风险，为法律所禁止，与社会道德相矛盾，因此，故意行为引起风险及必然发生的风险，都不可能通过保险来转移。如赌博、自然损耗、机器磨损等为不可保风险，赌博为法律所禁止，自然损耗、折旧为必然，因此不可能被保险公司承保。非意外风险属于不可保风险。

8. 损失是可以确定和测量的

这是指损失发生的原因、时间、地点都可被确定以及损失金额可以被测定。因为在保险合同中，对保险责任、保险期限等都做出了明确规定，只有在保险期限内发生的、在保险责任范围内的损失，保险人才负责赔偿，且赔偿额以实际损失金额为限，所以，损失的确定性和可测性尤为重要。

以上有关可保风险的八个条件是有机联系、相互制约的。

根据上面的论述可以解释为什么投机风险不能成为可保风险，首先，投机风险不是偶然的风险，其发生也不一定是意外，道德风险太大，其次，投机风险的运动不规则，重复性差，规律性不强，难以适用大数法则准确预测估量，而且有些投机风险还为国家法律所禁止，不为社会道德公允。据此，火灾、爆炸等风险为可保风险，而股票炒买炒卖、赌博等投机风险，不可能成为可保风险。保险公司承保的风险不能涉及违法问题，不能与一个社会最基本的价值观念或道德观念相冲突。

 本章小结

1. 风险指在一定条件下，某种自然现象、生理现象、社会现象、经济现象是否发生，及其对人类的社会财富和生命安全是否造成损失及损失程度的客观不确定性。风险具有客观性、不确定性、损害性、普遍性、可测性、发展性。

2. 风险由风险因素、风险事故和损失构成。按照不同的分类标准，风险可分为多种不同的类型，比如按风险后果分类可以分为纯粹风险和投机风险，按风险产生的原因分类可以分为自然风险、社会风险、经济风险、技术风险、政治风险。风险成本是投资主体为了预期的收益可能支付的代价，通常是一种需要补偿的不确定性成本，其具有不确定性、估值性、补偿性、替代性。

3. 风险管理的对象是风险;风险管理的主体可以是任何组织和个人;风险管理的程序包括识别风险、衡量风险、风险评价、风险决策和风险决策方案的实施与绩效评价等;风险管理的基本目标是以最小的成本获得最大的安全保障。风险管理的方法按风险管理的技术,可以分为控制型和财务型两大类。

4. 风险多种多样,其中有的是可保风险,有的则是不可保风险。要成为可保风险通常需要满足以下几个条件:(1)必须是纯粹风险;(2)风险必须是偶然的;(3)风险一旦发生,应有较高程度的损失;(4)风险发生的概率较小;(5)风险具有确定的概率分布;(6)存在大量的具有同质风险的风险单位;(7)风险必须是意外的;(8)损失是可以确定和测量的。

 重要概念

风险　风险因素　风险事故　损失　纯粹风险　投机风险　静态风险　动态风险
基本风险　特定风险　风险成本　风险管理　可保风险　控制型风险管理技术　财务型
风险管理技术

 思考题

1. 简述风险的定义与特征。

2. 构成风险的要素有哪些? 各要素之间有何联系?

3. 简述风险类别。

4. 什么是风险成本? 它有哪些特征?

5. 比较风险管理成本和风险损失成本。

6. 简述风险管理的定义。

7. 比较损失前目标和损失后目标。

8. 简述风险管理的程序。

9. 比较控制型风险管理技术和财务型风险管理技术。

10. 区分可保风险和不可保风险。

11. 结合可保风险的几大要件解释为什么投机风险无法成为可保风险。

 在线自测

第二章

保险概述

保险是什么,它为何能为被保险人提供经济保障,保险与储蓄、赌博、救济等行为及制度有何不同,保险的基本职能和作用、保险是怎样进行分类的等一系列问题是保险基础理论必须回答的。这一章就以此为出发点,进行分析研究。

第一节　保险发展的历史

一、古代保险思想

自有人类以来,各种自然灾害、意外事故就时常威胁着人类的生存与发展,为了寻求防灾避祸、安居乐业之道,人们萌生了对付各种自然灾害、意外事故的保险思想和一些原始形态的保险做法,中外历史上对此均有记载。

远在公元前三四千年,中国商人就将风险分散原理运用在货物运输中,历史悠久的各种仓储制度是我国古代原始保险的一个重要标志。夏朝后期,扬子江上商人们创造的分散危险的做法已被演进到更为直接的实物保险形式。周朝的救济保险观念也有了长足的发展。此后,春秋战国时的"委积"制、汉朝的"常平仓"制、隋朝的"义仓"制等,都是实物形式的救济后备制度。此外,宋明两朝的民间"社仓"制,宋朝专为赡养贫病老幼的"广惠仓",都是原始保险思想的产物。镖局也是我国特有的一种货物运输保险的原始形式。镖局是一种类似保险的民间安全保卫组织,其经营的业务之一是承运货物。商人交由镖局承运货物,俗称"镖码"(相当于保险标的)。货物须经镖局检验,按贵贱分级,根据不同等级确定"镖力"(相当于保险费率),据此收费签发"镖单"(相当于保险单)。货到目的地,收货人按镖单验收后,在镖单上签注日期,加盖印章,交护送人带回,以完成手续。镖局的这些手续与现代保险的承保手续大致相同。我国历代王朝也都非常重视积谷备荒,春秋时期孔子"耕三余一"的思想就是颇具代表性的见解。孔子认为,每年如能将收获粮食的三分之一积储起来,这样连续积储 3 年,便可存足 1 年的粮食,即"余一"。如果不断地积储粮食,经过 27 年可积存 9 年的粮食,就可达到太平盛世。

国外最早的保险思想产生于处在东西方贸易要道上的古代文明国家,如古巴比伦、古埃及、古希腊、古罗马等。据史料记载,公元前 2000 年,在西亚两河(底格里斯河和幼发拉底河)流域的古巴比伦王国,国王曾下令僧侣、法官及村长等对他们所辖境内的居民收取赋金,用以救济遭受火灾及其他天灾的人们。在古埃及石匠中曾有一种互助基金组织,向每一成员收取会费以支付个别成员死亡后的丧葬费。古罗马军队中的士兵组织,也以收取会费作为士兵阵亡后对其遗属的抚恤费用。《汉谟拉比法典》是最早一部有关保险的法规,基尔特制就是一种原始的合作保险形式,这种行会制度在中世纪非常盛行,欧洲各国城市都有各种行会组织,在此基础上又产生了相互合作保险组织。

二、近现代保险业的产生与发展

救济后备以及互助保险的意识和思想早在古代就已经出现,但是真正意义上的保险制度却形成于近代。近代保险事业可以说是资本主义发展的产物,15世纪末,美洲大陆和通往印度航道的新发现、世界市场的形成和扩大,要求商品的生产和交换以更大的规模进行。商品流通不仅是在国内,而且越过国界、穿过大洋,在世界范围内进行,商品的运输规模越大,风险也越集中。正是在这样的情况下,近代的保险制度应运而生了。从保险发展的历史来看,财产保险先于人身保险,海上保险早于陆上保险。

(一)海上保险

近代保险制度的发展是从海上保险开始的。海上保险究竟是如何产生的,以及产生于何时何地,保险界有不同的观点,大体来说,可以分为共同海损说、合伙经营说、家族团体说和海上借贷说四种。其中,大多数学者认为共同海损分摊是海上保险的萌芽,海上借贷是海上保险的前身。

公元前2000年的地中海沿岸已有广泛的海上贸易活动。由于当时船舶构造简陋,抵御海上风险的能力较弱,航海被认为是一种冒险活动。在遇到狂风巨浪等海上风险时,人们采取抛弃部分货物入海的办法以减轻船舶载重而转危为安,为了使被抛弃的货物损失能从其他受益方获得补偿,当时在航海商人中有一个共同遵循的原则:"一人为众,众为一人。"这一原则在公元前916年被纳入《罗地安海商法》,并规定:"凡因减轻船只载重而投弃入海的货物,为全体利益而损失的,须由全体分摊归还。"虽然共同海损是海上运输中的特殊损失而并非保险制度,但由于共同海损分摊原则体现了损失分担这一保险的基本原理,因此后人认为共同海损分摊原则是海上保险的萌芽。

而海上借贷最初又起源于中世纪意大利和地中海沿岸的城市中所盛行的商业抵押习惯,即冒险借贷。所谓冒险借贷是指船东或货主在发航之前,以船货为抵押,向金融业者融通资金。如果船舶、货物在航海中遭遇海难,依其受损程度,可免除部分或全部债务;如果船舶和货物安全抵达目的地,船东或货主则应偿还本金和利息。这实际上就是一种风险转嫁。由于这种契约的风险极大,债权人收取的利息也很高,通常为本金的1/3或1/4。除正常利息外,其余为补偿债权人承保航程安全的代价。海上借贷制度是贷款与损失保障的结合,它已具备了保险的基本要素和特征。借贷双方同时相当于保险当事人,船舶或货物相当于保险标的,一旦船货受损就免去借款人部分或全部债务,等于用借款预付了赔款,高利率包含当时的一般借贷利率和风险保险费率,保险费率与船货损失概率直接相关,因此称船货抵押借款制度是海上保险的雏形。

17世纪开始,英国成为世界海上贸易中心的同时,海上保险的中心也开始转移到英国。第一家皇家交易所的开设,为海上保险提供了交易场所;保险商会在伦敦皇家交易所内的设立,又大大促进了海上保险的发展;《海上保险法》的颁布更使英国真正成为世界海上保险的中心,占据了海上保险的统治地位。"劳合社"最初就是专营海上保险,其演变史也是英国海上保险发展的一个缩影。

(二)火灾保险

继海上保险制度之后所形成的是火灾保险制度。近代火灾保险起源于英国。1666年9月2日,伦敦市皇家面包店由于烘炉过热而起火。火势失去控制,燃烧了5天5夜,使得1.3万户住宅被焚毁,20万居民无家可归,损失极其惨重。正是这一场大火,使人们意识到了补偿火灾损失的重要性。当时有位名叫巴奔的牙科大夫修建了一些简易房屋来安置那些无家可归的人。1667年,他出资设立了世界上第一家火灾保险公司。由于业务迅速发展,巴奔又与另外三个人合作成立了一家合伙形式的保险公司。1710年,查尔斯·玻文创立伦敦保险公司,开始承保不动产以外的动产险,其经营范围遍及全国。它是英国现存的最古老的保险公司之一。

(三)人寿保险

根据发展的完善程度,人寿保险的历史可以分为三个时期:萌芽形式时期、初级形式时期和现代形式时期。现代人寿保险的出现较火灾保险要晚。萌芽时期的人寿保险主要是指古代一些国家中某些类似人身保险的原始互助形式,这些组织以互助的方式来分担人们所遇到的困难,像支付丧葬费用、救济费用等。例如,在古埃及,石匠中有一种互助制度,参加者缴付会费,在会员死亡时该组织支付丧葬费用;在古希腊的城市中,有一种名为"公共柜"的组织,平时人们可以投币,在战时该组织则用其来救济伤亡者;古罗马也有一种宗教性质的团体,它以征收会费的方式救济死亡会员的遗属。这些互助形式就含有人身保险的因素。

随着商品经济的发展,应付人身风险的组织形式逐渐由互助形式转化为经营形式。由一个经营者负责组织应付人身风险的后备基金,在参加者与经营者之间直接发生债权债务关系,而在参加者之间则不直接发生关系。这样,就使原来的互助行为逐渐转变为一种商业性行为。到了15世纪,随着海上贸易的发展,海上保险逐渐发展起来了。当时奴隶也被作为商品在海上进行贩运。为了保证所贩运奴隶的价值,出现了以奴隶的生命为保险标的的人身保险,以后又发展到对船长和船员的人身保险。到16世纪,出现了对旅客的人身保险。

现代人寿保险制度的形成,与死亡率的精确计算密切相关。1693年,英国著名的天文学家爱德华·哈雷根据德国布勒斯市居民的死亡资料,编制出了一张完整的生命表,用科学的方法,精确地计算出各年龄段人口的死亡率。由此,不仅使产生于12世纪的年金价格的计算更为精确,同时也为人寿保险制度的形成奠定了科学的基础。18世纪中期,托马斯·辛普森根据哈雷的死亡表做成了依据死亡率变化而变化的保险费率表。后来,詹姆斯·多德森又根据年龄的差异制定了更为精确的保险费率表,进一步为人寿保险奠定了基础。

1762年,英国成立了世界上第一家人寿保险公司——伦敦公平保险公司。该公司以生命表为依据,采用均衡保险费的理论来计算保险费,并且对不符合标准的保户另行收费。对于缴纳保险费的宽限期、保单失效后的复效等也作了具体的规定,并详细载明于保单。伦敦公平保险公司的成立,标志着现代人寿保险制度的形成。

(四)责任保险

责任保险作为一类独成体系的保险业务,始于19世纪的欧美国家,发达于20世纪70年代以后。1855年英国开办了铁路承运人责任保险,但直到20世纪初责任保险才有了迅速发展,成为现代经济不可缺少的一部分,成为保险人的支柱业务之一。大多数国家还将多种公共责任做了强制投保的规定,如机动车辆第三者责任保险、雇主责任保险等。在西方非寿险保险公司中,责任保险的保费收入一般都占保费总收入的10%以上,在保险市场上有举足轻重的地位。

(五)信用保险

信用保险是随着资本主义商业信用风险和道德风险的频繁发生而发展起来的。

补充阅读 2-1
出口信用保险助力外经贸提质增效

1702年,英国开设主人损失保险公司,承办诚实保险。1842年英国保证保险公司成立。1876年美国在纽约开办了诚实保证业务,1893年又成立了专营信用保险的美国信用保险公司。第一次世界大战以后,信用危机使各国的信用保险业务大受打击。1934年,各国私营和国营出口信用保险机构在瑞士成立了国际信用保险协会,标志着国际信用保险的成熟和完善。目前,信用保险的承保范围已经相当广泛。

三、中国保险业的产生与发展

(一)我国近代保险业

保险业作为金融的支柱产业之一,在经济发展中处于非常重要的地位。保险业在中国已有200多年的历史,早在1805年,英国东印度公司就在广州开办了中国第一家保险机构,主要为鸦片贸易服务,而真正意义上的民族保险业始于19世纪后叶。

鸦片战争以后,西方列强迫使清政府签订了一系列不平等条约,加强了对我国政治、军事、经济的侵略。外国保险公司纷纷登陆中国,中国保险市场逐渐形成。外国保险公司凭借不平等条约所赋予的政治特权扩张业务领域,利用买办招揽业务,垄断了早期的中国保险市场,从中攫取了巨额利润。

面对外商独占中国保险市场、每年从中国掠夺巨额利润、致使白银大量外流这一严峻事实,国人振兴图强、维护民族权利、自办保险的民族意识被唤醒。在此情况下,1865 年 5 月 25 日义和公司保险行在上海创立。义和公司保险行,是我国第一家自办的保险机构,其成立打破了外商保险公司独占中国保险市场的局面,为以后民族保险业的兴起开辟了先河。

1872 年在上海成立的轮船招商局,是中国人自办的最早的轮船航运企业,也是现在的招商局集团的前身。它不仅是中国现代航运业的起点,也可以说是中国保险业的源头之一。轮船招商局自创办之日起就深知保险对于航运业的重要作用。作为一种打击竞争对手的手法,早期依附于外商航运业的外资保险公司听命于上司,对轮船招商局所属船舶百般刁难,收取高额保费,对中国本土产的船只不予承保。以李鸿章为代表的洋务派,为适应航运业发展的需要,先后创办了"保险招商局""仁和水险公司"和"济和水火险公司"等官办保险公司,取得了较好的经营业绩,并坚持与外商保险公司进行斗争,在一定程度上抵制了外商对中国保险市场的控制。当然,洋务派在保险业方面的努力不可能改变外商垄断中国保险市场的局面。

到民国初期,中国民族保险业获得了难得的发展机遇:一是民国初建需要刺激工商业发展以稳定政权;二是第一次世界大战爆发,欧美列强卷入战争,无暇东顾,大大减缓了洋商对中国保险市场的控制;三是"五四"运动爆发,反帝斗争兴起,赢得了整个民族对民族工商业的支持和对洋商的抵制。从 1912 年到 1925 年,国内陆续创办了华安合群等 30 余家民族保险公司,华资寿险市场一度兴起,但由于经营不善,其中停业者居多。

至 20 世纪 20 年代中后期,金融资本投入保险业,民族银行开始兴办保险企业,民族保险业开始有进一步发展,出现了太平保险公司等实力较强,分支机构代理网点遍布全国各大城市,在国际上也有一定声誉的民族保险公司。据国民党政府财政部对全国金融机构的调查,截止到 1948 年 6 月底,全国保险业的总分支机构已有 602 家。上海中外保险公司,包括外商保险代理机构,最多时有 275 家。在此期间,中央信托局产物保险处驻美分处于 1948 年 5 月 6 日在纽约华尔街开业,开办资本为 250 万美元,是中国第一家在美国获准设立的保险机构。

(二)我国现代保险业

新中国成立后、改革开放之前中国保险业的发展史,可谓跌宕起伏。社会主义建设需要保险业,1949 年我国政府对旧中国保险业进行了全面清理、整顿和改造。主要采取以下措施:(1)接管官僚资本保险企业。除中国产物保险公司和专营船舶保险、船员意外保险的中国航联意外责任保险公司经批准恢复营业外,其他官僚资本保险机构都予以停业。(2)改造私营保险企业。各地相继制定私营保险企业管理办法,如重新清产核资,要求按业务类别交存生意人保险金等,并加强督促检查。1956 年,全国私营工商业的全行业公私合营完成后,国家实行公私合营企业财产强制保险,指定中国人民保险公司为办理财产强制保险的法宝机构。同年,太平、新丰两家公私合营保险公司合并成立的"太平保险公司",不再经营国内保险业务,专门办理国外保险业务。两家公司的合并实现了全保险行业公私合营,标志着中国保险业社会主义改造的完成。从此,中国国内保险业务开始了由中国人民保险公司独家经营的局面。(3)外国保险公司退出中国保险市场。新中国成立后,人民政府要求外资保险公司重新登记和缴纳保证金,采取限制和利用并重的政策,一方面允许其营业,继续办理一些当时其他保险公司不能开办的业务,另一方面从维护民族利益出发,对其业务经营进行必要的限制,对其违反国家法令和不服从管理的行为进行严肃查处,外商保险公司不仅失去依靠政府特权获取的高额利润,也失去了很多的分保收入,业务越来越少。外商保险公司的保费收入占全国保费收入的比例从 1949 年的 62%,减少到 1950 年的 9.8%、1951 年的 0.4%以及 1952 年年底的 0.1%;外商保险公司从 1950 年的 61 家到 1952 年年底完全撤出中国保险市场。

1949 年新中国成立后,建立了全国性的保险机构——中国人民保险公司,一直在保险市场上发挥重要的作用。在 20 世纪 50 年代,中国保险业发展还处于初创期,保险业务的发展还处于初级拓荒阶段,业务范围十分狭窄;六七十年代是中国保险业发展的低谷期,由于历史原因,本外币保险业务基本停办,仅保留五大口岸城市的涉外险业务,保险业陷入长达 20 年的停滞时期,发展严重受挫。

(三)改革开放后的中国保险业

改革开放是当代中国最鲜明的特色,是我们党在新的历史时期最鲜明的旗帜,是党和人民事业大踏步赶上时代的重要法宝。

40 多年来,中国保险业高举改革开放伟大旗帜,锐意深化改革,勇当开放尖兵,行业面貌发生了巨大变化,我国保险市场由改革开放之初中国人民保险公司独家经营,全部保费收入只有 4.6 亿元,到 2017 年年底,全国保险机构达到 218 家,总资产 16.7 万亿元,实现保费收入 3.7 万亿元,市场规模增长 8 000 余倍,世界排名跃升至第 2 位;承担保险责任金额 4 154 万亿元,是同期 GDP 的 50 倍,保险赔付也达到了 1.1 万亿元,成为名副其实的保险大国。在这些数字值增长之外,更可宝贵的是,行业在发展定位、体制机制、行业功能、人民获得感等方面实现了根本性转变。

根本性转变之一:融入发展全局,从财政保障功能的替代物到服务国家治理体系和治理能力现代化

1979 年 4 月,国务院批准《中国人民银行分行行长会议纪要》,做出"逐步恢复国内保险业务"的重大决策,中国人民银行立即颁布《关于恢复国内保险业务和加强保险机构的通知》(以下简称《通知》),对恢复国内保险业务和设置保险机构做出了具体部署。

需要注意的是,《通知》指出,"参加保险的财产一旦发生保险责任范围内的损失,由保险公司按照保险契约的规定负责赔偿,国家财政不再核销或拨款"。也就是说,在当时的背景下,国家在很大程度上是将保险业定位为财政保障功能的替代物。

随着保险业的迅速恢复和发展、保险业务领域的逐步拓展、保险机制作用的发挥,国家对于保险业发展定位的认识也在不断深化。

2006年,与改革建立起来的社会主义市场经济体制对市场化风险保障模式和社会管理模式的要求相适应,《国务院关于保险业改革发展的若干意见》首次提出,"保险……是市场经济条件下风险管理的基本手段"。

2014年,在全面深化改革的大背景下,国务院再次专门颁布《关于加快发展现代保险服务业的若干意见》,开篇即重申"保险是现代经济的重要产业和风险管理的基本手段,是社会文明水平、经济发达程度、社会治理能力的重要标志",并明确提出"立足于服务国家治理体系和治理能力现代化,把发展现代保险服务业放在经济社会工作整体布局中统筹考虑"。

相应地,各部委和地方政府也越来越多地把保险纳入自身"工具箱",在脱贫攻坚、绿色中国、健康中国、乡村振兴、"一带一路"倡议、旅游出行、安全生产等政策中均可看到保险的身影。

40多年来,保险业的发展定位实现了从"财政保障功能的替代物",到"市场经济条件下风险管理的基本手段",再到"服务国家治理体系和治理能力现代化"的根本性转变,与国家改革目标从"有计划的商品经济"到"社会主义市场经济"再到"国家治理体系和治理能力现代化"的转变高度契合。

根本性转变之二:引入竞争机制,从低效垄断到市场发挥决定性作用

改革开放之初,只有人保一家公司。那时人保公司不仅是一个商业保险公司,在一定程度上还代表政府履行监管职能,包括起草了新中国第一个保险公司管理条例,代表政府参加对外谈判等。应该说,在当时保险业处于复业起步阶段、实力弱小的特殊历史时期,中国人民保险公司的独家经营对于行业的全面恢复起到了十分重要的作用。但随着国民经济的发展,人民保险需求的增长,人保独家垄断经营的弊端逐渐暴露,突出表现为创新动力不足,保险费率居高不下。

竞争机制的引入,使保险业实现了从卖方市场向买方市场的转变。目前中国保险市场主体发展到了220多家,先后经历了从人保公司独家垄断,到20世纪80—90年代初期平安、太平洋保险公司成立后的寡头垄断,到20世纪90年代中期华泰、华安、泰康、新华人寿等一批公司设立的有限竞争,再到现在充分竞争的发展过程。

这一过程中,消费者的地位和重要性越来越凸显,选择权也越来越多。比如,最初人保公司的寿险产品只有意外险和简易人身险,而现在市场上各类人身险产品已非常丰富,涵盖传统寿险、分红险、万能险、投连险、意外险、健康险等人身险险种,注册产品高达上千种。比如,推进商业车险改革,放松了过去车险定价的统一性,让有良好驾驶习惯的消费者得到更多实惠,车均保费2016年下降了5.3%,2017年进一步下降了3.6%,显著提高了消费者获得感。

竞争机制的引入,也使保险业在开放中实现了国际接轨。回顾我国金融业的对外开放进程,保险业可以说是开放时间最早、开放力度最大、开放过渡期最短,无论是作为入世谈判的焦点还是新时代对外开放的排头兵,在国家整个对外开放布局中一直居于重要地位。

中国在加入世界贸易组织前没有一家中资保险机构进入《财富》500 强,而 2017 年有 6 家上榜,上榜数量位列全球第三,其中中国人寿、中国人保、中国平安都进入了前 120 位,国际影响力和话语权不断提高。

根本性转变之三:拓展金融属性,从风险管理到资金融通

40 多年来,我国保险业的金融属性也经历了一个从无到有的过程。从改革开放之初,到 20 世纪 80 年代后期,由于没有储蓄投资型产品,那时候的保险公司没有金融概念,保险资金基本上以银行存款形式进入了银行。20 世纪 90 年代初期,保险在特定时代办过"三产"。1995 年,《保险法》颁布,保险资金运用开始有了明确的法律规定,但严格限制在银行存款、购买国债、金融债。

我国保险业完整意义上的金融功能是在 21 世纪以后逐渐培育起来的。21 世纪以来,在应对利差损的背景下,行业开启了分红、万能和投连等具有储蓄投资性质的产品创新。有了这些产品之后,强化了负债管理,开始成立专业的资产管理公司进行集中化、专业化的资金运用。有了资金运用以后,又强调资产负债的匹配,逐步形成了风险管理与资产管理业务双轮驱动的格局。

需要注意的是,保险是金融,但又不是纯粹的金融,行业金融属性的发挥必须以保障属性的实现为前提。近几年来,由于对保险业股东结构和资产负债管理的约束严重不足,少数公司通过销售中短存续期产品或非寿险投资型产品为主的"平台型"发展模式,使保险行业偏离了保险保障的本源,保险资金举牌上市公司的现象频繁出现,扰乱了金融市场与资本市场,形成了突出风险隐患,值得行业反思和警惕。令人欣慰的是,中央及时提出了"保险姓保,回归本源""做优主业,做精专业"的要求,为行业把握好保障属性和金融属性的辩证关系提供了明确方向。

根本性转变之四:利用现代技术,从信息化"补课"到数字化融合

保险单是一种无形商品,保险业与客户之间的所有交互都是围绕信息而发生,科技对于保险业更是有着特殊价值。40 年来,保险业坚持以科技变革支撑和引领改革,对标国际同业进行信息化补课,对标互联网企业推进实施数字化战略,在提升业务效率的同时,极大地改善了人民群众的保险体验。

2010 年,人保集团南方信息中心投入运营,成为率先建成大型信息中心的国有保险集团。随后,中国人寿也建成了现代化的数据中心。在信息化、数字化时代背景下,保险业在完成信息化"补课"的基础上,与"数字中国"建设相适应,这几年保险企业又陆续启动实施了数字化战略。保险业将在信息科技应用、新技术布局、商业模式创新三方面持续发力,在移动互联、物联网、大数据、人工智能、区块链、生物识别等多个领域全面开展研究应用,通过数字化重塑努力打造全渠道体验、智能分析、生态系统三大关键能力,不断推动"以客户为中心"的创新与变革,满足人民群众日益增长的美好生活保险需求。

科技支撑下的保险新业态也在快速崛起,最典型的是原保监会 2013 年批准设立全球首家互联网保险公司——众安在线保险公司,在近几年毕马威发布的全球金融科技百强榜中均占据榜首位置,2017 年 9 月成功在香港上市后市值很快超过千亿元;其创新推出的"尊享 e 生"互联网短期医疗险等,适应新生代消费者的数字化体验需求,更是成为提升国民保险意识的现象级"爆款"产品。可以说,我国 5G 技术、人工智能、大数据、移动互联和物联网、生物识别、量子技术以及分布式技术都取得了重大突破和发展,当前我国保险业在很多保险科技应用领域已经走在世界前列。

第二节　保险概念与分类

一、大数法则与保险

(一)风险损失的分摊机制

日常生活中,常常发现这样一个事实,经济单位遭受风险损失后,在保险的责任范围内所获得的保险赔款远远高于其所缴纳的保险费。我们不禁要问,保险公司为何能够赔付这么多的保险金呢?其中奥妙何在?为了回答这个问题,不妨以一个极其简化的例子来说明。

假设某地区有 1 000 栋住房,每栋住房的价值为 100 万元。根据以往的资料知道,每年火灾发生的频率为 0.1%,且为全损,保险公司提出,每栋住房的房主每年缴纳 1 100元,则由保险公司承担全部风险损失。

假定所有的房主同意并按要求缴纳了 1 100 元,现在我们只要计算一下,就知道保险公司是怎样兑现承诺的了。

保险公司收到的金额＝1 000×1 100＝1 100 000(元)

保险公司应付赔款＝1 000×0.1%×1 000 000＝1 000 000(元)

保险公司年终余额＝1 100 000－1 000 000＝100 000(元)

从上述计算中,我们发现,保险公司不仅通过每个房主缴纳的 1 100 元(共计 110 万元),承担起了每年应赔偿火灾损失的 100 万元的责任,还结余了 10 万元。这 10 万元则可用于每年因提供这项服务所需要的办公费用、人力费用和税金等。

从这个例子中,我们也不难发现,遭受火灾风险损失者的损失,并不是由他个人全部承担,他只承担了 1 100 元,也不是保险公司承担,而是由其他房主共同承担的,保险公司只起到了组织分摊损失的作用,并且因有效地组织风险损失分摊获得了生意人报酬。我们把这种由面临相同风险的经济单位或个人共同承担个别经济单位的风险损失的机制称为保险机制。

这里每个房主就是投保人、被保险人,保险公司就是保险人,房主缴纳的 1 100 元则是保险费,0.1%则为保险费率,保险公司所收取的 110 万元就是保险基金。

(二)大数法则与保险

从前面的分析中,我们不难发现,保险人要保证兑现他的承诺,必须对风险发生的频率有准确的估计。如果估计发生的频率低于实际发生的频率,则保险人就可能破产,不可能对被保险人履行诺言,从而殃及所有投保人或被保险人。所以对风险的准确测定,是稳定经营保险的基础。

如何准确测定风险发生的频率呢? 概率论告诉我们,对某一事件进行重复实验,当实验次数不断增加,该事件发生的频率就趋近某一常数,观察次数越多,就越接近这个常数,这就是大数法则。因此,要运用大数法则准确地测定某一事件出现的频率,则必须满足两个条件:一是事件数必须足够多;二是将来的条件要与以往的条件基本保持一致。只有如此,才可能准确地测定事件发生的频率。

因此,保险人准确测定风险发生的频率,必须要掌握大量的风险资料;同时,要有效地承担风险,应尽可能地扩大风险单位数,只有这样才能更好地分摊风险损失。同时,可保风险必须是意外发生的风险,保证风险事件是随机事件,满足大数法则的要求条件——将来这一事件的发生条件与以往的条件基本一致。

在保险实务中,人寿保险所利用的生命表,体现了把大数法则应用到以往的经验数据;财产保险把大数法则应用到以往财产风险损失的经验数据。但是在财产保险中,由于某种风险发生所致损失的规模差异较大,因此,一般用保额损失率来度量风险发生的频率。

二、保险概念

保险一词是西方国家的舶来品,英文称之为 Insurance,那么何为保险? 在现代社会生活条件下,保险作为一项独立的社会经济制度,具有特定的含义。《中华人民共和国保险法》着眼于保险合同关系和保险运作的实际内容,在其中的第 2 条将保险定义为:"保险是指投保人根据合同约定,向保险人支付保险费,保险人对于合同约定的可能发生的事故因其发生所造成的财产损失承担赔偿保险金责任,或者当被保险人死亡、伤残、疾病或者达到合同约定的年龄、期限时承担给付保险金责任的商业保险行为。"

保险学者一般从如下几个方面来解释保险的定义:

从经济角度上说,保险,它是指面临同类危险的众多的社会单位或个人,集中一定的资产建立保险基金,以此对于因该危险事故的发生而造成的特定社会单位或个人的经济损失予以补偿的经营性行为,是分摊意外事故损失的一种财务安排。

投保人参加保险,实质上是将他的不确定的大额损失变成确定的小额支出,即保险费。而保险人集中了大量同类风险,能借助大数法则来正确预见损失的发生额,并根据保险标的的损失概率制定保险费率。通过向所有被保险人收取保险费建立保险基金,用于补偿少数被保险人遭受的意外事故损失。因此,保险是一种有效的财务安排,并体现了一定的经济关系。此外,保险也是对不可预计的损失进行重新分配的融资活动。保险这种机制涉及的是把潜在损失转移到一个保险基金中,该基金集中了所有潜在损失,而后将预计损失的成本分摊给所有参与者。因此,保险是将损失风险转移给一个风险共担组织的融资活动。

从法律角度来看,保险是一方同意补偿另一方损失的一种合同行为,体现的是一种民事法律关系,根据合同约定,一方承担支付保险费的义务,换取另一方为其提供的经济补偿或给付的权利,这正好体现了民事法律关系的内容——主体之间的权利和义务关系。愿意赔付损失的一方是保险人;发生损失导致保险人赔付的一方是被保险人;保险人收取的费用称为保险费;保险人与投保人订立的保险合同称为保险单。

从社会功能的角度来看,保险是一种有效转移风险、保障社会稳定的手段。保险把众多的单位和个人集合起来,每个参与者愿意付出一个相对较小的固定开支,来代替相对较大的、不确定的损失。它减轻或消除了人们由于担心损失发生而引起的焦虑。因此,人们常常把保险称为"社会稳定器"。通过以上的分析,我们已经可以了解到保险是一种以经济保障为基础的金融制度安排。保险通过对不确定事件发生概率的数理预测和收取保险费的方法,建立保险基金;以合同的形式,由大多数人来分担少数人的损失,实现保险购买者风险转移和理财计划的目标。

三、保险分类

保险作为一种事物可以从不同的角度进行观察,进而从不同的角度进行分类。随着经济的发展,保险的种类越来越多,所涉及的领域及具体做法也在不断地扩大和发展。然而,迄今为止,各国对保险的分类尚无统一标准,只能从不同的角度进行大体上的分类。通常我们可以按照保险的性质、实施方式、保险标的等不同的标准把保险分成不同的类型。

(一)按保险的性质分类

保险按具体的性质可分为商业保险、社会保险和政策保险。

1. 商业保险

商业保险是指投保人与被保险人订立保险合同,根据保险合同约定,投保人向保险人支付保险费,保险人对可能发生的事故因其发生所造成的损失承担赔偿责任,或者当被保险人死亡、疾病、伤残或者达到约定的年龄期限时给付保险金责任的保险。在商业保险中,投保人与保险人是通过订立保险合同建立保险关系的。投保人之所以愿意交付保险费进行投保是因为保险费用要低于未来可能产生的损失,保险人之所以愿意承保是因为可以从中获取利润。因此,商业保险既是经济行为,又是法律行为。目前,一般保险公司经营的财产保险、人身保险、责任保险、保证保险均属商业保险性质。

2. 社会保险

社会保险,过去我国称劳动和社会保险,是社会保障的重要组成部分,是指国家通过立法在社会劳动者暂时或永久丧失劳动能力或失业时对其提供一定的物质帮助以保障其基本生活的社会保障制度。当劳动者遇到生育、疾病、死亡、伤残和失业等时,国家以法律的形式由政府指定的专门机构为其提供基本生活保障。我国在中华人民共和国成立以后长期实施的《劳动保障条例》和各省市现行的城镇职工基本医疗保险办法,都属于社会保险范畴。社会保障与商业保障不同,商业保险的当事人均出于自愿,而社会保险一般都是强制性的,凡符合法律规定条件的成员不论你愿意还是不愿意,均需参加。在保险费的缴纳和保险金的给付方面,也不遵循对等原则,所以,社会保险实质上是国家为满足劳动者在暂时或永久丧失劳动能力和待业时的基本生活需要,通过立法采取强制手段对国民收入进行分配和再分配而形成的专项消费基金,用以在物质上给予社会性帮助的一种形式和社会福利制度。

3. 政策保险

政策保险是指政府由于某项特定政策的目的以商业保险的一般做法而举办的保险。例如,为辅助农牧、渔业增产增收的种植业保险,为促进出口贸易的出口信用保险。政策保险通常由国家设立专门机构或委托官方或半官方的保险公司具体承办。

(二) 按保险标的分类

保险标的,或称"保险对象",是指保险合同中所载明的投保对象。按不同的标的,保险可分为财产保险、责任保险、信用保证保险和人身保险四类。

1. 财产保险

财产保险是指以各种有形财产及其相关利益为保险标的的保险,保险人承担对各种保险财产及相关利益因遭受保险合同承保责任范围内的自然灾害、意外事故等风险所造成的损失负赔偿责任。财产保险的种类繁多,主要有以下几种:

(1)海上保险,指保险人对海上的保险标的由于保险合同承保责任范围内的风险的发生所造成的损失或引起的经济责任负责经济赔偿的保险,主要包括海洋运输货物保险、船舶保险、海上石油开发工程建设保险等。

(2)运输货物保险,指承保海洋、陆上、内河、航空、邮政运输过程中保险标的及其利益所遭受的损失,主要包括海洋运输货物保险、陆上运输货物保险、航空运输货物保险和邮政运输货物保险等。

(3)运输工具保险,承保海、陆、空、内河各种运输工具在行驶和停放过程中所发生的各种损失,主要包括船舶保险、汽车保险、飞机保险等。

(4)火灾保险,承保在一定地点内的财产,包括房屋、机器、设备、原材料、在制品、制成品、家庭生活用品、家具等因发生火灾造成的损失。目前,火灾保险一般不作为单独的险别,而将其包括在综合性险别的责任范围内。例如在我国,当投保企业财产保险和家庭财产保险时,火灾损失就属于其主要的责任范围;在运输货物保险条款中,火灾损失也是保险人承担赔偿责任的重要内容。

(5)工程保险,一般承保各类建筑工程和机器设备安装工程在建筑和安装过程中因自然灾害和意外事故造成的物质损失、费用和对第三者损害的赔偿责任。

(6)农业保险,指保险人为农业生产者在从事种植、养殖和捕捞生产过程中,因遇自然灾害或意外事故导致损失提供经济补偿的保险。农业保险有农作物保险、农产品保险、牲畜保险、家禽保险及其他养殖业保险等。

2. 责任保险

责任保险的标的是被保险人依法应对第三者承担的民事损害赔偿责任。在责任保险中，凡根据法律或合同规定，由于被保险人的疏忽或过失造成他人的财产损失或人身伤害所应付的经济赔偿责任，由保险人负责赔偿，常见的责任保险有以下几种：

(1) 公众责任保险，承担被保险人在各种固定场所进行的生产、营业或其他各项活动中，由于意外事故的发生所引起的被保险人在法律上应承担的赔偿金额。

(2) 雇主责任保险，凡被保险人所雇用的员工，包括短期工、临时工、季节工和徒工，在受雇过程中，从事保险单所载明的与被保险人的业务有关的工作时，遭受意外而致伤残、死亡或患与业务有关的职业性疾病，被保险人根据雇用合同，须承担的医药费及经济赔偿责任，包括应支付的诉讼费用，由保险公司负责赔偿。

(3) 产品责任保险，凡是由于被保险人所生产、出售或分配的产品或商品发生事故，造成使用、消费或操作该产品或商品的人或其他任何人的人身伤害、疾病、死亡或财产损失，依法应由被保险人负责时，由保险人根据保险单的规定，在约定的赔偿限额内予以赔偿。被保险人为上述事故所支付的诉讼费用及其他事先经保险人书面同意支付的费用，也由保险人负责赔偿。据此，要获得产品责任赔偿必须具备两个条件：第一，造成产品责任事故的产品必须是供给他人使用，即用于销售的商品；第二，产品责任事故的发生必须是在制造、销售该产品的场所范围以外的地点。

产品责任保险是在 20 世纪 70 年代以后，首次在欧美一些发达国家开始举办并迅速普及起来的。中国人民保险公司于 1980 年起开始承办产品责任保险，这对增强外商经营我国产品的积极性，提高我国产品的竞争力，促进我国出口贸易起了积极的作用。

(4) 职业责任保险，承保各种专业技术人员如医生、律师、会计师、工程师等因工作上的疏忽或过失造成合同对方或他人的人身伤害或财产损失的经济赔偿责任。

3. 信用保证保险

信用保证保险的标的是合同双方权利人和义务人约定的经济信用。信用保证保险是一种担保性质的保险。按照投保人的不同，信用保证保险又可分为信用保险和保证保险两种类型。信用保险的投保人和被保险人都是权利人，所承担的是契约的一方因另一方不履约而遭受的损失。例如，在出口信用保险中，保险人对出口人(投保人、被保险人)因进口人不按合同规定支付货款而遭受的损失负赔偿责任。

保证保险的投保人是义务人，被保险人是权利人，保证当投保人不履行合同义务或有不法行为使权利人蒙受经济损失时，由保险人承担赔偿责任。例如，在履约保证保险中，保险人担保在承包工程业务中的工程承包人不能如期完工或工程质量不符合规定致使权利人遭受经济损失时，承担赔偿责任。综上所述，无论是信用保险还是保证保险，保险人所保障的都是义务人的信用，最终获得补偿的都是权利人。目前，信用保证保险的主要险种有：

(1) 雇员忠诚保证保险，凡是雇主因其雇员的欺骗和不诚实行为所遭受的损失，由保险人负责赔偿。

（2）履约保证保险，指签约双方中的一方，由于不能履行合同中规定的义务而使另一方蒙受的经济损失，由保险人负责赔偿。

（3）信用保险，指被保险人（债权人）在与他人订立合同后，由于对方不能履行合同义务而使被保险人遭受的经济损失，由保险人负责赔偿。常见的有出口信用保险和投资保险等。

4. 人身保险

人身保险是以人的身体或生命作为标的的一种保险。人身保险以伤残、疾病、死亡等人身风险为保险内容，被保险人在保险期间发生保险事故或生存到保险期满，保险人依照合同规定对被保险人给付保险金。由于人的价值无法用金钱衡量，具体的保险金额是根据被保险人的生活需要和投保人所支付的保险费，由投保人和保险人协商确定。人身保险主要包括人寿保险、健康保险和人身意外伤害保险。

（1）人寿保险。人寿保险包括死亡保险、生存保险和两全保险三种。死亡保险是指在保险期内被保险人死亡，保险人即给付保险金；生存保险是以被保险人在保险期内仍然生存为给付条件，如被保险人在保险期内死亡，不仅不给付保险金，而且也不返还已缴纳的保险费；两全保险则是由死亡保险和生存保险合并而成，当被保险人生存到保险期满时，保险人要给付保险金；当被保险人在保险期内死亡时，保险人也要给付保险金。

（2）健康保险。健康保险又称疾病保险，它是指被保险人因疾病而支出的医疗费用，或者因丧失劳动能力，按保险单规定，由保险人给付保险金。

（3）人身意外伤害保险。人身意外伤害保险一般是指当被保险人因意外事故而伤残或死亡时，由保险人负责给付规定的保险金，它包括意外伤害的医疗费用给付和伤残或死亡给付两种。

（三）按保险的实施形式分类

按保险的实施形式，可分为强制保险与自愿保险。

1. 强制保险

强制保险又称法定保险，是指国家对一定的对象以法律或行政法规的形式规定其必须投保的保险，这种保险依据法律或行政法规的效力，而不是投保人和保险人之间的合同行为而产生。例如，在中华人民共和国成立初期曾经实行过的国家机关和国营企业财产都必须参加保险的规定以及旅客意外伤害保险均属强制保险，凡属强制保险承保范围内的保险标的，其保险责任均自动开始。例如，中国人民保险公司对在国内搭乘火车、轮船的旅客实施的旅客意外伤害保险，就规定自旅客买到车票、船票开始旅行时起保险责任就自动开始，每位旅客的保险金额也由法律按不同运输方式统一规定。

2. 自愿保险

自愿保险又称任意保险，是由投保人和保险人双方在平等自愿的基础上，通过协商订立保险合同并建立起保险关系的。在自愿保险中，投保人对于是否参加保险、向哪家保险公司投保、投保何种险别以及保险金额、保险期限等均有自由选择的权利。在订立保险合同后，投保人还可以中途退保，终止保险合同。至于保险人也有权选择投保人，自由决定是否接受承保和承保金额。在决定接受承保时，对保险合同中的具体条款，如承保的责任范围、保险费率等也均可通过与投保人协商决定。自愿保险是商业保险的基本形式。

（四）以风险转移层次为标准分类

按风险转移层次可将保险划分为原保险和再保险。

1. 原保险

这是投保人与保险人之间直接签订合同的保险关系。在原保险关系中，投保人将风险转移给保险人，当保险标的遭受保险责任范围内的损失时，保险人直接对被保险人承担赔偿责任。

2. 再保险

再保险也称分保，是保险人将其所承保业务的一部分或全部，分给另一个或几个保险承担。原保险人购买再保险主要是为了避免潜在损失过于集中，利用再保险的特殊专业技术，来保障较强的承保能力和财务经营的稳定性。这种风险转嫁的方式是保险人对原始风险的纵向转嫁，即第二次风险转嫁。

（五）以承保方式为标准分类

按照承保方式分类，可将保险分为共同保险、复合保险和重复保险。

1. 共同保险

共同保险简称共保，是由几个保险人联合直接承保同一保险标的、同一风险、同一保险利益的保险。共同保险的各保险人承保金额的总和等于保险标的的保险价值。在保险实务中，可能是多个保险人以某一保险人的名义签发一份保险合同，每一保险人对保险事故损失按约定比例分担责任。与再保险不同，这种风险转嫁方式是保险人对原始风险的横向转嫁，它仍属于风险的第一次转嫁。

2. 复合保险

复合保险是指投保人以保险利益的全部或部分，分别向几个保险人投保相同种类保险，签订几个保险合同，并且其保险金额总和不超过保险价值的保险。

3. 重复保险

重复保险是指投保人在同一保险期间以同一保险标的、同一保险利益、同一风险事故分别和几个保险人订立保险合同，保险金额总和超过保险价值的保险。与共同保险相同，重复保险也是投保人对原始风险的横向转嫁，也属于风险的第一次转嫁。

第三节　保险职能与作用

一、保险特征

（一）保险的内在特征

保险的特征是保险内在本质的外部表现。现代商业保险的特征可以从以下几个方面加以认识：

1. 经济性

从投保人的角度看,保险是一种处理风险的经济方法,它具有使自己所承担的风险损失降到最低的特点。投保人只需要通过缴纳少量的保险费,就可将可能面临的较大风险损失转嫁给其他人承担。因此,对投保人来说具有较强的经济性。

2. 互助性

保险具有"一人为众,众人为一"的互助特性,没有互助性,也就失去了保险的意义。保险在一定条件下分担了个别单位和个人所不能承担的风险,从而形成了一种经济互助关系。这种经济互助关系通过保险人用多数投保人缴纳的保险费所建立的保险基金对少数遭受损失的被保险人提供补偿或给付而得以体现。当然,在现代商业保险条件下,由于保险公司的出现,并作为一种中间性的机构来组织风险分散和经济补偿,从而使互助性的关系演变成一种保险人与投保人直接的经济关系,但这种变化并不改变保险的互助性这一基本特征。

3. 法律性

从法律角度看,保险是一种合同行为,具有明显的法律性质。保险是依法按照合同的形式体现其存在的。保险双方当事人要建立保险关系,其形式是保险合同;保险双方当事人要履行其权利和义务,其依据也是保险合同。因此保险的法律性主要体现在保险合同上,保险合同的法律特征主要有:保险行为是双方的法律行为,保险行为必须是合法的,保险合同双方当事人必须有行为能力,保险合同双方当事人在合同关系中的地位是平等的。保险的法律性,不仅体现在保险本身是一种合同行为,法律是保险行为的规范和实现的条件,而且法律也是保险组织和某些保险业务活动(如法定保险、责任保险等)产生的前提条件。此外,对保险的监督管理也是以法律为依据的。

4. 科学性

这是从保险运行的风险损失分摊机制来考察的。投保人风险得以分散,损失得以分摊是建立在有效测定风险发生的频率基础之上的。而准确测定风险发生频率的基础是科学的数理工具——概率论和大数法则,保险费率的厘定、保险准备金的提存等都是以科学的数理计算为依据的。因此,保险是一种科学处理风险的方法。

(二)保险与其他类似行为的比较

为了更准确地把握保险的内涵,把保险与其他类似行为区别开来,有必要对它们进行比较。其他类似行为之所以不是保险,原因在于其缺乏一项或多项保险的构成要素。现分别说明如下:

1. 保险与储蓄

保险与储蓄的相似点。保险与储蓄都是以现有的资金来为将来所需作准备。二者在稳定生产或安定生活方面,具有一致性,相互类似。尤其是人身保险的生存保险,其与储蓄的相似点表现得特别突出。

保险与储蓄的不同点。(1)保险具有互助性质,而储蓄是一种完全自助行为;(2)风险发生后保险受益人所得的保险金远远高于其所缴纳的保险费,而储蓄只能得到所储存的本金和利息;(3)保险的成功运行,是建立在科学的数理基础之上,以大数法则为根据,有特殊的技术要求,而储蓄则无此要求;(4)保险基金是专门用以补偿风险损失的,具有专门用途,而储蓄则可由储蓄者任意处分。

2. 保险与救济

保险与救济的相似点。救济是对经济单位或个人在遭受某种事件损害时,他人单方面无条件地予以经济帮助的一种施舍行为。与保险的类似点在于都具有通过经济帮助来安定经济生活的特征,表现最为突出的是政府实施的社会救助及社会保险中政府和业主负担部分或全部保险费。

保险与救济的不同点:(1)提供保障的主体不同。保险是一种商业行为;救济包括民间救济和政府救济,属于单方的慈善行为。(2)提供保障的资金来源不同。保险保障以保险基金为基础,主要来源于投保人交纳的保险费,而民间救济的资金是救济方自己拥有,政府救济的资金则来源于国家财政。(3)提供保障的可靠性不同。保险中的被保险人能得到及时可靠的保障,受法律保护,而救济是一种单纯的临时性资金,不受法律约束。(4)提供的保障水平不同。保险的补偿或给付水平要根据损失情况而定,同时与投保人的交费水平直接相联系。至于救济,一般救济标准很低,要依法实施,通常依当地的最低生活水平而定。

3. 保险与赌博

保险金的取得,取决于偶然发生的风险事件,不为人的意志所左右;赌博之输赢也是取决于偶然事件的发生与否。因此,两者都因偶然事件而获得一定的经济收入,具有相似性。

但保险与赌博完全不同。(1)保险目的是为获得经济保障,稳定经济生活;而赌博则以损人利己图谋暴利为目的。(2)保险以可保风险为前提,其结果为变风险为安全;而赌博则本身就产生风险,是风险的增加,其结果是变安全为风险。(3)保险具有稳定社会经济生活秩序的作用;而赌博则扰乱社会秩序,为法律所禁止。

补充阅读 2-2
利用航班延误骗保 300 多万,分清保险与赌博

4. 商业保险与社会保险

社会保险是指国家通过立法的形式,为依靠工资收入生活的劳动者及其家属提供基本生活条件,促进社会安定而举办的保险,主要有养老保险、医疗保险、失业保险、工伤保险和生育保险。社会保险在运作原理上如大数法则的运用等与商业保险相同,都使部分人群在遭受风险损失时能获得部分的补偿。但两者在经营主体等方面还有很大的不同,主要区别如下:(1)经营主体不同。商业保险的经营主体是商业保险公司,而社会保险可以由政府或其设立的机构办理,也可以委托金融机构代管,社会保险带有行政色彩。我国经办社会保险的机构是劳动与社会保障部授权的社会保险机构。(2)行为依据不同。商业保险是依合同实施的民事行为,而社会保险则是依法实施的政府行为,享受社会保险的

保障是宪法赋予公民的一项基本权利。(3)实施方式不同。商业保险合同的订立必须贯彻平等互利、协商一致、自愿订立的原则,除少数险种外,大多数险种在法律上没有强制实施的规定,而社会保险则具有强制实施的特点,凡是社会保险法律、法规规定范围内的社会成员,必须参加。(4)适用原则不同。商业保险强调的是"个人公平",社会保险强调的是"社会公平"原则。(5)保险功能不同。商业保险的保障目标是在保险金额范围内对保险事故所致损害进行保险金的给付和赔偿。而社会保险的保障目标是通过社会保险金的支付保障社会成员的基本生活需要,即生存需要,因而保障水平较低。(6)保险负担不同。商业保险的收费标准一般较高,而社会保险的保险费通常是个人、企业和政府三方共同负担。

二、保险职能

保险的职能是指保险内在的固有功能,由保险的本质和内容决定,具体可分为基本职能和派生职能。

(一)保险的基本职能

保险的基本职能是指一切经济条件下均具有的职能,包括分散风险和补偿损失两方面。分散风险是保险处理风险事故的技术方法,是补偿损失的一种手段,补偿损失是保险的最终目的,这两个职能相辅相成,体现了保险机制运行过程中手段和目的的统一。

1. 分散风险

对于个体来说,风险事故是否发生具有不确定性,但对于相同风险的群体来说风险事故发生是可以确定的。或者说风险发生的概率对个体来说具有不确定性,但对群体来说其概率分布却是一个确定的数值,这使得保险可以作为一种分摊损失的方法。保险集中风险的过程,同时也是分散风险的过程。即站在投保人的角度看,保险将客户的风险集中在自己身上,但站在保险人的角度看,众人投保的同时也是保险人在分散所集中的风险的过程。当发生约定的保险事故时,保险人利用众人缴纳保险费所建立的保险基金进行理赔,其实就是由所有参加保险的人共同承担个体发生的风险损失。

2. 补偿损失

经济补偿与给付职能是保险最基本、最核心的职能。经济补偿与给付,是指当保险责任范围内的保险事故发生造成损失时,保险人按照保险合同的规定,及时、准确、迅速、合理地进行损失补偿。

保险的补偿职能,只是把社会已有的财富进行再分配,而不能增加社会财富。因为从社会角度而言,个别遭受风险损害的投保人的所得,正是没有遭受损害的多数投保人的所失,它是由全体投保人给予的补偿。这种补偿既包括财产损失的补偿,又包括了责任损害的赔偿。

由于人的价值是很难用货币来计价的,所以人身保险是经过保险人和投保人双方约定进行给付的保险。因此,人身保险的补偿职能不是损失补偿,而是经济给付。人身保险的标的是人的寿命和身体,人的疾病、伤残、死亡等不幸给个人或家庭带来的损失,只能由投保人根据经济需要提出具体的投保金额,保险人再根据所缴纳的保险费等诸多因素全面衡量,确定适当的保险金额。一旦发生保险事故,保险人则按约定的保险金额予以给付。

(二)保险的派生职能

保险的派生职能是在保险固有的基本职能的基础上,随着社会生产力的发展和保险分配关系的发展而产生的。主要有风险管理职能、投资职能和社会管理职能。

1. 风险管理职能

保险企业作为集合与分散风险的专业管理机构,其自身的特点决定了在业务经营过程中所面临的风险远远大于其他企业。从自身经营和稳定性出发,风险管理成了保险的一个重要派生职能。许多保险公司非常重视风险管理,设置了管理专职部门,专门从事风险评估、损失控制、事故调查、灾损分析和防灾培训等工作,通过高水平的风险管理来保障业务经营的稳定和发展,也成为保险业务竞争的手段。防灾防损本身就是风险管理的重要内容,有助于社会行为主体增强风险防范意识,提高风险管理水平。

2. 投资职能

保险费的收取与保险金的赔付之间存在的时间差和数量差,为保险投资提供了可能。为了保证将来保险金的赔付和增强保险公司的偿付能力,保险公司必须对保险资金进行投资运用并保证保险资金的保值和增值。因此,保险投资是保险公司的又一重要派生职能。随着保险承保能力日趋过剩,保险竞争日益加剧以及资本市场的不断完善,保险投资不仅是推动保险业前进的车轮,也是弥补承保业务亏损、维持保险业继续经营的生命线。因此保险投资与保险业的发展已经融为一体,承保业务和投资业务的并驾齐驱已成为保险业发展的一种潮流。在西方资本市场上,保险公司尤其是人寿保险公司既是中长期资金的主要供应者,又是重要的机构投资者。保险投资管理水平已成为保险市场强有力的竞争手段。

3. 社会管理职能

保险的社会管理功能不同于国家对社会的直接管理,而是通过保险内在的特性,促进经济社会的协调以及社会各领域的正常运转和有序发展。保险的社会管理功能是在保险业逐步发展成熟并在社会发展中的地位不断提高和增强之后衍生出来的一项功能,主要体现在社会保障管理、社会风险管理、社会关系管理、社会信用管理等方面。

(1)社会保障管理。现代商业保险是社会保障体系的重要组成部分,它可以为没有参加社会保险制度的成员提供保险保障,并且凭借其产品的多样性和灵活性,在完善社会保障体系方面发挥重要作用。

(2)社会风险管理。由于保险公司长期从事有关风险的经营活动,积累了大量的风险损失资料和识别、衡量、分析风险的能力,可以为全社会风险管理和采取差别费率提供有力的数据和智力支持,鼓励投保人和被保险人主动做好各项预防风险的工作,实现对风险的控制和管理。

（3）社会关系管理。由于保险公司在事故查勘和灾害处理及赔付过程中会涉及诸多的社会经济主体，通过保险公司的协调和管理，有利于维护政府、企业和个人之间的正常社会关系和秩序，能够减少社会摩擦，起到"社会润滑剂"的作用。

（4）社会信用管理。由于保险公司经营的产品是一种以信用为基础、以法律为保障的服务，其对于社会公众的诚信建设可以起到推动作用，同时凭借在经营过程中收集和记录的有关企业和个人的信用状况，为社会信用体系的建立提供重要的信息来源，有助于改善和推动信用制度建设。

三、保险作用

保险的作用就是保险的职能得以发挥以后所产生的影响和效果，在不同的社会发展时期，由于保险所处的经济条件不同，保险职能在实践中所表现出的效果也不一样。大体来说，保险的作用可以从宏观经济和微观经济两个角度来考察。

（一）保险在宏观经济中的作用

1. 保障社会再生产的正常运行

社会再生产的过程是由生产、分配、交换和消费四个环节构成的，是一个有机整体，任何一个环节发生波动都会影响整个经济的发展。因此，必须合理安排经济的比例关系。但是，这种比例关系，往往会因为各种风险事故发生变化，导致经济失衡，并造成经济损失。保险的经济补偿可以帮助受灾单位及时恢复生产经营，进而保障了社会再生产的顺利进行。保险通过分散风险及提供经济补偿，在保障社会稳定方面发挥着积极的作用。公民个人及其家庭生活的安定是整个社会稳定的基础，然而，各种风险事故的发生常使个人或家庭遭到损害，而成为社会不稳定因素。这些不稳定因素会使正常的社会生活秩序遭到破坏。保险通过保障个人及家庭的生活稳定，消除了这些不稳定因素，从而维护了社会生活秩序的安定。

保险的防灾防损职能，在客观上起到了保障社会稳定的作用。保险人通过与有关部门的配合，开展防火、防洪、防震和防止交通事故等宣传工作，提高了投保人对防灾防损重要性的认识；通过参加当地安全委员会和消防委员会等安全组织，做到互通信息，搞好部门间的防灾防损工作；保险人还参加由主管部门组织的地区性或行业性安全联合检查，帮助投保人消除事故隐患；结合承保和理赔工作，帮助企业做好安全管理，拨付防灾补助费，用于防灾防损专职部门添置设备、进行防灾宣传、修建防损设施，使企业发生风险事故的可能性降到最低，既稳定了企业生产，也保障了社会安定。

2. 促进社会经济发展

保险在经济发展中有着非常重要的作用。保险人通过赔偿被保险人的经济损失，帮助人们避免在保险合同约定的风险事故发生时所产生的危害。这种经济危害对于个人来说只是经济困难，但对于企业来说就可能是破产。按照产业资本循环理论，产业资本采取货币资本、生产资本和商品资本三种形态。三种形态的资本在空间上并存，在时间上继起。产业资本要顺利循环，要求三种形态的资本能够顺利地相互转化。保险发挥其经济补偿作用，可以保证三种形态的资本顺利地转化，不会因灾害事故造成产业的停滞或中断，从而有利于企业加速资金周转，提高经济效益，保持生产经营活动的连续和稳定。

从国际经验看，保险基金和社会保障基金长期以来一直是社会资本的重要稳定来源，能够为经济提供发展动力。作为第三产业重要组成部分的保险业，其对第三产业发展的贡献是不可忽视的。另外，保险是一种风险转嫁机制，这可以为投保人解决后顾之忧。

3. 推动科学技术的发展

科学技术是第一生产力，其对经济发展的贡献越来越明显。在经济发展过程中，新技术的开发、产品的更新换代同样面临风险。保险作为一种风险保障机制，则可以为新技术、新产品提供保障，从而有利于先进技术的推广运用。

4. 有利于对外贸易的发展，平衡国际收支

保险在对外贸易和国际交往中是必不可少的环节。特别是随着近年来海外保险业务和涉外保险业务的发展，为国际经济交往提供了强有力的保障，进而促进了对外贸易的发展，而且也带来了巨额的外汇收入，这对于增强一国的国际支付能力起着积极作用。

为了鼓励和扩大出口，促进对外贸易的发展，一些政策性保险（如出口信用保险）既可以帮助出口方获得银行贷款，又为创汇提供保障，这都有力地推动了我国对外贸易的发展。另外，保险作为国际收支中无形贸易的重要组成部分，在自身开展业务的同时，也为国家争取到了大量的外汇资金。

（二）保险在微观经济中的作用

1. 有利于企业恢复生产经营活动

在社会生产过程中，自然灾害和意外事故是不可避免的。当风险事故发生后，遭受损失的投保企业可以及时按照保险合同约定得到保险赔偿，获得资金，恢复生产经营活动。

2. 有利于安定人民生活

家庭是劳动力再生产的基本单位，家庭生活的安定是人们从事生产劳动、学习、休息和社会活动的基本保证。但是，自然灾害和意外事故对于家庭而言，同样是不可避免的，它每时每刻都在威胁着家庭的安全和稳定。保险，尤其是人身保险，作为家庭的"安全稳定器"，对家庭的正常经济活动起着保障作用。

3. 有利于个人和家庭消费的均衡

这里主要是就人身保险而言，人身保险并不完全是对已经存在的损失进行的经济补偿，它更多地体现了储蓄的性质，即将现在结余的收入用来满足未来的生活需要，实现了消费的均衡。一般而言，人在青壮年时期的收入较高，而到了老年，收入会明显减少，而人的消费在整个生命周期内的波动幅度并不大，由此看来，人的收入和人的消费并不均衡，而人身保险则正好弥补了这一缺陷，实现了人一生中的收入和消费的基本均衡。

本章小结

　　保险是集合具有同类风险的众多单位或个人,以合理计算分担金的形式,实现对少数成员因约定风险事故所致经济损失或由此而引起的经济需要进行补偿或给付的行为。对保险的定义,可以从经济和法律两方面进行分析:从经济角度看,保险是指人们为了保障生产生活的顺利进行,将具有同类风险保障需求的个体集中起来,以合理的计算建立风险准备金的经济补偿制度或给付安排。从法律的角度看,保险是指当事人双方通过订立合同的方式规定双方的权利义务,依此建立起风险的保障机制。保险具有经济性、契约性、互助性和科学性。保险虽然与社会保险、赌博、储蓄以及救济存在一定的共性,但还是有根本的区别。风险的客观存在为保险的产生提供了自然基础,商品经济的发展为保险的产生提供了经济基础。海上保险是保险的最早形式,随后出现了火灾保险,人身保险,责任保险和信用、保证保险。中国保险业的发展虽经历坎坷,但终究得以新生,对于我国经济社会发展的作用愈加强大。

 重要概念

　　保险　商业保险　社会保险　责任保险　人身保险　自愿保险　强制保险　原保险再保险　共同保险　复合保险　重复保险

 思考题

1. 试述保险的职能。
2. 比较保险与赌博的区别。
3. 论述商业保险与社会保险的异同。
4. 如何认识保险的含义和特点?
5. 我国保险业发展的现状如何?

 在线自测

第三章

保险的基本原则

　　保险的基本原则是保险合同当事人双方在订立、变更和履行合同过程中必须遵循的准则。保险关系作为一种民事法律关系，在调整这种关系中更注重商业习惯，而保险基本原则就是在保险活动中逐渐形成，且为人们所公认的保险习惯做法。遵循保险基本原则有利于维护保险双方的合法权益，保证合同的正常履行，保证保险业有序发展，保障社会经济生活和谐稳定。保险基本原则有最大诚信原则、保险利益原则、保险补偿原则和近因原则。

第一节　最大诚信原则

一、最大诚信原则的含义

　　诚信即诚实、守信用。诚信是世界各国立法对民事、商事活动的基本要求。具体来说，就是要求一方当事人对另一方当事人不得隐瞒、欺骗，做到诚实；任何一方当事人都应善意地、全面地履行自己的义务，做到守信。由于保险经营活动的特殊性，保险活动中对诚信原则要求更为严格，要求做到最大诚信，即要求保险双方当事人在订立与履行保险合同的整个过程中要做到最大化的诚实守信，绝对信守合同订立的约定与承诺，即保险人要履行说明义务，投保人要履行如实告知义务及遵守保险合同中的保证条款。

　　保险经营活动的特殊性决定了保险活动必须坚持最大诚信原则。一方面，风险的性质和大小直接决定保险人是否承保及保险费率的高低；而投保人对保险标的的风险情况最为了解，保险人对保险标的一般很难作实地勘察，仅仅依靠投保人的陈述来决定是否承保和怎样承保，因此特别要求投保人诚信可靠，履行如实告知和保证义务。另一方面，保险合同属于格式合同，合同中的内容一般是由保险人单方制定，投保人只能同意或不同意，或以附加条款的方式接受，而保险合同条款又较为复杂，专业性强，一般投保人、被保险人不易理解和掌握，如保险费率是否合理、承保条件及赔偿方式是否苛刻等，这些在一定程度上是由保险人决定的。所以保险合同的附和性要求保险人基于最大诚信原则来履行其应尽的义务与责任。

二、最大诚信原则的基本内容

　　最大诚信原则是签订和履行保险合同所必须遵守的一项基本原则，坚持最大诚信原则是为了确保保险合同的公平,维护保险合同双方当事人的利益。最大诚信原则的具体内容主要包括说明、告知、保证、弃权和禁止反言等几方面。

(一) 保险人的说明义务

所谓保险人的说明义务,是指保险人在订立保险合同时,应当向投保人说明保险合同条款内容,特别是免责条款。对于保险人的说明义务,我国《保险法》第17条有如下规定:"订立保险合同,采用保险人提供的格式条款的,保险人向投保人提供的投保单应当附格式条款,保险人应当向投保人说明合同的内容。对保险合同中免除保险人责任的条款,保险人在订立合同时应当在投保单、保险单或者其他保险凭证上做出足以引起投保人注意的提示,并对该条款的内容以书面或者口头形式向投保人做出明确说明;未作提示或者明确说明的,该条款不产生效力。"

因此,说明义务有如下特点:(1)说明义务是法定义务,具有法定性,不允许当事人通过合同条款予以排除和限制。(2)说明义务是先合同义务,即保险人履行其说明义务必须在保险合同订立之前或订立保险合同之时。当然,如果合同在履行过程中需要增加或变更条款时,保险人也要履行说明义务。(3)说明义务具有主动性。保险人履行其义务不以投保人的询问为前提,应该主动依法向投保人说明。

 【案例3-1】

案情简介:

某建筑公司以一奔驰轿车向保险代办处投保机动车辆保险。承保时,保险代理人误将该车以国产车计收保费,少收保费1 482元。保险公司发现这一情况后,遂通知投保人补缴保费,但遭拒绝,无奈下,保险公司单方面为投保人出具了保险批单,批注:"如果出险,我公司按比例赔偿。"合同有效期内,该车不幸出险,投保人向保险公司申请全额赔偿。

案例分析:

如果本着保险价格与保险责任相一致的精神,此案宜按比例赔偿,但依法而论,应按保险金全额赔偿。其中重要的理由是保险遵循最大诚信原则,保险合同是最大诚信合同,而如实告知、弃权、禁止反言系保险最大诚信原则的内容,本案投保人以奔驰轿车为标的投保系履行如实告知义务。同时保险合同是双务合同,即一方的权利为另一方的义务。在投保人履行合同义务后,保险公司依法必须使其权利得以实现,即依合同规定金额赔偿保险金。保险代理人误以国产车收取保费的责任不在投保人,代理人的行为在法律上应推定为:放弃以进口车标准收费的权利,即弃权。保险公司单方出具批单的反悔行为是违反禁止反言的,违背了最大诚信原则,不具法律效力。因此,保险代理人具有准确适用费率的义务。在法律上,保险公司少收保费的损失应当由负有过错的保险代理人承担,不能因投保人少交保费而按比例赔偿。保险公司在收取补偿保费无结果的情况下,只能按照奔驰进口车的全额给付,而不是按比例赔付。否则,有违民事法律过错责任原则,使责任主体与损失承担主体错位。

对于保险人如何履行说明义务,我国《保险法》没有明确规定。《保险公司管理规定》第 64 条第 1 款规定:"保险机构对保险合同中的除外责任或责任免除、退保及其他费用扣除、现金价值、犹豫期等事项应当以明确的方式特别提示。"因此,对于保险人如何履行说明义务,应分层次分别界定:对于作为一个正常的投保人通常能够理解的事项,保险条款本身和保险人提醒投保人阅读保险条款的提示,应视为保险人履行了说明义务。对于正常投保人通常无法理解的事项,保险人要通过书面或口头形式向投保人作出完整、客观、真实的解释。

(二) 投保人的如实告知义务

与保险人对保险条款内容的说明义务相对应,投保人在订立保险合同时负有如实告知义务。因为订立保险合同,保险人向投保人收取保险费的多少和是否承保,取决于保险人对其承保风险的估计和判断。保险人如何估计风险程度,只能以投保人的真实陈述为基础,因此,各国保险立法均规定投保人负有如实告知义务。

1. 如实告知的含义

告知是保险合同当事人一方,在合同缔结前和缔结时以及合同有效期内,就重要事实向对方所作的口头或书面的陈述。如实告知是指投保人的陈述应当全面、真实、客观,不得隐瞒或故意不回答,也不得编造虚假情况来欺骗保险人。投保人不仅应当告知其已经知道的情况,而且对于其尚未知道,但却应当知道的与保险标的有关的重要事实,也应如实告知保险人。如实告知义务是投保人订立保险合同时必须履行的基本义务,构成了诚实信用原则的重要方面。

2. 如实告知的形式

从实践中看,投保人的告知形式主要有无限告知和询问告知两种。

无限告知又称客观告知,是指法律或保险人对告知的内容没有明确性的规定,投保人应将所有关于保险标的的危险状况及有关重要事实如实告知保险人。很明显,这种方式加重了投保人的义务,实践中只有少数几个国家采用。

询问告知又称有限告知和主观告知,是指投保人只对保险人所询问的问题必须如实回答,而对询问以外的问题,投保人无须告知。询问告知义务与无限告知义务相比,对投保人比较有利:一是保险人的询问往往根据以往的经验,保险人没有询问到的问题,投保人不告知不构成告知义务的违反;二是投保人的告知以其所知为限。投保人据其所知回答保险人的询问即为履行了告知义务。即使事后证明他的回答与事实不符,也不构成违反告知义务。

3. 告知的时间

最大诚信原则要求投保人履行告知义务,目的是让保险人能更准确地判断标的风险的大小,以便让保险人判断是否接受承保或者以什么条件承保。因此,在合同成立之前,都是告知义务履行的时间。一旦保险合同成立,对于其后出现的情况,即使属于重要情况,投保人也不再负有告知义务,这时他所承担的是通知义务。如此区分的意义在于,违

反两种义务的法律后果有所不同。具体而言,在我国,投保人告知的时间及内容如下:

① 在保险合同订立时以及合同续保和复效时,投保人应根据保险人的询问,对已知或应知的与保险标的及其危险有关的重要事实作如实回答;

② 保险合同订立后,保险标的危险增加应及时通知保险人;

③ 保险标的转移时或保险合同有关事项有变动时,投保人或被保险人应通知保险人,经保险人确认后,方可变更合同并保证合同的效力;

④ 保险事故发生后,投保人应及时通知保险人;

⑤ 有重复保险的投保人应将重复保险的有关情况通知保险人。

我国《保险法》第 16 条、第 21 条、第 49 条、第 52 条和第 56 条均有关于投保人告知义务的规定。

4. 违反告知义务的形式及法律后果

判断投保人是否违反如实告知义务,应从主观和客观两方面进行认定,必须同时具备下面两个要件,才能构成违反如实告知义务。第一,主观上投保人有过错,即存在故意或过失;第二,客观上,投保人有未如实告知的事实,而且足以影响保险人是否同意承保或提高保险费率。

在保险经营实务中,投保人违反告知义务主要有以下几种形式:误告,指告知的情况与实际情况不符,包括不知道、了解不全面或不准确而导致的误告;漏报,指由于疏忽或对重要事实误认为不重要而未告知;隐瞒,指投保人了解实际情况也明了自身的告知义务但故意不予告知;欺骗,指故意作错误申报。

我国《保险法》第 16 条、第 21 条、第 49 条和第 52 条,对投保人违反告知义务的法律后果做出了如下规定:

(1) 故意不履行如实告知义务。对于合同订立时保险人就保险标的或者被保险人的有关情况提出询问的,如果投保人故意隐瞒事实,不履行告知义务,保险人有权解除保险合同;若在保险人解约之前发生保险事故造成保险标的的损失,保险人不承担赔偿或给付责任,同时也不退还保险费。

(2) 过失不履行如实告知义务。投保人因重大过失未履行如实告知义务,保险人有权解除保险合同;未告知的事实对保险事故的发生有严重影响的,保险人对于合同解除前发生的保险事故,不承担赔偿或者给付保险金的责任,但应当退还保险费。

(3) 事故发生后未及时通知保险人。投保人、被保险人或者受益人知道保险事故发生后,应当及时通知保险人。故意或者因重大过失未及时通知,致使保险事故的性质、原因、损失程度等难以确定的,保险人对无法确定的部分,不承担赔偿或者给付保险金的责任,但保险人通过其他途径已经及时知道或者应当及时知道保险事故发生的除外。

(4) 未就保险标的的转让等导致其危险程度增加的情况通知保险人。在财产保险中,投保人未按保险合同约定,将保险标的的危险增加的情况及时通知保险人,对因保险标的的危险程度显著增加而发生的保险事故,保险人不承担赔偿责任。

5. 保险人行使解除权的除斥期间

保险人行使解除权的除斥期间,是指法律对保险人行使保险合同解除权所作的时间限制,又可称为可抗辩期间。超过这个期限,即使投保人没有履行如实告知义务,保险人也不得再提出解除合同,发生保险事故,保险人要承担保险责任。

(三)保证

保证是指保险人和投保人在保险合同中约定,投保人或被保险人在保险期限内允诺某种特定事项的作为或不作为,或担保该事项的真实性。可见,保险合同保证义务的履行主体是投保方。

保证是投保人或被保险人按照保险合同的约定所要遵循的义务。例如,某仓库在投保企财险时,在保险合同内承诺不在仓库堆放易燃易爆品,此项承诺即保证。这项保证实质上是限制了保险标的的风险,使得保险期内保险人承担的风险相对固定,保险人收取的保费能够跟其承担的风险大小相对应。如果保险合同内没有此项保证,则保险人面临的风险将大大增加,保险人将不接受承保,或将调整保单所适用的费率。因此,投保人或被保险人是否遵守保证是影响保险合同效力的重要因素,保证的内容也是合同的组成部分。

保证的形式通常分为明示保证和默示保证。

(1)明示保证。明示保证是在保险合同中明确列明的保证。明示保证作为一种保证条款,必须写入保险合同内。明示保证又可分为确认保证和承诺保证。确认保证事项涉及过去与现在,它是投保人或被保险人对过去或现在某一特定事实存在或不存在的保证。例如,某人确认他从未交通违章,意指他在此事项认定以前与认定时从未交通违章,但并不涉及今后他是否会交通违章。承诺保证是指投保人对将来某一特定事项的作为或不作为,其保证事项涉及现在与将来,但不包括过去。例如,某人承诺今后不再从事赛车、高山滑雪等危险活动,意为他保证从现在开始不再从事赛车、高山滑雪等危险活动,但在此之前他是否从事则不予追究。

(2)默示保证。默示保证是指保证事项虽然并未在保单中订明,但订约双方在订约时都清楚该保证事项。与明示保证不一样,默示保证不通过文字来说明,而是根据有关的国家法律、国际公约以及行业习惯来决定。虽然没有文字规定,但是被保险人应按照行业习惯保证作为或不作为。默示保证实际上是法庭判例影响的结果,也是某行业习惯的合法化。因此,默示保证与明示保证具有同等的法律效力,对被保险人具有同等的约束力。例如,在海上保险合同中通常有三项默示保证:船舶的适航保证、不改变航道的保证和航行合法的保证。我国《保险法》对于保证没有明确的规定。在保险实务中,保证往往以投保人或被保险人义务条款的形式出现,并且通常是承诺保证。例如,财产险一般要求被保险人做出"不堆放危险品和特别危险品的保证";机动车辆保险的被保险人必须保证保险车辆"保持安全行驶技术状态";货物运输保险的被保险人必须保证"货物包装符合政府有关部门规定的标准"。

保证条款主要是为了控制保险人的风险,维护保险人的利益。但如果对保证的内容没有限制,保险人可能为了降低自身风险,滥用保证条款,在条款中要求投保人遵守各种琐碎的保证,被保险人稍不留神就会被判定违反保证,合同无效,所以有必要对保证条款加以限制。对保证条款的限制主要包括以下这些:(1)保证的内容必须是重要事实。这里所说的重要事实,是指能对保险标的的风险产生重大影响的事实。(2)除默示保证外,保证条款必须明确载于保险合同内。(3)投保人或被保险人违反保证条款,保险人应向其发出书面通知,方可解除保险合同。

投保人遵守保证实质上是限制了保险标的的风险,使得保险期内保险人承担的风险相对固定,保险人收取的保费能够与其承担的风险大小相对应。假如投保人违反了保证,则会使标的的风险发生改变,其后果一般有两种情况:一是保险人不承担赔偿或给付保险金的责任;二是保险人解除保险合同。

保证与告知不同,保证是对某个特定事项的作为与不作为的保证,不是对整个保险合同的保证,因此,在某种情况下,违反保证条件只是部分地损害了保险人的利益,保险人只应就违反保证的那部分解除保险责任,拒绝承担履行赔偿义务。另外,如果投保人由于一时疏忽违反了保证但未造成事故,并且恢复保证,则保险人不必苛求务必解除合同,可以让合同继续有效。被保险人破坏保证而使合同无效时,保险人无须退还保费。

具体来说,违反保证的后果有以下几种情况:

1. 投保人虽然违反了保证,但尚未发生保险事故

(1) 投保人恢复保证,合同可以继续有效。比如某仓库在投保企财险时,保证不在仓库堆放易燃易爆品。如果有一天由于疏忽在仓库里堆放了易燃易爆品,在保险人的提醒下移除了该易燃易爆品,则保险人可以不解除合同,让合同继续有效。

(2) 投保人无法恢复保证,保险人可以解除合同,或者修改保证条款,增加保险费。比如上例,假如某天该仓库被政府临时征用堆放烟花爆竹,投保人无法恢复保证,由于保险标的的风险增加,那么保险人可以选择解除合同,也可以修改保证条款,不要求投保人作此保证,但要增加保险费。

2. 投保人违反了保证,发生了保险事故

(1) 保险人不予赔偿,同时解除合同并不退保费。如上例,如果投保人在保险期限内某一天在仓库里堆放了易燃易爆品,导致火灾发生造成财产损失,那么保险人可以解除合同,并不退保费。

(2) 保险人不予赔偿,同时可以解除合同;或修改保证条款,增加保险费。如上例,假如保险期限内该仓库被政府临时征用堆放烟花爆竹,并且发生了火灾,那么保险人不赔偿财产损失,可以选择解除合同,也可以修改保证条款,不要求投保人作此保证,但要增加保险费。

(3) 保险人就此次损失不予赔偿,但合同继续有效。当违反保证对风险只是造成一时的影响而不是持续性的影响时,保险人可以就此次违反保证而发生的事故不赔偿,但并不因此解除合同。如保险合同中订有要求被保险人外出时必须将门窗关闭和锁闭的保证条款,某被保险人违反了该项保证条款致使保险事故发生。对此,保险人仅就此次投保人违反的保证事项而拒绝赔偿被保险人的损失,但不就此解除保险合同。

还需注意的是,如果投保人违反承诺性保证,对违反保证前发生的保险事故可予赔偿,之后发生的保险事故不负责赔偿;如果因为投保人违反保证条款,保险人要解除合同的,保险人应向投保人发出书面通知,方可解除。

(四) 弃权与禁止反言

弃权是保险合同一方当事人放弃他在保险合同中可以主张的某种权利。通常是指保险人放弃合同解除权与抗辩权。构成弃权必须具备两个要件:首先,保险人必须知道这一权利的存在。其次,保险人须有弃权的意思表示,这种意思表示可以是明示的,也可以是默示的。

禁止反言(也称"禁止抗辩")是指保险合同一方既然已放弃他在合同中的某种权利,将来不得再向他方主张这种权利。事实上,无论是保险人还是投保人,如果弃权,将来均不得重新主张。但在保险实践中,它主要用于约束保险人。例如:某企业为职工投保团体人身保险,在提交的被保险人名单上,已注明某被保险人因肝癌已病休 2 个月,但因代理人未严格审查,办理了承保手续,签发了保单,日后该被保险人因肝癌死亡,保险人不能因该被保险人不符合投保条件而拒付保险金。

弃权与禁止反言往往因保险代理人的原因产生。保险代理人出于增加保费收入以获得更多佣金的目的,可能不会认真审核标的的情况,而以保险人的名义对投保人做出承诺并收取保险费。一旦保险合同生效,即使发现投保人违背了保险条款,也不得解除合同,因为代理人放弃了本可以拒保或附加条件承保的权利。从保险代理关系看,保险代理人是以保险人的名义从事保险活动的,其在授权范围内的行为所产生的一切后果应由保险人来承担。所以,代理人的弃权行为即视为保险人的弃权行为,保险人不得为此拒绝承担责任。实践中有如下典型的禁止反言:保险人明知投保人进行了虚假陈述或违反合同义务,可使保单无效,但保险人不动声色;代理人明知投保人违反保单保证,并未告诉保险人;代理人在替投保人填写投保单时蓄意提供不确切的信息,且被保险人一直未察觉这种虚假陈述。弃权与禁止反言的限定,不仅可约束保险人的行为,要求保险人为其行为及其代理人的行为负责,同时也维护了被保险人的权益,有利于保险双方权利和义务关系的平衡。

我国《保险法》第十六条对保险人弃权的后果作了如下规定:"……投保人故意或者因重大过失未履行前款规定的如实告知义务,足以影响保险人决定是否同意承保或者提高保险费率的,保险人有权解除合同。前款规定的合同解除权,自保险人知道有解除事由之日起,超过三十日不行使而消灭。自合同成立之日起超过两年的,保险人不得解除合同;发生保险事故的,保险人应当承担赔偿或者给付保险金的责任。……保险人在合同订立时已经知道投保人未如实告知的情况的,保险人不得解除合同;发生保险事故的,保险人应当承担赔偿或者给付保险金的责任。"从中可以看出,保险人弃权的情况有三种:保险人在合同订立时已经知道投保人未如实告知的情况;保险人知道其有解除权但 30 日内没有行使;合同成立已经满两年。出现这三种情况,保险人都不得以对方未履行如实告知义务为由解除合同,在发生事故后也不得以对方未如实告知为由拒赔。

【案例 3-2】

案情简介:

某年上半年,某新华书店发生水患,数千册图书遭水浸泡,造成直接经济损失 5 万余元。该新华书店上一年底曾向某保险公司投保了财产保险综合险,事后即向保险公司索赔。保险公司经现场查勘,发现水患系水管爆裂引起,于是以因水管爆裂属于除外责任为由而拒绝赔偿。新华书店声称保险公司代理人在承保时未向其说明水管爆裂属于除外责任,并向法院提起诉讼。

案例分析:

当地法院在审理案件时认为,保险公司并不能提出足够的证据证明已向被保险人新华书店履行了解释说明义务。因此,判决保险公司赔偿新华书店的全部经济损失,并承担诉讼费用。

第二节　保险利益原则

一、保险利益原则的概念

保险利益又称可保利益,是投保人或被保险人对保险标的因存在某种利害关系而具有的经济利益。保险利益原则是保险基本原则中最基础的原则,它是保险合同有效的前提条件,是保险合同的客体。坚持保险利益原则可以防止将保险变为赌博行为,预防道德风险。

人们通过保险并不能消除风险事故的发生,或者说,保险并不能使被保险人的财产或人身安然无恙,保险保障的是被保险人的财产或人身所承载的经济利益,保险利益体现了投保人或被保险人与保险标的之间所存在的利益关系。

补充阅读 3-1
有关保险利益的各种学说

衡量投保人或被保险人对保险标的是否具有保险利益的标志,是看投保人或被保险人是否会因该保险标的的损毁或灭失而遭受经济上的损失,即当保险标的安全时,投保人或被保险人可以从中受益,当保险标的受损时,投保人或被保险人必然遭受经济损失,则投保人或被保险人对该标的具有保险利益。

二、保险利益原则的条件

我国《保险法》第十二条第六款规定:"保险利益是指投保人或者被保险人对保险标的具有的法律上承认的利益。"保险利益是保险合同的客体,是保险合同得以成立的重要前提。保险利益的确立必须符合以下要件:

（一）必须是法律认可的利益

保险利益必须是合法的、受法律保护的利益。不法利益，如盗窃、非法占有、不当得利获得的利益，不能构成保险利益。法律上不予承认或不予保护的利益也不构成保险利益。因此，保险利益必须是符合法律规定、符合社会公共秩序、为法律所认可并受到法律保护的利益。例如，在财产保险中，投保人对保险标的的所有权、占有权、使用权、收益权或对保险标的所承担的责任等，必须是依照法律、法规、有效合同等合法取得、合法享有、合法承担的利益和责任；因违反法律规定或损害社会公共利益而产生的利益，不能作为保险利益，如因偷税漏税、盗窃、走私、贪污等非法行为所得的利益便不得作为投保人的保险利益而投保。如果投保人为不受法律认可的利益投保，则该保险合同无效。

（二）必须是经济上的利益

所谓经济利益是指投保人或被保险人对保险标的的利益必须是可通过货币计量的利益。保险的主要功能是向被保险人提供经济保障，保险风险损失发生后，保险人一般通过货币形式进行补偿或给付来结束保险双方的合同关系。保险人对被保险人的非经济损失是无能为力的，而且也不属于它职责范围内的事务，如精神创伤、政治利益损失、刑事责任等。财产保险中，保险利益一般可以精确计算，对那些像纪念品、日记、账册等不能用货币计量其价值的财产，虽然对投保人有利益，但一般不作为可保财产。由于人身无价，一般情况下，人身保险合同的保险利益有一定的特殊性，只要求投保人与被保险人具有法律所承认的利益关系，就认为投保人对被保险人具有保险利益。

（三）必须是确定的利益

确定的利益是客观存在的、可实现的利益，而不是凭主观臆测或推断可能获得的利益。客观存在的利益包括现有利益和期待利益。现有利益是指在客观上或事实上已经存在的经济利益；期待利益是指在客观上或事实上尚未存在，但根据法律、法规、有效合同的约定等，可以确定在将来某一时期内将会产生的经济利益。在投保时，期待利益和现有利益均可作为确定保险金额的依据；但在受损索赔时，该期待利益必须已成为现实利益才属索赔范围。在个别情况下，人身保险的保险利益也可加以计算和限定，比如债权人对债务人生命的保险利益可以确定为债务的金额加上利息及保险费。

（四）保险利益应为具有利害关系的利益

投保人对保险标的必须具有利害关系。这里的利害关系是指保险标的的安全与损害直接关系到投保人的切身经济利益。而投保人与保险标的之间不存在利害关系是不能签订保险合同的。根据《保险法》的规定，在财产保险合同中，保险标的的毁损、灭失直接影响投保人的经济利益，视为投保人对该保险标的的具有保险利益；在人身保险合同中，投保人的直系亲属，如配偶、子女、债务人等的生老病死，与投保人有一定的经济关系，视为投保人对这些人具有保险利益。

三、保险利益原则的意义

保险利益原则的确定是为了通过法律防止保险活动成为一些人获取不正当利益的手段,从而确保保险活动可以发挥分散风险、减小损失的作用,因此保险利益原则的重要作用不可偏废。

(一)避免赌博行为的发生

保险合同是射幸合同,保险赔付或保险金的给付是以保险合同中约定的保险事故发生为条件,具有一定的投机性,这与赌博类似。如果不规定保险利益的存在为签订保险合同的重要前提,保险行为就会类似于赌博行为。因为投保人与保险标的无利害关系,签订合同的目的是想获得侥幸利益,即全凭偶然的风险事件能否发生,决定以小金额保费为代价,看能否获取数倍于保费的额外所得,无疑是一种赌博。保险利益原则是体现保险人对投保人或被保险人已拥有的经济利益的保障,投保方不可能因保险而额外获利,从而避免了保险成为赌博或类似于赌博的行为。

在保险的发展历史上,这种情况曾经发生。由于保险标的的损毁、灭失并未使投保人蒙受经济损失,因此,保险标的实际上充当了赌博对象,模糊了保险与赌博的界限,诱发并助长了不良社会行为的产生与发展。为了避免这类不良后果,保险的首要原则是必须以保险利益的存在为条件,以维护社会公共利益。

(二)限制保险赔付的额度

根据保险利益原则,保险利益不仅具有质的规定,还具有量的规定。保险利益的货币量化金额是保险赔付的最高限额,超过这一金额部分的经济利益不属于投保方的保险利益。因此,遵循这一原则,保险双方在合同中,在保险利益的限度内可约定具体的保险金额,从而可有效地限制损害赔付的程度。

保险利益是保险人衡量对被保险人经济损失赔偿程度的尺度。也就是说被保险人对保险标的的具有多少保险利益,那么保险人赔偿的最高限度不会超过被保险人所具有的保险利益,这一点主要体现在补偿性质的财产保险中。运用保险利益作为保险人赔偿限度的依据,可以防止被保险人获得超过保险利益的赔偿金。举例说明如下:假定一家企业向银行申请贷款 100 万元,银行为了保证能够收回贷款,要求企业将价值 200 万元的厂房作为企业贷款的抵押品。而作为抵押品的厂房如果遭受火灾等灾害事故而受到损失,也会影响银行的贷款收回,因此,银行要求企业必须对抵押的厂房投保,并将银行指定为拥有赔偿优先权的受益人。如果企业投保 200 万元财产保险的厂房在保险有效期内不幸遭受保险事故而全部损失,那么银行可以获得的保险赔款应该是 100 万元,而不是 200 万元,因为银行所具有的保险利益只有 100 万元,是获取赔款的最高限额。不坚持保险利益原则,就可能引起投保人的不当得利。银行只为企业贷款 100 万元,却因为保了险可以获得超过100万元以上的保险赔偿金,这是不公平的。所以,保险利益是衡量被保险人损失限度的标准。

(三)防止诱发道德风险

防止诱发道德风险主要是指防止投保人投保目的不是让被保险人得到经济保障,而是谋取保险金。遵循保险利益原则,可有效地防止投保人投保的不轨企图,如纵火索赔、谋财害命索赔等。在人身保险合同订立、履行中,如果投保人或被保险人对保险标的没有利害关系,那么就有可能使怀有不良动机的投保人或被保险人为牟取保险赔款或保险金而故意制造保险事故或纵容保险事故发生,产生道德风险。例如在人寿保险中,一个与被保险人无任何血缘关系、婚姻关系或其他经济利益关系的人为被保险人投保意外伤害保险,并指定自己为受益人,那么他就会希望被保险人遭遇意外死亡,甚至产生谋杀被保险人的动机,以获取保险金。因为如果他不能从保险中获利,他是没有理由专为一个与他毫无关系的人投保而花费保险费的。但如果投保人是被保险人的父母,情形就不一样了,父母为获取保险金而希望自己的子女遭遇不幸或谋杀子女是难以想象的。在财产保险中也是如此,由于投保人或被保险人与保险标的存在利害关系,参加保险是为了获得一种经济保障。即使保险标的因保险事故而遭受损失,被保险人最多也只能得到损失的补偿,而不能额外获利。所以,保险利益的规定可以杜绝以牟取保险金为目的的保险,防止道德风险的产生。

四、保险利益原则的表现

(一)财产保险的保险利益

在财产保险中,保险利益并非财产本身,而是财产中所包含的与投保人或被保险人的利益关系。该利益关系一般是指因法律上或合同上的权利或责任所产生的关系。若投保人或被保险人与保险标的具有某种法律关系或合同关系,他们对该标的就具有保险利益。

依据保险利益的存在形式,保险利益可以分为现有利益、期待利益、责任利益与偶然利益。(1)现有利益是投保人对保险财产已经拥有的利益,如所有权、使用权、经营管理权及因这些权利而产生的收入利益。(2)期待利益是投保人因财产上的现有利益而产生的利益,也就是对投保人来说尚未存在的,但将来依法必将归其享有的利益。(3)责任利益是投保人对具有利害关系的财产损失负有责任的利益,投保人因违约、侵权行为、意外事件或其他外来的原因造成财产的损毁,依法应负的赔偿责任。(4)偶然利益是指投保人或被保险人对特定财产可能有利害关系,这种不确定的利益即为偶然利益。

通常财产保险的保险利益有以下四种:

1. 财产所有人、经营管理人的保险利益

财产所有人对其财产具有保险利益。财产可能为个人所有,也可能与他人共有,后者每一财产所有人的保险利益仅限于他对共同财产所占有的份额。经营管理人如公司的法定代表对本公司的财产也具有保险利益。

2. 债权人的保险利益

债权人因债权关系对有关财产有利害关系,因此对这些财产有保险利益。例如,银行实行抵押购房贷款,购房人将自己所购的房产抵押给银行,作为清偿贷款的担保。这里,购房人是抵押人,银行是抵押权人即债权人,银行便对该房产具有优先受偿权利,该房产的灭失或价值下降都会给银行带来风险。因此,银行对该房产有了保险利益,可以以该房产为标的投保财产保险。

3. 财产受托人或保管人、承运人、承包人、承租人的保险利益

财产的受托人、保管人,货物的承运人、各种承包人、承租人,由于对所托、管、运、租的财物的安全负有法律责任,一旦该财物受损,上述各当事人就要承担经济赔偿责任,其经济利益必然会受到损失,从而对该财物具有保险利益。例如,旅店店主对旅客的行李,修理人对委托修理人的财物,承运人对所运物品和运费,船舶承租人对船舶,均具有保险利益。这些受托、代管、承运、承租的财产虽然不是归受托人或保管人、承运人、承包人、承租人所有,但这些财产的毁损、灭失也会给其带来经济上的损失,因而他们与该财产有利害关系,具有保险利益。

4. 经营者对合法的预期利益的保险利益

预期利益也称期待利益、预期利润,是指投保人因对财产有现有利益而具有的未来利益。例如,企业的财产是其获得经营利益的基础,现有财产的损毁必然导致其未来正常经营利益的减少,因此,这种预期利益可作为保险利益投保。又如,因营业中断导致预期利润丧失、票房收入减少、租金收入减少、待销商品的利润减少等,经营者对这类预期利益具有保险利益,所以可以投保利润损失保险。预期利益必须以现有利益为基础,而且必须能够确定。

(二)责任保险的保险利益

责任保险的保险利益是投保人(被保险人)所应负的民事损害赔偿责任。被保险人在生产经营、业务活动或日常生活中,因疏忽或过失造成他人人身伤害或财产损失,按照法律规定对受害人应承担经济赔偿责任,这种责任会给被保险人带来经济上的损失,因此,被保险人对此有保险利益。根据责任保险险种划分,责任保险的保险利益主要包括:

1. 各种公共场所负责人对其顾客、观众具有保险利益

各种固定场所,如商场、饭店、医院、娱乐场所等,对顾客、观众等的人身伤害或财产损失依法应承担经济赔偿责任,故这些公共场所的负责人对其顾客、观众具有保险利益,可投保公众责任险。

2. 制造商、销售商、修理商对其产品的损害赔偿责任具有保险利益

制造商、销售商、修理商因其制造、销售、修理的产品有缺陷造成消费者人身伤害或财产损失的,依法应承担经济赔偿责任,他们对该责任有保险利益,可投保产品责任保险。

3. 雇主对其雇员因职业引起的伤害具有保险利益

雇员在受雇期间因从事与职业有关的工作而患职业病或伤、残、死亡等,雇主依法应承担医药费、工伤补贴、家属抚恤等费用,因而对这种责任具有保险利益,可投保雇主责任保险。

4. 各种专业人员对其从事的职业引起的民事损害赔偿责任具有保险利益

律师、医师、会计师、设计师、工程师等专业技术人员,因工作上的疏忽或过失致使他人受到损害,依法应承担经济赔偿责任,他们对这种责任具有保险利益,可投保职业责任险。

(三)信用与保证保险的保险利益

在经济合同关系中,义务人的信用涉及权利人的利益,信誉好则权利人受损失的可能性就小,信誉不好则权利人受损失的可能性就大,因此,权利人对义务人的信用、义务人对自己的信用具有保险利益。如在进出口贸易中,出口方就可以以进口方的信用为保险利益,在一定信用额度下投保出口信用保险;合同保证保险中权利人对义务人(被保证人)的履约信用同样具有保险利益。

(四)人身保险的保险利益

人身保险的保险标的是人的生命或身体。当投保人对被保险人的生命或身体具有某种利害关系时,才能对被保险人具有保险利益。因此,人身保险利益体现为投保人与被保险人之间的人身依附关系或者依赖关系。虽然人的生命和身体无价,但对于投保人而言,被保险人的生存或身体健康能保证其原有的经济利益;反之,如果被保险人死亡或伤残,将使其遭受经济损失。

我国采用限制家庭成员关系范围并结合被保险人同意的方式来确定人身保险的保险利益。我国《保险法》第三十一条规定,投保人对下列人员具有保险利益。

1. 本人的保险利益

投保人对自己的生命或身体具有保险利益,因其自身的安全健康与否与其自己的利益密切相关。任何人都可以作为投保人,以自己为被保险人,与保险人订立关于任何保险责任的人身保险合同,而且保险金额不受限制。即使指定他人作为受益人,其本质也是基于自己的意志,将自己享有的权利转移给受益人享有。

2. 家庭成员之间的保险利益

因婚姻、血亲、收养等关系形成的家庭成员之间,相互具有保险利益。因为家庭成员之间存在着抚养关系,从而产生了经济上的利害关系。因此,家庭成员之间相互具有保险利益,如夫妻之间、父母与子女之间、祖父母与孙子女之间。有些国家法律规定除有亲属关系外,还要有经济上互助的利益。如英、美等国的成年子女与父母之间、兄弟姐妹之间,保险利益的存在是以是否具有金钱利害关系为基准的。我国《保险法》第五十三条规定:"投保人对下列人员具有保险利益:(一)本人;(二)配偶、子女、父母;(三)前项以外与投保人有抚养关系、赡养或者扶养关系的家庭其他成员、近亲属。"

3. 由劳动关系产生的保险利益

在企业与职工之间、雇主与雇员之间,由于劳动关系而产生经济上的利害关系,前者对于后者的生命和身体具有保险利益,因为员工的疾病、死亡、年老会使企业或雇主负担一部分费用,造成其经济上的损失。企业或雇主为员工投保,既转移了风险,又可作为对员工的一项福利措施。

4. 债务关系、合作经济关系产生的保险利益

在债权人与债务人之间,如果债务人在偿还债务之前死亡且遗产少于其生前所欠债务时,债权人就不能受偿全部债务,从而遭受损失,因此,债权人对债务人的生命具有保险利益,可作为投保人,以债务人为被保险人,受益人为债权人,与保险人订立死亡保险合同。但是,债权人的保险利益即保险金额不得超过债权金额。在合伙经营人、合作进行课题研究或著书的人之间,如果中途一方合作者死亡或丧失劳动能力,会使得合作事业难以按时完成,不能获得预期收益,造成经济上的损失,因此,合作者之间互相具有保险利益。

此外,我国《保险法》第五十三条还规定:"被保险人同意投保人为其订立保险合同的,视为投保人对被保险人具有保险利益。"也就是说,在以他人的身体和生命投保时,我国采取利益原则与同意原则相结合的方式,一方面要求投保人与被保险人有利害关系,具有保险利益;另一方面,只要经被保险人同意,投保人便具有了保险利益。总之,在人身保险中,保险利益是对投保人的要求,而不是对被保险人或受益人的要求。另外,死亡保险不经被保险人同意,投保人不能投保,在办理投保手续时,被保险人必须在保险合同上签字。

 【案例3-3】

案情简介:

某轿车登记所有人是郑某,郑某后将该车辆借给李某使用,李某以该车辆为保险标的向保险公司投保并且支付了保险费,保险公司签发的保险单上载明:被保险人为李某;行驶证车主为郑某;保险公司承保车辆损失险。在保险期间内,陈某经李某同意驾驶保险车辆外出并发生交通事故,经认定陈某负事故全部责任。事故发生后,李某出吊车费、拖车费共3 000元,并且向保险公司提出了赔偿保险金的请求。保险公司对损失进行了核定并制作了定损单,此后保险公司出具了拒赔通知书,以李某对保险车辆没有保险利益为由,拒绝赔偿。

案例分析:

本案争议焦点在于,李某在保险事故发生时对于保险标的是否具有保险利益并且可以据此行使保险金请求权。被保险人为其借用的车辆投保,发生保险事故时,被保险人基于借用获得了保险车辆的使用权,该使用权承载了被保险人与该车辆有关的财产利益,故被保险人对于保险车辆具有保险利益。而被保险人是指其财产或者人身受保险合同保障,享有保险金请求权的人,因此,被保险人可据此向保险公司行使保险金请求权。而本案中李某对于保险车辆具有保险利益,保险公司应赔偿李某车辆损失并负担相关费用。

第三节　损失补偿原则

一、损失补偿原则的概念

损失补偿原则是指保险合同生效后,当保险标的发生保险责任范围内的损失时,通过保险赔偿,使被保险人恢复到受灾前的经济原状,但不能因损失而获得额外收益。该原则包括两层含义:

(1)补偿以保险责任范围内损失的发生为前提,即有损失发生就有补偿,无损失则无补偿。在保险合同中体现为:被保险人因保险事故所致的经济损失,依据保险合同有权获得赔偿,保险人也应及时承担合同约定的保险保障义务。

(2)补偿以被保险人的实际损失及有关费用为限,即以被保险人恢复到受损失前的经济状态为限,因此,保险人的赔偿额不仅包括被保险标的的实际损失价值,还包括被保险人支出的施救费用、诉讼费等。换言之,保险补偿就是在保险金额范围内,对被保险人因保险事故所遭受损失的全部赔偿。保险合同通常规定,保险事故发生时,被保险人有义务积极抢救保险标的,防止损失进一步扩大。被保险人抢救保险标的所支付的合理费用,由保险人负责赔偿。

我国《保险法》第五十七条规定:"保险事故发生时,被保险人应当采取必要的措施,防止或者减少损失。保险事故发生后,被保险人为防止或者减少保险标的的损失所支付的必要的、合理的费用,由保险人承担;保险人所承担的费用数额在保险标的的损失赔偿金额以外另行计算,最高不超过保险金额的数额。"这主要是为了鼓励被保险人积极抢救保险标的,减少社会财富的损失。

在财产保险中,由于财产保险合同是补偿性合同,损失补偿原则是财产保险合同的首要原则。所谓损失补偿原则,是指财产保险合同生效后,当保险事故发生导致被保险人经济损失时,保险人给予被保险人损失补偿,使被保险人恢复到遭受事故损失前的经济状况。该项原则包括两层含义:其一,投保人投保财产保险,目的是通过与保险人订立财产保险合同,将保险财产可能发生的风险转移给保险人,一旦约定的保险事故发生并造成保险财产损失,他就有权依据合同要求保险人赔偿所遭受的损失,这就叫"有损失,有补偿";其二,被保险人所获得的赔偿只能以他投保财产所遭受的实际损失为限,或者说,保险人支付给他的赔款只能使保险财产恢复到受损之前的经济状况,不能超过,这就叫"损失多少,赔偿多少"。

损失补偿原则是保险理赔的重要原则,坚持这一原则的意义在于以下三个方面:

(1)维护保险双方的正当权益。坚持损失补偿原则既保障了被保险人在受损后获得赔偿的权益,又维护了保险人的赔偿以不超过实际损失为限的权益,使保险合同能在公平互利的原则下履行。

(2)防止被保险人通过保险赔偿而得到额外的利益。损失补偿原则的作用在于实现有损失则有赔偿,无损失则无赔偿,损失多少就赔偿多少,最高不超过保险合同约定的保险金额。被保险人因同一损失从各方获得的赔偿金总额,不超过其遭受的实际损失金额。因此,被保险人并不能通过保险赔偿而得到额外的利益。

(3)减少道德风险的发生。坚持损失补偿原则使被保险人不可能从保险赔偿中获得额外的利益,也就避免了通过购买高额保险、故意制造保险事故等方式来牟利的现象,从而减少道德风险的发生。

二、损失补偿原则的条件

在保险标的遭受保险责任范围的损失之后,被保险人获得保险赔偿的前提条件包括:

被保险人对保险标的必须具有可保利益。投保时,投保人或被保险人必须对保险标的具有可保利益;保险事故发生时,被保险人也必须具有可保利益。否则,保险人对保险标的的损失不予赔偿。

造成保险标的损失的原因属于保险责任范围。造成保险标的损失的原因可能有很多,但保险合同所保障的只是保险责任范围内的损失,而不是任何损失。只有发生保险责任范围内的损失,保险人才能给予赔偿。

保险标的损失必须能够以货币形式在价值上量化。只有能够以货币形式来量化损失,才能确定保险赔偿的金额,保险人才能进行赔偿。

三、损失补偿的限度

根据损失补偿原则的含义,对于保险责任范围内的原因所导致保险标的的损失,保险人必须承担赔偿责任。但是,保险人在进行赔偿时,必须将赔偿金额控制在合理的限度范围内。保险人在履行损失补偿原则时通常以实际损失、保险金额、可保利益三者作为限制,并且以这三者中最小的为限。

(一) 以实际损失为限

以实际损失为限是损失补偿原则的根本所在。当保险标的遭受损失时,保险人应根据实际损失给予补偿,使被保方在经济利益上恰好恢复到事故发生前的状态,并不能多赔。在财产保险实务中受损标的补偿大多是以该标的损失当时的市价为最高赔偿限额。

只有这样,才能使被保险人的损失得到补偿,同时又不会使其不当得利。实际损失通常是根据保险标的的受损时的市场价值确定的,因此保险人在实际理赔工作中必须充分考虑到保险标的的价格变动的因素。必须指出,以实际损失为限的赔偿原则只适用于不定值保险,而对定值保险则不适用。

(二) 以保险金额为限

保险金额是投保人给保险标的的投保的程度,保险金额越高,投保程度也就越高,交纳的保险费也就越高,所获的赔偿也就应该越高。保险金额之外的标的价值是没有投保的,保险人不予赔偿。所以保险金额是保险人承担赔偿责任的最高限额,赔偿金额只能等于或低于保险金额,而不能超过保险金额。

(三)以可保利益为限

保险行为和赌博行为的最大区别就在于保险利益的存在。这一点在损失补偿原则中也得到体现。可保利益是被保险人需要保险人提供保险保障的实际利益,所以保险人在进行赔偿时,赔偿金额不能超过被保险人对保险标的所具有的可保利益。

(四)补偿必须是对在保险责任范围内的损失的补偿

根据保险合同的有关规定,保险人仅仅对被保方在保险责任范围内的损失予以赔偿。此处的"保险责任范围内"有两层含义:其一,是指保险事故范围内,对于责任免除事故所引起的损失保险人不予赔偿;其二,是指保险期限范围内,对于保险期限之外发生的损失保险人也不予赔偿。

此外,损失补偿原则还有以下的例外情况:

1. 人身保险

大多数财产保险是补偿性合同,可参考其当时市价或重置价、折旧来确定保险金额,当财产遭受损失时,保险人按其实际损失进行补偿。

人身保险中,仅有极少的险种具有补偿性质,如健康保险中的医疗保险。大多数人身保险不是补偿性合同,而是定额给付性合同(因为生命价值的确定难有客观标准),这类人身保险的保险金额大致上是根据投保人自报的金额并参照投保人的经济情况、职业、生活标准、缴付保险费能力和保险需求等因素来确定,出险时按事先约定的保险金额给付保险金。

2. 定值保险

定值保险的保险价值由投保人和保险人约定并在合同中载明,合同双方根据约定的保险价值确定保险金额。发生全损时,不再考虑保险标的在当时、当地的实际价值,按损失程度十足赔付。在这种情况下,可能出现保险赔偿金额超过被保险人所遭受实际损失的情况,因此定值保险被认为是保险补偿原则的例外,往往被视同足额保险。

3. 重置价值保险

重置价值保险,又称重置成本保险,是指以被保险人重置或重建保险标的所需费用或成本确定保险金额的保险。一般的财产保险只保障保险标的的当时的实际价值,而不承重置价值。根据损失补偿原则,只能补偿使保险标的恢复到损失发生前的费用;如果赔偿额大于保险标的的当时实际价值,就可能诱使被保险人发生道德风险,以图从赔款中获利。鉴于此,保险公司不随意接受重置价值投保。然而,在通货膨胀、物价上涨的情况下,投保人即使不断调整保险金额,也很难做到足额投保。此时,如能购买重置价值保险,就可获得十足的保障,不必用历年的折旧积累弥补保险标的的受损后重置的差额。正是因为如此,许多投保人愿意多付一点保费,按重置价值投保,保险公司在签发此类保单时,一般都须附加"重置价值保险条款"以明确双方的责任。重置价值保险在我国较少使用。

4．施救费用的赔偿

保险合同通常规定,当保险事故发生时,被保险人有义务积极抢救保险标的,防止损失进一步扩大。被保险人抢救保险标的所支出的合理费用由保险人负责赔偿。例如,我国《保险法》第五十七条规定:"保险事故发生时,被保险人应当尽力采取必要的措施,防止或者减少损失。保险事故发生后,被保险人为防止或者减少保险标的的损失所支付的必要的、合理的费用,由保险人承担;保险人所承担的费用数额在保险标的的损失赔偿金额以外另行计算,最高不超过保险金额的数额。"这样,保险人实际承担了双倍保险金额的补偿责任,显然扩展了损失补偿的范围与额度,这也是损失补偿原则的例外。对施救费用的赔偿,实际上旨在鼓励被保险人积极抢救保险标的,减少不必要的社会财富损失。

四、损失补偿的方式

1．现金赔付

损失补偿大多采用现金赔付的方式,尤其是责任保险、信用保险、保证保险和人身保险等险种。这样既可以减少许多麻烦,也符合大多数被保险人的意愿。

2．修理

当保险标的发生部分损失或部分零部件的损残,通常由保险人委托有关修理部门对受损的保险标的进行修理,修理费用由保险人承担,如机动车辆保险。具体来说,在机动车辆保险的理赔实践中,保险人常要求被保险人将遭受保险事故造成部分损失的保险车辆送到指定的修理厂去修理,恢复原有的行驶功能。

3．更换

当受损保险标的的零部件因保险事故或灭失而无法修复时,保险人通常采用替代、更换的方法进行赔偿,如玻璃保险。

4．重置

当保险标的损毁或灭失时,保险人重新购置与原保险标的的等价的标的,以恢复受损标的的原来面目。但是,恢复的费用有可能超过保险金额,因而风险较大,保险人一般不采用这种赔偿方式。

五、损失补偿原则的补充

损失补偿原则的派生原则是对损失补偿原则的补充和完善,主要包括代位追偿原则和重复保险分摊原则。

（一）代位追偿原则

代位追偿原则是为了防止被保险人因保险而获得额外利益所规定的,是损失补偿原则的派生原则。代位追偿原则是指保险人依照法律规定或保险合同约定,对被保险人所遭受的损失进行赔偿后,依法取得向对财产损失负有责任的第三者进行追偿的权利或取得被保险人对受损标的的所有权。代位追偿原则包括权利代位和物上代位。

1. 权利代位

1）权利代位的含义

权利代位即追偿权的代位,是指因第三者对保险标的的损害而造成保险事故,保险人自向被保险人赔偿保险金后,在赔偿金额范围内享有的代位行使被保险人对第三者请求赔偿的权利。代位追偿原则只适用于各类财产保险,而不适用于人身保险。因为人身保险的保险标的是无法估计的人的生命或身体机能,因而不存在由于第三者的赔偿而使被保险人或受益人获得额外利益的问题。所以,如果发生第三者侵权行为导致的人身伤害,被保险人可以获得多方面的赔偿而无须权益转让,保险人也无权代位追偿。

2）权利代位权的取得与行使

权利代位权的构成要件是指权利代位权成立所需的条件,主要包括以下几个方面:

保险标的的损害发生必须是由于第三者的行为引起的。造成保险标的损害的原因多种多样,但只有保险标的的损害是由第三者的行为引起的,才有可能存在第三者承担赔偿责任,这是代位追偿权产生的前提条件。

被保险人必须对第三者享有赔偿请求权。代位追偿权建立在被保险人对第三者享有的赔偿请求权基础之上。只有赔偿请求权存在,被保险人才能在获得保险赔偿后,向保险人转让其对第三者享有的赔偿请求权,从而产生代位追偿权。

保险人按保险合同的规定对被保险人履行赔偿义务之后,才有权取得代位追偿权。保险人在向被保险人赔付保险金前,对造成保险标的损害的第三者不能行使代位追偿权。保险人赔付保险金仅有事实上的赔付即可。

权利代位权不以被保险人的全部损失得到赔偿为构成要件。保险人取得代位追偿权后,究竟应当以自己的名义行使,还是应当以被保险人的名义行使,我国保险法没有做出明确规定。这里认为,保险人应以自己的名义行使代位追偿权。因为代位追偿权是一种法定权利,其取得无须征得被保险人同意。而且,代位追偿权的内容即被保险人对第三者的求偿权,自代位追偿权成立之日起就当然地转移给保险人,保险人已经成为债权人,当然可以以自己的名义行使。

但代位追偿权的行使,也要受到一定的限制。首先,保险人行使权利代位权,不得超过其已经给付的保险金,以防止保险人不当得利。因此,保险人在权利代位追偿中享有的权益以其对被保险人赔偿的金额为限。如果保险人从第三者处追偿的金额大于其对被保险人的赔偿,则超出的部分应归被保险人所有。

其次,保险人原则上不能对被保险人的家庭成员行使代位追偿权。因为被保险人家庭成员的行为造成保险事故发生,保险人向被保险人赔偿后,再行使代位追偿权,实际上等于被保险人自己承担责任。但若家庭成员故意造成保险事故的,则不影响保险人行使代位追偿权。保险人行使代位追偿权时,被保险人应履行协助义务。被保险人应当提供的文件包括保险事故发生的时间、性质、损失程度、被保险人向第三者的赔偿请求文件、第三者否认或承认赔偿责任的证明文件等。此外,被保险人还应当向保险人开具权利让与证书。

3）对被保险人过错行为的惩罚

被保险人的某些行为会损害代位追偿权的行使，此种行为主要包括被保险人违反协助义务和被保险人放弃对第三者的求偿权。被保险人违反协助义务和被保险人放弃对第三者的求偿权应承担一定的法律责任，但被保险人的责任应以过错为构成要件，过错包括故意和过失。

对于前者，保险人可以相应扣减保险金；对于已经给付的保险金，保险人可以请求被保险人返还。对于后者，应区分弃权行为发生的不同阶段，分别处理：

① 保险事故发生后，保险人未赔偿保险金之前，被保险人放弃对第三者请求赔偿权利的，保险人不承担赔偿保险金的责任。但保险人只能在被保险人放弃对第三者的损害赔偿请求权致使其代位权不能行使的范围内，不承担赔偿保险金的责任。若被保险人只是部分放弃对第三者的损害赔偿请求权，保险人不能以此为理由拒绝承担其他部分的保险责任。

② 保险人向被保险人赔偿保险金后，被保险人未经保险人同意放弃对第三者请求赔偿权利的，该行为无效。因为保险事故发生后，若保险人已经向被保险人赔偿了保险金，代位追偿权已经成立，被保险人对第三者享有的损害赔偿请求权已经转移给保险人，被保险人对此种权利实质上已无权处分，除非保险人追认，不发生法律效力。

2. 物上代位

物上代位是指保险标的遭受保险责任范围内的损失，保险人按保险金额全数赔付后，依法取得该项标的的所有权。

1）物上代位产生的基础

物上代位通常产生于对保险标的作推定全损的处理，所谓推定全损是指保险标的遭受保险事故尚未达到完全损毁或完全灭失的状态，但实际全损已不可避免，或者修复和施救费用将超过保险价值，或者失踪达一定时间，保险人按照全损处理的一种推定性的损失。由于推定全损的情况下保险标的并未完全损毁或灭失，即还有残值，而失踪可能是被他人非法占有而并非物质上的灭失，日后或许能够得到索还，所以保险人在按全损支付保险赔款后，理应取得保险标的的所有权，否则被保险人就可能由此而获得额外的利益。

2）物上代位权的取得

保险人物上代位权的取得一般是通过委付。所谓委付是指保险标的发生推定全损时，投保人或被保险人将保险标的的一切权益转移给保险人，而请求保险人按保险金额全数赔付的行为。委付是一种放弃物权的法律行为，在海上保险中经常采用。委付的成立必须具备一定的条件，一般包括委付必须由被保险人向保险人提出，委付应就保险标的的全部，委付不得附有条件以及委付必须经过保险人的同意。

3）保险人在物上代位中的权益范围

由于保险标的的保障程度不同，保险人在物上代位中所享有的权益也有所不同。在足额保险中,保险人按保险金额支付保险赔偿金后,即取得对保险标的的全部所有权。保险人在处理标的物时所获得的利益如果超过所支付的赔偿金额,超过部分归保险人所有;如有对第三者损害赔偿请求权,索赔金额超过其支付的保险赔偿金额,也同样归保险人所有。在不足额保险中,保险人只能按照保险金额与保险价值的比例来取得受损标的的部分权利。由于保险标的的不可分性,因此保险人在依法取得受损保险标的的部分权利后,通常会将该部分权利作价折给被保险人,并在保险赔偿金中做相应的扣除。

3. 代位追偿原则的例外

代位追偿原则不适用于人身保险,代位追偿原则是损失补偿原则的派生原则,是对损失补偿原则的补充和完善,所以代位追偿原则与损失补偿原则同样只适用于各种财产保险,而不适用于人身保险(住院医疗保险除外)。人身保险的保险标的是无法估价的人的生命和身体机能,因而不存在由于第三者的赔偿而使被保险人或受益人获得额外利益的问题。所以,如果发生第三者侵权行为导致的人身伤害,被保险人可以获得多方面的赔偿而无须进行权益转让,保险人也无权代位追偿。

 【案例3-4】

案例简介:

A保险公司承保王先生名下车辆。保险期间内,王先生因饮酒不能驾驶,遂通过某代驾网络平台向B公司请求有偿代驾服务,B公司接受后指派了该公司司机吴先生提供代驾服务。王先生签署了由吴先生提供的《委托代驾服务协议》,王先生在委托方署名,吴先生、B公司在被委托方签名和签章。吴先生提供代驾服务时发生交通事故,据交警部门作出的事故认定书,吴先生负事故全部责任。此次交通事故,经A保险公司定损并向王先生赔付了保险金10万元。王先生承诺将已获赔部分的追偿权转给A保险公司。A保险公司遂将吴先生、B公司起诉至法院,要求连带赔偿A保险公司经济损失10万元。

案例分析:

随着网络时代的兴起,通过网约代驾平台请求有偿代驾服务越来越常见,而在代驾服务期间发生事故进而引发纠纷的情形也时有发生。提供有偿网约代驾服务的主体并不具有车损险被保险人地位,代驾过程中发生事故造成车损,代驾司机负有责任的,保险人向被保险人赔偿后,有权在赔偿金额范围内行使代位求偿权。

本案中代驾人系有偿提供代驾服务,并非为被保险人利益所为,对保险标的车辆也不存在占有利益,因此代驾人不能成为涉案保险合同的被保险人。代驾人作为第三人在提供有偿服务的过程中造成投保车辆受损并负全责,对被保险人的财产构成侵权,被保险人有权请求赔偿,保险公司亦可代位行使求偿权,因此本案中B公司应向A保险公司支付赔偿款10万元。[①]

---

① 参考:最高人民法院发布第一批涉互联网典型案例之九:中国平安财产保险股份有限公司广东分公司诉吴春田、北京亿心宜行汽车技术开发服务有限公司保险人代位求偿权纠纷案。

（二）重复保险分摊原则

1. 重复保险与重复保险分摊原则

根据我国《保险法》第五十六条第四款的定义,重复保险是指投保人对同一保险标的、同一保险利益、同一保险事故,分别与两个以上的保险人订立保险合同且保险金额总和超过保险价值的保险。重复保险分摊原则是在被保险人重复保险的情况下处理损失补偿的基本原则,是损失补偿原则的一个派生原则,即在重复保险的情况下,被保险人所能得到的赔偿金由各保险人采用适当的方法进行分摊,从而使被保险人所得到的总赔偿金不超过实际损失额。

重复保险原则上是不允许的,但事实上却是客观存在的保险现象。其主要原因通常是投保人或被保险人的疏忽,或者是为了追求更大的安全感,或者是为了谋取超额赔款而故意造成的。对于重复保险,按照最大诚信原则,各国保险立法都规定,投保人有义务将重复保险的有关情况告知保险人。投保人不履行该项义务的,保险人有权解除保险合同或者宣布合同无效。

构成重复保险必须同时满足下列四个条件:

第一,对处于同一危险中的同一标的上的相同可保利益投保。在这里不仅需要是相同的保险标的,而且必须是相同保险标的上的相同可保利益,并处于同一危险之中,即投保相同的危险。例如,对一艘船舶投保定期保险,船东对该船舶具有所有权利益,如果他以该船舶进行抵押借贷,则抵押贷款银行对该船舶具有抵押贷款人利益,如果他们分别就各自的利益进行投保,并不构成重复保险;此外,如果船东有两张保单,一张投保了"全损险",另一张投保了"战争险",也不能构成重复保险。

第二,存在着两个或两个以上的保险人或保单。一个被保险人同时或先后向几个不同的保险公司对同一批货物或同一艘船舶投保;或者几个被保险人向同一个保险人对同一批货物或同一艘船舶分别单独投保取得几张保单。同一个被保险人向同一个保险人对同一批货物或同一艘船舶,投保了超过该标的保险价值的保险金额,只构成超额保险,并不构成重复保险。

第三,几张保单的保险期间具有重迭性。保险期间的重迭分为全部重迭和部分重迭。全部重迭是指投保人同数个保险人订立的数个保险合同,其保险的起讫时间完全相同;部分重迭是指投保人同数个保险人订立的数个保险合同,其起讫时间虽非完全相同,但有时间上的重迭性,即时间上有交叉。保险期间的全部重迭或者部分重迭都可以构成重复保险的条件。这里应当指出的是,所谓时间上的重迭性,是指数个保险合同的"生效期间"的重迭,并非指"成立期间"的重迭。例如,某人向 A 保险人投保火险,合同期限为 1 年,在该合同期满前的 1 个月,又向 B 保险人投保相同的火险,并约定该合同自第一个火灾险合同保险期满之日生效,则第二个保险合同"成立"之日虽然与第一个保险合同在有效期上重迭,但因第二个保险合同只有"成立",尚未生效,没有生效上的重迭性,因此不构成重复保险。但如果第二个保险合同约定从其订立时起就生效,则两份合同有 1 个月的重迭期,在此期间构成重复保险。

第四,几张保单的保险金额之和超过了保险价值。如果被保险人虽有几张保单,但其保险金额之和并未超过保险标的的保险价值,这种情况属于共同保险,而不是重复保险。

2. 重复保险分摊原则的主要内容

在重复保险的情况下,当发生保险事故,对于保险标的的所遭受的损失,由各保险人分摊。重复保险的分摊方式一般有比例责任分摊方式、限额责任分摊方式和顺序责任分摊方式。

(1) 比例责任分摊方式,即各保险人按其所承保的保险金额与总保险金额的比例分摊保险赔偿责任。其计算公式为

$$各保险人承担的赔款 = 损失金额 \times \frac{该保险人承保的保险金额}{所有保险人承保的保险金额总和}$$

比例责任分摊方式在各国的保险实务中运用较多,我国也是采用此种分摊方式。

 【例题 3-1】

某投保人将价值 50 万元的财产向甲、乙、丙三家保险公司投保同一险种。其中甲公司保险单的保险金额为 20 万元,乙公司保险单的保险金额为 30 万元,丙公司保险单的保险金额为 40 万元。假定在保险有效期内,财产发生保险事故,损失金额 30 万元,则甲、乙、丙三家保险公司应承担的赔偿金额各为

甲保险公司承担的赔款 $= 30 \times 20/(20+30+40) = 20/3$(万元)

乙保险公司承担的赔款 $= 30 \times 30/(20+30+40) = 10$(万元)

丙保险公司承担的赔款 $= 30 \times 40/(20+30+40) = 40/3$(万元)

三家保险公司承担的赔偿金额总和为 30 万元,刚好等于被保险人的损失。

(2) 限额责任分摊方式,即假设在没有重复保险的情况下,各保险人依其承保的保险金额而应负的赔偿限额与各保险人应负赔偿限额总和的比例承担损失赔偿责任。

 【例题 3-2】

承上例,在没有重复保险的情况下,甲保险公司承担 20 万元的赔偿责任,乙保险公司承担 30 万元的赔偿责任,丙保险公司承担 30 万元的赔偿责任,按限额责任分摊方式计算:

甲保险公司承担的赔款 $= 30 \times 20/(20+30+30) = 30/4$(万元)

乙保险公司承担的赔款 $= 30 \times 30/(20+30+30) = 45/4$(万元)

丙保险公司承担的赔款 $= 30 \times 30/(20+30+30) = 45/4$(万元)

三家保险公司承担的赔偿金额总和为 30 万元,刚好等于被保险人的损失。

(3) 顺序责任分摊方式,即按出单顺序进行赔偿,首先由第一个出单的保险人在其赔偿限额内负责赔偿,当第一个保险人不足以补偿被保险人的损失时,第二个保险人对不足的部分在其赔偿限额内接着赔偿,依此类推。因此,在此种方式下,后一个承保人只有在前一个承保人不足以赔偿被保险人的损失时,才承担赔偿责任。

第四节 近因原则

一、近因原则的概念

近因是指引起保险标的损失的直接的、最有效的、起决定作用的因素,它直接导致保险标的的损失,是促使损失结果发生的最有效的或是起决定作用的原因。但在时间和空间上,它不一定是最接近损失结果的原因。比如,大风刮断大树,大树压坏房屋,房屋砸坏电视,那么恶劣天气就是电视损坏的近因。

将近因运用于保险实务进行判案,若引起保险事故发生,造成保险标的损失的近因属于保险责任,则保险人承担损失赔偿责任;若近因属于除外责任,则保险人不负赔偿责任,即只有当承保风险是损失发生的近因时,保险人才负赔偿责任。风险因素是风险要素之一,显然也是保险所承保风险的四大要素之一。

所谓保险责任主要是指保险事故发生后保险人应承担的理赔责任。将风险事故确定为保险事故的前提,是风险事故的近因属于保险所承保的风险因素。保险中的近因原则,起源于海上保险。英国 1906 年《海上保险法》规定:除保险单另有约定外,保险人对于由所承保的危险近因造成的损失负赔偿责任,但对于不是由所承保的危险近因造成的损失,概不负责。这是由于海上保险合同是一种“限定性赔偿合同”,保险人的“赔偿责任范围”,不是保险标的发生的全部损失、损害、费用和责任,而是一定原因(即所谓“承保风险”)造成的某些损失、损害、费用和责任。这一原则,逐渐被英美法系的法官和学者引申到整个保险法乃至侵权行为法,甚至部分合同法领域。

目前,世界许多国家的保险立法大都将近因原则确定下来,作为保险法的基本原则。所谓近因原则,是指判断风险事故与保险标的的损害之间的因果关系,从而确定保险赔偿或给付责任的一项基本原则。近因是指在风险和损害之间,导致损害发生的最直接、最有效、起决定作用的原因,而不是指时间上或空间上最近的原因。英国法庭在 1907 年曾给“近因”下过定义:“近因是指引起一连串事件,并由此导致案件结果的能动的、起决定作用的原因。”1924 年又进一步说明:“近因是指处于支配地位或者起决定作用的原因,即使在时间上它并不是最近的。”

近因原则的里程碑案例是英国利兰公司案。第一次世界大战期间,利兰公司一艘货船被德国潜艇的鱼雷击中后严重受损,被拖到法国勒哈佛尔港,港口当局担心该船沉没后会阻碍码头的使用,于是该船在港口当局的命令下停靠在港口防波堤外,在风浪的作用下该船最后沉没。该船的水险保单承保了海上危险,但把“一切敌对行为或类似战争行为的后果”作为除外责任。保险人认为损失的近因是鱼雷,属于除外责任。利兰公司索赔遭拒后诉至法院,审理此案的英国上议院大法官 LordShaw 认为,导致船舶沉没的原因包括鱼雷击中和海浪冲击,但船舶在鱼雷击中后始终没有脱离危险,因此,船舶沉没的近因是鱼雷击中而不是海浪冲击。

近因原则的认定方法一般有如下两种：

第一是顺序法（事件树分析法）。即从最初事件出发，按照逻辑推理，分析判断下一个事件可能是什么，然后再从下一个事件出发，分析判断再下一个事件可能是什么。如此下去，直至分析到损失为止。如果最初事件是导致损失的第一个原因，则最初事件即是损失的近因。如果最初事件是保险责任范围内的事件，则保险人应当承担赔偿责任；反之则不承担。

第二是倒推法（事故树分析法）。即从损失开始，按照逻辑推理，分析引起损失的原因是否是前一事件。如果是，再继续分析导致前一事件发生的原因，直至分析到最初事件为止。如果最初事件是保险责任范围内的事件，则保险人应当承担赔偿责任；反之则不承担。

二、近因原则的应用

（一）单一原因致损近因的判定

如果事故发生所导致损失的原因只有一个，则该原因为损失近因。当该近因属于承保风险时，保险人应对损失负赔偿责任；如果该近因是除外责任，保险人不予赔偿。例如某船舶投保碰撞损失险，敌对行为为除外责任。假如该船航行途中与他船碰撞致损，则保险人应该赔偿；如果该船是被敌人军舰击中受损，则保险人不负赔偿责任。

（二）同时发生多个原因造成的损失

指造成保险标的损失的各种原因是同时发生的，互相不存在因果关系。若同时发生的原因都是保险事故，保险人负责赔偿全部原因的损失，若同时发生的原因不都是保险事故，则保险人仅负责赔偿保险事故造成的损失。当损失金额无法分别算清时，保险人与被保险人协商赔付。

如果损害是可以划分的，保险人就只负责被保风险所致损失部分的赔偿。但在保险实务中，很多情况下损害是无法区分的，保险人有时倾向于不承担任何损失赔偿责任，有时倾向于与被保险人协商解决，对损失按比例分摊。

（三）连续发生的多项原因造成的损失

多种原因连续发生，即各原因依次发生，持续不断，且具有前因后果关系。若损失是由两个以上的原因造成的，且各原因之间的因果关系未中断，那么最先发生并造成一连串事故的原因即为近因。如果该近因为保险责任，则保险人应负责赔偿损失，反之不负责赔偿。具体风险如下：

一是连续发生的原因都是保险事故，则保险人对保险事故发生后造成的所有损失都负责赔偿。

二是连续发生的原因中，不属于保险事故的原因在前，保险事故原因在后，且保险事故原因的发生是前者引起的，则保险人不负任何赔偿责任，即使后者是保险事故原因。

三是连续发生原因中,保险事故原因在前,不属于保险事故原因在后,且不属于保险事故的原因是前者引起的,则保险人对损失负赔偿责任。

(四) 间断发生的多种原因造成损失

事故损失如果是由间断发生的多种原因引起的,前因与后因之间相关联,后来发生的灾害事故是由一个新产生的独立原因所引起的,后因不是前因的直接的、必然的结果,前因与后果之间的连续关系发生了中断,此时的判断关键是新介入的独立原因,保险人的责任完全视该新介入原因是否为被保危险而定,具体分以下两种情况。

(1) 新介入的独立原因(近因)为保险危险,即使发生在不保危险(前因)之后,所造成的损失仍需赔偿,但对于前因所造成的损失不赔。

(2) 新介入的独立原因(近因)为不保危险,即使发生在保险危险(前因)之后,所造成的损失不赔,但对以前保险危险所造成的损失仍应赔偿。

综上所述,近因原则在实践中的运用错综复杂,应客观地按逻辑严密推断,正确分摊赔款。运用近因原则的目的在于保障保险人的利益,限制保险人的赔偿范围,对造成损失的近因不属于保险责任范围内的,不负赔偿责任。对近因原则运用过程中出现的争执和纠纷,应本着实事求是的原则,通过协商解决。

 【案例 3-5】

案情简介:

2017 年 1 月,A 公司作为投保人为该公司所有的一辆轿车在 B 保险公司投保了保险金额为 10 万元的机动车损失保险及相应的不计免赔险,保险期间内,A 公司法定代表人耿某驾驶上述轿车行驶至某市高架隧道内时,因隧道内有积水导致车辆被淹熄火,发动机进水受损。嗣后,A 公司因维修受损车辆而产生维修费用 3 万元,B 保险公司认为事故的直接原因是耿某的驾车涉水行驶行为,该事故不属于保险人承保的保险事故范围,拒不履行赔偿义务。

案例分析:

法院裁判认为本案适用近因原则中的第四种情形——间断发生的多种原因造成损害。本案中,事故发生路段的积水与降雨有直接的因果关系,但该降雨导致积水的事实与事故当日耿某在积水隧道中涉水行驶的事实间并无必然的、直接的因果关系。耿某涉水行驶的行为成为了一项新介入原因,该新介入原因导致了原有因果链的中断,且该原因是导致涉保车辆发动机进水受损的决定性、有效性的原因。因此耿某驾驶涉保车辆的涉水行驶行为才是本案车损发生的近因。因此,近因不属于 B 保险公司承保风险的范围,故本案中 B 保险公司无须承担保险赔偿责任。

 【案例 3-6】

案情简介:

某日,公司甲专门安排一辆大巴组织员工旅游。在高速公路行驶时,突然从后面飞驶而来一辆大货车(后交警裁定为违章快速超车)。公司大巴来不及避让,两车同向侧面严重碰撞。公司员工 A 与 B 受到重伤,被立即送到附近医院急救。A 因颅脑受到严重损伤且失血过多,抢救无效于两小时后身亡。B 在车祸中丧失一条腿,在急救中因急性心肌梗死于第二天死亡。公司在旅游前不久,为全体员工购买了人身意外伤害保险,每人的保险金额为 10 万元。事故发生后,公司迅速向保险公司报案,保险公司接到报案后立即着手调查,了解到:A 一向健康,B 则患心脏病。

问:A 死亡的近因是什么? 保险公司如何处理? B 丧失一条腿的近因是什么? B 死亡的近因是什么? 保险公司如何处理?

案例分析:

人身意外保险,又称为意外或伤害保险,是指投保人向保险公司缴纳一定金额的保费,当被保险人在保险期限内遭受意外伤害,并以此为直接原因造成死亡或残废时,保险公司按照保险合同的约定向保险人或受益人支付一定数量保险金的一种保险。

人身意外保险是以被保险人的身体作为保险标的,以被保险人因遭受意外伤害而造成的死亡、残疾、医疗费用支出或暂时丧失劳动能力为给付保险金条件的保险。因此我们认为:A 死亡的近因是车祸,属保险责任,给付 A 死亡保险金人民币 10 万元;B 丧失一条腿的近因是车祸,属保险责任,给付 B 意外伤残保险金人民币 5 万元;B 死亡的近因是急性心肌梗死,不属保险责任,不给付死亡保险金。

【案例 3-7】

案情简介:

某年 11 月 7 日,刘某家楼上住户杨某家的热水器软管破裂,水流外溢,殃及刘家,造成刘家损失 3 万余元。双方经协商并订立书面协议,杨某赔偿刘家 1.5 万元了结此事。事后刘妻与同事闲谈得知单位为每位职工集体投保了家庭财产险。于是刘某向保险公司索赔,保险公司接到报案后到刘家勘验定损。由于时间较长,定损十分困难,后根据情况赔付 2 万元后结案。保险公司找杨某追偿,发现刘某已与杨某达成赔偿和解协议。问:保险公司应该如何处理?

案例分析:

刘某没有及时报案,致使事故现场被破坏,此后果应当由刘某承担。刘某的实际损失只能定为 2 万元。

刘某与杨某签订赔款协议,这一弃权行为发生在事故发生后保险人未赔偿保险金之前,保险公司在未知情时仍赔偿了保险金。

保险公司以刘某违反保险合同的代位权条款为由,要求刘某返还已给付的保险金 1.5 万元。杨某造成刘某 2 万元的损失,应承担赔偿 2 万元损失的责任,由于已支付刘某 1.5 万元,保险公司向杨某追偿 5 000 元。

本章小结

　　本章主要介绍保险合同的适用原则,即保险利益原则(可保利益原则)、最大诚信原则(诚实信用原则)、损失补偿原则及损失补偿原则的派生原则(损失分摊原则与代位求偿原则)、近因原则。所有这些原则都直接关系到保险合同的具体落实和贯彻,是保险业务活动过程中的基本原则。要求熟练掌握保险基本原则的具体内容。

重要概念

　　诚信　告知　保证　明示保证　默示保证　弃权　禁止反言　保险利益　近因　权利代位　物上代位　委付　推定全损　重复保险分摊原则　比例责任分摊　限额责任分摊　顺序责任分摊

思 考 题

1. 什么是保险利益原则? 为什么保险合同的成立要求必须具有保险利益?
2. 什么是最大诚信原则? 如何理解弃权及禁止反言?
3. 什么是近因原则? 一般应如何确定近因?
4. 什么是损失补偿原则?
5. 请简述权利代位和物上代位的异同。
6. 请简述代位求偿原则的基本内涵。
7. 重复保险是怎样分摊保险赔款的?

在线自测

第四章

保 险 合 同

　　商业保险活动是一种商事活动,以保险合同的存在为基础,并受到《保险法》《合同法》和《民法总则》等一系列民商法律的规范和调整。本章主要讨论保险合同的有关问题。

第一节　保险合同概述

　　投保人与保险人建立保险关系是通过订立保险合同这一法律行为来实现的,保险合同不仅是双方当事人为建立、变更和终止保险关系而达成的协议,而且是保护当事人享受权利、约束当事人履行义务的法律依据。

一、保险合同概念

　　合同(也称"契约")是平等主体的当事人为了实现一定的目的,以双方或多方意思表示一致设立、变更和终止权利义务关系的协议。

　　保险合同是投保人与保险人约定保险权利义务关系的协议。保险合同所约定的权利义务关系,实质内容在于:一方当事人(投保人)应当依照约定向另一方当事人(保险人)支付费用,而另一方当事人对于合同约定的可能发生的事故发生后造成的损失承担赔偿责任,或者当指定的人死亡、伤残、疾病或者生存到合同约定的年龄、期限时承担给付责任。

二、保险合同特征

　　保险合同是投保人与保险人约定权利义务关系的协议,属于合同的一种,具有合同的一般法律特征,即保险合同必须合法、双方当事人必须具有平等的法律地位且意思表示一致。但保险合同又是一种特殊的民商合同,除了具有合同的一般属性外,还具有一些独有的法律特征。

(一)保险合同是一种射幸合同

　　射幸合同和实定合同是相对而言的。实定合同是指在合同订立时当事人的给付义务即已确定的合同。而射幸合同是指合同订立时当事人的给付义务尚未确定的合同。对于实定合同,当事人可以给付不等价为由,主张撤销合同,而对射幸合同,当事人不能以给付不等价为由主张撤销合同。一方面,保险合同订立时,投保人承担缴纳保险费的义务,而保险人是否承担给付保险金的义务,则取决于保险事故是否发生。另一方面,对投保人而言,他有可能获得远远大于所支付的保险费的利益,但也可能没有利益可获;对保险人而言,他所赔付的保险金可能远远大于其所收取的保险费,但也可能只收取保险费而不承担支付保险金的责任。

保险合同的射幸性特征,是由保险事故发生的偶然性决定的。当然,保险合同的射幸性质,是就单个具体的保险合同来说的,如果从总体上看,保险费与赔偿金额的关系是依据概率计算出来的,保险人所负的赔偿责任与被保险人所获得的赔偿和给付保险金的权利,都是肯定的。

(二) 保险合同是附和合同

附和合同是和商议合同相对的,商议合同是指当事人就合同条款进行充分协商而订立的合同,其特点是当事人有订立、决定合同内容的自由。附和合同又称为标准合同或格式合同,是指当事人不能就合同条款进行充分协商而订立的合同,其特点包括:合同条款由单方事先拟就,相对人不参与合同条款的制订;相对人只有订立合同的自由,没有决定合同内容的自由,处于附从地位;具有广泛的适用性;是以书面明示为原则。因此保险合同是一种典型的附和合同。

保险合同的格式和主要条款是由保险人或保险人的团体或政府主管部门决定的,在此基础上,每一个保险人还可以再根据自身承保能力确定承保的条件,规定双方具体的权利义务,也就是规定每一条款的具体内容。投保人只需作同意与否的决定,也就是要么接受保险人提出的条件,要么不签订合同。保险合同的附和性显然是对合同自由的一种极大限制,它使得投保人处于极为不利的地位。

(三) 保险合同是最大诚信合同

任何合同的订立,都应以合同当事人的诚信为基础。但是,由于保险当事人双方信息的不对称性,保险合同对诚信的要求远远高于其他合同。因为,保险人是否予以承保以及保险费率的确定,在很大程度上取决于投保人向保险人提供的情况,这些情况主要包括投保人对保险标的是否具有保险利益,保险标的的危险状况等,保险人往往是在投保人提供的有关情况及资料的基础上,再进行必要的实地调查,然后才决定是否承保,并进一步确定保险费率。所以,投保人的道德因素和信用状况对保险经营来说关系极大。此外,保险经营的复杂性和技术性使得保险人在保险关系中处于有利地位,而投保人处于不利地位。因此保险合同较一般合同更需要诚信,即保险合同是最大诚信合同。在《保险法》中也明确规定了从事保险活动必须遵守最大诚信的原则以及违反该原则的惩罚措施。

(四) 保险合同是有偿合同

根据合同当事人双方的收益状况,合同被区分为有偿合同与无偿合同。有偿合同是指当事人因享有合同的权利而必须偿付相应代价的合同;无偿合同是指当事人享有合同的权利而不必偿付相应的代价。

保险合同的有偿性区别于一般等价有偿,保险合同当事人在合同中享有的权利,是以付出一定代价为条件的。投保人只有在支付保险费之后,才能取得保险人在保险事故发生后,承担相应的补偿或给付责任的承诺。而保险人通过为被保险人提供保障,获取相应合理的报酬,即保险费。

(五)保险合同是双务合同

与双务合同相对应的概念是单务合同,单务合同是指只有一方当事人承担义务的合同,例如赠与合同、无偿借贷合同等。而在双务合同中,双方当事人相互享有权利,又相互负有义务,并且一方的义务就是对方的权利。

在保险合同关系中,投保人要按照合同约定,向保险人支付保险费,这是其义务;保险人接受了保险费,就要按合同约定承担赔偿或者给付保险金的责任。投保人与保险人的权利义务是相互联结在一起的,不是单方面的。但是需要明确的是保险合同的双务性与一般双务合同并不完全相同,因为保险人的赔付义务只有在约定的事故发生时才履行,

(六)保险合同是要式合同

所谓要式是指合同的订立要依法律规定的特定形式进行。投保人与保险人订立保险合同,不能采取任意的方式,必须采用法律规定的方式,记载法律规定的事项,否则将会影响保险合同的效力。订立合同的方式多种多样。在保险实务中,保险合同一般以书面形式订立。其书面形式主要表现为保险单、其他保险凭证及当事人协商同意的书面协议。保险合同以书面形式订立是国际惯例,它可以使各方当事人明确了解自己的权利、义务与责任,并作为解决纠纷的重要依据,易于保存。

三、保险合同形式

依照国际惯例,保险合同的订立采用书面形式。按保险合同的订立程序,大致可以分为以下几种形式:

(一)投保单

投保单又称"要保书"或"投保申请书",是投保人向保险人申请订立保险合同的书面要约,由投保人在申请保险时填写,保险人根据投保单签发保险单。投保单是保险合同的重要组成部分。投保单的格式和项目都由保险人设计,并以规范的形式提出。

在投保单中,一般列明订立保险合同所必需的项目,如投保人和被保险人的姓名,被保险人的年龄、性别、家庭住址、通信地址、联系电话、投保险种、保险金额等。投保单本身并不是正式的合同文本,但是如果投保单填写的内容不实或投保人故意隐瞒、欺诈,都将影响保险合同的效力。投保单上如有记载,即使保险单有遗漏,其效力也与记载在保险单上一样。

（二）保险单

保险单简称保单,它是目前普遍应用的保险人与投保人订立正式保险合同的书面凭证,是保险合同中最重要的书面形式。保险单由保险人制作、印刷、签发,并交付给投保人,表明保险人已经接受投保人的投保申请。保险单要将保险合同的全部内容详尽列明,其主要内容有:

(1) 声明事项,即投保人向保险人应做的说明事项,如被保险人姓名、年龄、保险标的及其所在地、保险金额、保险期限以及对有关危险货物性质的说明及承诺等;

(2) 保险责任,即保险人所承担的保障风险项目及其赔付责任;

(3) 除外责任,即对保险人风险承担责任的限制;

(4) 附注条件,一般是合同双方的权利和义务的规定等。

保险单在某些情况下,有类似有价证券的作用,被称为"保险证券",如长期寿险保单本身包含一定的现金价值,可据以向保险人质押贷款。

（三）保险凭证

保险凭证也称"小保单",是保险人向投保人签发的证明保险合同已经成立的书面凭证,是一种简化了的保险单。凡是保险凭证未记载的事项都以保险单的条款为准。如果正式保险单与保险凭证的内容有抵触或者保险凭证另有特定条款,则应以保险凭证为准。保险凭证通常在货物运输保险、机动车辆保险等业务中被采用。

（四）暂保单

暂保单也称临时保险单,是指保险人在签发正式保险单之前,出立的临时保险凭证。暂保单内容比较简单,一般只记载保险单中的重要事项以及保险单的特别约定。暂保单与正式保险单具有同样的法律效力,有效期最长一般为 30 天,正式保单一经出立,暂保单自动失效。在暂保单有效期内,保险标的遭受保险事故损失,保险人应当按正式保险单所记载的条件承担赔偿责任。当正式保单出立后,暂保单就自动失效。暂保单也可以在正式保单出立之前停止效力,但保险人需要提前通知投保人,在人身保险合同中,一般无暂保单。

（五）批单

批单是保险双方当事人协商修改和变更保险单内容的一种单证,也是保险合同变更时最常用的书面单证。在保险有效期内,被保险人需要就保险单的某些内容进行修改,必须提出申请,并经批准后,在原保险单或保险凭证上批注或附加批条,予以证明,凡是经更改的各项内容,均以批单为准。如果在保险有效期内,多次进行批改,其最终效力以最后批单为准。

若变更保险合同之批单标注的批单生效日尚未届至时发生保险事故,保险人不得以批单未生效为由拒绝向变更后的索赔权益人承担保险赔偿责任。

 【案例 4-1】

　　2016 年 5 月 24 日蒋某为其名下某车辆向保险公司投保了车辆损失险、第三者责任险、车上责任险等险种,保险期间自 2016 年 12 月 8 日 0 时起至 2018 年 12 月 7 日 24 时止。后高某向蒋某购得上述车辆,并于 2018 年 7 月 23 日办理了车辆过户登记手续。7月 24 日上午,蒋某和高某就保险车辆转让事宜向保险公司递交了批改申请书。保险公司据此申请向高某出具了批单,内容为:"兹经被保险人申请,我公司同意:行驶证车主由蒋某更改为高某;索赔权益人由蒋某更改为高某;保单号为×××的保单承保的车牌号为×××的车辆自 2018 年 7 月 25 日过户给高某,其他事项不变,特此批改。上述批改自2018 年 7 月 25 日 0 时起生效。"高某拿到保险批单后,于 7 月 24 日上午驾驶该车辆回家。15 时 10 分左右,在某路上与一大货车相撞,造成双方司机受伤,双方车辆均有损坏。经认定,货车司机对该事故负全部责任。高某于 2018 年 7 月 26 日通知保险公司并提出理赔请求。保险公司作出拒赔通知书。高某为此将保险公司诉至法院,要求被告赔偿医药费、车辆施救费等费用。被告辩称,批单载明批改约定自 2018 年 7 月 25 日 0 时起生效,对该批单应认定是附生效时间的保险合同,原告发生车祸时,保险合同未生效,故原告的诉讼请求不受保险合同保护。

　　法院审理后裁决保险公司于判决生效之日起十日内赔偿高某医疗费、车辆施救费等费用并驳回原告的其他诉讼请求。

(六) 其他书面协议形式

　　这是指除上述几种形式外,保险合同还可以采用其他的书面协议形式,如附加保险条款和保费收据。保费收据应用于人寿保险,与暂保单类似,但是与暂保单不同的是:暂保单在出具时即有效,效果持续至正式保险单签发之时,而保费收据只是投保人缴纳保费和可能获得保险保障的证据,投保人获得保障还取决于一些条件,一旦无法满足这些条件,保险人可以不承担保险责任。

四、保险合同分类

(一) 按照合同的性质分类

1. 补偿性保险合同

　　补偿性保险合同是指投保人能获得的保险人的补偿以其经济损失为限,同时保险人的责任又不得超过保险金额的合同。各类财产保险合同和人身保险中的医疗费用保险合同都属于补偿性保险合同。

2. 给付性保险合同

　　给付性保险合同是指保险金额由双方事先约定,在保险事件发生或约定的期限届满时,保险人按合同规定标准金额给付的合同。给付性保险合同不以补偿损失为目的。大多数人身保险合同都属于给付性保险合同。因为人身保险的标的人的生命或健康是不能以金钱来衡量的,保险事故发生后造成的损失也无法以货币来评价。而且,有些人身保险并无意外事故的发生,也无损失的存在,保险人依合同规定所给付的保险金只是为满足被保险人的特殊需要。比如,在生存保险中,在保险期限届满时被保险人仍然健在,无意外事故的发生也谈不上造成损失,但是随着人们的年龄增大,体力减弱,就需要得到经济上的保障,而保险人于此时给付保险金,能够达到雪中送炭的效果。因此,在人身保险合同中,通常根据被保险人的特殊需要及承担保险费的能力确定一个保险金额,在危险事故发生或保险期限届满时,由保险人根据合同规定的保险金额承担给付义务。这个金额是固定的,不能任意增减。

3. 两者的区别

(1) 目的不同。补偿性合同是要获得相应赔偿,被保险人因事故发生而依照保险合同获得的金钱给付,可以用来直接地补偿财产的损失,如修复房间、采购机器等。保险法把保险人给付保险金的这种义务称之为"赔偿责任",也蕴含着标的物的损失可以由金钱给付后的重新购置而得到赔偿。赔偿的目的就是为了使标的物恢复原有的使用功能。与此不同,给付性保险合同订立目的在于,投保人不是为了使标的能够恢复原有的性质及状态,而是为了使现有的生活条件得以保持或有所改善。比如,人寿保险的目的,是使受益人在被保险人发生危险事故后,能够有一定的物质生活保证。

(2) 保险金确定标准不同。补偿性保险合同中,保险金额的确定依据的是标的的实际价值或者市场价格,法律要求应该保证保险金额不得大于标的物的价值。而给付性保险合同中,保险金额的确定由当事人双方约定,一般与标的价值无关,因为这种合同标的无法以价值来衡量(如人的寿命),或者市场价格波动极大(古玩、珠宝、出土文物等)难以评价。

(3) 保险金给付条件不同。补偿性保险合同规定标的物发生毁损时构成保险事故,即被保险人的财产受到了实际的损失,表现为财产量上的减少。如果保险事故没有发生,被保险人不得请求赔偿。与此不同,给付性保险合同中,有一部分是以标的损失为给付的条件,如被保险人死亡。而另外一部分合同中,灾害事故及损害结果不是必然条件,被保险人达到一定的年龄,双方当事人约定的期限届满,保险人都要给付保险金。不仅如此,补偿性保险合同中,保险事故未发生而各种期限届满时,收取的保险费不予退还;而给付性保险合同中,保险人应退还已收取的保险费(有时还加上利息)。

(二) 按保险标的分类

1. 财产保险合同

财产保险合同是以财产及其有关的经济利益为保险标的的保险合同。财产保险以补偿被保险人的财产利益的损失为目的,该财产利益损失不仅可因被保险人的财物或无形利益直接受到损害而发生,也可因被保险人对第三人负有的损害赔偿责任而发生。财产保险合同通常又可分为财产损失保险合同、责任保险合同、信用保险合同等。

2. 人身保险合同

人身保险合同是以人的寿命和身体为保险标的的保险合同。人身保险的目的是当被保险人生命、身体的完整性受到侵害或损失时，对其损失以金钱方式予以弥补。由于人的身体和生命的价值是无法用货币衡量的，所以会事先按照一定的条件规定一个给付最高限额，因此人身保险合同又被称为"定额保险"或"定额给付性保险"。人身保险合同又可分为人寿保险合同、人身意外伤害保险合同、健康保险合同等。

（三）按保险金额与保险价值的关系分类

保险金额，是指投保人对保险标的的实际投保金额，也是保险人承担赔偿责任的最高限额。保险价值，简单地说，就是保险标的价值，但是尽管如此，保险价值仅仅是一个确定时点下的保险标的的价值。保险价值与保险标的的价值的关系在于保险价值的确定是以一定时点的保险标的价值为基础，无论是以什么方法确定的保险价值，都是如此。保险价值一旦确定下来就具有稳定性，而保险标的的价值却处在变动中。换句话说，保险价值是个定值，而保险标的的价值则是个变量。

按保险金额与保险价值的关系分类，可以将保险合同划分为足额保险合同、不足额保险合同和超额保险合同。

1. 足额保险合同

足额保险合同又称全额保险合同，是指保险金额与保险价值完全相等的保险合同。如果保险事故造成保险标的的全部损失，保险人按保险价值进行赔偿，标的物如有损余，保险人对此享有物上代位权，也可折价归被保险人并在赔偿保险金中扣除这一部分价值；如果保险事故造成保险标的的部分损失，保险人按实际损失计算赔偿。比如保险人和被保险人约定某栋房屋所有权及土地使用权的保险金额为人民币 10 万元，后保险事故发生时该房屋所有权及土地的实际价值为人民币 10 万元，因此保险人应向被保险人支付保险金人民币 10 万元，并于保险金全额支付后获得该房屋损余部分的所有权及相应的土地使用权。

2. 不足额保险合同

不足额保险合同又称低额保险合同，是指保险金额低于保险价值的保险合同。如果保险事故造成保险标的的全部损失，保险人按保险金额赔偿，其与保险价值的差额部分，由被保险人自己承担；如果保险事故造成保险标的的部分损失，由保险人和被保险人对保险标的的损失按比例分摊。

　【案例4-2】

王某与保险公司签订的保险合同标的为其名下的厂房，该厂房价值人民币 100 万元，但保险合同中约定的保险金额为人民币 80 万元，当该房屋全部损失时，保险人应向被保险人按全部保险金额人民币 80 万元给付保险金。若该房屋仅遭受一半损失,则保险人向被保险人按保险金额的 50%,即人民币 40 万元给付保险金。

3. 超额保险合同

超额保险合同是指保险金额高于保险价值的保险合同。它包括因投保人超额投保而订立的保险合同,或因保险人超额承保所订立的保险合同,也有因保险标的价值变化而产生的保险价值降低等情况。由于超额保险容易诱发道德风险,对保险业的发展危害很大,因此各国保险立法对超额保险合同均加以严格限制。

(四) 按保险价值在订立合同时是否确定分类

按保险价值在订立合同时是否确定,可以将保险合同划分为定值保险合同和不定值保险合同,但是这类划分仅适用于财产保险合同,而不适用于人身保险合同,因为人身保险合同中不存在保险价值问题。

1. 定值保险合同

定值保险合同是指在订立保险合同时,投保人和保险人即已确定保险标的的保险价值,并将其载明于合同中的保险合同。定值保险合同成立后,保险事故一旦发生,保险合同当事人应以事先确定的标的物的保险价值为依据计算确定保险人赔偿金额。无论最后保险事故造成的是保险标的的全部损失还是部分损失,都无须对保险标的的损失价值重新估价。只是在计算保险人应支付的保险金额时,如果保险事故造成保险标的的全部损失,无论该保险标的实际损失如何,保险人均应支付合同所约定的保险金额的全部;如果保险事故仅造成保险标的的部分损失,则只需要确定损失的比例,该比例与保险价值的乘积,即为保险人应支付的赔偿金额。在保险实务中,定值保险合同多适用于某些不易确定价值的财产,如农作物保险、货物运输保险以及以字画、古玩等为保险标的的财产保险合同。

定值保险合同可以有效减少理赔环节,同时也便于确定赔偿金额。赔偿金额往往是投保人和保险人之间争议的焦点,因为其关系到保险双方的切身利益。在签订定值保险合同的情况下,赔偿金额完全以事先约定的保险价值为计算依据,因此只须确定损失的比例而无须考虑保险标的的实际价值,这样赔偿金额的确定便很简单方便。

2. 不定值保险合同

不定值保险合同是指订立保险合同时不预先确定保险标的的保险价值,仅载明保险金额作为保险事故发生后赔偿最高限额的保险合同。在不定值保险合同条件下,一旦发生保险事故,保险合同当事人需确定保险价值,并以此为依据计算确定保险人赔偿金额。由于在保险合同成立至保险事故发生这段时间内,保险标的的价值可能发生变化,这就出现了保险价值的确定标准问题。在保险实践中,通常以市场价格为标准来确定保险价值,但保险人对保险标的所遭受损失的赔偿不得超过合同所约定的保险金额。如果实际损失大于保险金额,保险人的赔偿责任仅以保险金额为限;如果实际损失小于保险金额,则保险人的赔偿不会超过实际损失。大多数财产保险业务均采用不定值保险合同的形式。

(五) 按照承担风险责任的方式分类

1. 单一风险合同

单一风险合同是指只承保一种风险责任的保险合同。如农作物雹灾保险合同,只对于冰雹造成的农作物损失负责赔偿。在保险实务中,仅承保一种风险的保险合同已经很少见了,大多数保险合同是承保多种风险的。

2. 综合风险合同

综合风险合同是指承保两种以上的多种特定风险责任的保险合同。这种保险合同必须一一列明承保的各项风险责任,只要损失是由于所保风险造成,保险人就负责赔偿。

3. 一切险合同

一切险合同是指保险人承保合同中列明的除外不保风险以外的一切风险,由此可见,所谓一切险合同并非意味着保险人承保一切风险,即保险人承保的风险仍然是有限制的,但这种限制通过列明除外不保风险的方式来设立。在一切险合同中,保险人并不明确列举所承保的具体风险,而是以"除外责任"条款确定其不承保的风险,也就是说,凡未列入责任免除条款中的风险均属于保险人承保的范围。

一切险合同为被保险人提供了较为广泛的风险保障,而且一旦保险事故发生,便于明确当事人双方的责任,使理赔程序顺利进行,有效减少当事人之间的争议。正是由于这些优点,一切险保险被广泛应用。但是也易于产生投保人对投保风险费用分配不合理的情况。此外,由于在"一切险"保险合同中未列明的风险都是承保风险,而随着实践的变化,会出现一些新的在签订合同时不存在的风险,或者当时并不显著的风险,这些都将成为保险人所承保的对象,这必然使保险人陷于不利的局面。

(六) 按保险承保方式分类

1. 原保险合同

原保险合同就是投保人与保险人直接签订的保险合同。保险人向投保人收取保费,对约定可能发生的事故因其发生所造成的财产损失承担赔偿保险金责任,或者当被保险人死亡、伤残、疾病或者达到约定的年龄、期限时承担给付保险金责任。

2. 再保险合同

再保险合同是指原保险人直接承保了业务后,为把自己承担的保险责任的一部分转让给另一个或几个保险人承担而与其订立的保险合同。再保险合同是约定再保险人与原保险人之间权利义务关系的,与原保险合同是相互独立的两合同,所以再保险人与原保险的投保人、被保险人、受益人之间,不存在直接的权利义务关系。但是再保险合同的订立是以原保险合同的存在为前提的。

第二节　保险合同要素

保险合同的要素主要是指保险合同的主体、客体和内容。

一、保险合同主体

保险合同的主体是指订立保险合同、履行保险合同过程中的参加者,是在保险合同中享有权利并承担相应义务的人。保险合同的主体包括保险合同的当事人、关系人和辅助人。一般认为保险合同的当事人是指投保人和保险人,保险合同关系人是指被保险人和受益人,此外在保险合同订立过程中发挥重要的辅助作用的辅助人即保险代理人、保险经纪人和保险公估人。

(一) 保险合同的当事人

保险合同的当事人有保险人和投保人。

1. 保险人

保险人又称承保人,是与投保人订立合同,收取保险费,在保险事故发生时,对被保险人承担赔偿损失责任的人。在我国专指与投保人订立保险合同,并承担赔偿或给付保险金责任的保险公司。保险人经营保险业务除必须取得国家有关管理部门授予的资格外,还必须在规定的业务范围内开展经营活动。

一般来说,保险人经营保险业务必须经过国家有关部门审查认可。理论上,法人和自然人都可以作为保险人,但是对于保险人在法律上的资格,各国保险法都有严格规定。只有少数国家法律允许保险人可以是自然人,例如英国。我国《保险法》规定自然人不得经营保险业务。

保险人的权利主要有如下几项:(1)保险费的收取权;(2)在一定条件下,保险人也享有保险合同的解除权。保险人解除合同的条件包括法定条件和约定条件。

保险人承担的义务:(1)保险条款的说明义务;(2)给付或赔偿保险金的义务;(3)解约金的返还义务。保险合同解除时,保险人负有退还保险费或保险单现金价值的义务。

2. 投保人

投保人又称要保人或保单持有人,是指与保险人订立保险合同,并负有交付保险费义务的人。《中华人民共和国保险法》第十条规定:"投保人是指与保险人订立保险合同,并按照保险合同约定负有支付保险费义务的人。"就法律规定而言,投保人可以是法人,也可以是自然人,但是必须要具备一定的资格条件:

(1)投保人必须具有相应的权利能力和行为能力,无权利能力的法人,或者无行为能力或限制行为能力的人与保险人订立的保险合同是无效的。

(2)投保人对保险标的必须具有保险利益,保险利益是指投保人对保险标的所具有的法律上或事实上的利益。如果投保人对保险标的不具有保险利益,则投保人不能与保险人订立保险合同,若保险人在不知情的情况下与不具有保险利益的投保人签订了保险合同,该保险合同无效。

(3) 投保人必须要承担支付保险费的义务,无论投保人是为自己利益投保还是为他人利益投保,投保人都要支付保费。但是保险人不能拒收保险合同关系人代投保人缴纳的保险费。

投保人的法律地位通过其享有的权利和承担的义务来体现。投保人享有的权利主要有:(1)经被保险人同意,有权指定和变更受益人;(2)享有保险合同的变更权;(3)享有保险合同的解除权,保险合同成立后,投保人原则上可以任意解除保险合同,但《保险法》另有规定或保险合同另有约定的除外;(4)享有保单质押借款和获取保单红利的权利;(5)享有申请保单复效权。

投保人承担的义务主要有:(1)如实告知义务;(2)及时缴纳保险费义务;(3)保险标的转让或发生保险事故的通知义务。

(二) 保险合同的关系人

保险合同的关系人是指与保险合同发生间接关系的人,包括被保险人和受益人。

1. 被保险人

被保险人是指其寿命或身体受保险合同保障,享有保险金请求权的人。对人身保险合同来说,由于人身保险合同是以人的寿命和身体为保险标的,因此,被保险人只能是自然人。这一点,与投保人不同,投保人不限于自然人,法人和其他组织也可以成为投保人。无论是财产保险还是人身保险合同,一般都不要求被保险人具有完全行为能力,被保险人民事行为能力的有无或是否完全,并不影响保险合同的效力。被保险人的资格和条件,主要取决于保险合同的规定。不同的保险合同,对被保险人资格要求是不一样的,如年龄、身体状况等。如果被保险人不符合规定的投保条件,将会导致保险合同无效的后果。当然,有的国家的保险立法对被保险人的资格有一定限制,禁止投保人为精神病患者或未成年人投保以死亡为给付保险金条件的人身保险,保险人也不得承保。父母为其未成年子女投保的人身保险,不受前款规定限制,但是死亡给付保险金额总和不得超过保险监督管理机构规定的限额。

通常情况下,在人身保险合同中,只有有生命的自然人才可以作为被保险人。而在财产保险中,自然人和法人都可以成为被保险人,对其资格并没有严格的限制。在以死亡为给付保险金条件的保险合同中,无民事行为能力的人不得成为被保险人,但父母为其未成年的子女投保时除外,只是最高保险金额通常有限定。

被保险人和投保人之间既有区别又有联系。投保人是缴纳保险费的人,被保险人是受合同保障的人,当投保人为自己的利益投保时,投保人和被保险人是同一人,此时的被保险人可以视同保险合同的当事人;当投保人为他人的利益投保时,投保人与被保险人分属两人,此时的被保险人即为保险合同的关系人。

与投保人一样,被保险人也有相关的权利和义务。(1)同意权。在人身保险合同中,被保险人享有是否同意其他人为其投保的权利。如果投保人与被保险人无一定的亲属关系，必须获得被保险人的同意，才能取得保险利益，否则所订立的合同无效。而且，以死亡为给付保险金条件的合同及其保险金额，在未经被保险人书面同意并认可的情况下，保险合同无效。（2）被保险人有权指定或变更受益人。在人身保险合同中，投保人如果要指定或变更受益人，必须事先征得被保险人的同意。在某些情况下，被保险人享有保险金受益权，根据《保险法》规定，被保险人死亡，只要存在下列情形之一的，保险金即作为被保险人的遗产，由保险公司向被保险人的继承人履行给付义务：被保险人没有指定受益人；受益人先于被保险人死亡，并没有指定其他受益人；受益人依法丧失受益权或放弃受益权，并没有其他受益人。（3）被保险人享有保险金请求权。在保险合同中，被保险人所享有的最重要的权利就是保险金请求权，虽然在人身保险合同中有受益人，由受益人享有保险金请求权，但受益人享有的保险金请求权是被保险人让与的，其来源是被保险人享有的保险金请求权。同时，被保险人也负有危险增加通知义务，保险事故通知义务，不当得利返还义务和赔偿损失义务，防灾防损和施救义务，提供有关证明、单证和资料的义务等。

2. 受益人

受益人一般出现在人身保险中，是指由被保险人或投保人指定，在被保险人死亡后有权领取保险金的人。如果投保人或被保险人未指定受益人，则他的法定继承人即为受益人。我国法律规定："受益人是指人身保险合同中由被保险人或者投保人指定的享有保险金请求权的人，投保人、被保险人可以为受益人，投保人指定受益人时须经被保险人同意。"

与投保人、被保险人不同，成为受益人没有明确的条件限制。自然人、法人及其他任何合法的经济组织都可作为受益人；自然人中无民事行为能力、限制民事行为能力的人，甚至活体胎儿等均可被指定为受益人；投保人、被保险人本人也可以作为受益人。但是需要明确的是受益人的受益权是通过指定产生的，受益权是指人身保险合同的保险金请求权，通常享有此项权利的人是被保险人，只有在被保险人死亡的情况下，受益人才享有受益权。受益人在被保险人死亡后行使受益权而领取的保险金，不得作为死者遗产用来清偿死者生前的债务。

受益人的指定可以在合同订立时，也可以在合同成立后保险事故发生前。对所指定的受益人，无须征得本人或者保险人的同意，只须在保险单上注明。被保险人或投保人指定受益人，不以一人为限，可以指定数人为受益人；受益顺序和受益份额应在保单上详细写明。

受益权在转化为现实的权利前一般不能转让。

投保人或被保险人指定受益人后，仍有权加以变更，受益人不能反对。但变更受益人，必须在保险事故发生之前行使。保险事故一旦发生，受益人的受益权即已转化为现实的既得权，投保人或被保险人便不能再变更受益人。

与保险人、被保险人相同，受益人也需要履行一定的义务。当受益人知道保险事故发生后，应及时通知保险人，同时需要提供保险事故理赔相关证明、资料。

关于投保人、被保险人、受益人的区分，以下通过一个例子来说明。丈夫为妻子购买了一份意外险，并将他们的儿子作为受益人。这一保险合同关系中，丈夫是投保人，主要义务是按照保险合同支付保费。妻子是被保险人，可以按照合同约定领取保险金。由于意外险中一般都有死亡风险的条款，因此该合同必须经妻子书面同意后（一般为签字认可）才生效。儿子是受益人，可以按照合同条款，在被保险人发生身故意外时领受保险金。如果合同履行

案例 4-3
重视被保险人指定受益人的权利

的过程中，丈夫要将受益人变更为自己，那么必须经过妻子的同意。

（三）保险合同的辅助人

保险合同辅助人又叫保险中介人，包括保险代理人、保险经纪人和保险公估人，他们是在保险合同的订立、履行过程中起辅助作用的人。

1. 保险代理人

保险代理人是指保险人的代理人，根据与保险人签订的代理合同，在授权范围内代表保险人办理保险业务，帮助保险人招揽客户，如签订保险合同、解决保险合同争议、代理理赔检验工作等，保险人则以手续费或佣金的形式给予保险代理人一定的劳务报酬。

2. 保险经纪人

保险经纪人是指基于投保人的利益，为其提供投保、缴费、索赔等中介服务，并向承保保险人收取佣金的单位。保险经纪人与保险代理人不同，它是基于投保人的利益，向保险人或其代理人洽定保险合同。

3. 保险公估人

保险公估人是指经保险当事人委托，为其办理保险标的的查勘、鉴定、估价和保险赔偿的清算洽谈等业务并予以证明的人。保险公估人可以接受保险人的委托，也可以接受投保人或被保险人的委托，并向委托人收取公估费用。

二、保险合同客体

客体是指在民事法律关系中主体享受权利和履行义务时共同指向的对象。在一般的合同中，客体即为标的，但是在保险合同中，客体并不是保险标的，而是保险利益。

首先需要明确一下保险标的和保险利益不同之处，保险标的是保险合同中所载明的投保对象，是保险事故发生所在的载体，即作为保险对象的财产及其有关利益或者人的生命、身体和健康；保险利益是对保险标的的所具有的法律上或事实上的利益。

其次保险标的之所以不能成为客体是因为并不是购买了保险就可以阻止损失或损害事件发生，订立保险合同不是为了保障保险标的本身，而是在损失发生之后可以使被保险人或者受益人得到经济上的补偿。

《保险法》规定："人身保险的投保人在保险合同订立时，对被保险人应当具有保险利益。财产保险的被保险人在保险事故发生时，对保险标的应当具有保险利益。人身保险是以人的寿命和身体为保险标的的保险。财产保险是以财产及其有关利益为保险标的的

保险。"因此,投保人必须凭借保险利益投保,而保险人必须凭借投保人对保险标的的保险利益才可以接受投保人的投保申请,并以保险利益作为保险金额的确定依据和赔偿依据。保险合同成立后,因某种原因保险利益消失,保险合同也随之失效。所以,保险利益是保险合同的客体,是保险合同成立的要素之一,如果缺少了这一要素,保险合同就不能成立。

三、保险合同内容

保险合同内容是指以双方权利义务为核心的保险合同的全部记载事项。保险合同一般都是依照保险人预先拟订的保险条款订立的,因而在保险合同成立后,双方当事人的权利和义务就主要体现在这些条款上。按照保险条款的目的和作用不同,可将其分为基本条款、附加条款和保证条款等。

(一)基本条款

基本条款是指保险人在事先准备的保险单上,根据不同险种而规定的有关保险合同当事人双方权利义务的基本事项。基本条款构成保险合同的基本内容,是投保人与保险人签订保险合同的依据,不能随投保人的意愿而变更。基本条款包括以下几项:

(1)保险合同当事人和关系人的名称和住所。这是关于保险人、投保人、被保险人和受益人基本情况的条款,其名称和住所必须在保险合同中详细记载,从而确立保险合同中权利和义务的承担者,明确保险合同的履行地点和合同纠纷的诉讼管辖。因为在保险合同订立后,凡有对保险费的请求支付、风险增加的告知、风险发生原因的调查、保险金的给付等,都会涉及当事人和关系人的姓名及住所事项,同时也涉及发生争议时的诉讼管辖和涉外争议的法律适用等问题。

(2)保险标的。保险合同中必须载明保险标的,以判断保险的类型以及投保人对保险标的是否具有保险利益,同时也可以据此确定保险金额。财产保险合同中的保险标的是指物、责任、信用;人身保险合同中的保险标的是指被保险人的寿命和身体。

(3)保险责任和责任免除。这是保险合同的核心内容,是区分各险种的重要标志。在保险实务中,合同纠纷大多发生在责任界定上。

保险责任是指在保险合同中载明的对于保险标的在约定的保险事故发生时,保险人应承担的经济赔偿和给付保险金的责任。保险责任明确的是,哪些风险的实际发生造成了被保险人的经济损失或人身伤亡,保险人应承担赔偿或给付责任。责任免除是对保险人承担责任的限制,即指保险人不负赔偿和给付责任的范围。责任免除明确的是哪些风险事故的发生造成的财产损失或人身伤亡与保险人的赔付责任无关。

【案例 4-4】

2018 年 3 月 15 日,顾某就其所有的某运输型拖拉机向中国财产保险股份有限公司投保机动车交通事故责任强制险和车损险、商业第三者责任险,交强险和商业险的保险期限自 2018 年 3 月 15 日至 2019 年 3 月 14 日。保险合同约定商业第三者责任险保险金额为 30 万元,保险费为 1 669.05 元。中国财保公司机动车第三者责任保险条款第六条第五款约定,"驾驶人饮酒、吸食或注射毒品、被药物麻醉后使用被保险机动车",保险人不负赔偿责任。顾某按期如约交纳了保险费。2019 年 1 月 23 日顾某驾驶该运输型拖拉机到案外人王某处喷漆,中午就餐时,顾某饮了少量白酒。车辆喷漆完毕后,顾某驾车回家。约 16 时许,该车因故停靠在路边。18 时许,案外人吴某驾驶无号牌三轮摩托车行驶至此,因车速过快,躲闪不及,尾撞被保险车辆,致吴某当场死亡,三轮摩托车乘车人孟某、谢某受重伤,两车不同程度损坏,孟某经抢救无效于当日死亡。该事故经公安局交通巡逻警察大队处理,认定吴某负主要责任,顾某负次要责任。顾某除按交强险限额赔付给死者经济损失外,还被判令向被害人亲属赔偿其他经济损失合计 329 741.60 元。顾某在向被害人亲属赔偿完上述款项后,向中国财保公司请求予以理赔,中国财保公司以顾某酒后驾驶为由拒赔。为此,顾某起诉要求中国财保公司给付理赔款。

该市人民法院经审理认为:上诉人顾某向原审法院提供的投保单中投保人声明项下载明,保险人已将投保险种对应的保险条款(包括责任免除部分)向本人作了明确说明,本人已充分理解;上述所填写的内容均属实,同意以此投保单作为订立保险合同的依据。审理期间,顾某认可投保人声明项下的签名系其在投保时所书写。因此,可以认定中国财保公司已将投保险种对应的保险条款(包括责任免除部分)向顾某明确说明,故保险合同免责条款对顾某具有约束力。

(4) 保险期间和保险责任期间。保险期间是指保险合同的有效期间,即保险合同从生效到终止的一段时间。保险期间一方面是计算保险费的依据,另一方面是保险人履行保险责任的基本依据之一。保险期间一般按照自然日期计算,也可以按工程期等某一事件的始末过程确定。保险责任期间是指保险人承担保险责任的有效期间。在保险实务中,保险责任期间可能与保险期间一致,也可能不一致。如寿险合同中大多规定有观察期,保险人承担保险责任的时间自观察期结束后开始。

(5) 保险金额。保险金额是保险人计算保险费的依据,也是保险人承担赔偿或者给付保险金责任的最高限额。保险金额的确定方法取决于保险合同的类别。在财产保险中,依据保险价值来确定保险金额;在责任保险和信用保险中,一般由保险双方当事人在签订保险合同时依据保险标的的具体情况约定一个最高赔偿限额;在人身保险中,由于人的生命、健康价值难以用货币来衡量,所以不能据此确定保险金额,而是根据被保险人的经济保障需要与投保人支付保险费的能力,由保险双方当事人协商确定保险金额。需要注意的是,保险金额只是保险人负责赔偿或给付的最高限额,保险人实际赔偿或给付的保险金额只能小于或等于保险金额,而不能大于保险金额。

(6) 保险费以及支付办法。保险费是指投保人向保险人购买保险商品时支付的费用,作为保险人承担保险责任的代价,它的金额大小主要由保险金额的大小和保险费率的高低以及保险期限等因素决定。交纳保险费是投保人的基本义务。保险合同中必须规定保险费的交纳办法及交纳时间。保险费的交纳一般有趸交、分期交纳、限期交纳等,其中趸交是指在订立合同时一次性交清所有的保费,多采用于财产保险中。

（7）保险金赔偿或给付办法。保险金赔偿或给付办法是指保险赔付的具体规定，是保险人在保险标的遭遇保险事故，致使被保险人经济损失或人身伤亡时，依据法定或约定的方式、标准或数额向被保险人或其受益人支付保险金的方法。一般以现金方式进行赔偿或者给付，但是也存在合同当事人约定以实物进行补偿或者恢复原状的情况。

（8）违约责任和争议处理。违约责任是指保险合同当事人因其过错致使合同不能履行或不能完全履行，即违反保险合同规定的义务而应承担的责任。争议处理条款是指用以解决保险合同纠纷的条款。争议处理的方式一般有协商、仲裁、诉讼等。

（9）订立合同的日期和地点。

（二）附加条款

附加条款是指保险合同双方当事人在基本条款的基础上，为了满足投保人或者被保险人的特殊需要另行约定或附加的、用以扩大或限制基本条款中所规定的权利和义务的补充条款。在保险实务中，一般把基本条款所规定的保险人承保的危险叫作基本险，附加条款所规定的保险人承保的危险叫作附加险。投保人只有在投保基本险的基础上，才能投保附加险，而不能单独投保附加险。

（三）保证条款

保证条款是指在保险合同中保险人要求被保险人在保险合同有效期内应予以遵守的规定。只要违反保证条款，不论这种违反行为是否给保险人造成损害，也不管是否与保险事故的发生有因果关系，保险人均可解除合同，并不承担赔偿或给付保险金责任。保证条款体现了保险合同是最大诚信合同。

【案例4-5】

某珠宝公司向保险公司投保火险附加盗窃险，在投保单上写明24小时有警卫值班，保险公司予以承保并以此作为减费的条件。后珠宝公司被窃，经调查某日24小时内有半小时警卫不在岗。不论警卫不在岗与珠宝公司被窃是否有因果关系，保险公司都不承担赔偿责任。

第三节　保险合同的订立和履行

一、保险合同的订立与生效

保险合同订立是指投保人与保险人之间基于意思一致而进行的法律行为。

（一）保险合同订立

1. 原则

一般来说，订立保险合同遵循的原则包括：

（1）协商一致和公平原则

我国《保险法》第十一条规定："订立保险合同，应当协商一致，遵循公平原则确定各方的权利和义务。"在订立保险合同时，投保人和保险人的法律地位是平等的，双方要经过充分的协商，达成一致意见。

（2）自愿订立原则

除法律、行政法规规定必须保险的外，必须在自愿的前提之下订立保险合同。因此，当事人是否订立保险合同，选择哪家保险公司订立合同，以及订立的合同类型等，完全取决于当事人的意愿，任何人不得欺诈、胁迫或强制他人订立保险合同。如果违背自愿订立原则，采取行政手段，利用职权强迫他人订立保险合同，所订立的保险合同无效，对当事人没有法律约束力。

（3）合法性原则

如果当事人利用保险合同进行违法犯罪活动，那么所订立的保险合同无效。合法性原则包括合同的主体合格、内容合法、合同的形式符合法律要求等。

2. 程序

保险合同的订立与其他民事合同的订立程序一样，需要经过要约和承诺两个阶段。

要约，即一方当事人向另一方当事人提出订立合同建议的法律行为；保险合同的要约就是投保人提出投保要求，填写并向保险人提交投保单。

承诺，即承诺人向要约人表示同意与其缔结合同的意思表示。保险合同的承诺即承保，通常由保险人或其代理人作出，是保险人在收到投保单后，经逐项审核，认为符合保险条件从而接受投保的意思表示。在形式上表现为向承保人签发保险单或其他保险凭证。根据我国《保险法》第十二条的规定，经投保人和保险人协商同意，保险合同也可以采取保险单或其他保险凭证以外的其他书面协议形式订立。

因此，下列情况可以推定保险人的承诺行为即承保：一是在投保单上签字盖章；二是向投保人出具保险费收据表示同意；三是法律上承认的能够表示同意的其他书面形式。在这种情况下，保险合同的成立就不以保险人出具的保险单为要件，而以保险合同的当事人协商一致的书面承诺为依据。承诺生效，保险合同随即成立，双方开始承担合同义务。

（二）保险合同成立和生效

保险合同成立是指经过要约和承诺两个程序，投保人和保险人就保险合同条款达成协议。我国《保险法》第十三条规定："投保人提出保险要求，经保险人同意承保并就合同的条款达成协议，保险合同成立。保险人应当及时向投保人签发保险单或其他保险凭证，并在保险单或其他凭证中载明当事人双方约定的合同内容。经投保人和保险人协议同意，也可采取前款规定以外的其他书面协议形式订立保险合同。"从法律规定来看，保险合同成立与否取决于投保人与保险人双方是否就合同主要条款达成一致意思。因此，保险合同是诺成性合同，即保险合同因承诺生效而成立，虽然保险人的承诺包括了保险人的签章、保险人出具保险费收据、保险人出具保险单等多种书面形式的保险凭证，但这只能属于保险人履行保险合同义务的行为。只要保险单经保险人签发即为承诺生效,保险合同成立。

保险合同生效是指合同条款产生法律效力,对双方当事人产生约束力。

投保人交费与否与保险合同是否成立没有直接关系。保险公司只要同意承保,即使投保人没有及时交付保险费,保险合同依然成立;投保人如果交付了保险费,但保险公司未同意承保,保险合同依旧不成立。

保险合同成立是生效的基础,保险合同成立并不一定使得保险合同生效。如果保险合同已经成立,但是不符合保险合同规定的生效条件,仍然无法产生法律效力。保险实务中,一部分保险合同在成立时即告生效,还有部分合同的双方当事人会约定保险合同何时生效。例如,健康保险的保单中常规定一个等待期或观察期,等待期或观察期多为180天,被保险人在等待期或观察期内因疾病支出医疗费用或收入受损,保险人不负责任。等待期或观察期结束后,健康保险责任才正式生效。这主要是为了避免被保险人带病投保。

保险合同生效的条件通常包括以下几点:(1)主体合格。即订立合同的双方当事人符合法律规定的条件。具体来说,保险人必须是依法能够从事保险业务的机构,投保人则必须具有民事权利能力和民事行为能力,并对保险标的具有保险利益。(2)内容合法。只有内容合法的保险合同,才受法律保护,才能达到保险当事人所预期的目的。(3)合同当事人的意思表示一致。(4)代理订立保险合同,要有事前授权或事后追认。(5)保险合同必须采用书面形式。

补充阅读 4-1

从一起车险理赔案件谈保险合同的成立和生效

(三)保险合同的有效和无效

(1)保险合同的有效。保险合同的有效是指保险合同是由当事人双方依法订立,并受国家法律保护。保险合同生效是要求合同所附条件成立,如交纳保险费或满足其他约定条件。因此保险合同有效是保险合同生效的前提条件。

(2)保险合同的无效。无效保险合同是指当事人虽然订立但不发生法律效力、国家不予保护的保险合同。无效保险合同的确认权归人民法院和仲裁机关。保险合同被确认无效后,始终无效。

按照无效的程度,保险合同的无效可分为全部无效和部分无效。全部无效是指违反国家禁止性规定而被确认无效后,不得继续履行的保险合同,如投保人对保险标的不具有保险利益、违反国家利益和社会公共利益、保险标的不合法等。部分无效是指保险合同某些条款的内容无效,但合同的其他部分仍然有效,如善意的超额保险,超额部分无效。

按照无效的性质,保险合同无效可分为绝对无效和相对无效。绝对无效是指保险合同自订立起就不发生法律效力,如行为人不合格,采取欺诈胁迫等手段订立的合同。相对无效是指因重大误解和显失公平等引起无效的保险合同。

二、保险合同的履行

保险合同的履行是指保险合同当事人双方依法全面完成合同约定义务的行为。

（一）投保人和被保险人义务的履行

1. 交付保险费的义务

投保人最主要的义务就是交付保险费，而且必须依照保险合同中约定的交付时间和方式向保险人交付保费。保险费也可以由保险合同的关系人代为缴纳，此时保险人不可拒收保险费，但是如果投保人迟迟不交保费，保险人不得要求合同的关系人缴纳保险费，其有权终止合同。

2. 如实告知的义务

在订立保险合同时，投保人负有将保险标的的有关情况如实向保险人陈述、申报或声明的义务。如果投保人违反了这一义务，保险人可以解除合同。

3. 维护保险标的安全的义务

保险合同订立后，财产保险合同的投保人、被保险人应当遵守国家有关消防、案例、生产操作、劳动保护等方面的规定，维护保险标的的安全。保险人有权对保险标的安全工作进行检查，经被保险人同意，可以对保险标的采取安全防范措施。投保人、被保险人未按约定维护保险标的的安全的，保险人有权要求增加保险费或解除保险合同。

4. 危险增加的通知义务

危险增加是指保险合同当事人在订立合同时预料的保险标的的危险在合同有效期内程度增强。在合同有效期内，无论造成危险增加的原因是什么，投保人都应当按照约定及时通知保险人。一般情况下，当得知危险增加之后，保险人会要求增加保险费或者解除保险合同。如果投保人未履行此项义务，那么因危险增加而发生的保险事故，保险人不承担赔偿责任。

5. 保险事故发生的通知义务

保险事故发生后，投保人、被保险人或者受益人应当及时通知保险人，从而便于保险人迅速地调查事实真相、明确责任，亦可以使保险人采取适当措施防止损失扩大。

6. 防灾防损和施救的义务

在合同成立后，投保人和被保险人要遵守国家有关规定维护保险标的的安全，如果未履行此义务，保险人可以要求增加保费或解除合同。在事故发生之后，投保人和被保险人也要尽力采取施救措施，若未履行，由此所造成的进一步损失，保险人不承担责任。

7. 提供有关证明、单证和资料的义务

保险事故发生后，依照保险合同要求保险人赔偿或者给付保险金时，投保人、被保险人或者受益人应当向保险人提供其所能提供的与确认保险事故的性质、原因、损害程度等有关的证明和资料。

（二）保险人义务的履行

1. 承担保险责任

在保险合同有效期内，保险人责任范围内的保险事故发生，保险人要依据保险合同向被保险人或受益人承担赔偿或给付保险金的责任。这是保险人最主要的义务。支付的保险金主要包括：

（1）损失赔偿金。财产保险合同中依据标的的实际损失确定，人身保险合同中依据订立合同时约定的保险金额确定，最高都以保险金额为限。

（2）施救费用。这是指在发生保险责任范围内的灾害或事故时，被保险人为了抢救或保护保险财产而支出的合理费用。

（3）诉讼费用。

（4）其他有关费用。如为了确定是否是保险责任范围内的损失所支付的受损财产的检验、估价、出售的合理费用等。

保险实务中，如果保险合同双方达成赔偿或者给付保险金协议的，保险人在达成协议的 10 日内偿付；如果保险合同对赔偿或者给付保险金有时间约定的，保险人应在约定时间内履行偿付义务。

 【案例 4-6】

2014 年 1 月，某厂为该厂全体职工向保险公司投了人身意外伤害险，同时为该厂的一辆双排座货车投了座位乘客意外伤害险。3 月 20 日，该厂职工李某乘该货车前往外地出差，途中因车的制动失灵，发生事故致李某死亡。事故发生后，保险公司按合同约定，支付了团体人身意外伤害保险金和座位乘客意外伤害保险金 5 000 元。该厂领取后未转交给李某的家属，李妻王某几经交涉未果，诉至法院。

法院在审理中认为，保险人的义务主要是在保险事故发生或约定的保险时间到来时进行赔偿或给付保险金，保险人履行义务必须妥当。本案中，保险公司虽然履行了给付义务，但因为给付对象为投保人某厂，这种给付于法无据，因而保险公司属于履行义务不当。本案中的两笔保险金现已被投保人某厂领取，故某厂应返还此笔保险金给付李某的法定继承人。

2. 条款说明义务

订立合同时，保险人需要告知投保人各项合同条款，尤其需要明确说明免责条款，未明确说明的，该条款不产生效力。

3. 及时签发保险单证的义务

保险合同成立后，保险人应及时向投保人签发保险单或其他保险凭证，并载明当事人双方约定的内容。

4. 预防保险标的遭受损失的义务

保险人可以利用自身拥有的专业技术，协助投保人和被保险人来预防保险标的遭受损失。我国《保险法》第五十一条规定："保险人可以按照合同约定对保险标的的安全状况进行检查,及时向投保人、被保险人提出消除不安全因素和隐患的书面建议。"

 【案例 4-7】

2018 年台风"山竹"(强台风级)于 9 月 16 日在江门市台山沿海登陆,灾害造成湖南、广东、广西、海南、贵州、云南 6 省(自治区)严重受损,直接经济损失达 142.3 亿元。面对破坏力巨大的台风灾害,保险行业积极发挥风险保障功能,迅速启动重大灾害应急机制,协调各方理赔资源积极应对。保险行业灾前以多种形式向客户推送防范预警,在机动车保险方面,灾前积极部署救援资源,灾后第一时间开展受损车辆道路救援;在非机动车保险方面,灾前协助客户积极排查风险,现场指导防灾防损等,灾后全力动员做好查勘理赔,启动绿色通道,简化理赔手续和流程,同时,积极采用创新技术协助理赔作业,提升理赔效率。

第四节　保险合同的变更与终止

一、保险合同的变更

保险合同变更是指保险合同存续期间,因为法律规定的事由或者保险合同约定的事由发生变化,或者投保人与保险人协商同意,致使保险合同的主体、内容等发生变更的现象。

(一)主体变更

保险合同的主体包括保险当事人以及保险关系人。保险合同的主体不同,变更所涉及的法律程序规定也不相同。一般情况下,不会出现保险合同主体变更的情况,但是在保险实务中难以完全避免这种情况的发生。

投保人的变更,属于合同的转让或者保险单的转让。财产保险中,转让的发生通常是由于保险标的的所有权发生转移。我国法律规定,保险标的的所有权转移时,投保人或被保险人事先应当书面通知保险人,经保险人同意并将保险单或者保险凭证批改后方为有效。否则从保险标的所有权转移时起,保险责任即行终止。在货物运输保险中,保险标的是运输中的货物,具有流动性,特别是海洋运输,如果每次保险标的的所有权转移都要书面通知保险人必然影响货物的流转,也会浪费大量的人力物力,所以各国保险立法一般规定,除另有明文规定外,保险单同货物所有权同时转移,不必经保险人同意。我国《财产保险合同条例》也规定,货物运输保险的保险单或者保险凭证可由投保方背书转让,无须征得保险方同意。保险合同一经转移,该合同的受让人即与保险人建立权利义务关系,同时,该合同的原投保人与保险人的权利义务关系解除。

被保险人的变更,只有在财产合同中才会发生,因为在人身保险中保险人是根据被保险人的生命、健康等状态确定是否承保以及保费金额的,如果变更被保险人就相当于保险人与另一人签订新的保险合同。在财产保险合同中,被保险人是财产的所有人,被保险人的变更也属于合同的转让或者保险单的转让。

受益人的变更只发生在保险事故发生之前,事故发生之后是不允许变更受益人的。根据《保险法》第六十二条规定,被保险人或者投保人可以变更受益人并书面通知保险人。保险人收到变更受益人的书面通知后,应当在保险单上批注。投保人变更受益人时须经被保险人同意。

(二)客体变更

保险合同的客体是保险利益,保险利益是主体对保险标的所具有的法律上或事实上的利益,其变更一定是合同主体的变更所致。

(三)内容变更

保险合同内容变更,指在主体不变的情况下改变合同的约定事项。变更的内容有:被保险人地址;标的数量;标的品种、价值、存放地点;保险费、保险期限、金额;保险责任范围;运输合同中的航程、航行期等。以保险费增加为例,其一般在以下几种情况下发生:投保人、被保险人未按照约定履行其对保险标的的安全应尽的责任;保险标的危险程度增加的;投保人申报的被保险人年龄不真实,致使投保人支付的保险费少于应付保险费的。

保险合同内容的变更无论是否会导致保险费的增减,均要求当事人取得一致意见,由保险人签发批单或附加条款。变更后的保险合同是确立保险当事人双方权利义务关系的依据。

 【案例4-8】

董某将其名下的房屋作为保险标的与保险公司签订了一份农村房屋长期保险单,保险期限自 2011 年 10 月 6 日至 2016 年 10 月 5 日止。保险公司在保险单批注一栏注明:"到期还本,不退保继续有效。"保险背面印有"保险责任""除外责任"及"赔偿处理"条款。2012 年 6 月 8 日董某所投保的房屋因地势下陷,四周多处裂口,保险公司给予赔偿施救费用。2012 年 7 月 13 日保险公司制作批单一份,批单部分批文:"经我公司研究同意,董某房屋因类似地势下陷、滑坡等情况造成损失,我公司不负任何责任。"但是该批单上无董某签名。2018 年 4 月至 5 月间,由于长时间阴雨,该保险房屋后挡土墙沉降、外鼓,房基滑坡、变形,导致上部墙体出现裂缝,房屋整体结构遭到破坏,董某申请专业鉴定机构对该房屋进行了鉴定,2002 年 6 月 3 日给出书面鉴定,评定该房屋为 D 级(整栋危房),并建议该房立即停止使用,整栋拆除,异地重建。董某花房屋安全鉴定费 600 元,向保险公司索赔,因双方对赔偿金额有争议无果而形成诉争。

法院经审理认为:对于 2012 年 7 月 13 日保险公司批单,没有董某的签名,董某当庭亦不认可,系保险公司单方制作,保险公司主张保险合同内容变更,违反了变更保险合同的有关内容必须由投保人和保险人协商同意的法律规定,据此,对于保险公司主张该保险合同的内容部分变更,不承担保险责任,本院不予支持。

(四) 效力变更

1. 保险合同的无效

保险合同的无效是指虽然投保人和保险人已经签订保险合同但是法律上不予承认和保护,不产生法律上的任何效力。按照不同的因素来划分,无效有以下几种形式。

(1) 约定无效与法定无效

约定无效又叫相对无效,是当事人在合同中约定产生无效的条件,一旦条件产生,便导致保险合同无效,如规定保险费欠缴若干时期保险合同无效;法律无效又叫绝对无效,是指由法律明文规定的无效原因一旦出现,则合同无效。我国法律规定,出现以下情况之一的,保险合同即无效:合同系代理他人订立而不作声明;恶意的重复保险;人身保险中未经被保险人同意的死亡保险;人身保险中被保险人的真实年龄已超过保险人所规定的年龄限制。

(2) 全部无效与部分无效

全部无效是指保险合同全部不产生效力,如保险合同当事人所进行的行为是国家法律所禁止的。部分无效是指保险合同中除去一部分无效内容,其余内容有效。例如,在人身保险中,被保险人的年龄与保单所填写的不符(只要没有超过保险人所规定的保险年龄的限度),保险人按照被保险人的实际年龄给付保险金额。

(3) 自始无效与失效

自始无效是指合同自成立起就不具备生效的条件,是无效的合同;失效是指合同成立时有效,之后因某种原因导致合同无效。例如,被保险人因对保险标的失去保险利益,保险合同即失去效力。失效不需要当事人作意思表示,只要失效的原因一出现,合同即失去效力。

2. 保险合同的解除

保险合同的解除是指保险合同当事人基于合同成立后所发生的情况,使其无效的一种单独的行为。即当事人一方行使解除权(或法律赋予,或合同中约定),使合同的一切效果消失并恢复到合同订立前的状态。

合同的解除与合同的无效不同。行使合同解除权后效力溯及合同订立前的状态,已受领的给付需要返还给对方,但如果是由投保人的不当行为致使合同解除则保险人无须归还保费,而且解除权有时效规定,可因时效而丧失解除权;合同无效是指合同不发生效力,不会因时效而成为有效合同。

3. 保险合同的中止和复效

保险合同中止是指保险合同成立并生效后,由于某种原因使保险合同无法继续履行,合同效力暂时停滞的状态。保险合同的复效是指保险合同的效力在中止以后又重新开始。如人身保险中投保人未能按时缴纳保险费,保险合同的效力由此中断。在此期间,如果发生保险事故,保险人不负支付保险金的责任。但保险合同效力的中止并非终止。投保人可以在一定的条件下,提出恢复保险合同的效力,经保险人同意,合同的效力即可恢复,即合同复效。已恢复效力的保险合同应视为自始未失效的原保险合同。

4. 保险合同的终止

关于保险合同的终止将在下一节中详细阐述。

二、保险合同的终止

保险合同的终止是指双方当事人的权利和义务终止,是指合同当事人之间的权利、义务关系归于消灭,在客观上不复存在。终止是保险合同发展的最终结果。导致保险合同终止的原因很多,主要有以下几种。

(一)自然终止

自然终止即合同因期限届满而终止,这是保险合同终止的最普遍、最基本的原因。保险合同关系作为一种债的关系是有时间性的,如果直到保险合同有效期届满之日保险事故仍然没有发生,保险人的责任也自然终止。

(二)因履行而终止

保险合同中约定的保险事故发生后,保险人履行其赔偿或给付义务,其保险责任随即终止,例如终身人寿保险中的被保险人死亡,保险人给付受益人全部保险金额后合同终止。

(三)因解除而终止

在保险合同中,保险合同的解除分为法定解除、约定解除和任意解除三种。

1. 法定解除

法定解除是指法律规定的原因出现时,保险合同当事人一方(一般是保险人)依法行使解除权,消灭已经生效的保险合同关系。法定解除是一种单方面的法律行为。

我国《保险法》规定,投保人或被保险人有下述行为之一者,可以构成保险人解除保险合同的条件:投保人故意隐瞒事实,不履行如实告知义务的,或者因过失未履行如实告知义务,足以影响保险人决定是否同意承保或者提高保险费率的;被保险人或者受益人在未发生保险事故的情况下,谎称发生了保险事故,向保险人提出赔偿或者给付保险金的请求的;投保人、被保险人或者受益人故意制造保险事故的;投保人、被保险人未按照约定履行其对保险标的安全应尽的责任的;在合同有效期内,保险标的危险程度增加,被保险人未及时通知保险人的;投保人申报的被保险人年龄不真实,并且其真实年龄不符合合同约定的年龄限制的(但合同成立后逾二年的除外);自合同效力中止之日起二年内双方未达成协议的。

【案例 4-9】

2007 年赵某因患高血压休息在家,当年 8 月投保保险金额为 20 万元、期限 20 年的人寿保险,投保时隐瞒了病情。2008 年 2 月赵某高血压病情发作,不幸去世,被保险人的丈夫作为家属请求保险公司给付保险金。由于投保人在投保时隐瞒了病情,违反了如实告知义务。故该保险合同解除,保险公司不承担给付保险金的责任,并且不退还保险费。

2. 约定解除

约定解除是当事人在合同中约定解除合同的条件,一旦条件产生,一方或双方即有权利解除保险合同。

3. 任意解除

任意解除是指法律允许双方当事人都有权根据自己的意愿解除合同。但是,并非所有的保险合同都是可以由当事人任意解除和终止的,它一般有着严格的条件限制。

(四)因违约失效而终止

当投保人或被保险人做出违约行为时,保险人有权使合同无效。例如,如果投保人不能如期(包括在宽限期内)交纳保险费,则保险人可以使正在生效的合同中途失效。一般情况下,人寿保险和简易人身保险,因不能如期交纳保险费而被暂时中止效力的,被保险人可以争取合同复效;但财产保险合同因不能如期交纳保费而被终止合同的,则通常不能恢复合同效力。

(五)因标的灭失而终止

标的灭失是指由保险事故以外的原因造成的保险标的灭失,如财产保险标的的灭失、人身保险合同被保险人非因保险事件而死亡。

三、保险合同的争议处理

保险合同争议是指在保险合同成立后,合同主体就保险合同内容及履行时的具体做法等方面产生不一致甚至相反的理解而导致的分歧或纠纷。由于保险合同比较特殊,主体之间的争议不仅产生于投保人与保险人之间,有时还会产生于投保人与被保险人、被保险人与受益人以及上述主体与第三人之间。在处理这一类争议时要遵循一定的原则和方式方法。

(一)保险合同的解释原则

合同解释是指当对合同条款的意思产生歧义时,法院或者仲裁机构按照一定的方法和规则对其作出的确定性判断。保险合同应遵循的合同解释的原则有以下几条:

1. 文义解释

文义解释又称文理解释、语义解释和字面解释。文义解释是按照法律规范的词语和文法进行的解释,即保险合同中用词应按通用文字含义并结合上下文来解释。如果同一词语出现在不同地方,前后解释应一致,专门术语应首先参照立法解释,若无立法解释则按行业习惯或保险业公认的含义解释。当合同的某些内容产生争议而条款文字表达又很明确时,首先应按照条款文义进行解释,切不能主观臆测、牵强附会。

2. 意图解释

意图解释就是指对保险合同条款应遵循签约当时双方当事人的真实意图,从当时的客观情况出发来进行解释。保险合同的条款是保险双方当事人意思表示一致而确立的,因此,解释时应充分尊重双方当事人订立合同时的真实意图。这一原则一般只能适用于文义不清,条款用词不准确、混乱模糊的情形。如果文字准确,意义毫不含糊,就应照字面意思解释。

3. 解释应有利于非起草人

由于保险合同是附和合同,合同条款事先由保险人在充分考虑自身利益的基础上拟定,在签订保险合同时,投保人只能被动地服从、接受或者拒绝保险方所提出的条件。所以,当保险合同发生争议时,人民法院或者仲裁机关应当作有利于非起草人(投保人、被保险人或者受益人)的解释,以示公平。但是,这一原则不可随意滥用,只有当保险合同条款模棱两可、语义含混不清或一词多义,而当事人的意图又无法判明时,才可以采用。

【案例 4-10】

2011 年 9 月 16 日,李某与保险公司签订了终身寿险合同一份,承保十种重疾。2018 年 5 月 9 日,被保险人李某罹患脑梗死、冠心病并伴有完全性失语,该疾病对其身体和生活造成了重大影响。索赔时,保险公司表示该病不属于保险合同承保的 10 种重疾而拒赔,遂引发诉讼。

一审法院认为,本案双方争议的焦点是被保险人李某所患疾病是否属于重大疾病。重大疾病不是具体的病种,而是一个外延难以确定的不确定的概念。就通常理解而言,应当指因疾病严重导致花费巨大和因病情重大而对患者构成重大影响的疾病。由于内涵和外延的不确定,仅以列举方式进行解释难以穷尽,通常应有兜底条款。本案中,保险条款释义只是列举了 10 种疾病为重大疾病,远小于常人所理解的重大疾病的范围,没有对不确定概念解释时通常应有的兜底条款。根据保险法的规定,采用保险人提供的格式条款订立的保险合同,保险人与投保人对合同条款有争议的,应当按照通常理解予以解释,对合同条款有两种以上解释的,应当作出有利于被保险人和受益人的解释。因此,对重大疾病内涵与外延的理解应作有利于李某的解释。从被保险人李某的住院治疗情况来看,其所患脑梗死、冠心病对其身体和生活造成了重大影响,应当属于一般人所理解的重大疾病,这也符合投保人的真实意愿和一个社会普通人的合理期待。因此,保险公司应当按照保险合同约定给付李某重大疾病保险金。

4. 尊重保险惯例

保险业务是一种专业性极强的业务,其有许多为业内人士所接受和承认的专业用语和行业习惯用语。因此,在解释保险合同时,对某些条款所用词句,不仅要考虑该词句的一般含义,而且要考虑其在保险合同中的特殊含义。

5. 批注优于正文

在保险合同订立之后,双方当事人可以对原合同进行修改,多采用批注、批单和附加条款形式。当修改与原合同条款相矛盾时,采用批注优于正文、后批优于先批、书写优于打印、加贴批注优于正文批注的解释原则。

6. 补充解释原则

当保险合同条款约定内容有遗漏或不完整时,借助商业习惯、国际惯例、公平原则等对保险合同的内容进行务实、合理的补充解释,以便合同的继续执行。

(二)保险合同争议的解决方法

1. 协商解决

协商是指合同主体在自愿诚信的基础上,根据法律规定及合同约定,充分交换意见,相互切磋理解,求大同存小异,对所争议的问题达成一致意见,自行解决争议的方式。

这种方式不但能使矛盾迅速化解,省时省力,而且还可以增进双方的进一步信任与合作,有利于合同的继续执行。

2. 仲裁解决

仲裁是指争议双方依仲裁协议,自愿将彼此间的争议交由双方共同信任、法律认可的仲裁员居中调解,并作出裁决。仲裁必须有仲裁员参加,而且仲裁员是以裁判者的身份而不是以调解员的身份对双方争议的事项作出裁决。这种裁决一般是终局性的,对双方当事人都有约束力。申请仲裁必须以在双方自愿基础上达成仲裁协议为前提。仲裁协议可以是订立合同时的仲裁条款,也可以是争议发生前、发生时或发生后达成的仲裁协议。

3. 调解解决

如果双方当事人协商无果,那么可以进行调解,在第三方机构组织下,通过谈判、协商以和解的方式解决纠纷。调解必须在双方当事人都同意的前提下才可以进行,只要有一方不同意调解则不可采用此方式解决争议。

4. 诉讼解决

保险诉讼主要是指争议双方当事人通过国家审判机关——人民法院解决争端,进行裁决的办法。它是解决争议最激烈的方式。

目前我国针对保险合同引发的诉讼纠纷案件或其他诉讼案件实行的是两审终审制,也就是当事人不服一审法院判决的可以在法定的上诉期内向上一级人民法院上诉申请再审。第二审判决为最终判决,一经终审判决,立即发生法律效应,当事人必须执行,否则法院有权强制执行。当事人对二审判决还不服,通过再审程序申请再审。

补充阅读 4-2
2 990 公斤黄金变质,能否索赔成焦点,发生了什么?

本章小结

1. 保险合同是投保人与保险人约定保险权利义务关系的协议。与一般合同不同,保险合同是射幸合同、附和合同、最大诚信合同、双务合同、要务合同。

2. 按照不同的分类标准,保险合同可分为多种不同的类型,比如按合同的性质分类可以分为补偿性保险合同和给付性保险合同,按保险金额与保险价值的关系分类可以分为足额保险、不足额保险和超额保险等。

3. 保险合同的主体包括保险合同的当事人、关系人和辅助人。在保险合同中,客体不是保险标的,而是保险利益,因为订立保险合同不是为了保障保险标的本身,而是在损失发生之后可以使被保险人或者受益人得到经济上的补偿。

4. 按照保险条款的目的和作用不同,保险合同内容可分为基本条款、附加条款和保证条款。保险合同成立要经过要约和承诺两个程序,但是保险合同成立并不一定使得保险合同生效,成立只是生效的基础。

5. 保险合同的主体变更主要是由于保险标的的所有权转移而产生的,其效力变更包括无效、解除、中止、复效和终止。

6. 在处理保险合同争议时,必须遵循保险合同的解释原则并采取协商、仲裁、调解或诉讼的方式。

 重要概念

保险合同　射幸合同　附和合同　最大诚信合同　双务合同　投保单　保险单
保险凭证　暂保单　批单　保险金额　保险价值　足额保险　不足额保险　超额保险
定值保险　不定值保险　保险人　投保人　被保险人　受益人　保险标的　保险利益
合同无效　合同解除　合同复效　合同中止　合同终止　保险合同解释原则

 思考题

1. 简述保险合同的特征及分类。

2. 区分投保人、被保险人及受害人并举例。

3. 为什么保险标的不能成为保险合同客体?

4. 区分保险费、保险金额及保险价值。

5. 为什么有些保险合同不适用"成立即生效"原则?

6. 简述投保人和保险人各自的权利与义务。

7. 当保险争议产生时,如何处理?

 在线自测

第五章

财 产 保 险

财产保险是以各种物质财产及其有关利益为保险标的的保险,保险人对因各种自然灾害、意外事故对财产造成的损失承担经济赔偿责任。那么财产保险的范畴是什么,财产保险具体有哪些业务,具体的赔案又该如何处理? 这是本章所要学习的内容,也是保险学相关理论和原理在财产领域的实际应用。

第一节　财产保险概述

一般来说,财产保险是以财产作为保险标的的保险。但是,随着社会生产和科学技术的发展,经济交往的多样化,法律制度的完善,财产保险所保障的范围日益扩大,除了对人身的生、老、病、死、残以及失业等给付保险金的人身保险以外,其他各种保险都可纳入财产保险的范围。

一、财产保险的概念及特点

(一)财产保险的概念

财产保险有广义和狭义之分。广义的财产保险是以财产及其有关经济利益和损害赔偿责任为保险标的的保险,狭义的财产保险是指以物质财产为保险标的的保险。

要探讨财产保险的定义,先要对财产概念有所了解。财产是金钱、财物及民事权利、义务的总和,按其形式可分为有形财产和无形财产。有形财产,如金钱、房屋、土地、机器、农作物、牲畜、衣物等;无形财产,如著作权、发明权、商标权等。有形财产(物质财产)按法律属性可分为动产和不动产,按资产种类可分为固定资产和流动资产,按用途可分为生产用的财产和消费用的财产。属无形财产的知识产权亦称智力成果权,它是人们智力活动所创造的精神财富,它不占有一定的空间,但具有专有性、地域性、时间性的特征。财产保险的标的除了物质财产以外,还包括与物质财产有关的经济利益和损害赔偿责任,前者如运费、预期利润、信用等,后者如汽车第三者责任、公共责任、产品责任、雇主责任、职业责任等。这些经济利益和损害赔偿责任是无形的,也可称之为无形财产。因此,财产保险的标的可概括为"财产"。

英国等国的保险书籍对财产保险概念一般都做狭义解释,不把财产保险、责任保险、信用保险和保证保险等统称为财产保险。日本等国的保险书籍一般对财产保险的概念作广义解释,我国亦然。《中华人民共和国保险法》第十二条规定:"财产保险是以财产及其有关利益为保险标的的保险。"第九十五条规定:"财产保险业务,包括财产损失保险、责任保险、信用保险、保证保险等保险业务。"这里的财产损失保险是指物质财产保险。国际上把保险业务分为非寿险业务和寿险业务两大类,这相当于我国把保险业务分为财产保险和人身保险两大类。

(二)财产保险的特点

我国保险立法按保险业务范围将保险划分为两大类,即人身保险和财产保险。由于两者承保的保险标的性质不同,这两类保险存在着许多差异。因此,财产保险的主要特点可以从与人身保险的对比中反映出来。

1. 保险标的的特殊性

财产保险承保的标的包括有形财产、无形财产或有关利益,是对法人或自然人所拥有的物质利益提供风险保障;而人身保险只能针对自然人的寿命或身体提供风险保障。

2. 保险利益的特殊性

从保险利益的产生来看,财产保险的保险利益来源于人与物之间的关系,这种利益必须能用货币来衡量;人身保险的保险利益来源于人与人之间的关系,而人的寿命或身体却不能用货币来衡量。从保险利益的限定来看,财产保险的保险利益要以投保人实际利益的金额为限;人身保险的保险利益除了债权人与债务人之间的保险利益外,一般都没有保险金额的限制。从保险利益的时效来看,财产保险的保险利益要求在损失发生时存在;而人身保险的保险利益仅要求在保险合同订立之时存在。

3. 保险金额确定的特殊性

确定财产保险的保险金额一般以保险标的的价值为基础;而人身保险的保险金额一般根据被保险人需求和投保能力而定或者投保人与保险人双方协商确定。

4. 保险期限的特殊性

财产保险的保险期限较短,通常为一年或者一年以内;而人身保险的保险期限少则几年,多则几十年乃至终身。

5. 保险合同的特殊性

就合同主体而言,财产保险合同主体相对简单,其投保人、被保险人和受益人高度一致;而人身保险合同中的各主体往往不是同一人,其法律关系的主体结构十分复杂。就理论依据而言,财产保险合同以损失补偿原则为依据,人身保险合同却因为保险标的的特殊性不能以之作为理论依据。

二、财产保险的种类

依照不同的标准,财产保险可分为多种不同的类型。

（一）有形物质财产保险、经济利益保险和责任保险

这是按照保险标的内容的不同来分的。有形物质财产保险,如火灾保险、货物运输保险、农业保险等。经济利益保险,如作为有形物质财产保险附加险的营业中断保险、利润损失保险、运费保险等。责任保险,如公共责任保险、产品责任保险、职业责任保险、雇主责任保险等。

（二）积极的财产保险和消极的财产保险

这是按照保险标的的性质来分的。积极的财产保险所保障的标的为具体的物质财产和经济利益,是一种已经存在的现实的利益。如果这种标的发生损失,则是被保险人的直接经济损失。人们对这类保险业务投保的直接动机,就是寻求对自己物质财产和经济利益的保障。消极的财产保险所保障的标的是,由于被保险人的社会行为对于他人的物质财产、经济利益和人身健康造成损失而必须承担的民事法律责任。责任保险就属于后一类。

（三）财产损失保险、责任保险、信用保险、保证保险

这是我国常见的按照业务来进行的分类。通常按照保险标的对财产保险的种类进行划分,然后又可将属性相同或相近的归于同一业务种类,每一个业务种类由不同的保险险种构成,从而构成了四个层次的财产保险业务体系。表 5-1 为广义的财产保险分类。

表 5-1　广义的财产保险分类

第一层次	第二层次	第三层次	第四层次
财产损失保险（狭义的财产保险）	财产损害保险	团体财产损害保险	财产保险基本险等具体险种
		家庭财产损害保险	普通家财险、家财两全保险
	运输保险	机动车辆保险	车身险、第三者责任险
		船舶保险	普通船舶险等
		航空保险	机身险、旅客责任险
		货物运输保险	航空货运险等
	工程保险	建安工程险	建筑工程保险、安装工程保险
		科技工程险	航天保险、核电保险等
	农业保险（标的性质特殊）	种植业保险	各种农作物险、林木保险等
		养殖业保险	各种禽畜保险、水产养殖险

第一层次	第二层次	第三层次	第四层次
责任保险	公共责任保险	场所责任保险	商场、影院等公共场合责任险
		承包人责任险	建筑工程承包人责任险
		承运人责任险	货物承运人责任险
		环境责任保险	
	产品责任保险		各种产品责任保险
	雇主责任保险		普通雇主责任保险等
	职业责任保险		医疗职业、律师责任险等
信用保证保险	信用保险	出口信用保险	短期、中长期出口信用保险
		个人信用保险	
	保证保险	合同保证保险	建筑工程承包合同保证保险
			雇员忠诚保证保险等

由表 5-1 可以看出,广义上的财产保险是由多个保险类别和诸多险种组成的。但不论是从国际保险市场还是从我国保险市场来看,财产损失保险都是非寿险保险公司的主要业务来源。

本章主要讨论狭义的财产保险,即财产损失保险,主要包括企业财产保险、家庭财产保险、运输保险、工程保险和农业保险。

第二节　企业财产保险

企业财产保险是指企事业单位、机关团体的财产物资存放在固定地点作为保险标的的一种保险。凡属于被保险人所有或与他人共有而由被保险人负责的财产、由被保险人经营管理或替他人保管的财产和具有法律上承认的与被保险人有经济利害关系的财产,都可以作为保险标的投保企业财产保险。作为企业财产保险标的的企业财产,按照可保的标准,可以分为可保财产、特约可保财产和不保财产。企业财产保险是目前我国保险业务中的主要险种之一,适用范围十分广泛,任何性质的企业都可以投保。企业财产保险是在传统火灾保险的基础上演变和发展而来的。

我国现行的企业财产保险是在银保监会监管下颁布的统一条款,合同条款一般分为基本条款和综合条款,习惯上称为企业财产基本险和企业财产综合险。这两种险别只在保险责任和责任免除(除外责任)上有所区别,其他内容基本相同。

一、企业财产保险的保险标的

下列财产可在保险标的范围以内:(1)属于被保险人所有或与他人共有而由被保险人

负责的财产;(2)由被保险人经营管理或替他人保管的财产;(3)其他法律上承认的与被保险人有经济利害关系的财产。

下列财产非经被保险人与保险人特别约定,并在保险单上载明,不在保险标的范围以内。(1)市场价格变化较大或无固定价格的财产。主要包括两类:一是市场价格变化较大、价值难以确定的财产,如金银、珠宝、钻石、玉器、首饰、古币、古玩、古书、古画、邮票、艺术品、稀有金属等珍贵财物;二是为了满足某些行业的特殊需求而特约承保的财产,如铁路、桥梁、堤堰、码头等。(2)需提高费率或需附加保险特约条款的特约可保财产,一般包括矿井及矿坑的地下建筑物、设备和矿下物资等。

以下财产不在保险标的范围之内,保险人不予承保。(1)不属于一般性的生产资料和商品的财产,如土地、矿藏、森林、水产资源及未经收割或收割后尚未入库的农作物等;(2)缺乏价值依据或很难鉴定其价值的财产,如货币、票证、有价证券、文件、账册图表、技术资料等;(3)承保后会产生不良社会影响或会与政府的有关法律法规相抵触的财产,如违章建筑、非法占有的财产等;(4)牲畜及其他饲养类动物;(5)必然会发生危险的财产,如有关部门已发出洪水警报,投保人此时来投保;(6)可以由其他险种来承保的财产,如正在运输途中的货物应投保货物运输保险,有公共执照的车辆投保机动车辆保险等。

二、企业财产保险的保险责任与除外责任

(一)企业财产保险的保险责任

我国的企业财产保险基本险采用风险列明的方式承保,即保险标的只有遭受保险单中列明的自然灾害、意外事故造成损失时,保险人才负责赔偿。在企业财产基本险中,由下列原因造成保险标的的损失,保险人依照条款约定负责赔偿。

(1)火灾。我国关于火灾的解释是必须同时满足以下三个条件:一是有燃烧现象,即有光、有热、有火焰;二是偶然地、意外地发生的燃烧;三是燃烧失去控制,有蔓延扩大的趋势。

(2)爆炸。爆炸分为两种情况,一种是物理性爆炸,另一种是化学性爆炸。物理性爆炸是液体变为气体或蒸汽膨胀,压力急剧增加并大大超过容器所能承受的极限发生的爆炸。如锅炉、空气压缩机、压缩气体钢瓶、液体气罐爆炸等。化学性爆炸是指物体瞬间分解或燃烧时放出大量的热和气体,并以很大的压力向四周扩散的现象。如火药爆炸、可燃性粉尘纤维爆炸及各种化学物品的爆炸等。

(3)雷击。雷击是由雷电造成的灾害。雷击的破坏形式分为直接雷击和感应雷击。直接雷击指的是雷电直接击中保险标的造成的损失。感应雷击指的是因雷击产生电磁感应或静电感应,使室内绝缘金属物体产生高压电放出火花,引起火灾,从而导致电器本身损毁;或因雷电的高压感应,致使电器部件损毁。

(4)飞行物体及其他空中运行物体坠落。凡空中飞行或运行的物体,如空中飞行器、人造卫星、陨石坠落,吊车、行车、起重机等在运行过程中发生物体坠落,造成保险财产损

失的,均属于本项保险责任范围。

 【案例 5-1】

案情简介:

某事业单位向 A 保险公司投保财产综合险,承保房屋建筑及附属机器设备等设施。保险期间内,被保险人向保险公司报案,表示投保设备中有一部电梯线路起火,造成配电柜起火使两部进口电梯受损,索赔金额超过 100 万元。

接报案后保险公司对事故现场进行查勘。该单位独立在大厦办公,办公大楼使用一年左右,到现场查勘时已看不到火灾的情景,只是在空气中有较重的胶皮气味,对损失标的的检查后发现线路有烧焦痕迹,天梯配电柜多处有熏黑的痕迹,经检测该配电柜多处受损,需重新更换。

案件发生后,被保险人认为属火灾责任,提出索赔,承保公司根据察看情况,并咨询电梯的重置价,经认真展开案件分析、讨论后认为该案件属意外发生的事故,有燃烧的现象,但没有形成火灾责任,同时受损的真正原因也不在综合险承保责任范围内,应予拒赔。

案情分析:

保险理赔过程中首先要考虑出险原因,在此基础上确定保险责任是否成立。火灾的构成有三个条件:一是有燃烧现象,即发光、发热、有火焰;二是偶然、意外发生的燃烧;三是燃烧失去控制并有蔓延扩大的趋势。从本案事故看,本案发生是偶然的、意外的,也有燃烧的现象,所以本案事故责任认定的关键是要确认燃烧是否失去控制并有蔓延扩大的趋势。由于燃烧仅仅造成电梯本身损毁,没有蔓延,燃烧没有失去控制,也没有蔓延扩大的趋势,所以判断本次事故不满足火灾成立的第三个条件,火灾责任没有形成。

同时,为严谨起见,承保公司对事故发生的原因做了进一步的调查和推证。经查实,该单位有严格的管理制度,电梯平常运转正常,有专门的维修商做日常维护,但是在调查最后一次维修记录时发现恰好是出险当日。最终查明事故是由于维修人员工作失误,造成设备短路,致使设备因电气原因损坏,但被保险人并未投保机器损坏险,因此拒赔。

下列保险标的损失,保险人也负责赔偿:

被保险人拥有财产所有权的自用的"三供"(供水、供电、供气)设备因保险事故遭受损坏,引起的"三停"(停水、停电、停气)损失以致造成保险标的的直接损失;为抢救保险标的的或防止灾害蔓延,采取合理必要的措施而造成保险标的的损失;必要的、合理的费用支出。当发生保险范围的灾害事故时,被保险人为减少保险财产损失,对保险财产采取施救、保护、整理措施而支付的必要的、合理的费用,由保险人负责赔偿。

(二) 企业财产保险的除外责任

由下列原因造成保险标的的损失,保险人不负责赔偿:(1)战争及类似战争行为、敌对行为、军事行动、武装冲突、罢工、暴动、恐怖行为、民众骚乱;(2)被保险人及其代表人的故意行为或纵容行为;(3)核反应、核子辐射和放射性污染;(4)地震、暴雨、洪水、台风、暴风、龙卷风、雪灾、雹灾、冰凌、泥石流、崖崩、滑坡、水暖管爆裂、抢劫、盗窃等风险。

保险人对下列损失也不负责赔偿：保险标的遭受保险事故引起的各种间接损失；保险标的本身缺陷、保管不善导致的损毁；保险标的变质、霉烂、受潮、虫咬、自然磨损、自然损耗、自燃、烘焙所造成的损失，由于这些损失不是意外损失，因此不属于保险责任范围；行政行为或执法行为所造成的损失；其他不属于保险责任范围的损失和费用。

提示与说明：保险标的遭受保险事故引起的各种间接损失，可以通过投保人在投保企业财产保险的基础上，附加投保营业中断保险和利润损失保险的方式予以保障。

（三）企业财产保险的附加险

为了满足企业不同的保险需求，对于基本险和综合险的一般除外责任，通常可以通过附加险或者加贴特约责任条款予以扩展。

1. 基本险的附加险

基本险的附加险有：暴风、暴雨、洪水保险；雪灾、冰凌保险；泥石流、崖崩、突发性滑坡保险；雹灾保险；破坏性地震保险；水暖管爆裂保险；盗抢保险；等等。

2. 综合险的附加险

综合险的附加险有：破坏性地震保险、水暖管爆裂保险、盗抢保险等。也有采用加贴特约条款承保的，如橱窗玻璃意外险、矿下财产险和露堆财产险等。

三、企业财产保险的保险金额和保险价值

1. 固定资产保险金额和保险价值的确定

固定资产的保险金额一般按以下方式确定。

（1）按照账面原值确定。账面原值就是固定资产在建造或购置时实际支付的货币金额。在固定资产价值稳定的情况下可使用，方法简单。

（2）按账面原值加成确定。在固定资产原值的基础上，根据市场价格情况，再加上一定的成数，使之趋近于重置价值。

（3）按照重置价值确定。重置价值是指重新购置或建造该项固定资产所需支付的全部费用。一般在账面原值与实际价值差距过大时，可采用此种方法。

（4）按其他方式来确定。包括被保险人依据公估或评估后的市价来确定。

固定资产的保险价值按出险时固定资产的实际价值来确定。

2. 流动资产保险金额和保险价值的确定

流动资产保险金额，可以由被保险人按照最近 12 个月任意月份的账面余额确定，或由被保险人自行确定。

流动资产的保险价值，按出险时流动资产的账面余额确定。

3. 账外资产和代保管财产保险金额和保险价值的确定

账外资产和代保管财产的保险金额，可以由被保险人自行估价确定或按重置价值确定。账外资产和代保管财产的保险价值是按出险时重置价值或账面余额确定的。

四、企业财产保险的费率和保险期限

1. 企业财产保险的费率

企业财产保险的保险费率采用级差费率制。费率分为工业险费率、仓储险费率和普通险费率三大类;级差,则是指每大类再细分为不同档次的费率。

(1)工业险费率。此费率按照原材料性质、工艺流程的危险程度来确定档次,共分为六档,危险程度依次提高,费率也依次提高。

(2)仓储险费率。此费率按照储存物资的风险程度,分为金属材料、粮食专储,一般物资,危险品,特别危险品四个档次,费率依次提高。

(3)普通险费率。除工业险、仓储险之外的其他行业,适用普通险费率,按照用途的危险档次,共分三档,费率依次提高。

2. 企业财产保险的保险期限

企业财产保险的保险期限一般是一年。

五、企业财产保险的赔偿处理

(一)赔偿金额的计算

1. 固定资产的赔偿处理

固定资产发生全部损失时,保险金额高于或等于出险时实际价值的,赔款=出险时实际价值-应扣残值;保险金额低于出险时实际价值的,赔款=保险金额-应扣残值。

固定资产发生部分损失时,按账面原值投保,保险金额高于或等于出险时实际价值的,赔款=实际损失-应扣残值;保险金额低于出险时实际价值的,按比例赔偿,公式为

$$赔款 = \frac{保险金额}{出险时实际价值} \times (实际损失或恢复原状所需费用 - 应扣残值)$$

如果固定资产按原值加成投保或按重置价值投保,赔款=实际损失-应扣残值。

2. 流动资产的赔偿处理

流动资产发生全部损失时,保险金额高于或等于出险时账面余额的,赔款=出险时账面余额-应扣残值;保险金额低于出险时账面余额的,赔款=保险金额-应扣残值。

流动资产发生部分损失时,保险金额高于或等于出险时账面余额的,赔款=实际损失-应扣残值;保险金额低于出险时账面余额的,按比例赔偿,公式为

$$赔偿 = \frac{保险金额}{出险时账面余额} \times (实际损失或恢复原状所需费用 - 应扣残值)$$

3. 账外财产和代保管财产的赔偿处理

账外财产和代保管财产赔款计算与流动资产或固定资产的赔款计算方法相同。

(二)施救费用的赔偿

施救费用的赔偿与财产损失的赔偿,分别按两个保险金额计算,各以不超过一个保额

为限。若受损保险财产按比例赔偿时,施救费用的赔偿也应按财产损失赔款相同的比例计算赔偿金额。施救费用的赔偿计算首先应区分用于保险财产的施救费用。当不能区分时,应根据保险财产价值占全部施救财产价值的比例计算施救费用。其计算公式为

$$保险财产施救费用 = 施救费用 \times \frac{施救保险财产}{全部被施救财产}$$

(三)残值处理

根据条款规定,对于保险标的残余部分,应协议作价给被保险人,并在赔款中扣除。如果对受损财产的损失金额要进行分摊,其残值部分也要进行分割,分割的计算公式为

$$保险人分得的残值 = 残值 \times \frac{保险金额}{出险时的市场价值或账面余额}$$

(四)代位求偿的行使

因第三者对保险财产的损害而造成保险事故的,保险人自向被保险人赔偿保险金之日起,在赔偿金额范围内代位行使被保险人对第三者请求赔偿的权利。在保险实务中,保险人可以先行行使代位求偿权。

(五)批改

保险财产遭受部分损失获得赔偿后,保险人应出具批单,注明该保险单的保险金额减去赔偿金额后尚余的有效保险金额。保险人对该有效保险金额继续负责至保险期满为止。已经赔偿的保险金额部分,因保险人已履行其义务,故不再退还保险费。这部分已赔偿的财产恢复后,在续保时要另行办理加保手续。如果保险当事人不愿续保,则可依法终止合同。另一种方法是在保险条款中附加自动恢复保险金额条款,保险人对部分损失赔偿后,保险金额自动恢复到赔偿前的额度,但被保险人要加付一定的保险费。

(六)重复保险赔偿方式

在保险实务中,各保险公司将以按比例分摊损失的方式承担各自应负的赔偿责任,总赔偿金额以该财产的实际损失金额为限。

 【例5-2】

某厂于2012年1月5日投保企业财产综合险,其中固定资产中厂房按原值投保,保额为150万元,流动资产保额为230万元,保险期限1年。2015年10月13日,一场大火使该厂损失惨重。该厂向保险人报案后,保险人马上进行现场查勘工作,经查勘认定,该厂固定资产损失80万元,残值5万元,此时固定资产的实际价值为180万元;流动资产损失100万元,用于流动资产的施救费用2万元,此时流动资产账面余额为340万元,试计算保险公司的赔款。

计算结果如下:

$$固定资产赔款 = (800\,000 - 50\,000) \times (1\,500\,000/1\,800\,000) = 625\,000(元)$$
$$流动资产赔款 = 1\,000\,000 \times (2\,300\,000/3\,400\,000) = 676\,470.59(元)$$
$$施救费用赔款 = 20\,000 \times (2\,300\,000/3\,400\,000) = 13\,529.41(元)$$
$$保险公司的赔款总额 = 625\,000 + 676\,470.59 + 13\,529.41 = 1\,315\,000(元)$$

企业财产保险综合险的内容与基本险基本相同,保险标的及承保责任在财产保险基本险的基础上,还承保由于暴雨、洪水、台风、暴风、龙卷风、雪灾、雹灾、冰凌、泥石流、崖崩、突发性滑坡、地面突然塌陷造成的损失。

第三节　家庭财产保险

家庭财产保险是以居民的家庭财产为保险对象的保险。其保险标的是坐落或存放在保单所载明地址的自有居住房屋,室内装修、装饰及附属设施,室内家庭财产。目前国内家庭财产保险主要包括家庭财产主险和附加险。

一、家庭财产保险合同的内容

(一)家庭财产保险的保险标的

凡是被保险人自有的、坐落于保险单载明地址内的下列家庭财产,在保险标的范围之内:(1)房屋及其附属设施(含租赁)和室内装潢;(2)存放于室内的其他财产,包括衣服、床上用品、家具、家用电器、文化娱乐用品等。

下列财产经被保险人与保险人特别约定,并在保险单上载明,可在保险标的范围内:(1)属于被保险人代他人保管或者与他人共有而由被保险人负责的上述财产;(2)存放在院内、室内的非动力农机具、农用工具;(3)经保险人同意的其他财产。

但下列家庭财产通常为不保财产,不在保险标的的范围以内:(1)价值高、物品小,出险后难以核实价值的财产,如金银、首饰、珠宝、钻石、艺术品、稀有金属等;(2)无法鉴定价值的财产,如货币、有价证券、票证、古玩、古币、邮票、字画、书籍、文件、账册、技术资料、图表、电脑软件及资料等;(3)日用消费品,养殖及种植物,如家畜、花、鸟、虫、鱼、盆景等;(4)处于紧急状态或违法的财产,如危房、违章建筑等;(5)用于从事商品生产、经营活动的财产和出租用于工商业的房屋;(6)不属于可保财产范围内的其他家庭财产。

(二)保险责任

家庭财产保险责任与企业财产险类似,主要包括:火灾、爆炸、雷击、飞行物体及其他空中运行物体的坠落;保单列明的自然灾害;外界建筑物倒塌;暴风、暴雨造成房屋主要结构(墙体、屋顶、屋架)倒塌以及因施救所致损失和费用。

（三）除外责任

家庭财产险的除外责任与企业财产险基本类似,不同之处如下:一是故意行为的主体是被保险人及其家庭成员、雇用人员等。二是增加电器风险,如电机、电器等因使用过度、超电压、碰线、弧花、漏电、短路、自身发热等原因造成的本身损失。

 【案例 5-3】　未标明保险标的位置纠纷案

案情简介:

刘某于 2000 年 3 月 14 日将其所有的房屋及市内财务投保了家庭财产保险,保险期限为一年。6 月 10 日,刘某欲将其房屋墙壁粉刷一遍,便把家具、衣物、家电等物品搬到楼外自家的窗前,令其 10 岁的儿子刘雨看管。刘雨在玩耍中打翻了一瓶汽油,当时天气燥热,阳光经玻璃聚焦引起了大火,烧毁张某多件衣物,价值 9 000 余元。

刘某向保险公司索赔时,保险公司认为其全部损失是在户外发生的,决定不予赔偿。刘某则发现保险单上未填写详细家庭地址,遂再度向保险公司索赔。保险公司对刘某的答复则是:保险单上未注明保险财产坐落地址,是保险代理人的过错造成的,绝不符合保险公司的意愿,属无效代理行为,如果赔偿损失的话,也应该由代理人向刘某赔偿。

案情分析:

家庭财产保险通常限定被保险人投保财产的坐落地点。在保险财产的地址之外发生的财产损失,保险公司不负赔偿责任。本案不是简单的关于保险标的是在保险地址之内还是之外的问题,而是由于保险代理人的失职,漏填地址,引起合同不完善的问题。这一不完善的合同事实上导致了保险公司承担的保险责任范围扩大化。

保险代理人与保险公司之间是代理与被代理的关系。代理人必须在代理权限内实施民事法律行为,如果超越权限,就属于无权代理。但是投保人有理由相信其有代理权,并已订立保险合同的,保险人应当承担保险责任;保险人可以依法追究越权的保险代理人的责任。在保险代理中,保险单必须经过保险公司核保审核,若核保人对代理人超越权限行为不加制止,即表示保险公司对该保险单的默认。

（四）保险金额

房屋、建筑物及其附属设施的保险金额,以该财产的购置价格、建造价格或市场价格来确定。室内财产则一般由投保人根据财产的实际价值自行确定,并且按照保险单规定的保险财产项目分别列明。如难以具体分项则按大类财产在保险金额中所占比例确定。

（五）保险费率与保险期限

保险费率采用年费率。房屋的费率根据房屋结构确定,钢筋混凝土结构的为 0.04%,混合结构的为 0.06%,砖木结构的为 0.1%。允许费率上下浮动,上下浮动的范围为 30%。保险期限一般为一年,实行"零时起保"原则。

（六）赔偿处理

在家庭财产保险中,房屋建筑物的损失采用比例赔偿方式,室内财产的赔偿采用第一危险赔偿方式,即全部损失和部分损失,在分项目保险金额内,按实际损失赔付。在理赔中,特别要注意进行详细的现场查勘,进行责任认定、合理计算赔款等工作,以有效避免道德风险,保护保险合同双方的合法权益。

 【例题 5-1】

王某于 2011 年 7 月将自家房屋及附属设备、房屋装修、室内财产投保了家庭财产保险。其中房屋及附属设备保额 5 万元,室内装修 3 万元,室内财产 2 万元,未分项列明。缴保费 240 元。保险期限 1 年,2012 年 4 月 5 日,王某家因电褥子使用不当发生火灾,经核定,损失如下:房屋修缮费用 2 000 元,室内装修 1 000 元,室内财产 4 000 元,残值 50元。此时,经估价王某房屋保险价值为 6 万元,装修为 4 万元,室内财产 7 万元。保险公司应赔偿多少?

根据家庭财产保险条款规定,房屋及附属设备、室内装修采取不定值保险方式,该保户的这两项财产没有足额投保,故赔款计算如下:

$$房屋及附属设备赔款 = 2\,000 \times \left(\frac{50\,000}{60\,000}\right) = 1\,666.67(元)$$

$$室内装修赔款 = 1\,000 \times \left(\frac{30\,000}{40\,000}\right) = 750(元)$$

室内财产采取第一危险赔款方式,赔款计算如下:

$$室内财产赔款 = 4\,000 - 50 = 3\,950(元)$$
$$合计赔款 = 1\,666.67 + 750 + 3\,950 = 6\,366.67(元)$$

二、家庭财产保险附加盗抢险

家庭财产保险中有多种附加险,盗抢险是其中最主要的险种。

（一）保险责任

房屋及附属设施、存放于保险地址室内的家庭财产,因外来的、有明显盗窃痕迹的盗窃或持械抢劫造成的损失,在向公安机关报案后,3 个月内未能破案的,保险人负责赔偿。

（二）除外责任

盗抢险的除外责任包括:(1)被保险人及其家庭成员、服务人员、寄居人的盗窃或纵容他人盗窃造成的损失;(2)无明显盗窃痕迹,如窗外钩物、顺手牵羊等行为;(3)因房屋门窗未锁而遭盗窃所致保险财产的损失。

此外,一般还规定盗窃案发生后必须向公安机关报案,以避免道德风险,虚报案情。

第四节 运 输 保 险

一、运输保险的概念与特点

（一）运输保险的概念

运输保险业务是财产保险的另一大类，它是指以流动状态下的财产为保险标的的一种保险，如在途中的货物、行驶中的运输工具。因此，它又包括货物运输保险和运输工具保险两大类。

在实际经营中，运输保险业务是财产保险公司的主要业务来源，其主要包括机动车辆保险、船舶保险、航空保险、货物运输保险等几类业务。其中，机动车辆保险保费收入在财产保险公司保费收入中占据半壁江山。

（二）运输保险的特点

运输保险属于财产保险的范畴，因此它有着财产保险共同的特点，但由于运输保险的保险责任范围、保险标的、赔偿处理方式与其他财产保险不同，运输保险又有着其自身的特点，具体表现在以下四点。

1. 保险标的具有流动性

不管是运输过程中的货物还是运输工具，都不是存放在固定的场所，而是不停或经常处于流动状态，这一点是运输保险最大的特点，同时它也决定了运输保险中风险的复杂性、广泛性和不可控性。

2. 保险标的出险的地点往往在异地

由于保险标的具有流动性，所以许多出险事件往往发生在远离保险合同签订地或被保险人所在地的地方。例如，韩国的飞机可能在中国的领空发生事故，日本的轮船可能在美国的水域沉没，货物出险更是多发生在运输途中。这大大增加了赔偿工作的难度，因此运输保险的保险人通常需要采用委托查勘理赔的方式来处理运输保险理赔工作。

3. 保险责任范围广泛且风险大

保险人在承保运输保险时，不仅需要承担标的物在固定场所可能遇到的风险，还要承担运行过程中的风险，以及发生事故时，为减少财产损失所支付的施救等费用，因此扩大了相应的风险责任。

4. 往往涉及第三方的利益

各种运输工具，特别是大型的运输工具，在运行过程中一旦发生保险事故会直接损害第三方的利益。例如，发生大型客机的坠机事件直接损害的就是公众的利益。在这种情况下，如果第三方索赔属于保险责任范围，则保险人需要承担起对第三方的赔偿责任。因此，虽然运输保险关系仅存在于保险人与被保险人之间，但往往会牵涉第三方的利益。

二、运输保险的主要险种

运输保险包括货物运输保险和运输工具保险两大类,而这两类保险按保险标的性质的不同又可划分为众多险种。根据业务习惯,货物运输保险中的国际货物运输保险业务和运输工具保险中的远洋船舶保险业务被纳入海上保险业务范畴。也就是说,国际保险市场的业务种类包括普通财产保险、人寿保险、意外伤害保险及海上保险。运输保险包括的主要险种见图 5-1。

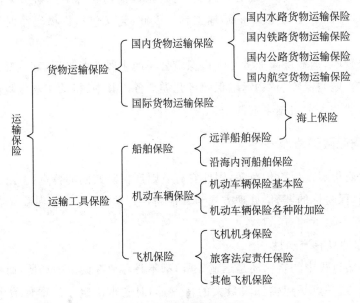

图 5-1 运输保险主要险种

三、货物运输保险

货物运输保险是以运输途中的货物作为保险标的,保险人对由自然灾害和意外事故造成的货物损失负赔偿责任的保险。货物在流转途中遭受自然灾害或意外事故总是不可避免的,通过货物运输保险转嫁风险,不仅有利于加强企业的经济核算,而且有利于调节各方关系,维护贸易活动的秩序。在我国收货人和发货人均可投保,通常在贸易合同中明确规定,保险费可以包括在货物价格之中。

(一)海洋运输货物保险

海洋运输货物保险可以分为基本险和附加险,其中附加险又分为一般附加险、特别附加险和特殊附加险三种。

基本险包括平安险、水渍险和一切险。一般附加险包括偷窃提货不着险,淡水雨淋险,短量险,混杂、沾污险,渗漏险,碰损、破碎险,串味险,受热、受潮险,钩损险,包装破裂险,锈损险 11 种险。特别附加险包括交货不到险、进口关税险、舱面险、拒收险、黄曲霉素险和出口货物到中国香港（包括九龙在内）或中国澳门存仓火险责任扩展条款 6 种。此外，还包括战争险和罢工险两种特殊附加险。

1. 保险责任

由于篇幅所限，在此只介绍基本险的三个险别。

1）平安险

"平安险"英文原意是指单独海损不负责赔偿。根据国际保险界对单独海损的解释，它是指部分损失，因此，平安险原来的保障范围是只赔全部损失和共同海损。但在长期实践的过程中，业界对平安险的责任范围进行了补充和修订，当前平安险的责任范围已经超出只赔全损的限制。概括起来，这一险别的责任范围主要如下。

（1）被保险货物在运输途中由于恶劣气候、雷电、海啸、地震、洪水等自然灾害造成整批货物的全部损失或推定全损。

（2）由于运输工具遭受搁浅、触礁、沉没、互撞，与流冰或其他物体碰撞以及失火、爆炸等意外事故造成货物的全部或部分损失。

（3）在运输工具已经发生搁浅、触礁、沉没、焚毁等意外事故的情况下，货物在此前后又在海上遭受恶劣气候、雷电、海啸等自然灾害所造成的部分损失。平安险不负责自然灾害造成的部分损失，只有符合本条的规定才赔偿。

（4）在装卸或转运时，一件或数件整件货物落海造成的全部或部分损失，又称"吊索损害"，比如在吊运货物时，钓钩、钢索、钓竿折断造成货物损失。

（5）被保险人对遭受承保责任内危险的货物进行抢救，采取防止或减少货损的措施而支付的合理费用，保险人的赔偿责任以不超过该批被救货物的保险金额为限。

（6）运输工具遭受海难后，在避难港由于卸货所引起的损失，以及在中途港、避难港由于卸货、存仓及运送货物所产生的特别费用。

（7）共同海损的牺牲、分摊和救助费用。

（8）运输契约订有"船舶互撞责任"条款时，应由货方赔偿船方的损失。

 【补充阅读 5-1】　单独海损与共同海损的区别

单独海损（particular average）是指保险标的物在海上遭受承保范围内的风险所造成的部分灭失或损害，即除共同海损以外的部分损失。共同海损是指在同一海上航程中，当船舶、货物和其他财产遭遇共同危险时，为了共同安全，有意地、合理地采取措施所直接造成的特殊牺牲、支付的特殊费用，由各受益方按比例分摊的法律制度。只有那些确实属于共同海损的损失才由获益各方分摊，因此共同海损的成立应具备一定的条件，即海上危险必须是共同的、真实的，共同海损的措施必须是有意的、合理的、有效的，共同海损的损失必须是特殊的、异常的，并由共同海损措施直接造成。共同海损与单独海损的区别表现在以下几方面。

（1）造成海损的原因不同。单独海损是由所承保的风险直接导致的船、货的损失；而共同海损是为解除或减轻风险，人为地、有意识地采取合理措施造成的损失。

（2）损失的承担者不同。单独海损的损失，由受损者自己承担；而共同海损的损失则由受益各方根据获救利益的大小按比例分摊。

（3）损失的内容不同。单独海损仅指损失本身，而共同海损则包括损失及由此产生的费用。

（4）涉及的利益方不一样。单独海损只涉及损失方个人的利益，而共同海损是为船货各方的共同利益所受的损失。

2）水渍险

水渍险的责任范围除了包括上列"平安险"的各项责任外，还包括恶劣气候、雷电、海啸、地震、洪水等自然灾害造成的部分损失，即水渍险的保险责任是在平安险的基础上，加上被保险货物由于海上自然灾害所造成的部分损失。

3）一切险

一切险的责任范围除包括上列"平安险"和"水渍险"的所有责任外，还包括由于一般外来风险造成的全部或部分损失。我国的一切险仍属于列明责任制，被保险人仍负责损失原因的举证。

2. 除外责任

1）被保险人的故意行为或过失

（1）故意是指明知自己的行为会发生危害社会的结果，并且希望或放任这种结果的发生，如烧毁船舶等。

（2）过失是指应当预见自己的行为可能发生危害社会的结果，因为疏忽大意而未预见或已经预见而轻信能够避免，以致发生这种结果，如酒后驾车肇事。

2）属于发货人责任引起的损失

此项一般是指由于发货人的故意行为或过失行为引起的货物损失，包括货物包装不足、不当、标志不清或错误。

3）保险责任开始前，被保险货物已存在的品质不良或数量短差

这种情况通称货物的"原残"，如易生锈的钢材、二手机械设备等货物，常存在严重的原残。但在一般情况下，货物的损失是原残，还是在保险期限内由保险风险造成，通常会引起双方的争议。因此为了避免这种情况的发生，最好在货物装船前进行检验。

4）被保险货物的自然损耗、本质缺陷、特性及市价跌落、运输延迟引起的损失与费用

货物的自然损耗是因货物自身特性而导致的在运输途中必然会发生的损失，如粮谷、豆类含水量减少而导致的货物自然短重，油脂类货物在油舱、油管四壁沾留而造成的短量损失。

货物的本质缺陷指货物本身固有的缺陷，或是货物在发运前已经存在的质量上的瑕疵。如某些粮谷商品在装船前已有虫卵，遇到适当温度而孵化，导致货物被虫蛀受损。

货物特性指在没有外来原因或事故的情况下，在运输途中，货物自身性能变化引起的损失，如水果腐烂、面粉受热起霉、煤炭自燃等。

市价跌落属于商业风险,是一种投机风险。

运输延迟指在运输途中因种种原因致使货物未能在规定的时间内在约定的港口交货。可能会造成市价跌落,新鲜蔬菜、水果腐烂、变质等损失。

5) 战争险和罢工险中的保险责任和除外责任

这两种保险在我国属于特殊附加险,不在基本险范围之内,要投保需要特别约定附加。

(二)国内货物运输保险

1. 含义及险种

国内货物运输保险是以国内运输过程中的货物作为保险标的的保险。国内货物运输保险按运输工具的不同可分为以下四类。

(1) 铁路货物运输保险。该险种主要承保利用火车运输的货物。在此基础上还衍生出鲜活货物运输保险和行包保险等独立的险种。

(2) 水路货物运输保险。该险种是以水上运输工具运输的货物为保险标的的一种保险,保险险种分为基本险和综合险。航行水域包括沿海和入海河流以及国内江、河、湖、川等。

(3) 公路货物运输保险。该险种承保公路运输的货物,保险责任与铁路运输货物保险的保险责任基本相同,但一般不负责盗窃和整件提货不着的损失。

(4) 航空货物运输保险。该险种专门承保航空运输的货物,其责任范围除了自然灾害或意外事故外,还包括雨淋、渗漏、破碎、偷盗或提货不着等风险。

按照保险人承担责任的方式,国内货物运输保险划分为基本险、综合险与附加险三类。

2. 保险责任与除外责任

1) 水路、陆路(公路、铁路)货物运输保险的保险责任及除外责任

(1) 基本险的保险责任。国内水路、陆路(公路、铁路)运输货物保险基本险的保险责任包括:因火灾、爆炸、雷电、冰雹、暴风、洪水、海啸、地陷、崖崩、突发性滑坡、泥石流造成的损失;由于运输工具发生碰撞、搁浅、触礁、倾覆、沉没、出轨或隧道、码头坍塌所造成的损失;在装货、卸货或转载时,因遭受不属于包装质量不善或装卸人员违反操作规程所造成的损失;按国家规定或一般惯例应分摊的共同海损的费用;在发生上述灾害、事故时,因纷乱造成货物的散失以及因施救或保护货物所支付的直接合理的费用。

(2) 综合险的保险责任。综合险除包括基本险责任外,保险人还负责赔偿:因受震动、碰撞、挤压而造成货物破碎、弯曲、凹瘪、折断、开裂、渗漏等损失,以及包装破裂致使货物散失的损失;液体货物因受震动、碰撞或挤压致使所用容器(包括封口)损坏而渗漏的损失,或用液体储装的货物因液体渗漏而造成储装货物腐烂变质的损失;遭受盗窃的损失;因外来原因致使提货不着的损失;符合安全运输规定而遭受雨淋所致的损失。

(3) 除外责任。无论是基本险还是综合险,由于下列原因造成的保险货物的损失,保

险人不负责赔偿：战争、军事行动、扣押、罢工、哄抢和暴动造成的损失；地震造成的损失；核反应、核子辐射和放射性污染造成的损失；保险货物本身的缺陷或自然损耗，以及由于包装不善所致的损失；投保人或被保险人的故意行为或违法犯罪行为所造成的损失；市价跌落、运输延迟所引起的损失；属于发货人责任引起的损失；由于行政行为或执法行为所致的损失；其他不属于保险责任范围的损失。

基本险的除外责任与综合险的除外责任是有区别的。因此，货物运输保险的保险责任范围，应当根据其合同条款中列明的保险责任与除外责任来规定。

2）国内航空货物运输保险的保险责任与除外责任

（1）保险责任。由于下列保险事故造成保险货物的损失，保险人负赔偿责任：因遭受火灾、爆炸、雷电、冰雹、暴风、暴雨、洪水、海啸、地面陷落、崖崩等所造成的货物损失；因飞机遭受碰撞、倾覆、坠落、失踪（在 3 个月以上）、在危难中发生卸载以及遭受恶劣气候或其他危难事故发生抛弃行为所造成的损失；因受震动、碰撞或压力而造成破碎、弯曲、凹瘪、折断、开裂等损害以及由此引起包装破裂而造成货物的损失；凡属液体、半流体或者需要用液体储装的被保险货物，在运输途中因受震动、碰撞或压力致使所装容器（包括封口）损坏发生渗漏而造成的损失，或用液体储装的货物因液体渗漏而致储装货物腐烂的损失；被保险货物因遭受偷窃或者提货不着的损失；在装货、卸货时以及地面运输过程中，因遭受不可抗力的意外事故及雨淋所造成的被保险货物损失；在发生保险责任范围内的灾害事故时，因施救或保护保险货物而支付的直接合理费用。

（2）除外责任。在航空货物运输保险中，保险单上列明的除外责任，一般与铁路货物运输保险等相同。

四、机动车辆保险

机动车辆保险是以机动车辆本身及机动车辆的第三者责任为保险标的的一种运输工具保险，国外称为汽车保险。机动车辆保险是我国财产保险第一大险种。

（一）机动车辆保险的种类

中国的机动车辆保险主要包括商业机动车辆保险和机动车交通事故责任强制保险（简称交强险）。

保险公司经营的商业性机动车辆保险可以分为基本险和附加险。基本险包括机动车损失保险、机动车第三者责任保险、机动车车上人员责任保险、机动车全车盗抢保险共四个独立的险种；机动车综合商业保险附加险包括玻璃单独破碎险，自燃损失险，新增设备损失险，车身划痕损失险，发动机涉水损失险，修理期间费用补偿险，车上货物责任险，精神损害抚慰金责任险，不计免赔率险，机动车损失保险无法找到第三方特约险，指定修理厂险 11 种。附加险不能独立投保。

由政府推出的强制性保险有机动车交通事故责任强制保险。2006 年 7 月 1 日，《机动车交通事故责任强制保险条例》开始实施。2013 年 3 月 1 日起实施新修改的《机动车交通事故责任强制保险条例》。

 【补充阅读5-2】　交强险发展历程

2004年5月1日起实施的《道路交通安全法》首次提出："建立机动车第三者责任强制保险制度,设立道路交通事故社会救助基金。"

2006年3月28日,国务院颁布《交强险条例》,机动车第三者责任强制保险从此被"交强险"代替,条例规定自2006年7月1日起实施。

2006年6月30日,中国保监会发布《机动车交通事故责任强制保险业务单独核算管理暂行办法》,规定自发布之日起实施。

2007年6月27日,保监会发布《机动车交通事故责任强制保险费率浮动暂行办法》,规定自7月1日起实行。

2007年7月1日,随着配套措施的完善,交强险最终普遍实行,此前普遍实行的为"机动车第三者责任强制保险"(第三者强制保险)。

2012年3月30日,温家宝总理签署第618号中华人民共和国国务院令:"现公布《国务院关于修改〈机动车交通事故责任强制保险条例〉的决定》,自2012年5月1日起施行。"新版《机动车交通事故责任强制保险条例》只有一处修改,修改后的第5条第1款为:"保险公司经保监会批准,可以从事机动车交通事故责任强制保险业务。"自2006年7月1日起施行的旧版条例中,允许从事交强险业务的只限于"中资保险公司"。去掉"中资"两个字,意味着中国正式向外资保险公司开放交强险市场,中国保险业进入全面开放阶段。

2012年《国务院关于修改〈机动车交通事故责任强制保险条例〉的决定》公布,修改后的交强险自2013年3月1日起施行。

本章介绍保险业协会公布的《机动车综合商业保险示范条款》(以下简称《示范条款》)中的机动车损失险、机动车第三者责任险和交强险。

(二) 基本险

基本险分为车辆损失险和第三者责任险。车辆损失险,即对保险车辆遭受保险责任范围内的自然灾害或意外事故,造成保险车辆本身的损失,保险人依照保险合同的规定给予赔偿。第三者责任险,即对保险车辆因意外事故,致使第三者遭受人身伤亡或财产的直接损失,保险人依照保险合同的规定给予赔偿。

1. 保险责任

1) 机动车损失险的保险责任

机动车损失险的保险责任包括两大类,一是保险期间内,被保险人或其允许的合格驾驶人在使用被保险机动车过程中,因下列原因造成被保险机动车的直接损失,且不属于免除保险人责任的范围,保险人依照本保险合同的约定负责赔偿:(1)碰撞、倾覆、坠落;(2)火灾、爆炸;(3)外界物体坠落、倒塌,雷击、暴风、暴雨、洪水、龙卷风、冰雹、台风、热带风暴,地陷、崖崩、滑坡、泥石流、雪崩、冰陷、暴雪、冰凌、沙尘暴;(4)受到被保险机动车所载货物、车上人员意外撞击,载运被保险机动车的渡船遭受自然灾害(只限于驾驶人随船的情形)。二是发生保险事故时,被保险人或其允许的驾驶人为防止或者减少被保险机动车的损失所支付的必要的、合理的施救费用,由保险人承担;施救费用数额在被保险机动车损失赔偿金额以外另行计算,最高不超过保险金额的数额。

2)第三者责任险的保险责任

第三者责任险的保险责任包括:保险期间内,被保险人或其允许的合格驾驶人在使用被保险机动车过程中发生意外事故,致使第三者遭受人身伤亡或财产直接损毁,依法应当对第三者承担的损害赔偿责任,且不属于免除保险人责任的范围,保险人依照本保险合同的约定,对于超过机动车交通事故责任强制保险各分项赔偿限额的部分负责赔偿。

2．除外责任

1)机动车损失险的除外责任

(1)免责的情形

在上述保险责任范围内,下列原因造成被保险机动车的损失和费用,保险人均不负责赔偿。

一是事故发生后,被保险人或其允许的驾驶人故意破坏、伪造现场,毁灭证据。

二是驾驶人有下列情形之一者:事故发生后,在未依法采取措施的情况下驾驶被保险机动车或者遗弃被保险机动车离开事故现场;饮酒、吸食或注射毒品、服用国家管制的精神药品或者麻醉药品;无驾驶证,驾驶证被依法扣留、暂扣、吊销、注销期间;驾驶与驾驶证载明的准驾车型不相符合的机动车;实习期内驾驶公共汽车、营运客车或者执行任务的警车、载有危险物品的机动车或牵引挂车的机动车;驾驶出租机动车或营业性机动车无交通运输管理部门核发的许可证书或其他必备证书;学习驾驶时无合法教练员随车指导;非被保险人允许的驾驶人。

三是被保险机动车有下列情形之一者:发生保险事故时被保险机动车行驶证、号牌被注销的,或未按规定检验或检验不合格;被扣押、收缴、没收、政府征用期间;在竞赛、测试期间,在营业性场所维修、保养、改装期间;被保险人或其允许的驾驶人故意或重大过失,导致被保险机动车被利用从事犯罪行为。

(2)致损原因免责

下列原因导致的被保险机动车的损失和费用,保险人不负责赔偿:地震及其次生灾害;战争、军事冲突、恐怖活动、暴乱、污染(含放射性污染)、核反应、核辐射;人工直接供油、高温烘烤、自燃、不明原因火灾;违反安全装载规定;被保险机动车被转让、改装、加装或改变使用性质等,被保险人、受让人未及时通知保险人,且因转让、改装、加装或改变使用性质等导致被保险机动车危险程度显著增加;被保险人或其允许的驾驶人的故意行为。

(3)损失和费用免责

下列损失和费用,保险人不负责赔偿:因市场价格变动造成的贬值、修理后因价值降低引起的减值损失;自然磨损、朽蚀、腐蚀、故障、本身质量缺陷;遭受保险责任范围内的损失后,未经必要修理并检验合格继续使用,致使损失扩大的部分;投保人、被保险人或其允许的驾驶人知道保险事故发生后,故意或者因重大过失未及时通知,致使保险事故的性质、原因、损失程度等难以确定的,保险人对无法确定的部分,不承担赔偿责任,但保险人通过其他途径已经及时知道或者应当及时知道保险事故发生的除外;因被保险人违反《示范条款》第十六条约定(第十六条规定:"因保险事故损坏的被保险机动车,应当尽量修复。修理前被保险人应当会同保险人检验,协商确定修理项目、方式和费用。对未协商确定的,保险人可以重新核定。"),导致无法确定的损失;被保险机动车全车被盗窃、被抢劫、被抢夺、下落不明,以及在此期间受到的损坏,或被盗窃、被抢劫、被抢夺未遂受到的损坏,或车上零部件、附属设备丢失;车轮单独损坏,玻璃单独破碎,无明显碰撞痕迹的车身划痕,以及新增设备的损失;发动机进水后导致的发动机损坏。

2)第三者责任险的除外责任

(1)免责的情形

机动车辆第三者责任险的免责情形与车损险的免责情形基本一致,唯一的不同点是在第三种情形的第四点上不一样,其内容是:全车被盗窃、被抢劫、被抢夺、下落不明期间。

(2)致损原因免责

下列原因导致的人身伤亡、财产损失和费用,保险人不负责赔偿:地震及其次生灾害、战争、军事冲突、恐怖活动、暴乱、污染(含放射性污染)、核反应、核辐射;第三者、被保险人或其允许的驾驶人的故意行为、犯罪行为,第三者与被保险人或其他致害人恶意串通的行为;被保险机动车被转让、改装、加装或改变使用性质等,被保险人、受让人未及时通知保险人,且因转让、改装、加装或改变使用性质等导致被保险机动车危险程度显著增加。

(3)损失费用免责

下列人身伤亡、财产损失和费用,保险人不负责赔偿:被保险机动车发生意外事故,致使任何单位或个人停业、停驶、停电、停水、停气、停产、通信或网络中断、电压变化、数据丢失造成的损失以及其他各种间接损失;第三者财产因市场价格变动造成的贬值,修理后因价值降低引起的减值损失;被保险人及其家庭成员、被保险人允许的驾驶人及其家庭成员所有、承租、使用、管理、运输或代管的财产的损失,以及本车上财产的损失;被保险人、被保险人允许的驾驶人、本车车上人员的人身伤亡;停车费、保管费、扣车费、罚款、罚金或惩罚性赔款;超出《道路交通事故受伤人员临床诊疗指南》和国家基本医疗保险同类医疗费用标准的费用部分,律师费,未经保险人事先书面同意的诉讼费、仲裁费;投保人、被保险人或其允许的驾驶人知道保险事故发生后,故意或者因重大过失未及时通知,致使保险事故的性质、原因、损失程度等难以确定的,保险人对无法确定的部分,不承担赔偿责任,但保险人通过其他途径已经及时知道或者应当及时知道保险事故发生的除外;因被保险人违反《示范条款》第三十四条约定(第三十四条规定:"因保险事故损坏的第三者财产,应当尽量修复。修理前被保险人应当会同保险人检验,协商确定修理项目、方式和费用。对未协商确定的,保险人可以重新核定。"),导致无法确定的损失;精神损害抚慰金;应当由机动车交通事故责任强制保险赔偿的损失和费用;保险事故发生时,被保险机动车未投保机动车交通事故责任强制保险或机动车交通事故责任强制保险合同已经失效的,对于机动车交通事故责任强制保险责任限额以内的损失和费用,保险人不负责赔偿。

3. 保险金额、责任限额和保险期间

1)机动车辆损失险的保险金额

保险金额按投保时被保险机动车的实际价值确定。投保时被保险机动车的实际价值由投保人与保险人根据投保时的新车购置价减去折旧金额后的价格或其他市场公允价值协商确定。折旧金额可根据本保险合同列明的参考折旧系数表确定。

2)第三者责任险的责任限额

每次事故的责任限额,由投保人和保险人在签订本保险合同时协商确定。主车和挂车连接使用时视为一体,发生保险事故时,由主车保险人和挂车保险人按照保险单上载明的机动车第三者责任保险责任限额的比例,在各自的责任限额内承担赔偿责任,但赔偿金额总和以主车的责任限额为限。

3)保险期间

除另有约定外,保险期间为一年,以保险单载明的起讫时间为准。

4. 保险费

1)保险费的计算

一是机动车损失险的保险费。各家保险公司计算车辆损失保费的方法大同小异,一般是按照被保险人类别、车辆用途、座位数或吨位数或排量或功率、车辆使用年限所属档次查找基础保费和费率,然后按照以下公式计算基准保费:

$$基准保费 = 基础保费 + 保险金额 \times 费率$$

或者:

$$基准保费 = 基础保费 + 实际新车购置价 \times 费率$$

计算出基准保费后,再根据投保车辆的具体情况对基础保费进行调整,一般是用基准保费乘以调整系数。影响调整系数的因素主要有车的类型、上一年的赔款记录、投保险种的多少、投保车辆的多少、客户忠诚度(连年在本公司投保的优惠)、上一年度交通违章记录、平均行驶里程等。挂车保险费按同吨位货车对应档次保险费的50%计收。

二是第三者责任保险的保险费。第三者责任保险实行固定基准保费,按照被保险人类别、车辆用途、座位数或吨位数或排量或功率、责任限额直接在费率表中查找保费。挂车按照对应吨位货车保险费的50%计算。

2)无赔款优待

保险车辆在上一年保险期限内无赔款,续保时可享无赔款减收保险费优待,优待金额为本年度续保险种应交保险费的100%。被保险人投保车辆不止一辆的,无赔款优待分别按车辆计算。上年度投保的车辆损失险、第三者责任险和附加险中任何一项发生赔款,续保时均不能享受无赔款优待;不续保者不享受无赔款优待。如果续保的险种与上年度相同,但投保金额不同,无赔款优待则以本年度保险金额对应的应交保险费为计算基础。不论机动车辆连续几年无事故,无赔款优待一律为应交保险费的10%。

5．免赔规定

1）机动车损失险的免赔规定

保险人在依据本保险合同约定计算赔款的基础上，按照下列方式免赔：被保险机动车一方负次要事故责任的，实行5％的事故责任免赔率；负同等事故责任的，实行10％的事故责任免赔率；负主要事故责任的，实行15％的事故责任免赔率；负全部事故责任或单方肇事事故的，实行20％的事故责任免赔率；被保险机动车的损失应当由第三方负责赔偿，无法找到第三方的，实行30％的绝对免赔率；违反安全装载规定但不是事故发生的直接原因的，增加10％的绝对免赔率；对于投保人与保险人在投保时协商确定绝对免赔额的，本保险在实行免赔率的基础上增加每次事故绝对免赔额。

2）第三者责任险的免赔规定

保险人在依据本保险合同约定计算赔款的基础上，在保险单载明的责任限额内，按照下列方式免赔：被保险机动车一方负次要事故责任的，实行5％的事故责任免赔率；负同等事故责任的，实行10％的事故责任免赔率；负主要事故责任的，实行15％的事故责任免赔率；负全部事故责任的，实行20％的事故责任免赔率；违反安全装载规定的，实行10％的绝对免赔率。

6．赔偿计算公式

1）机动车损失险的赔偿计算公式

一是全部损失，赔款计算公式如下：

$$赔款 ＝（保险金额－被保险人已从第三方获得的赔偿金额）×$$
$$（1－事故责任免赔率）×（1－绝对免赔率之和）－绝对免赔额$$

二是被保险机动车发生部分损失，保险人按实际修复费用在保险金额内计算赔偿：

$$赔款 ＝（实际修复费用－被保险人已从第三方获得的赔偿金额）×$$
$$（1－事故责任免赔率）×（1－绝对免赔率之和）－绝对免赔额$$

三是施救费。施救的财产中，含有本保险合同未保险的财产，应按本保险合同保险财产的实际价值占总施救财产的实际价值比例分摊施救费用。

2）第三者责任险的赔偿计算

一是当（依合同约定核定的第三者损失金额－机动车交通事故责任强制保险的分项赔偿限额）×事故责任比例等于或高于每次事故赔偿限额时：

$$赔款 ＝ 每次事故赔偿限额×（1－事故责任免赔率）×（1－绝对免赔率之和）$$

二是当（依合同约定核定的第三者损失金额减机动车交通事故责任强制保险的分项赔偿限额）×事故责任比例低于每次事故赔偿限额时：

$$赔款 ＝（依合同约定核定的第三者损失金额－机动车交通事故责任强制保险的分项$$
$$赔偿限额）×事故责任比例×（1－事故责任免赔率）×（1－绝对免赔率之和）$$

【例题5-2】

某单位为一辆大货车投保车损险及第三者责任险（不考虑交强险），车损险保额按新车购置价 8 万元投保,第三者责任险责任限额为 10 万元。该大货车在保险期限内与一辆轿车相撞,发生货车修复费用 10 000 元,货车司机医疗费 500 元,轿车修复费用 15 000 元,轿车司机的治疗费、误工费、护理费等共 24 000 元。经交警队认定,货车负事故主要责任,承担此次事故责任的 70%;轿车负次要责任,承担此次责任的 30%。假设轿车的车损险保额为 10 万元,第三者责任险限额为 10 万元,同时只考虑事故责任免赔率,其他免赔不考虑。双方保险公司应怎样赔付?

货车保险公司第三者责任险赔款 $= (15\ 000 + 24\ 000) \times 70\% \times (1 - 15\%) = 23\ 205$(元)

轿车保险公司第三者责任险赔款 $= (10\ 000 + 500) \times 30\% \times (1 - 5\%) = 2\ 992.5$(元)

货车保险公司车损险赔款 $= [10\ 000 - 10\ 000 \times 30\% \times (1 - 5\%)] \times (1 - 15\%) = 6\ 077.5$(元)

轿车保险公司车损险赔款 $= [15\ 000 - 15\ 000 \times 70\% \times (1 - 15\%)] \times (1 - 5\%) = 5\ 771.25$(元)

货车保险公司赔款金额 $= 23\ 205 + 6\ 077.5 = 29\ 282.5$(元)

轿车保险公司赔款金额 $= 2\ 992.5 + 5\ 771.25 = 8\ 763.75$(元)

(三)机动车交通事故责任强制保险

机动车交通事故责任强制保险,是指由保险公司对被保险机动车发生道路交通事故造成本车人员、被保险人以外的受害人的人身伤亡、财产损失,在责任限额内予以赔偿的强制性责任保险。

1. 保险责任

被保险机动车发生道路交通事故造成本车人员、被保险人以外的受害人人身伤亡、财产损失的,由保险公司依法在机动车交通事故责任强制保险责任限额范围内予以赔偿。如道路交通事故的损失是由受害人故意造成的,保险公司不予赔偿。

有下列情形之一的,保险公司在机动车交通事故责任强制保险责任限额范围内垫付抢救费用,并有权向致害人追偿:一是驾驶人未取得驾驶资格或者醉酒的;二是被保险机动车被盗抢期间肇事的;三是被保险人故意制造道路交通事故的。

2. 除外责任

下列损失和费用,机动车交通事故责任强制保险不负责赔偿和垫付:一是因受害人故意造成的交通事故的损失;二是被保险人所有的财产及被保险机动车上的财产遭受的损失;三是被保险机动车发生交通事故,致使受害人停业、停驶、停电、停水、停气、停产、通信或者网络中断、数据丢失、电压变化等造成的损失以及受害人财产因市场价格变动造成的贬值、修理后因价值降低造成的损失等其他各种间接损失;四是因交通事故产生的仲裁或者诉讼费用以及其他相关费用。此外,对于不符合机动车交通事故责任强制保险有关抢救费用垫付和赔偿规定的其他损失和费用,保险人也不负责垫付和赔偿。

3. 赔偿限额

机动车交通事故责任强制保险的责任限额是被保险机动车发生道路交通事故,保险公司对每次保险事故所有受害人的人身伤亡和财产损失所承担的最高赔偿金额。机动车交通事故责任强制保险在全国范围内实行统一的责任限额。责任限额分为死亡伤残赔偿限额、医疗费用赔偿限额、财产损失赔偿限额以及被保险人在道路交通事故中无责任的赔偿限额。

从 2008 年 2 月 1 日零时起实行的机动车交通事故责任强制保险责任限额规定如下。被保险机动车在道路交通事故中有责任的赔偿限额为：死亡伤残赔偿限额 110 000 元人民币；医疗费用赔偿限额 10 000 元人民币；财产损失赔偿限额 2 000 元人民币。被保险机动车在道路交通事故中无责任的赔偿限额为：死亡伤残赔偿限额 11 000 元人民币；医疗费用赔偿限额 1 000 元人民币；财产损失赔偿限额 100 元人民币。

4. 保险费

（1）保险费率的规定。机动车交通事故责任强制保险实行统一的保险条款和基础保险费率。银保监会按照机动车交通事故责任强制保险业务总体上不赢利不亏损的原则审批保险费率。银保监会在审批保险费率时，可以聘请有关专业机构进行评估，可以举行听证会听取公众意见。

（2）保险费的计算。机动车交通事故责任强制保险保险费的计算取决于两大因素：一是机动车交通事故责任强制保险基础保险费，二是与道路交通事故相联系的浮动比率。用公式表示即

机动车交通事故责任强制保险保险费 ＝ 机动车交通事故责任强制保险基础保险费×

（1＋与道路交通事故相联系的浮动比例）

第五节　工 程 保 险

一、工程保险的概念与特点

（一）工程保险的概念

工程保险是针对工程项目在建设过程中可能出现的自然灾害、意外事故以及因突然、不可预测的外部原因和工人、技术人员缺乏经验、疏忽、恶意行为等而造成的物质损失和依法对第三者的人身伤亡和财产损失承担的经济赔偿责任提供保障的一种综合性保险。目前，工程保险主要包括建筑工程保险、安装工程保险和科技工程保险。

工程保险起源于 19 世纪，距今只有 100 多年的历史。在 19 世纪英国的工厂内经常发生锅炉爆炸事故，造成严重的损失。为了预防锅炉爆炸事故，一些工程师组成的公会负责对锅炉进行定期检查。以后该公会又作出这样一项保证：如果发生锅炉爆炸事故，由公会按约定的金额来赔偿其损失。公会就演变为锅炉保险公司，这项措施也就演变为早期的工程保险。随着各国经济及社会发展的客观需要，工程保险的内容有了较大的发展。

（二）工程保险的特点

由于工程建设本身的特点,其不仅关系到各行为主体的利益(所有人、承包人和其他利益相关者),还关乎第三者的人身财产安全。虽然工程保险属于财产保险领域,但较其他财产保险而言,它还有以下几个特征:

1. 保障对象的多元化

在一般的财产保险中,企业团体或个人家庭为自身所拥有保险利益的财产投保,被保险人的组成结构相对简单。然而,在一项工程建设过程中会涉及很多关系方,并且各方因与工程自身的关系不同(投资、租赁、设计、承包建设等),利益也不同,所以他们对同一项工程都具有保险利益。因此,上述相关者都可以成为工程保险的被保险人。

2. 承保风险的特殊性

工程建设本身是一个动态的过程,在此过程中所涉及的风险极为广泛,包括物质损失风险,第三者责任风险,业主因工程延期完工而遭受损失的风险,设计者因设计缺陷而遭索赔的风险等。此外,风险的大小在工程建设的不同时期也不相同,例如,在试车期风险更为集中。

3. 保险期限的特殊性

建筑、安装工程保险一般采用的是工期保险单,即保险期限从工程动工之日起,到工程竣工验收合格之日止;科技工程保险则多是采用分阶段承保的方法。这与其他财产保险业务采取一年期定期保险单或一次性航程保险单有明显差异。

4. 工程保险的内容相互交叉

在建筑工程保险中,通常也承保相关安装项目,例如房屋建筑中的供水、供电设备安装等;而在安装工程保险中一般也包含着建筑工程项目。虽然各工程保险业务相互独立,但是内容有交叉,在经营上有一定的相关性。

二、建筑工程保险

建筑工程保险主要承保以土木建筑为主体的工程在整个建筑期间内因自然灾害或意外事故造成的物质损失和费用,以及被保险人依法应承担的对第三者人身伤亡或财产损失的赔偿责任。各类民用、工业用和公共事业用的土木建筑工程项目,如住宅、旅馆、商店、工厂、道路、码头、仓库、桥梁都可以投保建筑工程保险。

（一）适用范围

由于在一项建筑工程中涉及多个经济主体,他们都是对建筑工程具有保险利益的当事人。不同于一般财产保险的是,建筑工程保险的被保险人可以是一人或多人,主要包括以下各方:一是工程所有人,即建筑工程的最后所有者;二是承包商,即负责承建该项工程的施工单位;三是技术顾问,包括工程所有人雇用的建筑师、设计师、监理人员等,他们对工程进行咨询、设计或监督;四是其他关系方,如贷款银行或债权人。当存在多个被保险人时,为了避免有关各方相互之间的追偿责任,通常在建筑工程保险上附加交叉责任条款,即被保险人之间发生的相互责任事故造成的损失,均由保险人负责赔偿,无须根据各自的责任进行相互追偿。

(二)保险标的

虽然建筑工程保险的承保范围广泛,但总体上可分为两类:一类是物质损失,即物质财产和列明的费用;另一类是第三者责任部分,即承保被保险人对第三者所负的赔偿责任。

1. 物质损失部分

(1)建筑工程。这是建筑工程保险的主要保险项目,有永久性和临时性工程及工地上的物料之分,具体包括建筑工程合同所规定建造的建筑主体,建筑物内部的装修设备,配套的道路、桥梁、水电设施等土木建筑项目,存放在土地上的建筑材料、设备和临时的建筑工程等。

(2)所有人提供的物料及项目。指未包括在建筑工程合同金额之中的所有人提供的物料及负责建筑的项目。

(3)施工机具设备。指配置在施工场地作为施工用的机具设备,如吊车、叉车、挖掘机。这些机具设备不论为哪方主体所有,都要在施工机具设备一栏予以说明并附上清单。

(4)安装项目工程。指未包括在承包工程合同金额内的机器设备的安装工程项目,例如写字楼的供水、供电、空调等机器设备的安装项目。若这些设备安装工程已经包括在承包合同内,不用另行投保,但应该在投保单中予以说明。

(5)工地内现成的建筑物。指不在承保工程范围内的,且归业主或承包人所有的或由其保管的工地内已有的建筑物。

(6)场地清理费用。指发生保险事故并造成损失后,为拆除受损标的、清理灾害现场和运走废弃物等以便进行修复工程所发生的费用。

(7)所有人或承包人在工地上的其他财产。指不能包括在以上六项范围之内的其他可保财产,若需要投保,则应列明名称或附清单于投保单上。

2. 第三者责任部分

建筑工程保险第三者责任实质上是以工地为场所的公共责任,它是指被保险人在工程保险期限内因意外事故造成工地以及工地附近的第三者人身伤亡或财产损失而依法应负的赔偿责任。这里的"第三者"是指除所有被保险人以及与工程相关的雇员以外的任何自然人和法人。

3. 特种风险赔偿

特种风险是指保单明细表中列出的地震、海啸、洪水、暴雨、风暴。一般而言,保险人为了控制建筑工程中因巨灾风险而造成的损失,通常对保单列明的特种风险单独规定赔偿限额。

（三）保险责任

建筑工程保险的保险责任包括物质损失部分的保险责任和第三者责任部分的保险责任。

就物质损失部分的保险责任而言，主要可归纳为以下三个大类：第一类是保险单上列明的各种自然灾害，如洪水、风暴、暴雨、地震等；第二类是意外事故，包括火灾、爆炸、飞行物体坠落等；第三类是人为过失，包括盗窃、工人或技术人员过失等人为风险。另外，建筑工程保险还有多种附加险和适应工程项目特点的特约条款。建筑工程保险除外责任的一部分与财产损害保险的除外责任相同，另一部分属于它自身特有的，包括由于错误设计引起的损失、费用或责任，置换、修理或校正标的本身原材料缺陷或工艺不善所支付的费用，非外力引起的机械或电器装置的损坏或建筑用机器、设备损坏，以及停工引起的损失等。

就第三者责任部分的保险责任而言，包括建筑工程因意外事故造成工地以及邻近地区第三者人身伤亡或财产损失而依法应当由被保险人承担的赔偿责任，以及事先经保险人书面同意的被保险人因此而支付的诉讼费用。另外，第三者责任保险的除外责任包括工程所有人、承包人以及在现场从事工程的有关职工的人身伤亡和疾病，工程所有人、承包人以及他们的职工所有的或由其照管、控制的财产的损失，由于震动、移动或减弱支撑而造成的财产损失和人身伤亡等。

（四）保险期限和保险金额

建筑工程保险承保从开工到完工过程中的风险，保险期限按照工程工期来确定。对于大型或综合性工程，由于其中各个部分的工程项目分期施工，如果投保人要求分别投保，可以分别签发保单和规定保险期限。

建筑工程保险的物质损失部分的保险金额为保险建筑工程完工时的总价值；而特种风险的赔偿不仅规定了免赔额，还规定了赔偿限额；第三者责任险的赔偿限额是依据责任风险的大小确定的，一般采取规定每次事故赔偿限额和规定保险期间累计赔偿限额这两种方法。

三、安装工程保险

安装工程保险是专门承保新建、扩建或改造的工矿企业的机器、设备、钢结构建筑物，在整个安装、调试期间由于除外责任以外的一切风险造成的财产的物质损失、间接费用，以及造成第三者财产损失或人身伤亡而依法应由被保险人承担的经济赔偿责任。这种保险主要适用于安装工程项目的所有人、承包人、分承包人、供货人等，也就是说以上各方均可以成为安装工程保险的被保险人。通常情况是一方投保，其他各方可以通过交叉责任条款获得相应的保险保障。

安装工程保险与建筑工程保险在形式和内容上基本一致，但也存在着一些区别：

（1）建筑工程保险的标的是随着工程进度逐步增加的，风险责任也随标的增加而增加；而安装工程保险一开始就负有全部的风险责任。

（2）建筑工程保险的标的多数处于暴露状态，遭受自然灾害损失的可能性较大；而安装工程保险的标的多数在建筑物内，遭受自然灾害的可能性较小，但技术性强，受人为事故损失的可能性大。

（3）建筑工程保险不负责因设计错误而致的一切损失；而安装工程保险负责因设计错误所引起的其他财产损失，但因设计错误造成的财产本身损失除外。

（4）安装工程保险有试车的风险，像机械、钢结构物的安装工程，为了检查完工，往往要进行试车，这就会遇到由于第一次开动从未启动的机器所带来的风险，即试车风险；而建筑工程保险无试车风险。

安装工程保险的可保标的也分为物质损失、特种危险赔偿和第三者责任三部分，其中物质损失部分又分为安装项目、土木建筑工程项目、场地清理费、所有人或承包人在工地上的其他财产等四大类。这四大类保险金额的总数为物质损失项目的总保险金额。特种危险赔偿和第三者责任保险项目与建筑工程保险相似。

安装工程保险的保险期限的确定方法与建筑工程保险大致相同，都是从工程开始到工程完工的整个工程期，只是多了一个试车考核期。

安装工程保险的费率厘定除了应考虑被装机器设备的质量、型号是否符合要求以外，其他与建筑工程保险相同。主要的费率构成项目有：

（1）安装项目、土建项目、场地清理费、现有财产、所有人或承包人在工地上的其他财产为一个总的费率，是整个工期的一次性费率；

（2）安装建筑用机器、设备、工具部分为单独的年度费率；

（3）保证期费率，实行整个保证期一次性费率；

（4）各种附加保障费率，实行整个工期一次性费率；

（5）试车期为单独费率，实行一次性费率；

（6）第三者责任费率，实行整个工期一次性费率。

一般小型的工程项目可开出平均一次性费率，对于大型复杂的安装工程项目，应根据上述分类分项开具费率。

四、科技工程保险

科技工程保险是以各种重大科技工程或科技产业为保险标的的综合性财产保险，它是随着科学技术的发展而逐渐兴起的一类特殊工程保险业务，同时又能为科技产业提供风险保障，从而有效地促进现代科技产业的发展。

（一）科技工程保险的特征

较传统的工程保险业务而言，科技工程保险主要有以下几个特征：

第一，保险标的的特殊性。保险标的为各种重大科技工程，其价值高、规模大、性质特殊，并且还涉及当代高、精、尖科学技术，是一项专业技术极强的财产保险业务。

第二，承保风险的特殊性。从科技工程损失保险的经营实践来看，其承保风险责任具有显著的综合性、人为性和难以预测性等特征。

第三,风险管理的特殊性。由于一项重大的科技工程关系着一个地区甚至整个国家的经济社会发展大局,所以国家往往会采取政策性手段去干预保险事务,例如为保险人提供政策上或经济上的支持。另外,保险人也需要聘请有关方面的专家来加强风险管理。

由此可见,科技工程保险不是一般的保险公司所能够承保的,往往只有大公司才能涉足该领域。在实际经营中,一笔科技工程保险业务甚至需要多家有实力的大公司联合承保。就目前的业务情况来看,科技工程保险主要包括航天保险、核电站保险和海洋石油开发保险。

(二)科技工程保险的种类

1. 海上石油开发保险

海上石油开发保险是以石油开发过程中的钻前普查、钻井勘探、油田建设和生产作业各个阶段的各类财产、利益、责任和费用等为保险标的的保险。主要包括:海上移动性钻井设备的保险,平台钻井机的保险,控制井喷费用保险,油田建设工程保险,溢油、污染及费用保险,第三者责任保险,各种工作船保险,租金保险,重钻费用保险,战争与政治风险保险,平台保险和油管保险等。这是一种综合性保险。如定义所述,该险一般被划分为四个阶段:钻前普查阶段、钻井勘探阶段、油田建设阶段和生产作业阶段。每一阶段均有若干具体的险种供投保人投保,以工期为保险责任起讫期,当前一个阶段完成并证明有开采价值时,后一阶段才得以延续,投保人才开始投保下一阶段的保险。所以,海上石油开发保险是分阶段进行的,在别的方面,海上石油开发保险与其他工程保险均类似。

2. 航天保险

航天保险是指保险人对火箭和各种航天器在制造、发射和运行中可能出现的各种风险造成的财产损失和人身伤亡给予保险赔付的一种保险。在我国,航天保险主要是指卫星保险。从航天工业发展的模式来看,航天保险的承保又可划分为航天产品研制、航天产品运输安装、航天产品发射、航天产品正常运行四个阶段。在上述阶段中,除了第一阶段外,其他三个阶段的保险可以分别单独承保,也可以采用一揽子保险的方式。航天保险的险种很多,但主要有发射前保险、发射时保险、寿命保险三种。

3. 核能保险

核能保险是指以核能工程项目为保险标的、以核能工程中的各种核事故和核责任风险为保险责任的科技工程保险。它是随着原子能技术的发展而发展壮大起来的,是核能民用工业发展的风险保障措施。其他保险均将核风险排除在外,核能保险正好填补了这个空缺。由于人类利用核能的历史并不长,因此核能保险也是一项非常年轻的保险业务,主要有财产损毁保险、核能安装工程保险、核能工程责任保险和核原料运输保险。1986年4月26日发生在苏联的切尔诺贝利核电站事故和2011年3月11日发生在日本的福岛核电站事故,造成了十分严重的人员伤亡、财产损失和生态灾难,使人们对核电技术和核电工程深感忧虑,核能保险也显得尤为必要。

第六节　农业保险

一、农业保险的概念与特点

（一）农业保险的概念

农业保险有广义和狭义之分。狭义的农业保险与农业相对应，即为种植业和养殖业提供保险；而广义上的农业保险除了种植业保险和养殖业保险外，还包括从事广义农业生产的劳动力及其家属的人身保险和农场上的其他物质财产保险，一般称其为农村保险。本节讨论的乃是狭义的农业保险，即为农业生产者在从事种植业和养殖业生产、初加工的过程中，遭受自然灾害或意外事故所造成的损失提供经济补偿的保险保障制度。

（二）农业保险的特点

农业保险虽是财产损失保险，但由于其标的十分特殊，因而具有许多不同于一般财产保险的特点。

1. 保险标的的特殊性

农业保险的标的具有生命性，因而与其他财产保险大不相同。主要体现在以下几个方面：一是农业保险标的价值的变动性，因为农作物或禽畜处于不断生长的状态，只有当收获或成熟时，其价值才能最终确定；二是农产品的鲜活性特点使农业保险受损现场易灭失，对农业保险勘查时机和索赔时效产生约束；三是种植业保险的某些标的在一定的生产期内受到损害后有自我恢复能力，使得定损变得复杂。

2. 季节性

由于各种动植物都有自身明显的生长周期，如江南的油菜一般 4 月份成熟、家畜一般年底出栏，所以农业保险的季节性就表现得特别明显。这就需要我们对动植物的生理特征与自然生态环境有正确的认识，以便在农业保险的各环节中正确地评估农业风险，加强对农业管理的监督。

3. 地域性

每个地区都有自己独特的地形、气候、土壤等自然条件，再加上社会、经济、生产、技术水平的不同，形成了动植物地域性分布的不同，从而决定了农业保险只能根据各地区的实际情况确定承保对象、承保范围等保险要素，而不能强求所有地区承保条件的统一。

4. 连续性

动植物在生长过程中是紧密相连、无法中断的，因此农业保险人员要充分考虑到连续性这一点，使农业保险业务稳步发展。

5. 农业保险风险大，赔付率高

农业是利用动物、植物及微生物的生命活动进行生产的一种产业，其产出要受到生物自身生命力及自然力的强烈制约，还受到各种意外事故的影响。这些影响因素都很难预测,极不确定。农业风险还具有时间、空间的高度相关性及广泛的伴生性,风险单位一般很大。例如,山区的特大暴雨可能导致山洪泥石流,摧毁周边大量农田、夷平村庄;一次严重的畜禽传染病可能波及周围广大地区,导致大量畜禽染病死亡。因此,农业生产风险大,损失也大,费率厘定难度大,损失的鉴定、理赔的处理等都比其他财产保险困难、烦琐,赔付率高。

6. 农业保险在某种程度上属于准公共产品

农民购买农业保险,若遭受合同约定的风险损失,可以从保险公司获得一定的补偿,从这一角度看,农业保险属于私人产品,它具有排他性和消费上的竞争性。但是,考虑到农业风险主要是洪涝、干旱、台风、冰雹等自然风险,这类风险不是在个人控制之下,更不是由于个人过错造成的,且一般会导致大面积的灾害损失,农业保险客观上保障了社会稳定和

补充阅读 5-3
警惕政策性农业保险贪腐案多发

社会秩序,从这个意义上说,农业保险具有正的外部性,具有公共产品的某些属性。所以,我们认为农业保险具有准公共产品的属性。正因为如此,农业保险在许多国家都得到了政府的扶持,带有政策性。我国《保险法》规定:"国家支持发展为农业生产服务的保险业。"

二、农业保险的基本内容

(一)农业保险的分类

(1)按照确定保险金额的方式可分为成本保险和产量(产值)保险。前者是根据生产成本确定保险金额,这是因为农业生产成本是随生长期逐渐投入的;后者是根据产品产出量确定保险金额,一般采取定额承保方式。

(2)按照保险标的所处生长阶段划分为生长期农作物保险和收获期农作物保险,这种划分方式主要适用于农作物保险。前者是针对农作物在生长过程中因保险灾害事故而造成的减产损失的一种保险;后者是针对农作物成熟收割及其初加工期间所受灾害损失的一种保险。

(3)按保险责任范围分类可分为单一风险保险、综合风险保险和一切险保险三类。单一风险保险只能承保一种责任的保险,如小麦雹灾保险、林木火灾保险等;综合风险保险承保一种以上可列明责任的保险;一切险保险除列明的不保风险外,其余责任都可承保。

(4)按照承保对象可将农业保险分为种植业保险和养殖业保险,这也是我国学术界和商界的通行划分方法。前者承保植物性生产的保险标的,后者承保动物性生产的保险标的,如图 5-2 所示。

(二)保险责任

农业生产所面临的风险广泛,风险损失率高,但并不是所有的风险都属于保险责任,

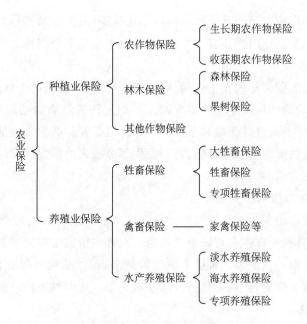

图 5-2　农业保险的分类

因下列原因所造成的农业生产的经济损失,保险人负责赔偿。

1. 自然灾害

(1)干旱。干旱是农业生产中的主要灾害。(2)洪涝灾害。洪灾是指因江河泛滥淹没田地、淹死家畜和家禽所造成的灾害;而涝灾则是指因长期大雨或暴雨而产生大量的积水和径流,淹没了低洼土地所造成的灾害。洪灾和涝灾一般同时发生难以区分。(3)寒灾。寒灾又分为气温在零度以上的冷灾和气温在零度以下的冻灾两种。发生寒灾时,农作物和牲畜会发生大批冻死、冻伤的现象。(4)风灾。风灾对种植业影响较大,往往会出现大批农作物和林木折枝拔根的现象。(5)冰雹灾害。冰雹是指雹云形成之后降落下来的一种固态降水,冰雹灾害对农作物的危害较大,容易砸坏农作物的茎和果实。

2. 病虫害

种植业出现过的病虫害数量种类繁多,它们直接危害植物的根、茎、叶、花、果、种子等,同时也直接危害种子及其他农产品的运输和储藏,使其失去经济价值。养殖业中的病虫害主要是指发生在家畜、家禽身上的传染病、寄生虫以及一般疾病等,如禽流感、疯牛病等病毒。此外,为了防止疾病传染,当地政府或有关部门责令宰杀或掩埋造成的损失,也在保险责任范围之内。

3. 意外事故

动物触电、摔跌、互斗、碰撞、窒息,野兽伤害,以及建筑物倒塌等造成的农业生产的损失。

(三)保险金额

农业保险的保险标的具有自然再生产与经济再生产相结合,风险大、损失率高的特点。在保险金额的确定方面与其他财产保险存在区别,总的要求即是实行低保额制,以利保险人控制风险。在具体的操作实务中,农业保险主要按下列四种方法来确定保险金额。

1. 平均成本法

保险人以各地的同类标的在生长期、收获期、养殖期内投入的平均成本作为计算保险金额的依据,以此确定的保险金额即为保险人承担责任的最高赔偿限额。这种方法一般适用于生长期的农作物、森林保险和水产保险等。当保险标的发生全部损失的情况时,保险人应按事先确定的保险金额全额赔偿;若发生部分损失的情况,则保险人应赔偿保险金额与被保险人收益之间的差额。

2. 评定价值法与市场价值法

评定价值法是指由保险人与被保险人双方协商确定投保标的的保险金额,发生损失时,其赔偿金额则是根据保险公司账面上最后一次评定价值来核定的,它并不是标的发生损失当时的实际价值。按照市场价值来确定保险金额时,赔偿金额就要根据标的发生损失当时的市场价值来确定,但以不超过保险金额为限。这两种方法一般都用于牲畜保险。

3. 平均产量法

保险人按照各地同类标的的平均产量与预期售价,或者市场价值的乘积来确定保险金额。它适用于农作物保险、林木保险与水产养殖保险。生长期的农作物可以用农作物的预期收益量作为保险标的的价值,按照一定乘数确定保险金额;林木保险的保险金额,则可以按照单位面积林木蓄积量确定;水产养殖保险,则可以按照水产产品的养殖产量一定成数确定保险金额。

4. 定额投保法

保险人根据保险标的的各种性质分档次规定保险金额,根据被保险人投保时选定的档次给予定额赔付,不扣除残值。

(四) 保险费率

农业保险费率的种类很多,在确定的方法上各不相同,但一般综合责任险承担的风险责任要比单项责任险大,所以综合责任险的费率要高于单项责任险的费率。而且,农业保险费率除了考虑承保危险发生的可能性及其损害大小外,还要考虑到保险金额和投保人的交费承受能力,所以一般采取低费率。在保险费的收取上一般可按产量为单位,或按保险金额的比例计收。

(五) 保险期限

农作物保险的保险期限与农作物生产特点联系在一起。生长期农作物保险一般从作物出土定苗后起保,至成熟收割时截止;分期收获农作物的保险期限应到收完最后一期产品为止;收获期农作物的保险期限到初加工离场入库前为止。而林木是多年生植物,所以其保险期限从林木栽植成活后开始,整个期限可长可短。

养殖业保险的保险期限一般与动植物养殖的生产周期一致。保险责任期限长短因标的而异,即使为同一标的,还可能因为地域、气候差异而不同,因此,养殖业保险的保险期限应遵循养殖对象的特点而确定。

 本章小结

1. 财产保险概述

以各种财产物资及相关利益、责任、信用为保险标的的为广义的财产保险。仅以各种财产物资及相关利益为保险标的的为狭义的财产保险。本章介绍的是狭义的财产保险。

财产保险的特征包括保险标的的特殊性、保险利益的特殊性、保险金额确定的特殊性、保险期限的特殊性、保险合同的特殊性等。

财产保险分为企业财产保险、家庭财产保险、运输工具保险、货物运输保险、工程保险、农业保险。

2. 企业财产保险

企业财产保险是承保企业、事业单位、机关、团体的资产及与其企业经济利益相关的财产,因自然灾害、意外事故而遭受直接损失的财产损失保险。

我国现行的企业财产保险是在银保监会监管下颁布的统一条款,合同条款一般分基本条款和综合条款。

3. 家庭财产保险

家庭财产保险是以居民的家庭财产为保险对象的保险。其保险标的是坐落或存放在保单所载明地址的自有居住房屋,室内装修、装饰及附属设施,室内家庭财产。

本章介绍的家庭财产保险主要包括家庭财产基本险、家庭财产综合保险和附加险等。

4. 运输保险

运输保险的内容包括运输工具保险和货物运输保险两大类。

运输工具保险中最常见的是机动车辆保险。机动车辆保险是以机动车辆本身及机动车辆的第三者责任为保险标的的一种运输工具保险。保险公司经营的商业性机动车辆保险可以分为主险和附加险。根据《保险行业协会示范条款》的规定,主险有机动车(或特种车、摩托车和拖拉机)损失保险、机动车(或特种车、摩托车和拖拉机)第三者责任保险、机动车(或特种车、摩托车和拖拉机)车上人员责任保险、机动车(或特种车、摩托车和拖拉机)全车盗抢保险共四个独立的险种(其中机动车单程提车保险不包含全车盗抢险)。本章主要介绍了机动车损失保险、机动车第三者责任保险和交强险。

货物运输保险主要分为海洋运输保险和国内货物运输保险两大类。海洋运输货物保险可以分为基本险和附加险两个险种,附加险又分为一般附加险、特别附加险和特殊附加险三种。海洋运输货物保险基本险的三个险别为平安险、水渍险和一切险。国内货物运输保险是以国内运输过程中的货物作为保险标的的保险。该险种包括铁路货物运输保险、水路货物运输保险、公路货物运输保险、航空货物运输保险等四个险种。

5. 工程保险

工程保险是以各类工程项目为保险标的的保险业务。工程保险具有以下特征:保险对象的多元化、承保风险的特殊性、保险期限的特殊性、工程保险的内容相互交叉等。本章主要介绍了建筑工程保险、安装工程保险、科技工程保险的保险标的、保险责任以及保险金额等。

6. 农业保险

本章介绍了狭义的农业保险,及其分类、保险责任、保险金额等。

 **重要概念**

财产保险 企业财产保险 家庭财产保险 货物运输保险 运输工具保险
工程保险 农业保险 可保财产 特约可保财产 不可保财产 机动车交通事故责任强制保险 平安险 水渍险 一切险 建筑工程保险 安装工程保险 科技工程保险

 思考题

一、简答题

1. 财产保险有哪些特征?

2. 机动车辆保险有哪些种类?

3. 无赔款优待的条件有哪些?

4. 工程保险具有哪些特征?

5. 建筑工程保险包含哪些保险项目?

二、计算题

1. 某用品厂在 2010 年 9 月 27 日投保企业财产综合险,其中固定资产中厂房、机器设备均按原值投保,保额分别为 400 万元、200 万元,流动资产保额为 150 万元。保险期限 1 年。2011 年 7 月 25 日,由于雷击引发电线走火发生火灾,损失惨重。经保险人查勘认定,该厂房被烧损失 80 万元,残值 1 万元,机器设备损失 50 万元,残值 5 000 元,此时被烧房屋重置价值 500 万元,机器设备的重置价值为 300 万元,流动资产损失 30 万元,用于流动资产的施救费用 1 万元。此时账面流动资产余额为 200 万元。试计算保险公司的赔款。

2. 张某于 2011 年 5 月将自家房屋及附属设备、房屋装修、室内财产投保了家庭财产保险。其中房屋及附属设备保额 10 万元,室内装修 2 万元,室内财产 3 万元,未分项列明。保险期限 1 年。2012 年 4 月 5 日,张某家发生火灾,经核定,损失如下:房屋修缮费用 5 000 元,室内装修 2 000 元,室内财产 6 000 元,残值 100 元。此时,经估价王某的房屋保险价值为 8 万元,装修为 4 万元,室内财产 7 万元。保险公司应赔偿多少?

3. 某日,两辆家用机动车发生碰撞事故,推定全损。发生事故时,A 车车辆实际价值 40 000 元,残值 1 000 元,本车人伤残赔偿额为 20 000 元,医疗费用赔偿额 10 000 元。A 车投保的是车辆损失险和商业第三者责任险以及机动车交通事故责任强制保险,其中,车身险保险金额 80 000 元,是按照投保时的新车购置价确定的,商业第三者责任险每次事故最高赔偿限额为 50 000 元,机动车交通事故责任强制保险有责任的责任限额为:死亡伤残赔偿限额 50 000 元人民币;医疗费用赔偿限额 8 000 元人民币;财产损失赔偿限额 2 000 元人民币。B 车车辆发生事故时实际价值为 50 000 元,本车人身伤残赔偿额为 10 000 元。B 车投保了车辆损失险,保险金额为 60 000 元,是按照投保时实际价值确定的;投保商业第三者责任险,最高赔偿限额 50 000 元;投保了机动车交通事故责任强制保险。经公安部门裁定,A 车负 70% 责任,B 车负 30% 责任。A 车的承保人是保险公司甲,B 车的承保人是保险公司乙。问 A 车和 B 车的承保人各应付多少赔款?

 在线自测

 【课外阅读资料】　索马里海盗催生战争险

据 2011 年 2 月 21 日《航运交易公报》报道(雷海),2006 年以来,海盗事件逐年增加,而且增加的幅度很大,2007 年至 2009 年成倍增加。虽然很多国家在亚丁湾水域派有军舰,但是索马里海盗攻击和劫持船舶的数量并没因此而减少。他们采用伏击战术,装扮成渔民,以母船配置快艇,航行到离岸上千海里的印度洋上,伺机劫持船舶,使一些以前相对安全的海域也变得不安全了。

肯尼亚外交部长表示,由于国际社会没有遵守承诺向肯尼亚提供起诉和关押海盗的相关帮助,该国将不再接受任何被抓获的索马里海盗到肯尼亚受审。他说,肯尼亚正在考虑终止与欧盟达成的有关协议。这让国际社会遇到了新难题,据悉,截至目前,肯尼亚法律机构尚有超过 100 名索马里海盗嫌疑人的案件待处理,法律机构人员已经无法应对继续增加的待处理案件。欧盟驻肯尼亚代表对肯尼亚的做法表示理解,事实上,肯尼亚已经停止接受审判索马里海盗嫌疑人,荷兰海军在 2010 年 3 月抓获的至少 44 名海盗嫌疑人,都因国际社会难以对他们提起诉讼而被释放。

越来越高的赎金由谁承担,或能否在保险公司得到理赔,还存在很大的争议。巨额赎金,类似共同海损计算是否成立,又如何向有关保险公司提出分摊要求都存在争议。赎金由船东还是租船人承担,尚无明确法律规定,发生劫持后用赎金解救船舶,船东及保险人对租船人承担何种责任,仍有争议,需要进一步明确立法。

2010 年,伦敦海事仲裁庭已对赎金的分担和理赔做出首个案件裁决,由此提供了一个可供法院参考的典型案例。当前需要裁决的类似案件堆积如山,2010 年在英国海事仲裁庭仍有 247 个类似案例,法国也有 43 个。

劳合社市场协会战争险评估委员会针对索马里海盗现状和目前的护航法律、航运安全和航运金融保险所处的困境,于 2010 年 12 月 28 日宣布 2011 年 1 月 1 日起在整个印度洋海域及相关水域开收船舶险附加战争险(战争险)。战争险保费为每单航次途经印度洋海域原船舶险保额×0.125%。战争险期限仅为 7 天,如在印度洋航行时间超过 7 天,应以 7 天为一个周期,以 7 天战争险保费为单元再加收保费。不光对每年进出亚丁湾、红海的 2.5 万艘船要征收战争险,而且对进出阿拉伯海、波斯湾(又称阿拉伯湾)、孟加拉海和途经南非、东非、澳大利亚西海域的船舶也要征收战争险。据有关资料统计,仅印度洋战争险一项,对途经印度洋船舶收取的保费将在原有保费已增加 10 倍基础上,再增加 1 倍,大大增加了船舶保险成本,此项战争险仅对船舶险而言,受船舶险保费增加影响,货物险、船东责任险和租船入责任险也将会大幅度上升。

第 六 章

责任保险和信用保证保险

　　责任保险涉及我们生活中的各个方面,投保责任保险对于日常生产生活具有重大意义。那么什么是责任保险,它有哪些险别及内容,与一般的保险相比有哪些特殊之处? 伴随着商业信用发展而产生的信用保险和保证保险,它们到底有何特点和作用,具体保险的内容是什么等问题? 这些将是本章需要回答的主要问题。

第一节　责任保险概述

一、责任保险的概念及分类

　　责任保险,是以补偿因偶然或意外事件发生所致被保险人(致害人)在法律上对第三者(受害人)的损害赔偿责任为保险标的的保险。作为以保险客户的法律赔偿风险为承保对象的一类保险,责任保险属于广义财产保险范畴,适用于广义财产保险的一般经营理论,但又具有自己的独特内容和经营特点,从而是一类可以独成体系的保险业务。

【补充阅读 6-1】　责任保险的发展历程

　　责任保险产生于 19 世纪的欧美国家,20 世纪 70 年代以后在工业化国家迅速得到发展。1880 年,英国颁布《雇主责任法》,当年即有专门的雇主责任保险公司成立。1886 年,英国在美国开设雇主责任保险分公司,而美国自己的雇主责任保险公司在 1889 年才出现。汽车责任保险始于 19 世纪末,并与工业保险一起成为近代保险与现代保险分界的重要标志。当时的英国"法律意外保险公司"最为活跃。到 1901 年,美国才开始有现代意义的汽车第三者责任险承保人身伤害和财产损失法律赔偿责任的保险。进入 20 世纪 70 年代以后,责任保险的发展在工业化国家进入了黄金时期。在这个时期,首先是各种运输工具的第三者责任保险得到了迅速发展;其次是雇主责任保险成了普及化的责任保险险种。随着商品经济的发展,各种民事活动急剧增加,法律制度不断健全,人们的索赔意识不断增强,各种民事赔偿事故层出不穷,终于使责任保险在 20 世纪 70 年代以后的工业化国家得到了全面的、迅速的发展。进入 20 世纪 90 年代以后,许多发展中国家也日益重视发展责任保险业务。

　　首先,责任保险与一般财产保险具有共同的性质,都属于赔偿性保险。无论承保时还是理赔时,均需遵循财产保险一般业务经营的原则。当责任事故是由第三者造成时亦适用权益转让原则,既可以满足被保险人的风险转移需要,又不允许被保险人通过责任保险获得额外利益。因此,责任保险可以归入广义财产保险范畴。

其次,责任保险承保的风险是被保险人的法律风险。即一般以法律规定的民事损害赔偿责任为承保风险,但也可以根据保险客户的要求并经特别的约定后,承保其合同责任风险。这种风险与一般财产保险和人身保险所承保的风险有根本区别。

最后,责任保险以被保险人在保险期内可能造成他人的利益损失为承保基础。一般财产保险承保的是被保险人自己的现实利益,如火灾保险与运输保险等保障的是被保险人自己的现实物质利益,信用保险保障的是被保险人自己的现实可能的利益,它们都是在保险人承保前客观存在并可以用货币计量的事实。责任保险承保的则是被保险人在保险期内可能造成他人的利益损失,即责任保险承保的这种利益损失首先必须表现为他人的利益受到损失,其次才是这种利益损失因有关法律、法规的规定应当由被保险人负责。因此,责任保险的承保建立在被保险人可能造成他人利益损失的基础上,这种利益损失在承保时是无法准确确定或预知的,从而对被保险人的责任风险大小也无法像其他财产保险或人身保险那样用保险金额来评价,而只能以灵活的赔偿限额作为被保险人转嫁法律风险和保险人承担法律风险的最高限额。

根据被保险人是否具有独立法人的地位,可以将责任保险划分为企事业单位责任保险和个人责任保险。

二、责任保险的基本特征

责任保险与一般财产保险相比较,其共同点是均以大数法则为数理基础,经营原则一致,经营方式相近(除部分法定险种外),均是对被保险人经济利益损失进行补充。然而,作为一类独特的保险业务,责任保险在产生与发展基础、补偿兑现、承保标的、承保方式、赔偿处理等方面均有着自己明显的特征。

(一)责任保险产生与发展基础的特征

一般财产保险产生与发展的基础,是自然风险与社会风险的客观存在和商品经济的产生与发展;一般人身保险产生与发展的基础,是社会经济的发展和社会成员生活水平不断提高的结果;而责任保险产生与发展的基础却不仅是各种民事法律风险的客观存在和社会生产力达到了一定的阶段,而且由于人类社会的进步带来了法律制度的不断完善,其中法制的健全与完善是责任保险产生与发展的最为直接的基础。

正是由于人们在社会中的行为都在法律制度的一定规范内,所以才在触犯法律而造成他人的财产损失或人身伤害时必须承担起经济赔偿责任。因此,只有存在着对某种行为以法律形式确认应负经济上的赔偿责任时,有关单位或个人才会想到通过保险来转嫁这种风险,责任保险的必要性才会被人们所认识、所接受;只有规定对各种责任事故中的致害人进行严格处罚的法律原则,即从契约责任经过疏忽责任到绝对或严格责任原则,才会促使可能发生民事责任事故的有关各方自觉地参加各种责任保险。事实上,当今世界上责任保险最发达国家或地区,必定同时是各种民事法律制度最完备、最健全的国家,它表明了责任保险产生与发展的基础是健全的法律制度,尤其是民法和各种专门的民事法律与经济法律制度。

(二) 责任保险补偿对象的特征

在一般财产保险与各种人身保险的经营实践中,保险人的补偿对象都是被保险人或其受益人,其赔款或保险金也是完全归被保险人或其收益人所有,均不会涉及第三者。而各种责任保险却与此不同,其直接补偿对象虽然也是与保险人签订责任保险合同的被保险人,被保险人无损失则保险人亦无须补偿;但被保险人的利益损失又首先表现为因被保险人的行为造成第三方的利益损失,即第三方利益损失客观存在并依法应由被保险人负责赔偿时才会产生被保险人的利益损失。因此,尽管责任保险中保险人的赔偿是支付给被保险人,但这种赔偿实质上是对被保险人之外的受害方即第三者的补偿,从而是直接保障被保险人利益、间接保障受害人利益的一种双重保障机制。

(三) 责任保险承保标的的特征

一般财产保险承保的均是有实体的各种财产物资,人身保险承保的则是自然人的实体,二者均可以在承保时确定一个保险金额作为保险人的最高赔偿限额。责任保险承保的却是各种民事法律风险,是没有实体标的的。

对每一个投保责任保险的人而言,其责任风险可能是数十元,也可能是数十亿元,这在事先是无法预料的,保险人对所保的各种责任风险及其可能导致的经济赔偿责任大小也无法采用保险金额的方式来确定。但若在责任保险中没有赔偿额度的限制,保险人自身就会陷入经营风险中,因此,保险人在承保责任保险时,通常对每一种责任保险业务要规定若干等级的赔偿限额,由被保险人自己选择,被保险人选定的赔偿限额便是保险人承担赔偿责任的最高限额,超过限额的经济赔偿责任只能由被保险人自行承担。可见,责任保险承保的标的是没有实体的各种民事法律风险,保险人承担的责任只能采用赔偿限额的方式进行确定。

(四) 责任保险承保方式的特征

责任保险的承保方式具有多样化的特征。从责任保险的经营实践来看,它在承保时一般根据业务种类或被保险人的要求,可以采用独立承保、附加承保或其他保险业务组合承保的方式承保业务。

在独立承保方式下,保险人签发专门的责任保险单,是完全独立操作的保险业务。如公众责任保险、产品责任保险等。采取独立承保方式承保的责任保险业务,是责任保险的主要业务来源。

在附加承保方式下,保险人签发责任保险单的前提是被保险人必须参加了一般的财产保险,即一般财产保险是主险,责任保险则是没有独立地位的附加险。如建筑工程保险中的第三者责任保险,一般被称为建筑工程保险附加第三者责任保险。附加承保的责任保险在业务性质和业务处理方面,与独立承保的各种责任保险是完全一致的,不同的只是承保的形式。

在组合承保方式下,就责任保险的内容既不必签订单独的责任保险合同,也无须签发附加或特约条款,只需要参加该财产保险便使相应的责任风险得到了保险保障。如船舶的责任保险承保就是与船舶财产保险承保相组合而成的,即仅作为综合型的船舶保险中的一类保险责任而承担下来即可。

(五)责任保险赔偿处理特征

与一般的财产保险和人身保险业务相比,责任保险的赔偿要复杂得多。第一,每一起责任保险理赔案的出现,均是以被保险人对第三方的损害并依法应承担经济赔偿责任为前提条件,必然要涉及受害的第三者;第二,责任保险的承保以法律制度的规范为基础,责任保险理赔案的处理也是以法院的判决或执法部门的裁决为依据,从而需要更全面地运用法律制度;第三,责任保险中因是保险人代替致害人承担对受害人的赔偿责任,被保险人对各种责任事故处理的态度往往关系到保险人的利益,从而使保险人具有参与处理责任事故的权利;第四,责任保险赔款最后并非归被保险人所有,而是实质上支付给了受害方。可见,责任保险的赔偿处理具有自己明显的特色。

三、责任保险的承保与赔偿

(一)责任保险的承保

作为一类独成体系的保险业务,责任保险的适用范围是十分广泛的,即适用于一切可能造成他人财产损失与人身伤亡的各种单位、家庭或个人。具体而言,责任保险的适用范围包括如下几类:一是各种公众活动场所的所有者、经营管理者;二是各种产品的生产者、销售者、维修者;三是各种运输工具的所有者、经营管理者或驾驶员;四是各种需要雇用员工的单位;五是各种提供职业技术服务的单位;六是城乡居民家庭或个人。此外,在各种工程项目的建设过程中也存在着民事责任事故风险,建设工程的所有者、承包者等对相关责任事故风险具有保险利益;各单位场所(非公众活动场所)也存在着公众责任风险,如企业等单位亦有着投保公众责任保险的必要性。可见,责任保险的适用范围几乎覆盖了所有的团体组织和社会成员。

在承保责任保险业务时,保险人有必要对投保人的资信、风险状况等进行调查,并做出相应的风险评估,根据不同业务采取相应的承保方式,确保业务素质良好。

(二)责任保险的一般责任范围

人们一般认为,责任保险的保险责任就是民事损害赔偿责任,事实上这二者既有联系又有区别,是不能完全等同的。对责任保险而言,一方面,其承保的责任主要是被保险人的过失行为所致的责任事故风险,即被保险人的故意行为通常是绝对除外不保的风险责任,这一经营特点决定了责任保险的责任范围明显地小于民事损害赔偿责任的范围。另一方面,在被保险人的要求下并经过保险人的同意,责任保险又可以承保超越民事损害赔偿责任范围的风险。如在航空事故中,即使民航公司无任何过错,只要旅客在飞行中遭受了人身伤害或财产损失,航空公司也会承担经济上的赔偿责任。这种无过错责任超过了一般民事损害赔偿责任的范围,但保险人通常将其纳入承保责任范围。可见,责任保险在某些情况下承担的保险责任又超越了民事损害赔偿责任的范围。

根据前述分析和责任保险的国际惯例,责任保险的保险责任,一般包括以下两项内容:

第一,被保险人依法对造成他人财产损失或人身伤亡应承担的经济赔偿责任。这一项责任是基本的保险责任,以受害人的损害程度及索赔金额为依据,以保险单上的赔偿限额为最高赔付额,由责任保险人予以赔偿。

第二,因赔偿纠纷引起的由被保险人支付的诉讼、律师费用及其他事先经过保险人同意支付的费用。

在承担上述赔偿责任的同时,保险人在责任保险合同中一般规定若干除外责任。

(三)责任保险的费率

责任保险费率的制定,通常根据各种责任保险的风险大小及损失率的高低来确定。不同的责任保险种类,制定费率时考虑的因素也存在着差异,但从总体上来看,保险人在制定责任保险费率时,主要考虑的影响因素应当包括如下几项:

(1)被保险人的业务性质及其产生意外损害赔偿责任可能性的大小。如影剧院的责任风险是公众责任风险,企业的责任风险主要是产品责任风险,雇主所承担的责任风险主要是对雇员的责任风险等。不同业务性质的责任保险业务,具有不同的责任风险,从而是制定责任保险费率时必须着重考虑的因素。

(2)法律制度对损害赔偿的规定。法律制度规范越严格,风险越大,费率也就越高;反之亦然。

(3)赔偿限额的高低。赔偿限额与免赔额的高低对责任保险的费率有客观影响,赔偿限额越高,保险费绝对数越高,但保险费率相对比率会越低,因为责任事故越大出现的概率就越小;反之亦然。

此外,承担风险的区域的大小、每笔责任保险业务的量及同类责任保险业务的历史损失资料等也是保险人在制定责任保险费率时必须参考的依据。

(四)责任保险的赔偿

责任保险承保的是被保险人的赔偿责任,而非有固定价值的标的,且赔偿责任因损害责任事故大小而异,很难准确估计。因此,不论何种责任保险均无保险金额的规定,而是采用在承保时由保险双方约定赔偿限额的方式来确定保险人承担的责任限额。凡超过赔偿限额的索赔,仍须由被保险人自行承担。

从责任保险的发展实践来看,赔偿限额作为保险人承担赔偿责任的最高限额,通常有以下三种类型:

(1)每次责任事故或同一原因引起的一系列责任事故的赔偿限额,又可以分为财产损失赔偿限额和人身伤亡赔偿限额两项。

(2)保险期内累计的赔偿限额,可以分为累计的财产损失赔偿限额和累计的人身伤亡赔偿限额。

(3)在某些情况下,保险人也将财产损失和人身伤亡两种合成一个限额,或者规定每次事故和同一原因引起的一系列责任事故的赔偿限额而不规定累计赔偿限额。

从国家责任保险的发展趋势来看,越来越多国家的责任保险保险人对人身伤亡不再规定赔偿限额,或者仅规定一个综合性的赔偿限额。

在责任保险经营实践中,保险人除通过确定赔偿限额来明确自己的承保责任外,通常还有免赔额的规定,以此达到使被保险人小心谨慎、防止发生事故和减少小额、零星赔偿支出的目的。责任保险的免赔额,通常是绝对免赔额,即无论受害人的财产是否全部损失或受害人是否死亡,免赔额内的损失均由被保险人自己负责赔偿。免赔额的确定,一般以具体数字金额表示,也可以规定赔偿限额或赔偿金额的一定比率。因此,责任保险人承担的赔偿责任是在免赔额之上且在赔偿限额之内的赔偿金额。

第二节　责任保险的主要险种

根据业务内容分类,责任保险的主要险种可分为公众责任保险、产品责任保险、雇主责任保险及职业责任保险。

一、公众责任保险

公众责任是指致害人在公共场所的过错行为致使他人的人身或者财产遭受损害,依法应由致害人承担的对受害人的经济赔偿。由于公众责任事故风险普遍存在于各种企事业单位,所以他们需要通过投保公众责任保险来转嫁其责任风险。公众责任保险使用范围非常广泛,其业务复杂、险种繁多。它主要包括综合公众责任保险、场所责任保险、承包人责任保险、承运人责任保险等。

其中营业场所责任是公众责任的主要形式,营业场所的所有人、占有人以及使用人有营业场所责任风险。这要求其所有人、占有人、租用人达到的注意程度是作为一个通情达理的谨慎的人应该达到的程度。比如,其应该保持营业场所地面干燥并且处理那些会造成他人受伤的物体。

此外,在一些非公众活动的场所,如果公众在该场所受到了应当由致害人负责的损害时,也可以归属到公众责任中。例如,某人到某企业办事,在该企业厂区内受到了应由企业负责的损害,即是该企业承担的公众责任。

（一）公众责任保险的责任范围

公众责任保险的保险责任,包括在保险期内、在保险地点发生的被保险人依法应承担的经济赔偿责任和有关的法律诉讼费用等。公众责任保险的除外责任则包括:被保险人故意行为引起的损害事故;战争、内战、叛乱、暴动、骚乱、罢工或封闭工厂引起的任何损害事故;人力不可抗拒的原因引起的损害事故;核事故引起的损害事故;有缺陷的卫生装置及除一般食物中毒以外的任何中毒;由于震动、移动或减弱支撑引起的任何土地、财产或房屋的损坏责任;被保险人的雇员或正在为被保险人服务的任何人所受到的伤害或其他财产损失(他们通常在其他保险单下获得保险);各种运输工具的第三者或工作责任事故(由专门的第三者责任保险或其他责任保险险种承保);公众责任保险单上列明的其他除外责任等。对于有些除外责任,经过保险双方的约定,可以作为特别条款予以承保。

（二）公众责任保险的保费计算

保险人在经营公众责任保险业务时,一般不像其他保险业务那样有固定的保险费率表,而是通常视每一被保险人的风险情况逐笔议订费率,以便确保保险人承担的风险责任与所收取的保险费相适应。按照国际保险界的习惯做法,保险人对公众责任保险一般按每次事故的基本赔偿限额和免赔额分别订定人身伤害和财产损失两项保险费率,如果基本赔偿限额和免赔额需要增减时,保险费率也应适当增减,但又非按比例增减。

公众责任保险费的计算包括如下两种情况:一是以赔偿限额(累计或每次事故赔偿限额)为计算依据,即保险人的应收保险费＝累计赔偿限额×适用费率;二是对某些业务按场所面积大小计算保险费,即保险人的应收保险费＝保险场所占用面积(平方米)×每平方米保险费。但是无论以何种方式计算保险费,保险人原则上均应在签发保险单时一次收清。

（三）公众责任保险的赔偿

公众责任保险的赔偿限额,通常采用规定每次事故赔偿限额的方式,既无分项限额,又无累计限额,仅规定每次公开责任事故的混合赔偿限额,它只能制约每次事故的赔偿责任,对整个保险期内的总的赔偿责任不起作用。

当发生公众责任保险事故时,保险人的理赔应当以受害人向被保险人提出有效索赔并为法律认可为前提,以赔偿限额为保险人承担责任的最高限额,并根据规范化的程序对赔案进行处理。

 【案例6-1】

某市政公司于2010年5月向保险公司投保了公众责任保险,保险责任是其施工过程中的过失造成他人的人身伤害或财产损失的赔偿责任,赔偿限额为每起事故10 000元。同年10月2日,该公司一队工人在维修路边窨井时因下大雨跑回施工棚,忘记在井边设立标志,也未盖好窨井盖子。傍晚时分,雨还在下,一行人骑自行车经过此地时跌入井中受伤,并受感染而致死。受害人家属向该市人民法院起诉要求市政公司承担损害赔偿责任。法院判决被告方应向死者家属支付 16 756 元。你认为保险公司是否应承担赔偿责任? 赔偿多少? 如果保险公司赔偿的不够,受害人怎么办?

分析:

公众责任保险是责任保险的一种,责任保险是以被保险人对第三者依法应负的赔偿责任为保险标的的保险。责任保险约定的事故,为被保险人造成第三人损害而应承担的赔偿责任。在发生保险事故时,保险公司应当承担赔偿保险金的责任。责任范围的大小,取决于保险合同的约定。所以,在本案中市政公司与保险公司约定每起保险事故的赔偿限额为 10 000 元,险种为公众责任保险,那么保险公司要承担 10 000 元的赔偿责任。法院判决市政公司向受害人支付 16 756 元,而保险公司只赔偿 10 000 元。

二、产品责任保险

产品责任保险就是承保产品制造者、销售者因产品缺陷而致他人人身伤害或财产损失而依法应由其承担的经济赔偿责任的责任保险。

早期的产品责任保险主要承保一些直接与人体健康相关的产品,如食品、饮料、药品和化妆品等。后来,随着商品经济的发展和科技在社会生活中的广泛应用,保险人承保的范围也日益扩大。从各种日用、轻纺、机械、石油、化工、电子工业产品,到大型飞机,船舶、成套设备、钻井船、核电站、卫星等,均可投保产品责任保险。

(一)产品责任保险的特点

1. 产品责任保险强调以产品责任法为基础

因为一般来说,受害者(用户、消费者或其他人)与致害者(生产者、销售者或修理者)既没有合同关系,也不一定存在直接联系。如果没有一定的法律规定,受害者的索赔将没有依据,产品责任也不易划分。

2. 产品责任保险虽然不承担产品本身的损失,但它与产品有着内在联系

产品质量越好,产品责任的风险就越小,反之亦然;产品种类越多,产品责任的风险就越复杂,反之亦然;产品销售量越大,产品责任的风险就越广泛,反之亦然。

3. 与其他种类的责任保险相比,产品责任保险的承保区域范围十分广泛

例如,公众责任保险一般承保被保险人在固定场所之内的责任风险;职业责任保险承保的责任风险通常规定必须发生在职业场所内,雇主责任保险的区域范围大都规定在雇主的工作场所内;而产品责任保险的区域范围可以规定在产品生产国或出口国,乃至全世界各个地方。

(二)产品责任保险的责任范围

保险人承保的产品责任风险,是承保产品造成的对消费者或用户及其他任何人的财产损失、人身伤亡所导致的经济赔偿责任,以及由此而导致的有关法律费用等。不过,保险人承担的上述责任也有一些限制性的条件,例如,造成产品责任事故的产品必须是供给他人使用即用于销售的商品,产品责任事故的发生必须是在制造、销售该产品的场所范围之外的地点,如果不符合这两个条件,保险人就不承担责任;对于餐厅、宾馆等单位自制自用的食品、饮料等,一般均作为公众责任保险的附加责任扩展承保。

产品责任保险的除外责任,一般包括如下几项:一是根据合同或协议应由被保险人承担的其他人的责任;二是根据劳工法律制度或雇用合同等应由被保险人承担的对其雇员及有关人员的损害赔偿责任;三是由被保险人所有、照管或控制的财产的损失;四是产品仍在制造或销售场所,其所有权仍未转移至用户或消费者手中时的责任事故;五是被保险人故意违法生产、出售或分配的产品造成的损害事故;六是被保险产品本身的损失不保;七是不按照被保险产品说明去安装、使用或在非正常状态下使用时造成的损害事故等。

(三)产品责任保险的赔偿

在产品责任保险的理赔过程中,保险人的责任通常以产品在保险期限内发生事故为基础,而不论产品是否在保险期内生产或销售。如在保险生效前生产或销售的产品,只要在保险有效期内发生保险责任事故并导致用户、消费者或其他任何人的财产损失和人身伤亡,保险人均予负责;反之,即使是保险有效期内生产或销售的产品,如果不是在保险有效期内发生的责任事故,保险人则不承担责任。对于赔偿标准的掌握,仍然以保险双方在签订合同时确定的赔偿限额为最高额度,它既可以每次事故赔偿限额为标准,也可以累计的赔偿限额为标准,在此,生产、销售、分配的同批产品由于同样的原因造成多人的人身伤害、疾病、死亡或多人的财产损失均被视为一次事故造成的损失,并且适用于每次事故的赔偿限额。

三、雇主责任保险

雇主责任保险,是以被保险人即雇主在受雇期间从事工作时,因遭意外而导致伤、残、死亡,或患有与职业相关的职业性疾病而依法或根据雇佣合同应由被保险人承担的经济赔偿责任为承保风险的一种责任保险。在许多国家,雇主责任保险都是一种普遍性的责任保险业务,也是一种强制实施的保险业务;也有一些国家将类似业务纳入社会保险范围,即以工伤社会保险取代雇主责任保险;在日本,则是工伤社会保险与雇主责任保险并存,前者负责基本的保障,后者负责超额的保障。不论采用何种方式经营,都表明雇主承担着相当的民事责任风险,在没有工伤社会保险或工伤社会保险不足的条件下,均需要保险公司开展雇主责任保险业务。

一般而言,雇主所承担的对雇员的责任,包括雇主自身的故意行为、过失行为乃至无过失行为所致的雇员的人身伤害赔偿责任,但保险人所承担的责任风险并不与此相一致,即均将被保险人的故意行为列为除外责任,而主要承保的前提条件就是雇主与雇员之间存在着直接的雇用合同关系,也就是只有雇主才有解雇该雇员的权利,雇员有义务听从雇主的管理从事业务工作,这种权利与义务关系均通过书面形式的雇用或劳动合同来进行规范。下列情况通常被视为雇主的过失或疏忽责任:一是雇主提供危险的工作地点、机器工具或工作程序;二是雇主提供的是不称职的管理人员;三是雇主本人直接的疏忽或过失行为。

凡属于上述情形且不存在故意意图的均属于雇主的过失责任,由此而造成的雇员人身伤害,雇主应负经济赔偿责任。此外,许多国家还规定雇主应当对雇员承担无过失责任,即只要雇员在工作中受到的伤害不是其自己故意行为所导致的,雇主就必须承担起对雇员的经济赔偿责任。因此,雇主责任相对其他民事责任而言是较为严厉的,雇主责任保险所承保的责任范围也超出了过失责任的范围。

(一) 雇主责任保险的责任范围

雇主责任保险的保险责任,主要为雇员因各种意外的工伤事故和职业病而使雇主对其依法应负的经济赔偿责任和有关法律费用等。

但下列情况的发生通常除外不保:一是战争、暴动、罢工、核风险等引起雇员的人身伤害;二是被保险人的故意行为或重大过失;三是被保险人对其承保人的雇员所负的经济赔偿责任;四是被保险人的合同项下的责任事故;五是被保险人的雇员因自己的故意行为导致的伤害;六是被保险人雇员由于疾病、传染病、分娩、流产以及由此而施行的内外科手术所致的伤害等。

(二) 雇主责任保险的费率

雇主责任保险一般采用预收保费制。保费是按不同工种雇员的适用费率乘以该类雇员年度工资总额计算出来的,原则上规定在签发保单时一次缴清。雇主责任保险的费率一般按照不同行业和不同工种的雇员分别计算。有的同一行业基本使用同一个费率,有些工作性质比较复杂、工种较多的行业,则还需规定每一个工种的使用费率。

厘定雇主责任保险费率的另一个依据就是赔偿限额,即看保险人代雇主承担对其雇员伤残、死亡责任的多少个月工资的赔偿责任。在同一工种条件下,限额越高,费率越高,但不一定成比例增长。

雇主责任保险费的计算公式为

应收保费＝年工资总额×费率(A 工种)＋年工资总额×费率(B 工种)＋…

年工资总额＝该工种人数×月平均工资×12

如有附加责任,还应另行计算,一并相加,即为该笔保险业务的全额保费收入。

(三) 雇主责任保险的赔偿

在处理雇主责任保险的索赔时,保险人必须首先确立受害人与致害人之间是否存在着雇用关系。根据国际上流行的做法,确定雇用关系的标准包括:一是雇主具有选择受雇人的权利;二是雇主支付工资或者其他报酬;三是雇主掌握工资发放的控制权;四是雇主具有终止雇用或解雇受雇人的权利。

雇主责任保险的赔偿限额,通常以雇员的工资收入为依据,由保险双方当事人在签订保险合同时确定并载入保险合同。雇主责任保险赔偿限额的特点在于:保单上仅规定以若干个月的工资收入为限,具体赔付金额还需通过计算每个雇员的月平均工资收入及伤害程度才能获得。其计算公式为

$$赔偿金额 = 该雇员的赔偿限额 \times 适用的赔偿额度比例$$

如果保险责任事故是第三者造成的,保险人在赔偿时仍然适用权益转让原则,即在赔偿后可以代位追偿。

(四)雇主责任保险的附加险

在雇主责任保险经营中,为满足不同保险客户的需求,保险人通常还根据需要推出若干附加险种,他们的共同特点就是超越了雇主责任保险的范围,从而也是保险人的一种业务扩展。如附加第三者责任保险、附加雇员第三者责任保险、附加医药费用保险。总之,保险人可以根据被保险人的不同要求,设计多种附加险条款,以便在满足被保险人的需要的同时进一步扩展保险业务。

【补充阅读6-2】　雇主责任保险与人身意外伤害保险

雇主责任保险与人身意外伤害保险承保的虽然都是自然人的身体和生命,但两者有着本质的不同。

(1)性质不同

雇主责任保险所承担的是雇主的民事损害赔偿责任或法律赔偿责任。它是一种无形的利益标的,属于责任保险的范畴;而人身意外伤害保险承保的是被保险人自己的身体和生命,是一种有形的实体标的,它属于人身保险的范畴。

(2)保险责任不同

雇主责任保险仅负责赔偿雇员在工作时及工作场所内所遭受的意外伤害;人身意外保险则对被保险人不论是否在工作期间及工作场所内所遭受的伤害均予负责。

(3)责任范围不同

雇主责任保险负责赔偿雇员因职业疾病而引起的伤残或死亡的医疗费用,而人身意外伤害保险不负此项责任。

(4)承保条件不同

雇主责任保险需要以民法和雇主责任法或雇主与雇员之间的雇用合同作为承保条件;而人身意外伤害保险中,只要是自然人均可向保险人投保。

(5)保障效果不同

雇主责任保险的被保险人是雇主,但在客观上却是直接保障雇员(第三者)权益的,保险人与被保险人的雇员之间并不存在保险关系;而人身意外伤害保险的保险对象是被保险人,直接保障的也是被保险人,保险人与被保险人之间是直接的保险合同关系。

（6）计费与赔偿的依据不同

雇主责任保险的保险费与赔款均以被保险人的雇员的若干个月工资收入作为计算基础；而人身意外伤害保险则是按照保险双方约定的保险金额（最高赔偿标准）来计算保险费和赔款的。

四、职业责任保险

职业责任保险，是以各种专业技术人员在从事职业技术工作时因疏忽或过失行为造成合同对方或他人的人身伤害或财产损失所导致的经济赔偿责任为承保风险的责任保险。由于职业责任保险与特定的职业及其技术性工作密切相关，在国外又被称为职业赔偿保险或业务过失责任保险，是由提供各种专业技术服务的单位（如医院、会计师事务所等）投保的团体业务。个体职业技术工作的职业责任保险通常由专门的个人责任保险来承保。

职业责任保险所承保的职业责任风险，是从事各种专业技术工作的单位或个人因工作上的失误导致的损害赔偿责任风险，它是职业责任保险存在和发展的基础。职业责任的特点在于：第一，它属于技术性较强的工作导致的责任事故；第二，它不仅与人的因素有关，同时也与知识、技术水平及原材料等的欠缺有关；第三，它限于技术工作者从事本职工

补充阅读 6-3
瑞幸事件后，72
家中国公司购买
了董事责任保险

作中出现的责任事故，如某会计师同时又是医生，但若他的单位是会计师事务所，则其行医过程中发生的医疗责任事故就不是保险人可以负责的。

在当代社会，医生、会计师、律师、设计师、经纪人、代理人、工程师等技术工作者均存在职业责任风险，从而均应当通过职业责任保险的方式来转嫁其风险。

（一）职业责任保险的必要性

在从事专业技术工作中，不论工作人员如何恪尽职守，损害赔偿责任事故都是不可能绝对避免的，因为存在以下因素：

（1）原材料或产品存在缺陷。如药品大多数存在副作用；补药也只能根据具体对象适度使用；少数西药过敏性明显，有的甚至会损伤肌体或人体器官等。

（2）人们自身知识、技术和经验的局限。人类认识客观世界的活动虽然在不断地发展，但由于生命、时间和精力等的有限性，决定了人们自身的不足。而且由于各种专业技术工作的本质决定了专业技术人员需要不断创新并应用新技术。在这种情况下，工作本身的职业责任风险也就是不可规避的。

（3）主观上的疏忽或过失。无论什么人，无论工作如何尽心尽力，有时也难免在工作上出现失误。如设计师在绘图时可能出现细微偏差，药剂师在司药时可能误拿药品等。虽然这些事情发生的概率很低，但一旦发生，所产生的后果是非常严重的。

由此可见，职业责任风险的存在不以人们的主观意志为转移（故意或恶意行为除外）。

它由人为原因导致,除采取各种预防措施进行积极防范并加强工作责任心之外,还应当采取诸如职业责任保险之类的善后措施以转嫁或分散、控制风险,避免纠纷和利益损失,保障受害方的经济权益不受损害。

【补充阅读6-4】 董事和高管人员职业责任保险

20世纪30年代初,美国股市大崩溃,产生了对完善证券市场监管制度的强烈要求。随着美国证券交易委员会的设立和《1933年证券法》和《1934年证券交易法》的通过,美国上市公司董事和高管人员需要承担的经营风险陡然增加。在这种背景下,英国伦敦劳合社在1934年推出了董事和高管人员职业责任保险,开启了该险种的先河。20世纪80年代以来,董事和高管人员职业责任保险在西方发达国家逐渐得到了证券界的青睐,并成为了保险公司的一项重要业务。

1996年,美国美亚保险公司在上海签发了中国第一张"董事与高级管理人员责任保险"保单,不过当时的保单是来自美国的"舶来品",而且针对的客户主要是在中国的外资企业和中国到海外上市的公司。近年来,我国先后有多家上市公司被中小投资者提起证券民事赔偿诉讼,年度案件数量随着相关法律法规的不断完善而有所上升,这些证券民事赔偿诉讼相应的索赔金额也在逐年上升。美国美亚保险公司推出了国内首个针对中国A/B股上市公司管理责任的保险产品——"中国董监事和高级管理人员责任保险",将为上市公司的董监事和高级管理人员提供诸多的保障,而且该保单完全是针对国内上市公司的企业高管的,完全是本土制造。

(二)职业责任保险的承保方式

职业责任保险的承保方式有以下两种:

1. 以索赔为基础的承保方式

由于主要责任事故的产生或起因到受害方提出索赔,往往间隔一个相当长的时期,如医生的不当治疗造成的后遗症,工程设计错误在施工后或竣工验收或交付使用后才能发现等。因此,各国保险人在经营职业责任保险业务时,通常采用以索赔为基础的条件承保。所谓以索赔为基础的承保方式,是保险人仅对在保险期内受害人向被保险人提出的有效索赔负赔偿责任,而不论导致该索赔案的事故是否发生在保险有效期内。这种承保方式实质上是使保险时间前置了,从而使职业责任保险的风险较其他责任保险的风险更大。采用上述方式承保,可使保险人能够确切地把握该保险单项下应支付的赔款,即使赔款数额在当年不能准确确定,至少可以使保险人了解全部索赔的情况,对自己应承担的风险责任或可能支付的赔款数额做出较切合实际的估计。同时,为了防止保险人承担的风险责任被无限地前置,各国保险人在经营实践中,又通常规定一个责任追溯日期作为限制性条款,保险人仅对于追溯日以后、保险期满日前发生的职业责任保险事故且在保险有效期内提出索赔的法律赔偿责任负责。

2. 以事故发生为基础的承保方式

该承保方式使保险人仅对在保险有效期内发生的职业责任事故引起的索赔负责,而不论受害方是否在保险有效期内提出索赔,它实质上是将保险责任期限延长了。它的优点在于,保险人支付的赔款与其保险期内实际承担的风险责任相适应,缺点是保险人在该保险单项下承担的赔偿责任往往要经过很长时间才能确定,而且因为货币贬值等因素,受害方最终索赔金额可能大大超过职业责任保险事故发生当时的水平或标准。在这种情况下,保险人通常规定赔偿责任限额,同时明确一个后延截止日期。

从国际上经营职业保险业务的惯例来看,采用以索赔为基础的承保方式的职业责任保险业务较多些,采用以事故发生为基础的承保方式的职业责任保险业务要少些。保险人规定的追溯日期或后延日期一般以前置 3 年或后置 3 年为限。由于两种承保方式,需要明确保险人承担的职业责任风险及其赔款设计,因此,保险人在经营职业责任保险业务时,应当根据各种职业责任保险的不同特性并结合被保险人的要求来选择承保方式。

在承保职业责任保险业务时,保险人通常只接受提供职业技术服务的团体投保,并要求投保人如实告知其职业性质、从业人数、技术或设备情况、主要风险、历史损失情况以及投保要求等,并根据需要进行职业技术风险的调查和评估,以此作为是否承保的客观依据。在承保时需要明确承保方式并合理确定赔偿限额、免赔额、保险追溯日期或后延日期等事项。

需要特别指出的是,职业责任保险承保对象不仅包括被保险人及其雇员,还包括被保险人的前任与雇员的前任,这是其他责任保险所不具备的特色,它表明了职业技术服务和保险服务的连续性。

(三)职业责任保险的赔偿

当职业责任事故发生并由此导致被保险人的索赔后,保险人应当严格按照承保方式的不同进行审查,确属保险人应当承担的职业责任赔偿应按保险合同规定进行赔偿。在赔偿方面,保险人承担的仍然是赔偿金与有关费用两项,其中保险人对赔偿金通常规定一个累计的赔偿限额,法律诉讼费用则在赔偿金之外另行计算,但如果保险人的赔偿金仅为被保险人应付给受害方的总赔偿金的一部分,则该项费用应当根据各自所占的比例进行分摊。

(四)职业责任保险的主要种类

职业责任保险的划分主要以被保险人所从事的职业为依据,可以分为医疗责任保险、律师责任保险、会计师责任保险、建筑师责任保险、设计师责任保险、教师责任保险等众多业务种类。这种划分也是保险人确定承保条件和保险费率的主要依据。

1. 医疗职业责任保险

医疗职业责任保险也叫医生失职保险,它承保医务人员由于医疗事故而致人身损害且受害人或其家属要求经济赔偿的责任风险。医疗职业责任保险以医院为投保对象,普遍采用以索赔为基础的承保方式,是从事医疗技术服务工作的医护人员等工作过程中不可或缺的转移风险的工具。同时其也是职业责任保险中占主要地位的险种。

2. 律师责任保险

律师责任保险承保被保险人或其前任作为一个律师在自己提供的职业服务的能力范围内因其疏忽、错误或遗漏过失行为而导致的法律赔偿责任,包括一切侮辱、诽谤,以及赔偿被保险人在工作中发生的或造成的对第三者的人身伤害或财产损失。

律师责任保险的承保基础可以以事故发生或索赔为依据来确定。它通常采用主保单——法律过失责任保险和额外责任保险——与扩展限额相结合的承保方式。此外,还有免赔额的规定。其除外责任一般包括被保险人的不诚实、欺诈犯罪、居心不良等行为责任。

3. 建筑、工程技术人员责任保险

建筑、工程技术人员责任保险承保因建筑师、工程技术人员的过失而造成合同对方或他人的财产损失与人身伤害并由此导致的经济赔偿责任的职业技术风险。建筑、安装以及其他工种技术人员、检验员、工程管理人员等就可以投保该险种。

4. 会计师责任保险

会计师责任保险承保被保险人违反会计业务上应尽的责任和义务,而使得他人遭受损害,从而依法应负的赔偿责任。这种赔偿责任仅限于金钱损害,不包括身体伤害、死亡及实质财产的损毁。

5. 代理人及经纪人责任保险

该保险承保由于各种代理人、经纪人(股票、债券、保险等)业务上的错误、遗漏、疏忽或其他过失行为,致使他人遭受损害的经济赔偿责任。这项责任保险还可扩展承保保险代理人、经纪人对其保险人的责任,即由于其未能依照授权或指示所引起的保险人的损失。

此外,还有一些诸如美容师责任保险、教育工作者责任保险、退休人员责任保险及董事责任保险等。

 【案例 6-2】 律师职业责任

2001 年 7 月,河北一家公司拟与北京的一家房地产开发商合作开发一个住宅小区项目。为查清对方底细,河北的公司聘请一北京律所作为法律顾问展开调查。

律师事务所在审查后做出结论,认为项目确实在北京的开发商名下。河北的公司遂向开发商支付了 1 亿元项目转让费,同时向律所支付了 100 万元律师费。2002 年 5 月,河北的公司发现在该住宅小区项目的土地上,另一家公司已开始施工建设。公司展开了紧急调查,发现开发商并不是项目的所有人。河北的公司认为律师工作敷衍,属严重违约,将律所(已注销)原三名合伙人告上法庭,要求返还律师费并赔偿损失共计 900 万元。2004 年 12 月,法庭支持了公司的诉求,但考虑到公司自身也有失察,判决 3 名合伙人共同赔偿 800 万元。

【案例 6-3】 审计师职业责任

科龙股东正式起诉德勤。深陷"科龙门"的德勤,3 月 29 日被科龙的一位股东告上法庭。诉状称,2004 年 4 月 19 日,被告对科龙电器 2003 年年报出具了无保留意见的审计报告。原告于 2004 年 11 月 11 日、2005 年 3 月 23 日,分别买入科龙电器 100 股,成交价格为 5.02 元/股、3.81 元/股。但 2005 年 8 月 2 日,中国证监会对外公布:科龙电器披露的财务报告与事实严重不符。原告这才知晓科龙 2003 年年报不真实,被告作为审计机构,却对此出具了无保留意见的审计报告。被告的行为违反了《注册会计师法》第 21 条及《证券法》第 173 条等法律规定,按照《注册会计师法》第 42 条,应当承担赔偿责任。原告提出了三项诉讼请求:第一,判令被告(德勤华永会计师事务所有限公司)在中国证监会指定的信息披露媒体上向原告赔礼道歉;第二,判令被告向原告赔偿因被告违反注册会计师法而给原告造成的损失 495 元;第三,判令本案的诉讼费用由被告承担。

(五)我国职业责任保险的发展现状

在我国,职业责任险真正的商业化推广始于 21 世纪初。十几年来,除了北上广深等大城市,其他地区职业责任险市场一直在低谷徘徊。表现在以下方面:①投保率低,需求不足。②市场份额偏小。2015 年我国责任险占财险保费收入比重仅为 3.59%,职业责任险比重就更低了。③经营的保险公司少。④险种种类少,仅针对二十余种职业开发了责任险。⑤承保的活动范围比较窄,多数保单不是涵盖被保险人在执业中可以从事的所有活动,而是限制于一两种活动。⑥获得的支持少,没有税收优惠,也没有全面强制投保。因此要从需求方、供给方和政府三方面着手,改变职业责任保险市场现状,应对伴随专业服务业迅猛发展带来的责任纠纷的增多,保障各专业服务业健康发展。

第三节 信用保证保险

信用保证保险是一种以经济合同所制定的有形财产或预期应得的经济利益为保险标的的保险。它是一种担保性质的保险。按担保对象的不同,信用保证保险可以分为信用保险和保证保险。

一、信用保险

信用保险是权利人要求保险人担保对方(被保证人)的信用的一种保险。信用保险的投保人为信用关系的权利人,由其投保他人的信用,例如,卖方(权利人)担心买方不付款或不能如期付款而要求保险人保险,保证其在遇到上述情况而受到损失时,由保险人给予赔偿,如出口信用保险等。

(一)信用保险的产生

信用是商品买卖中的延期付款或货币的借贷行为。这种借贷行为表现为以偿还为条件的商品和货币的让渡形式。即债权人用这种形式赊销商品或贷出货币,债务人则按规定日期支付欠款或偿还贷款,并支付利息。信用保险是在这种借贷活动中,商品赊销方(卖方)赊销商品后不能得到相应的偿付,即赊购方(买方)出现信誉危机后产生的。商品运动过程中使用价值的让渡和价值实现的分离是信用危机产生的必要条件,商品生产的盲目性则是信用危机产生的充分条件。信用危机的出现,在客观上要求建立一种经济补偿机制以弥补债权人所遭受的损失,从而能够充分发挥信用制度对商品生产的促进作用。可见,信用保险正是随着信用制度的发展应运而生的。

 【补充阅读6-5】　信用保险的发展历程

　　信用保险的产生是伴随着资本主义商业风险而出现的。当经济合同中的一方不能承担应尽义务而给对方造成损失时,客观上就需要一种保障,以保证经济秩序的正常运行。因此,在19世纪中期,法国、德国和瑞士的一些私人保险公司开办了国内信用保险。1850年,法国的一些保险公司开始经营商业信用保险业务。1893年,美国成立了专门经营商业信用保险的美国信用保险公司。同年地方受托资产公司开始承保澳大利亚的贸易风险。1919年英国出口信用担保局成立,标志着世界上第一家官办的出口信用保险机构的产生,并成为其他国家纷纷效仿的样板。紧随其后,比利时于1921年成立出口信用保险局(ONDD),荷兰政府于1925年建立国家出口信用担保机制,挪威政府于1929年建立出口信用担保公司。1934年,英国、法国、意大利和西班牙的私营和国营信用保险机构成立了"国际信用和投资保险人联合会"。这标志着出口信用保险已为世界所公认。

　　我国的信用保险产生于20世纪80年代初。1983年,原中国人民保险公司上海市分公司对一笔出口船舶买方信贷试办了中国内地第一笔中、长期出口信用保险业务。1986年,中国开始试办短期出口信用保险业务。1988年,国务院正式决定由中国人民保险公司试办出口信用保险业务。1994年,中国进出口银行成立,其业务中也包括了出口信用保险业务。1995年,中国平安保险公司在国内率先开办了赊销信用保险业务。2001年,在中国加入WTO的大背景下,国务院批准成立专门的国家信用保险机构——中国出口信用保险公司(中国信保),由中国人民保险公司和中国进出口银行各自代办的信用保险业务合并而成。它成为中国内地唯一一家办理出口信用保险的专业公司,注册资本40亿美元。

(二)信用保险的种类

　　从信用保险的业务内容看,一般可分为商业信用保险、出口信用保险和投资保险三类。

1. 商业信用保险

　　一般商业信用保险,又叫国内信用保险。它是指在商业活动中,作为权利人的一方当事人要求保险人将另一方当事人作为被保证人,并承担由于被保证人的信用风险而使权利人遭受商业利益损失的保险。商业信用保险承保的标的是被保证人的商业信用,这种商业信用的实际内容通过列明的方式在保险合同中予以明确,其保险金额根据当事人之间的商业合同的标的价值来确定。如果被保险人发生保险事故,保险人首先向权利人履行赔偿责任,同时自动取得向被保证人进行代位求偿的权利。由于商业信用涉及各种形式的商业活动,商业信用保险也必须针对各种不同商业活动的需要进行设计,从而开发出为各种商业信用提供保险保障的商业保险业务。目前许多国家的商业保险公司开办此业务,以支持和促进其国内贸易的发展。

国内信用保险一般承保批发业务,不承保零售业务;承保 3～6 个月短期商业信用风险,不承保长期商业信用风险。其险种主要有:赊销信用保险、贷款信用保险和个人贷款信用保险。

（1）赊销信用保险

赊销信用保险是为国内商业贸易的延期付款或分期付款行为提供信用担保的一种信用保险业务。在这种业务中,投保人是制造商或供应商,保险人承保的是买方(即义务人)的信用风险,目的在于保证被保险人(即权利人)能按期收回赊销货款,保障商业贸易的顺利进行。

从国外的实践来看,赊销保险适用于一些以分期付款方式销售的耐用商品,如汽车、船舶、住宅及大批量商品等。这类商业贸易往往金额较大,一旦买方无力偿付分期支付的货款,就会造成制造商或供应商的经济损失。因此,需要保险人提供买方信用风险保险服务。赊销信用保险的特点是赊账期往往较长,风险比较分散,承保业务手续也比较复杂,保险人必须在仔细考察买方资信情况的条件下才能决定是否承保。

（2）贷款信用保险

贷款信用保险是保险人对银行或其他金融机构与企业之间的借贷合同进行担保并承保其信用风险的保险。在市场经济条件下,贷款风险是客观存在的,究其原因既有企业经营管理不善或决策失误的因素,又有灾害和意外事故的冲击等。这些因素都可能造成贷款不能安全回流,对此必然要建立起相应的贷款信用保险制度来予以保证。

在贷款信用保险中,放款方既是投保人又是被保险人。放款方投保贷款信用保险后,当借款人无力归还贷款时,可以从保险人那里获得补偿。贷款信用保险是保证银行信贷资金正常周转的重要手段。

贷款信用保险的保险责任一般应包括决策失误、政府部门干预、市场竞争等风险,通常只要不是投保人(或被保险人)的故意行为和违法犯罪行为所致的贷款无法收回,保险人就承担赔偿责任。贷款信用保险的保险金额确定,应以银行贷出的款项为依据。贷款信用保险的保险费率厘定应与银行利率相联系,并着重考虑以下四个因素:企业的资信情况、企业的经营管理水平与市场竞争力、贷款项目的期限和用途以及所属经济区域。

（3）个人贷款信用保险

个人贷款信用保险是指以金融机构对自然人进行贷款,由于债务人不履行贷款合同致使金融机构遭受的经济损失为保险对象的信用保险。由于个人的情况千差万别,且居住分散,风险不一,保险人要开办这种业务,必须对贷款人贷款的用途、经营情况、日常信誉、私有财产物资等做全面的调查了解,必要时还要求贷款人提供反担保,否则,不能轻率承保。

2. 出口信用保险

出口信用保险,也叫出口信贷保险,是承保出口商在经营出口业务的过程中,因进口商的商业风险或进口国的政治风险而遭受的损失的一种信用保险。根据出口信用保险合同,投保人向保险人交纳保险费,保险人赔偿保险合同项下买方信用及相关因素引起的经济损失。

同时出口信用保险也是各国政府为提高本国产品的国际竞争力,推动本国的出口贸易,保障出口商的收汇安全和银行的信贷安全,促进经济发展,以国家财政为后盾,为企业在出口贸易、对外投资和对外工程承包等经济活动中提供风险保障的一项政策性支持措施,属于非营利性的保险业务,是政府对市场经济的一种间接调控手段和补充,是世界贸易组织(WTO)补贴和反补贴协议原则上允许的支持出口的政策手段。

常见的出口信用保险业务主要有中长期出口信用保险和短期出口信用保险。

中长期出口信用保险是指承保信用期限超过 2 年的资本性或半资本性货物的出口项目,例如,工厂或矿山的成套生产设备,船舶、飞机等大型运输工具,海外工程承包以及专项技术转让或服务等项目的出口收汇风险的一种保险。由于中长期出口项目的金额较大,合同执行期限较长,涉及的业务环节较多,运作复杂,而且项目很少重复,且所涉及的产品或服务均需要专门设计、专项制造,因此,保险合同没有固定统一的格式,而是由保险合同双方当事人根据不同的出口产品或服务内容、不同的交付条件及支付方式等情况逐项协商拟定保险条件、保险费率和收费方法等。

短期出口信用保险是指承保信用期不超过 180 天、出口货物一般是大批的初级产品和消费性工业产品的出口收汇风险的一种保险。短期出口信用保险是目前各国出口信用保险机构使用最广泛、承保量最大、比较规范的出口信用保险种类。

【补充阅读 6-6】　中国出口信用保险公司

我国的出口信用保险起步比较晚,时间比较短,许多从事对外贸易的企业对于出口信用保险的了解还非常有限。概括说来,出口信用保险是政府为鼓励企业扩大出口,保障企业出口收汇安全而开设的政策性保险,中国出口信用保险公司(简称中国信保)是我国唯一经营此项业务的专业机构,也是我国四家政策性金融机构之一。

中国信保的主要任务是:积极配合国家外交、外贸、产业、财政、金融等政策,通过政策性出口信用保险手段,支持货物、技术和服务等出口,特别是高科技、附加值大的机电产品等资本性货物出口,支持中国企业向海外投资,为企业开拓海外市场提供收汇风险保障,并在出口融资、信息咨询、应收账款管理等方面为外经贸企业提供快捷、完善的服务。

中国信保承保国家风险和买方风险。国家风险包括买方国家收汇管制、政府征收、国有化和战争等;买方风险包括买方信用风险(拖欠货款、拒付货款及破产等)和买方银行风险(开证行或保兑行风险)。

在应对激烈的贸易摩擦等过程中,中国信保发挥了帮助我国企业避险的积极作用。

【案例 6-4】 某电信企业成套设备出口信用险案例

在经历连续四年的市场衰退之后,西班牙某光伏行业巨头终于走出破产程序,然而,受决策失利、现金流短缺、巨额债务等因素的影响,无法按约向出口企业偿付到期债务。

中国信保在接到报案后,立即成立专项小组,第一时间调查案件背景信息,委托渠道赴债务方经营所在地西班牙、项目所在地秘鲁等进行海外勘查,取得买方和担保方对全部债务的书面确认;积极开展项目追偿工作,指导被保险人按照保单约定对担保方在英国伦敦提起仲裁,合力推动保险双方权益维护工作。

在获悉被保险人资金紧张并向保险公司正式提出索赔申请后,中国信保先后两次共计向被保险人支付赔款 1 580.91 万美元,极大地缓解了被保险人的资金压力,解决了被保险人的实际困难。

3. 投资保险

投资保险,又称政治风险保险,是为保障投资者利益而开办的一种保险,主要承保被保险人因投资引进国政治局势动荡或政府法令变动可能引起的投资损失风险。投资保险的投保人和被保险人是海外投资者。开展投资保险的主要目的是为了鼓励资本输出。作为一种新型的保险业务,投资保险于 20 世纪 60 年代在欧美国家出现以来,现已成为海外投资者进行投资活动的前提条件。

其保障范围大致有:外汇风险(禁止汇兑风险),征用风险(国有化风险),撤销进出口许可证的风险,内战、革命、绑架等风险。投资保险的保险期分为短期和长期两种。短期为 1 年,长期为 3 到 15 年。投资保险承保的是特殊的政治风险,责任重大,因此通常由政府设立的保险机构办理,商业性的保险公司或民间保险公司很少经营此种业务。

(三)信用保险的作用

1. 有利于保证企业生产经营活动的稳定发展

银行向企业发放贷款必然要考虑贷款的安全性,即能否按期收回贷款的问题。企业投保了信用保险以后,就可以通过将保单作为一种保证手段抵押给贷款银行,通过向贷款银行转让保险赔款,要求保险人向贷款银行出具担保等方式,使银行得到收回贷款的可靠保证,解除银行发放贷款的后顾之忧。可见,信用保险的介入,使企业较容易得到银行贷款,这对于缓解企业资金短缺,促进生产经营的发展均有保障作用。

2. 有利于促进商品交易的健康发展

在商品交易中,当事人能否按时履行供货合同,销售货款能否按期收回,一般受到多种因素的影响。而商品的转移又与生产者、批发商、零售商及消费者有着连锁关系。一旦商品交易中的一道环节出现信用危机,不仅会造成债权人自身的损失,而且常常会引起连锁反应,使商品交易关系中断,最终阻碍商品经济的健康发展。有了信用保险,无论在何种交易中出现信用危机,均有保险人提供风险保障。因此,即使一道环节出了问题,也能及时得到弥补。

3. 有利于促进出口创汇

外贸出口面向的是国际市场,风险大,竞争激烈,一旦出现信用危机,出口企业就会陷入困境,进而影响市场开拓和国际竞争力。如果企业投保了出口信用保险,在被保险人因商业风险或政治风险不能从买方收回货款或合同无法执行时,他就可以从保险人那里得到赔偿。因此,出口信用保险有利于出口企业的经济核算和开拓国际市场,最终促使其为国家创造更多的外汇收入。

二、保证保险

保证保险是被保证人根据权利人的要求,请求保险人担保自己的信用的一种保险。保证保险的保险人代被保证人向权利人提供担保,如果由于被保险人不履行合同义务或者有犯罪行为,致使权利人受到经济损失,由其负赔偿责任。例如,工程承包合同规定,承包人应在和业主确定承包合同后 20 个月内交付工程项目,业主(权利人)为能按时接受完工项目,要求承包人(被保险人)提供保险公司的履约保证,保证承包人不能如期完工而使业主(权利人)受到经济损失时,由保险公司(保证人)给予赔偿。保证保险一般由商业保险公司交易,但在有些国家如美国规定,该业务必须是政府批准的具有可靠偿付能力和专业人员的保险公司才能经营。比如,合同保证保险承保工程所有人因承包人不能按时、按质、按量交付工程而遭受的损失。又如,忠实保证保险承保雇主因雇员的不法行为,如盗窃、贪污、伪造单据、挪用款项等行为而使雇主受到的经济损失。忠实保证保险按照雇主的要求可以投保其所有雇员,也可投保其指定的某些雇员。

保证保险的主体包括投保人、被保险人和保险人。投保人和被保险人就是贷款合同的借款方和贷款方,保险人是依据保险法取得经营保证保险业务的商业保险公司。而常见的保证保险有合同保证保险和忠实保证保险。其保险内容主要由投保人交纳保险费的义务和保险人承担的保险责任构成。同时保证保险虽具担保性质,但仍属于保险,而不是保证。在保证保险中,保险责任是保险人的主要责任,只要发生了合同约定的保险事由,保险人即应承担保险责任,这种责任因在合同有效期未发生保险事由而消失。

(一) 保证保险的产生

保证保险首先出现于约 18 世纪末 19 世纪初,它是随商业信用的发展而出现的。最早产生的保证保险是忠实保证保险,由一些个人商行或银行办理。到 1852 年,英国几家保险公司试图开办合同担保业务,但因缺乏足够的资本而没有成功。1901 年,美国马里兰州的诚实存款公司首次在英国提供合同担保,英国几家公司相继开办此项业务,并逐渐推向了欧洲市场。同时随着商业道德危机的频繁发生,保证保险也逐步发展起来,而新险种的不断出现,也标志着保险业功能由传统的补救功能、储蓄功能,向现代的资金融通功能的扩展,同时这对拉动消费,促进经济增长也产生了积极的作用。

（二）保证保险的种类

保证保险主要分为三类：合同保证保险、忠实保证保险和产品质量保证保险。

1. 合同保证保险

合同保证保险专门承保经济合同中因一方不履行经济合同所负的经济责任。合同保证保险实质上起着金融担保的作用，首先它涉及保证人、被保证人、权利人三方，而不像一般保险合同那样只有两方；其次，合同保证保险的保险费是一种服务费而不是用于支付赔款的责任准备。合同保证保险的历史不长，传统上是由银行出具信用证来担保涉外经济合同的履行。由于出立银行信用证条件较为苛刻，手续比较类烦琐，就导致了对合同保证保险需求的增加，从而促进了保证保险业务的发展。

从法律意义上讲，保证人只有在被保证人无力支付时才有义务支付赔款，而保证人只对权利人有赔偿义务。在承保合同保证保险时，保证人既要考虑违约的风险，同时还要考虑汇率风险、政治风险，并要考虑到各国政治制度、法律制度、风俗习惯的判别。在确定风险程度时，被保证人的财务状况是一个决定性因素。在承保前，保证人往往要对被保证人的财务状况、资信度进行调查。调查的主要内容包括：(1)有关被保证人基本情况的记录，包括被保证人的历史、在社会上的影响等；(2)最近财务年度的财务账册及有关材料；(3)合同业务的进展状况；(4)反担保人的财务状况；(5)与银行的往来信函；(6)企业的组织、经营状况，信贷情况，财务审计及记账方法，附属企业的情况。

2. 忠实保证保险

忠实保证保险通常承保雇主因其雇员的不诚实行为而遭受的损失。涉外忠实保证保险一般承保在中国境内的外资企业或合资企业因其雇员的不诚实行为而遭受的经济损失，也可承保中国劳务出口中，因劳务人员的不诚实行为给当地企业主造成的损失。

忠实保证保险与合同保证保险的区别在于：

(1) 忠实保证保险涉及的是雇主与雇员之间的关系，而合同保证保险并不涉及这种关系；

(2) 忠实保证保险的承保危险是雇员的不诚实或欺诈，而合同保证保险承保的危险主要是被保证人的违约行为；

(3) 忠实保证保险可由被保证人购买，也可由权利人购买，而合同保证保险必须由被保证人购买。

3. 产品质量保证保险

产品质量保证保险（又称"产品保证保险"）是指因被保险人制造或销售丧失功能或不能达到合同规定效能的产品给使用者造成经济损失或人身伤亡时，由保险人对有缺陷的产品本身以及由此引起的有关经济损失和费用承担赔偿责任的一种保险。

产品质量保证保险与产品责任保险的区别。

(1) 保险标的不同。产品责任保险的保险标的是产品在使用过程中因缺陷而造成用户、消费者或公众的人身伤害或财产损失时，依法应由产品制造商、销售商或修理商等承担的民事损害赔偿责任。简言之,产品责任保险的保险标的是产品责任。产品质量保证保险的保险标的是被保险人因提供的产品质量不合格,依法应承担的产品本身损失的经济赔偿责任。简言之,产品质量保证保险的保险标的是产品质量违约责任。

（2）业务性质不同。产品责任保险是保险人针对产品责任提供的替代责任方承担因产品事故造成对受害方的经济赔偿责任的责任保险;产品质量保证保险是保险人针对产品质量违约责任而提供的带有担保性质的保证保险。

（3）责任范围不同。产品责任保险承保的是因产品质量问题导致用户财产损失或人身伤亡依法应负的经济赔偿责任,对产品本身的损失不予赔偿;产品质量保证保险则承保投保人因其制造或销售的产品质量有缺陷而产生的对产品本身的赔偿责任,也就是承保因产品质量问题所应负责的修理、更换产品的赔偿责任。

由于产品质量保证保险和产品责任保险的赔偿责任是紧密联系在一起的,所以,目前我国产品质量保证保险可与产品责任保险一起承保。

（三）保证保险的性质和功能

1. 保证保险的性质

保证保险之运作不符合保险之本质,保证与保险皆具有转移风险的职能,但二者的运行方式却不一样。保险的本质是一种特有的分配关系,体现为保险共同体的互助共济关系。保险虽依单个保险合同使被保险人得以将风险转移至保险人,似乎保险人把风险集中于自身之上,然而这仅仅是形式而已。保险人通过收取保险费的方式将风险分散给了众多的投保人,自己实际上并未承担什么损失,其保险资金的来源具有社会性,保险人支付保险金后不得向被保险人进行追偿。

而在保证保险中,债权人将风险转移至保证人（即保险人）,由保证人自身独立承担风险,该行为不具有社会性,保证人唯有通过反担保或追偿权来保障自己的利益。而且理论上,保证不应发生损失,但是在大量的保证中,损失确实会发生,这是指被保证人违约不能偿还,又没有其他经济来源偿还保证人的情况。许多情况下,保证人也只能获得部分偿还。不过,这种损失本质上是无法预测的,因而费率是建立在经验判断基础之上的。实践中,保证保险的保险费是通过保证人收集和研究单个被保证人的相关信息,一个一个地作出是否接受的判断。正是在此意义上,保证保险的保险费的实质,是被保证人因使用保险人的信誉而支付的一种手续费。

保证保险是连带责任保证担保。持保证保险说的学者认为,保证有一般保证与连带保证。在一般保证中,债权人只有在向债务人请求赔偿不成的情况下,才可以要求保证人赔偿,因而保证人的责任是第二位的。而在保证保险中,只要发生损失,债权人可以直接要求保险人赔偿,符合保险责任第一位的特征。殊不知保证责任的次位性并非针对债权人的求偿顺序,而是针对主合同中的债务人债务先行存在,以及最终的责任承担者仍是债务人而言。况且在连带保证中也是一旦发生债务人不履行债务,债权人即可要求保证人履行债务或承担赔偿责任。故而,保证保险应当属于保证中的连带保证。至于保证人是承担债务履行的责任,还是承担损失赔偿责任,往往在保证保险合同中予以约定。

2. 保证保险的功能

保证保险的功能在于转嫁被保险人的风险,作为一种保险手段,是分散风险、消化损失的一种经济补偿制度。因为保证保险不是保证,所以保险人不能享有保证所产生的先诉抗辩权或物保优于人保的抗辩权,一旦发生保险事故,保险人就应当按照保证保险合同的约定向被保险人支付保险金。在消费贷款保证保险中,投保人即贷款合同中的债务人,债务人未能按贷款合同约定的期限归还欠款,视为保险事故发生,保险人应当承担保险责任。保证保险的范围表现为,保险人承担的保证保险责任仅限于保证保险合同约定的保险金额限度内的贷款本金,违约金、利息、罚息等均不属于赔偿范围。

3. 保证保险的权利义务及法律依据

保证保险合同与主合同(消费贷款合同)处于并存关系,属于双方有偿合同,一经成立便产生独立的权利义务关系。保险人履行保险责任是以收取保险费为前提,而被保险人应承担一定的义务,保险人在履行赔偿义务时,可按保险条款免责和享有一定比例的免赔。保证保险作为一种保险形式,处理其纠纷的法律依据是保险法和相应的保险条款约定。保证保险是一种财产保险,是当事人之间的一种商品交换关系,保险人通过开展保险业务化解和分散商业风险,换取商业利润,而被保险人要求保险人支付保险赔偿金时,必须按保证保险合同条款约定的程序向保险人求偿,保险人应当依保险条款支付保险金。

但对狭义的保证保险和信用保险而言,担保的对象却不同,两者是有区别的。凡被保证人根据权利人的要求,要求保险人承担自己(被保险人)信用的保险,属狭义的保证保险;凡权利人要求保险人担保对方(被保证人)信用的保险,属信用保险,权利人也即被保险人。

本章小结

1. 责任保险承保的是法律赔偿风险,其产生与发展是以法制的健全和完善为基本条件的,其在经营实践中虽然要运用到财产保险通用的一些原则,但也具有自己的显著特点。

2. 责任保险的承包方式包括独立承保、附加承保和组合承保等,赔偿限额是保险人承担责任的最高限额,也是被保险人转嫁风险的最高限额。

3. 责任保险作为一种独立体系业务,由于被保险人在社会生产生活中的角色不同,可以分为企事业单位责任保险和个人责任保险,其中企事业单位责任保险又可以分为责任保险、产品责任保险、雇主责任保险、职业责任保险等大类,每一类又可以分为若干小类,并包括了若干具体险种,每一类业务乃至每一种险种均有着自己独特的内容。

4. 信用保证保险是一种以经济合同所指定的有形财产或预期应得的经济利益为保险标的的保险。它是一种担保性质的保险。按担保对象的不同,信用保证保险可以分为信用保险和保证保险。信用保险是权利人要求保险人担保对方(被保证人)的信用的一种保险。保证保险是被保证人根据权利人的要求,请求保险人担保自己的信用的一种保险。

 重要概念

　责任保险　赔偿限额　企事业单位责任保险　公众责任保险　场所责任保险
产品责任保险　雇主责任保险　职业责任保险　个人责任保险　信用保险　保证保险

 思 考 题

1. 法律对于责任保险的意义是什么?

2. 为什么责任保险要规定赔偿限额和免赔额?

3. 如何确定责任保险中的赔偿限额?

4. 产品责任保险的除外责任主要有哪些?规定这些除外责任的原因是什么?

5. 雇主责任保险的存在对于协调劳资双方的关系有何影响?

6. 比较公众责任保险、产品责任保险、雇主责任保险和职业责任保险的异同。

7. 产品质量保证保险和产品责任保险的区别是什么?

 在线自测

第七章

人身保险

如何让我们的人身更有保障，生命价值充分体现，对我们的家人更负责？人身保险不失为一项好的选择。那么，什么是人身保险？人身保险又有哪些具体的产品呢？本章我们将系统研究人身保险的特有规律和内容。

第一节　人身保险概述

人身保险是以人的生命和身体为保险标的的一种保险。人身风险包括客观存在的生、老、病、死、伤、残等。当被保险人在合同期限内遭受不幸事故或因疾病、年老以致丧失工作能力、伤残、死亡或达到合约年龄时，根据保险合同条款的规定，保险人对被保险人或受益人给付预定的保险金或年金，以解决生、老、病、死、伤、残所造成的经济困难。

人身保险是一种社会福利保障制度。从其发展历史来看，它的业务范围经历了从窄到宽，险种由少到多的过程。在一些国家，人身保险已经深入千家万户，成为家庭的必需品。多年来，世界寿险业务在保险行业中占据重要地位。特别是 20 世纪 80 年代以来，人寿保险业已超过总保险业务的一半。由于西方国家在第二次世界大战以后陆续建立起社会保障制度，私人寿险业务增长速度转慢。但是 2008 年以来，一些国家因物价上涨，财政预算赤字增多，劳保福利开支紧缩，职工感到劳保福利保障不足，对寿险的需要有新的上升趋势。我国从 1982 年恢复保险业务以来，随着改革开放的深化，人民生活水平不断提高，人身保险业务发展迅速。

一、人身保险的特征

（一）保险标的具有不可估价性

人身保险的保险标的是人的生命和身体，其价值是无法用货币衡量的，是不同于被保财产的特殊标的。因此一般情况下，保险金额由投保人和保险人共同协商后确定，其确定取决于投保人的实际需要和交费能力。主要有"生命价值"确定方法和"人身保险设计"方法。

（二）保险金额的定额给付性

由于人身保险标的的特殊性，人身保险（医疗费用保险除外）只能按照保险合同规定的保险金额支付保险金,不能随意增减。因为人身保险事故发生时,不能像财产保险那样以保险金额为限,根据事故发生时财产损失的实际程度支付赔款。人身保险中,被保险人既可以有经济上的损失,也可以没有经济上的损失,即使有经济上的损失,也难以用货币来衡量。因此,人身保险不适用损失补偿原则,也不存在财产保险中比例分摊和代位求偿原则的问题。同时,在人身保险中一般没有足额投保、超额投保和不足额投保的问题。

(三)人身保险的储蓄性

人身保险,尤其是人寿保险,具有明显的储蓄性。一般而言,人寿保险期间较长,自然保费随年龄增加,为缓解保户后期压力,采取了不同于自然保费的均衡保险费的交费方法,这使得在投保后的一定时期内,投保人交付的保费大于自然纯保费。对于这部分保费,保险人可以充分利用,并且取得投资收益。被保险人或投保人在保单生效的一定时间后,就可以对其保单享有一定的储蓄利益,如保单贷款、领取退保金或其他选择。

(四)保险期限的长期性

人身保险的保险期间都比较长,特别是人寿保险,其保险期间通常在五年以上,有的险种长达几十年乃至人的一生,因此,人身保险经营受利率、通货膨胀率、预期率(死亡率、利息率、费用率)偏差等因素的影响较大。

(五)生命风险的相对稳定性

人身保险的重要部分是人寿保险,其风险测算基础是死亡率。死亡率的规律直接影响人寿保险的经营成本,对于死亡保险而言,死亡率越高,则费率越高。死亡率受很多因素的影响,如年龄、性别、职业等。同时,死亡率随着经济的发展、医疗卫生水平和生活水平的提高而不断降低,因此可以说死亡率是变动的。但是许多专业机构对死亡率数据的研究结果表明,死亡率因素较其他非寿险风险发生的概率的波动则是相对稳定的。所以在寿险经营中的巨灾风险较少,稳定性较好,与此相适应在寿险经营中对于再保险手段的运用相对较少,保险公司只是对于大额的次标准体保险进行再保险安排。

(六)人身保险的保险利益具有特殊性

在人身保险中,作为保险标的的人的生命或身体是无价的,保险利益也不能用货币估算和衡量,因此,人身保险没有金额上的限制。同时,保险利益只是订立合同的前提条件,并不是维持合同效力、保险人给付保险金的条件,即人身保险的保险利益只需在合同订立时存在即可。

 【补充阅读 7.1】　最"昂贵"的女人有多"贵"? 折合人民币 110 亿元

综合媒体报道,这个星球上哪个女明星最值钱? 既不是小甜甜布兰尼,也不是"雷神"Lady Gaga,而是拉丁天后詹尼弗·洛佩兹。从头到脚,她目前总共为全身 8 个"零件"投保,13 万美元的单眼皮,100 万美元的眼睛,5 000 万美元的脸,100 万美元的牙齿和笑容。詹尼弗·洛佩兹给面部几大器官投保,保险金总价将近 4 亿元人民币,如果按照金价 260元/克计算,詹大美人整张脸保险金能买到超过 1.5 吨的黄金。丰胸美臀的 S 形身材一直是詹尼弗·洛佩兹最引以为傲的,她为性感的臀投保 35 亿美元;她为一双美腿投保 10 亿美元;她为一头金色长发投保 500 万美元;她为胸部投保 2 亿美元。如果我们将这些部位拼在一起,那这个全世界最"贵"的女人价值 16.6113 亿美元,按 2010 年 1 月 18 日人民币对美元中价 6.6455 计算,折合人民币 110.39 亿元。

二、人身保险的种类

依照不同的标准,人身保险可以划分为不同种类。

(一) 按照人身保险保障的范围划分

按保险范围不同,人身保险分为人寿保险、健康保险和意外伤害保险。

1. 人寿保险

人寿保险亦称"生命保险",简称寿险,是以人的生命为保险对象的保险,它是投保人或被保险人向保险人缴纳约定的保险费后,以保险人的生存或死亡为保险事故的一种人身保险。传统的人寿保险可分为死亡保险、生存保险和两全保险三类。

(1) 死亡保险是指以被保险人在规定的时间内死亡为给付保险金条件的人身保险。死亡保险包括定期死亡保险和终身死亡保险。

(2) 生存保险是以被保险人在规定期间内生存作为给付保险金条件的人身保险。被保险人在一定的保险期限届满时,若还生存于世,则由保险人给付保险金;若被保险人在合同期限内死亡,则保险人不再给付保险金。

(3) 两全保险又称生死合险,是指被保险人在保险合同约定的保险期间内死亡,或在保险期间届满仍生存时,保险人按照保险合同约定均应承担给付保险金责任的人寿保险。这种保险由生存保险与死亡保险合并而成,所以称为两全保险。

2. 健康保险

健康保险是以人的身体为保险标的,保险人对被保险人因疾病或意外事故或生育等所致伤害的医疗费用支出或者因疾病、伤害丧失工作能力导致收入减少承担保险赔偿或保险金给付责任的一种人身保险业务。健康保险包括医疗保险、失能保险和护理保险,其中,最常见的医疗保险包括了疾病医疗保险和意外医疗保险。

3. 意外伤害保险

意外伤害保险的全称为人身意外伤害保险,它是指在保险合同有效期限内,被保险人因遭受意外伤害事故造成死亡或残废等保险事故时,保险人按照保险合同约定向被保险人或者受益人给付残疾金或者身故金的一种人身保险。保险人的给付,通常包括丧失工作能力给付、丧失手足或失明的给付、因伤致死给付,以及医疗费用给付。意外伤害保险产品可以分为普通意外伤害保险和特种意外伤害保险两类。

（二）按照人身保险投保的方式划分

按照投保方式不同，人身保险可以分为个人保险、团体保险及联合保险。

1. 个人保险

个人保险是以单一个体为投保人，一张保险单只承保一个被保险人的人身保险。个人人身保险又分为普通人身保险和简易人身保险。

2. 团体保险

团体人身保险是以法人为投保人，以一张总的保险单承保某一个企业、事业或机关团体的全部或大部分成员（至少为总人数的 75%）的人身保险，投保人为法人或社团组织，被保险人是团体中的在职成员，受益人为指定或法定。团体人身保险可以分为团体人寿保险、团体意外伤害保险和团体健康保险等，如在校大学生投保的"学生团体意外伤害保险"。

3. 联合保险

联合保险是以具有一定利害关系的两个以上的人为被保险人，如以夫妻或者合伙人等多人作为联合被保险人同时投保的人身保险。它既不同于个人保险，也不同于团体保险。联合人寿保险又可以分为联合终身寿险和最后生存者保险。

（三）按照保险期限划分

人身保险按保险期限分类，可以分为长期业务、一年期业务和短期业务。

长期保险业务一般是指保险期限超过一年的人身保险业务，人寿保险和部分健康保险属长期保险；一年期保险业务是指保险期限为一年的人身保险业务，这类保险以意外伤害保险居多；短期业务是指保险期限不足一年的人身保险业务，如旅客意外伤害保险等。

以上几种是在人身保险分类中经常使用的方法，除此之外还有其他的方法，如按照是否分红可将人身保险分为分红保险和不分红保险；按被保险人具有的风险程度可划分为标准体保险、次标准体保险和完美体保险；等等。

 【补充阅读 7.2】　人身保险险种选择技巧

保险公司推出的人身保险险种种类繁多、功能各异，从功能上来讲，大致分类如下：

（1）保障型保险。万一发生伤、残、死亡等不幸事故，这类保险能够有一笔数额不小的保险金留给亲人来保障其以后的生活。

（2）储蓄型保险。利用保险这种特定的半强制性的储蓄方式，保障子女教育金或退休时的养老金。

（3）医疗型保险。其中又分重大疾病医疗、一般疾病住院医疗、住院津贴和意外伤害门诊医疗保险。

（4）投资分红型保险。这类保险险种不但有投资功能，而且还具有投资分红功能。

工薪阶层购买保险应首选医疗型险种和保障型险种,这样在生病或意外伤残时,可以及时得到经济上的补偿,购买时一定要注意险种的搭配组合,力求保全面。

如果您是位下海经商的成功人士,建议有高收入的同时,一定要有高保障,高保障型险种、医疗型险种的保额一定要充足,如果能兼顾子女教育和养老保险,那保障将更为全面,当然也可以通过分红险的投资功能来达到养老的目的。

如果您是位各方面保障都比较全面的公务员,购买一些储蓄和投资分红型的险种将是一个不错的选择。

如果您刚刚踏入社会,收入较少且不定,购买一些交费低廉的短期意外保险就可以了,等以后有一定的经济基础时再逐步购买其他险种。

三、人身保险的功能

(一)用保险保全和传承资产是受国家法律保护的

《保险法》第34条规定,保单是不被查封、罚没的财产;《税法》第4条规定,保险不需纳税且不能随意抵押;《公司法》第89条规定,人寿保险公司不能破产及解散;《婚姻法》第18条规定,购买人寿保险属于个人财产;《保险法》第61条规定,保单是不存在争议的财产分配;《合同法》第73条规定,保险收益保险金不用于抵债。纵有万贯家产,也不敌保单一张。

一张大保单平时也许从来不用,但关键时刻,它能挽救一场企业的信用危机,帮助企业渡过难关。根据我国《合同法》规定,人寿保险不属于债务的追偿范围,账户资金不受债务纠纷困扰。也就是说,债权人是不能拿债务人的保险来抵债的,法院也不能这样处理。基于该法规,投保人可利用人寿保险实现财富保全,合理避债。

(二)保险是守住财富和财富传承的最佳工具

(1)合理避税。目前我国现行法律规定领取保险给付和理赔金不用缴纳个人所得税,包括身故赔偿金、车损赔付、医疗保险金等分红类保险的分红收益也暂免征收个人所得税。

(2)人寿保险还具有分配遗产的功能。保险指定受益人的独特方式还可以有效避免遗产纠纷。

(3)不计入资产抵押。投资失败导致最终破产是常有的事。人寿保险的保单不能被冻结和拍卖;被保险人领取保险金是受法律保护的,不计入资产抵债程序;保单贷款功能还可以在关键时刻成为最好的变现工具解决资金困境。

(4)财富传承。通过购买保险富人们的资产可以按年金的方式分年给付下一代,一直从幼年持续到老年,这样做一举三得,既不必担心财产在短时间内被挥霍一空,又能培养富二代们独立生活的能力,还保证了他们有一定质量的生活。

第二节　人　寿　保　险

人寿保险是以人的生命为保险标的,以人的生死为保险事件,当发生保险事件时,保险人履行给付保险金责任的一种保险。人寿保险作为人身保险中的主要组成部分,其保障项目包括死亡和期满生存,即如果被保险人在保险有效期内死亡或按照合同规定到期仍生存时,保险人按照约定支付死亡保险金或生存保险金。人寿保险是人身保险中最基本、最主要的险种,人寿保险的业务量占人身保险的绝大部分。

人寿保险具有人身保险的一般特征,其保险标的具有不可估价性,承保风险具有特殊性,风险变动呈现规律性,保费计算的基础是各年龄的死亡率或生存率,保险期限具有长期性。人寿保险除提供一般保险保障外,还兼具有储蓄性质,即具有返还性和收益性,人寿保险经营具有稳定性。随着人们对寿险产品需求的增加、金融产品的丰富以及现实条件的成熟,人寿保险产品种类逐渐增加,既有传统寿险产品又有新型寿险产品。

一、人寿保险的种类

(一)传统寿险

1. 定期寿险

定期寿险是在合同的约定期限内被保险人发生死亡事故,由保险人给付保险金的一种人寿保险,也称定期死亡寿险。如果被保险人在保险期间内未发生死亡事故,则到期合同终止,保险人不给付保险金。

定期寿险大多期限较短,保险费不退还,不具备储蓄因素,没有现金价值,保险费比较低廉,容易发生逆选择。因此,它适合低收入阶层、家庭经济负担较重,又有保险需求的人投保。除此之外,偏重死亡保障的人也适合投保定期寿险。

2. 终身寿险

终身寿险是一种不定期的死亡保险。保险单签发后除非应缴的保险费不缴,否则被保险人在任何时候死亡,保险人都给付保险金。终身寿险的保险单都具有现金价值,带有储蓄性。

终身寿险按其保费缴纳的方法可分为以下几种:

(1)连续缴费的终身寿险(又称普通终身寿险)。这是投保人一直缴费至被保险人死亡为止的终身寿险,只要被保险人活着,就得继续缴费。

(2)限缴保费的终身寿险,该险种与普通终身寿险类似,只是保险费限定在特定期间内缴付。特定期间可以是特定的年数,也可以是特定的年龄。特定期间的表示方法以及缴费期的长短可视投保人的需求及具体情况而定。它适合收入期间有限而又需要长期死亡保障的人投保。

(3)趸缴保费的终身寿险。这是指投保人在投保时一次将全部保险费交付完毕的终身寿险。趸缴保费的终身寿险具有较高的储蓄性,因此,对于偏重储蓄的人较有吸引力。在国外,它还常被用来抵消遗产税的税负问题。

3. 生存保险

生存保险是以被保险人于保险期满或达到某年龄时仍生存为给付条件的一种人寿保险。生存保险的保障目的与死亡保险不同,它主要是为年老的人提供养老保障,或者为子女提供教育金等。在寿险实务中,生存保险一般不作为独立的险种。

4. 两全保险

两全保险是被保险人在保险期内死亡或生存至保险期满,由保险人给付保险金的一种人寿保险。两全保险是既提供死亡保障,又提供生存保障的一种保险,两全保险中的死亡给付对象是受益人,而期满生存给付的对象是被保险人。两全保险主要有以下几种类型。

(1) 普通两全保险。这是一种单一保额的两全保险,即不论被保险人在保险期内死亡还是期满生存,保险人给付的保险金均相同。例如,某人投保保额为 5 万元,保险期限为 10 年的普通两全保险,则无论被保险人在 10 年内死亡,还是生存至第 10 年年底,本人或其受益人均可领到 5 万元的保险金。一旦保险人履行了给付义务,保险合同即告终止。

(2) 期满双倍两全保险。这种保险的被保险人如果生存至期满,保险人给付保险金额的两倍;如果在保险期内死亡,则只给付保险金额。

(3) 两全保险附加定期寿险,这种保险的被保险人如果生存到保险期限届满,保险人按保险金额给付保险金;如果被保险人在期内死亡,保险人则按保险金额的多倍进行给付。因此,这种保险侧重于对被保险人家属经济生活的保障,较适合家庭生计的主要负担者投保。

(4) 联合两全保险。这种保险承保两人或两人以上的生命,在约定的期限内,任何一人先死亡,保险人给付全部保险金,保险合同终止。若满期时联合投保人全部健在,也给付全部保险金。这种保险适合家庭投保。

5. 简易人寿保险

简易人寿保险是为低收入阶层获得保险保障而开办的险种。它是一种小额的、免体检的两全性质的人寿保险,始于英国,在 20 世纪三四十年代,简易人寿保险的发展达到了鼎盛时期,曾一度成为英美等发达国家的主要险种之一。

简易人寿保险是两全性质的人寿保险,具有保障性和储蓄性双重作用。其特点如下。

(1) 不要求被保险人体检。这是为了充分体现投保此险种的方便性,但是,并不是说对所有的被保险人都不加选择地予以承保。它要求被保险人如实告知健康状况,对不符合健康标准的被保险人将拒绝承保。

(2) 低保额。简易人寿保险是为了满足只能负担少量保费的低收入者设计的,所以,保险金额比较低。

(3) 内容简单,容易为投保人所接受。此险种是两全保险,保险期限分 5 年、10 年、15

年、20 年、25 年和 30 年六档,投保人可以任意选择。保险费按份计收,每一份的保费金额是相等的。保险金额是根据被保险人所处的年龄段和所选择的保险期限等确定的。

（4）简易人寿保险的保险费率高于普通寿险的保险费率。其主要原因在于：被保险人未经体检,又是工作、生活条件较差的低收入者,死亡率相对较高;上门收费,次数频繁,金额很小,各项业务费用支出大于一般寿险;保单续保率较低。

（5）保险期限、保险费、保险金额采取标准化格式。

6. 团体人寿保险

团体人寿保险是以团体为投保人,将其在职人员作为被保险人,由单位统一组织向保险公司投保的保险。在团体人身保险中,其"团体"是指机关、社会团体、企事业单位等独立核算的组织。其"在职人员"不包括已退休、离休、退职的人员,是用一张总的保险单对一个单位的全体成员提供人身保险保障。其特征如下:

（1）风险选择的对象是团体,而不是个人。要求投保团体必须是依法成立的组织,要有自身专业活动,投保团体寿险只是该组织的附带活动;投保团体中参加保险的人数必须达到规定的标准,一般是对参保人员绝对数或比例有要求。

（2）使用团体保单。团体人寿保险用一张总的保险单为成百上千甚至更多的人操供保险保障。投保团体是保单的持有人,而每个被保险人仅持有一张保险凭证。

（3）保险费率较低。团体人寿保险由于采取个体投保的方式,具有规模经营效益的特点,使团体可以以较低的保费获得较高的保险保障。

（4）采用经验费率的方法。团体人寿保险的投保人是一个团体,同个人投保一样,每个投保团体的风险程度也是不同的。因此,团体人寿保险也应按风险程度的不同,分别制定费率。主要考虑投保团体的业务性质、职业特点、以往的理赔记录等,其中理赔记录是决定费率的主要因素。

（5）保障范围比较广泛,保险计划相对灵活。较大规模的团体投保团体人寿保险,单位可以就保单条款的设计和保险条款内容与保险公司进行协商,但团体人寿保险单也遵循一定的格式和包括一些特定的标准条款。

【案例7.1】

综合媒体报道,2011 年 7 月 14 日,中国人寿广西分公司根据保险责任,在第一时间向已确认死亡的 4 名在合山"7·2"煤矿事故中遇难矿工的受益人赔款 60 万元。

7 月 2 日中午 12 点 30 分,合煤公司八矿辖下樟村井固近日连降暴雨,导致矿井上方地面近 7 000 方米泥土出现塌方,并压在 300 多米深处的井下,22 人被困井下,7 月 10 日早晨 9 时,经过全力轮救,2 名矿工在黑暗的矿井下经历 188 小时后奇迹生还。已确认 8 名矿工遇难 12 人仍被困井下。

经核实,此次煤矿事故中共有 21 名矿工在中国人寿投保了国寿绿洲团体定期寿险和附加绿洲残疾和烧伤团体意外伤害保险（A 型）,保险金额总计 408 万元,预计赔款 372 万元。

7. 年金保险

年金保险是按年金的方法支付保险金的一种生存保险,即按合同的规定,在被保险人生存期间,每隔一定的周期支付一定的保险金给被保险人。年金保险是生存保险的特殊形态,表现在保险金的给付采取年金方式,而非一次性给付。年金保险有积累期(或缴费期)和清偿期(或给付期)的规定,有的年金保险还有等待期规定。积累期是指年金保险资金积累时期或投保人分期缴纳保险费的期间。清偿期是指保险人向年金受领人给付年金的期间。等待期是指交费结束后至开始给付保险金的期间。

(1) 根据年金给付的期限可分为定期年金保险和终身年金保险。定期年金保险的被保险人如果在合同规定的期限内生存,保险人按期给付约定的年金额;若期限届满或被保险人在约定的期限内死亡,则保险人停止给付(以两者先发生的日期为准)。终身年金的给付没有期限的规定,保险人给付年金至被保险人死亡时为止。

(2) 根据年金给付是否有保证,可分为有保证年金保险和无保证年金保险。有保证年金保险是为防止被保险人在领取年金的早期死亡所带来的损失而设计的年金品种,具体分为两种。一种是期间保证年金,无论被保险人寿命长短,年金的给付都有一个保证期,若被保险人在保证期内死亡,保险人继续给付年金予其受益人,直到保证期届满时为止;另一种是金额保证年金,如果被保险人死亡时,其所领的年金数额不足所缴的年金现价,余下的由其受益人领取。无保证年金保险的年金给付以被保险人生存为条件,死亡则停止给付。

(3) 根据给付开始期的不同,可分为即期年金保险和延期年金保险。即期年金保险的被保险人在投保后立即开始领取年金,其年金现价采取趸缴的形式。一次缴清年金现价需要的数额较大,一般投保人难以负担,因而即期年金通常采用较少。延期年金保险的被保险人在合同订立后,经过一段时间才进入年金的领取期。延期年金通常有两种,一种情况是立即进入领取期,另一种情况是先经历等待期再进入领取期。

(4) 根据被保险人的人数,可分为个人年金保险、联合生存者年金保险、联合最后生存者年金保险。个人年金保险是指被保险人只有一人的年金保险,通常这种年金保险的被保险人就是年金受领人。联合生存者年金保险,是指两人或两人以上的被保险人联合投保的年金保险。即当联合被保险人全部活着时,年金全数给付;如果其中任何一个被保险人死亡,保险人即停止年金给付。联合最后生存者年金保险,是指两个或两个以上的被保险人联合投保的年金保险。在约定的给付开始日,只要有一个被保险人生存,保险人就全数给付保险金;直至被保险人全部死亡,保险人才终止给付保险金。

(5) 根据年金金额是否变动,可分为定额年金保险和变额年金保险。定额年金保险是指在年金给付周期中,年金受领人领取的年金金额都相等的年金保险,变额年金保险是指在年金给付周期中,年金受领人领取的年金金额随投资收益而变动的年金保险。变额年金保险是为了克服通货膨胀对长期年金保险的影响而设计的产品。

（二）新型寿险

1. 分红保险

分红保险是指保险公司将其实际经营成果优于定价假设的盈余，按一定比例向保单持有人进行分配的人寿保险产品。

分红保险产品的特征主要体现在以下几个方面。

（1）保单持有人享受经营成果。分红保险每年要将经营分红险种产生的部分盈余以红利的方式分配给保单持有人。

（2）客户承担一定的投资风险。由于每年保险公司的经营状况不一样，客户所能得到的红利也会不一样。在保险公司经营状况良好的年份，客户会分到较多的红利；如果保险公司的经营状况不佳，客户能够分到的红利就会比较少，甚至没有。因此，分红保险使保险公司和客户在一定程度上共同承担了投资风险。

（3）定价的精算假设比较保守。寿险产品在定价时主要以预定死亡率、预定利率和预定费用率三个因素为依据，这三个预定因素与实际情况的差距直接影响到寿险公司的经营成果。对于分红保险，由于寿险公司要将部分盈余以红利的形式分配给客户，所以在定价时对精算假设估计较为保守，即保单价格较高，以便在实际经营过程中产生更多的可分配盈余。

（4）保险给付、退保金中含有红利。分红保险的被保险人身故后，受益人在获得投保时约定保额的保险金的同时，还可以得到未领取的累积红利和利息。在满期给付时，被保险人在获得保险金额的同时，也可以得到未领取的累积红利和利息。分红保险的保单持有人在退保时得到的退保金也包括保单红利和利息。

2. 投资连结保险

投资连结保险，简称投连保险，也称单位连结（unit-linked）、证券连结（equity-linked）、变额寿险（variable life），是一种融保险与投资功能于一身的新险种，投资连结保险适合于具有理性的投资理念、追求资产高收益同时又具有较高风险承受能力的投保人。最早于1976年在美国寿险市场上出现。这种产品被认为可以有效抵消通货膨胀对寿险的不利影响。

投资连结保险设有保证收益账户、发展账户和基金账户等多个账户。每个账户的投资组合不同，收益率就不同，投资风险也不同。由于投资账户不承诺投资回报，保险公司在收取资产管理费后，将所有的投资收益和投资损失由客户承担。它可以充分利用专家理财的优势，客户在获得高收益的同时也承担投资损失的风险。

保障主要体现在被保险人保险期间意外身故，会获取保险公司支付的身故保障金，同时通过投连附加险的形式也可以使用户获得重大疾病等其他方面的保障；投资方面是指保险公司使用投保人支付的保费进行投资，获得收益。其特点是身故保险金和现金价值是可变的。

投资连结保险是一种寿险与投资基金相结合的产品，具有以下特点。

（1）保险的保障功能与投资功能高度统一。投保人在购买保险保障的同时，可以获得其保险基金投资的选择权，享受期望的高投资回报。因为保险公司将投保人缴纳的保险费用于购买投资单位，单位价格随单位基金的资产表现不同而不同，所以保户有经常选择投资基金的权利。

（2）保单持有人的利益直接与投资回报率挂钩。保单持有人拥有获得所有投资利益的权利，当投资表现好时，保单持有人享有所有的回报；反之，当投资表现差时，保单持有人则要承担风险。同时，保单持有人的回报有很高的变动性和不确定性。

（3）投资风险的转移。投资连结保险的费用较低，且具有无担保及弹性特点，较低的准备金及资本要求将投资风险转移给保单持有人。保单持有人承担投资的风险，保险公司负责保单持有人资金的投资运用，不保证任何投资回报率，保险公司的回报是收取一定比例的管理费用。由于投资风险由投保人来承担，保险公司用同样的资本金可承担更大的保险风险，有利于扩大业务规模。

（4）投资连结保险对投保人有更高的透明度。投保人在任何时候都可以通过电脑查询其保险单的保险成本、费用支出以及独立账户的资产价值，使投保人明明白白地消费，确保了投保人的利益。

（5）为投保人提供了更大的方便。按照国外的做法，投保人通过购买一份投资连结保险，便可获得其需要的所有保险保障。

（6）投资连结保险弱化了对精算技能的要求，而更强调电脑系统的支持，因此该产品的投保人可随意选择或中途更改其投资组合。

 【补充阅读7.3】　投资连结保险

投资连结保险是一种融保险与投资于一身的险种，早在 20 世纪 70 年代的英国就已产生，现已成为欧美国家人寿保险的主流险种之一，传统寿险都有一个固定的预定利率，保险合同一旦生效，无论保险公司经营状况如何，都将按预定利率赔付给客户，而"投资连结保险"则不存在固定利率，保险公司将客户交付的保险费分成"保障"和"投资"两个部分。其中，"投资"部分的回报率是不固定的，如果保险公司投资收益比较好，客户的资金将获得较高回报；反之，如果保险公司投资不理想，客户也将承担一定的风险。

投资连结保险产品的重要意义体现在以下几方面。①促进寿险业金融功能创新，寿险业将不仅具有一般保障和定期给付功能，它已趋向寿险产品金融化，将来寿险业的重点，已不再是保障而是趋向为客户投资理财。②促进我国投资市场的繁荣和稳定，由于保险公司聚集的资金规模大，投资队伍专业化，在市场投资规范性和专业性方面都较为科学，对于投资市场的稳定和健康发展必将起到积极作用；客户和保险公司都能"双赢"，保险公司在很大程度上化解了客户个人投资所存在的风险，促进了社会的稳定和繁荣。

3. 万能寿险

万能寿险是一种缴费灵活、保额可调整、非约束性的寿险。首先于 1979 年在美国寿险市场上出现，当时是为了满足那些要求保费支出较低且方式灵活的寿险消费者的需求而设计的。万能寿险确实为保单持有人选择灵活的缴费方式提供了便利,但保费高低与其他寿险险种一样,取决于保险人是如何定价的。

万能寿险的保费缴纳方式灵活,保险金额可以根据规定进行调整,保单持有人在缴纳一定量的首期保费后,也可以按自己的意愿选择任何时候缴纳任何数量的保费,只要保单的现金价值足以支付保单的相关费用,有时甚至可以不再缴费。而且,保单持有人可以在具备可保性前提下,提高保额,也可以根据自己的需要降低保额。

投保人决定一个初期的保额,然后每年可调整,并在适当范围内无须体检就可增加保险金额,保单所有人可以自行确定保险金额,而且可以提高和降低保险金额,在提高保险金额时通常要提供可保证明,目的是为了防止逆选择。降低保险金额时不需要提供可保证明。一些保险单还允许保单所有人选择带有生活成本调整附加条约和可保选择权的万能寿险保单,生活成本调整附加条约的死亡给付金可以随着物价指数的上升而提高;可保选择权是允许保单所有人在未来某一年龄或某一事件发生时,不必出示可保证明就可以增加保险金额。

保险人定期向保险单持有人公开组成账户价格的各种因素。保单持有人每年都可以得到一份保险单信息状况表,用以说明保险费、保险金额、利息、保险成本、各项费用以及保险单现金价值的数额与变动状况,便于客户进行不同产品的比较,并监督保险人的经营状况。

万能寿险设立独立的投资账户,并且个人投资账户的价值(即保险单的现金价值)有固定的保证利率。但是,当个人账户的实际资产投资回报率高于保证利率时,保险公司就要与客户分享高于保证利率部分的收益。

万能寿险主要提供两种死亡给付方式。第一种方式是均衡式给付,该方式与传统的具有现金价值的终身寿险类似,死亡给付金额在若干年内固定不变,净风险保额每期都进行调整,以使得净风险保额与个人账户上的现金价值之和成为均衡的死亡给付额。这样,如果个人账户现金价值增加,则风险保额就会等额减少;反之,若现金价值减少了,则风险保额就会等额增加。计算公式如下:

$$死亡保险金 = 保险金额$$

$$净风险保额 = 死亡保险金 - 现金价值$$

第二种方式是递增式给付,该方式规定了死亡给付额为均衡的净风险保额与现金价值之和。现金价值的变化直接影响死亡给付额,即死亡给付额与现金价值成正比,如果现金价值增加了,死亡给付额会等额增加,但是,不会改变净风险保额,净风险保额是不随时间变化的。计算公式如下:

$$死亡保险金 = 保险金额 + 现金价值$$

$$净风险保额 = 保险金额$$

【补充阅读7.4】　保险行业新推一款万能险 专项资金挂钩债权计划

据 2012 年月 29 日《北京商报》报道(刘伟),太平人寿近日在全国推出"太平盛世金享·南水一号全能保险计划"，由太平盛世金享终身年金保险（分红型）与太平附加南水一号两全保险（万能型）合并而成，其中的万能险资金将投向大型债权计划，提供养老和理财的双重功能。

"盛世金享"属终身年金，可以锁定未来养老保障的长期收益，采用 3 年或 8 年缴方式，从第一年年末开始，即提供一笔生存保险金，客户在 60 周岁前每年可领到保额的 5％，60 周岁后领取比例跃升为投保时的 4 倍，达到保额的 20％。这笔"退休工资"的领取期限将与客户的生命等长，以越来越高的领取金额陪伴客户终身。

"南水一号"是太平人寿借助太平资产独家发起为南水北调债权投资计划而专门设计的，是一款 8 年满期的万能型产品，在投保时，客户一次性缴费即可获得一个专属保单账户，通过每月定期公布的结算利率，保单账户价值将按月增长，而支撑该产品未来结算利率的正是南水北调债权投资计划的收益。"南水一号"万能型将 50％以上的产品资金投入南水北调债权投资计划，如此高比例的投资在行业内较为鲜见。

上述两款产品的功能性和缴费期限有较大差异，对于短期资金充足的客户，通过增加"南水一号"的比重，可以充分享受中短期理财带来的收益并减轻以后年度的缴费压力；而对于收入稳定的客户，则建议搭配较高比例的"盛世金享"，以期在长期稳健养老的同时兼顾理财，在"南水一号"满期之时，投保客户还可以自主选择充实养老保障。

二、人寿保险合同的常见条款

经过长期的理论发展和实践，人寿保险合同日趋完善。到现在，人寿保险合同的大部分内容已经规范化、标准化，无论何种人寿保险，其条款内容大都一致，并且在司法实践中，其含义解释也趋于一致。这种经常见端于人寿保险合同中的条款，就是我们这里所说的常用条款。但需要指出的是，这些条款并不等于基本条款，必须列入保险单中，具体依据保险公司的险种而定，也可以由投保人与保险人协商。

（一）不可抗辩条款

不可抗辩条款又称不可争条款，其基本含义是在保险合同成立后，经过一定时期，保险人就不能以投保人违反最大诚信原则为由宣布合同无效。经过时期一般为一至四年，我国《保险法》规定为两年。也就是说，人寿保险合同成立后经过一定时期，该保险合同就成为不可争议的合同。通常这一时期被称为抗辩期，超过了抗辩期，保险人就丧失了抗辩权。不可争议条款同样适用于保险合同复效。

在人身保险合同中列入不可抗辩条款，其基本出发点是为保护被保险人的利益、限制保险人权利。究其原因主要有三个：首先，尽管最大诚信原则是人寿保险必须遵循的原则，但由于人寿保险合同的期限一般较长，可达几十年，如果不限定保险人的抗辩期限，在保险合同成立多年后，保险人再以投保人未能履行如实告知的义务，宣布保险合同自始无效，则被保险人可能因年龄增加或因健康状况的改变等，不符合投保条件，或者再投保必须承担更多的保险费，从而损害投保人和被保险人的利益。其次，如果允许保险人在经过多年之后宣布保险合同无效,那么,保险人极有可能对投保人的不诚实行为不作出及时纠正,待给付条件成立时再以投保人违反诚信原则为由,宣布合同无效而拒绝给付,从中渔利,这显失公平。最后,如果保险人在一个合理期限内都不能发现投保人的不诚实行为,本身也说明这个保险人的内部管理存在问题,或者至少可以说明这种行为本身并没有影响到保险人的利益,因此,也不应再追究投保人的过错。

 【补充阅读 7.5】

根据从 2009 年 10 月 1 日开始实行的新《保险法》的规定,当投保人故意或因重大过失未履行如实告知义务,足以影响保险公司决定是否同意承保或者提高保险费费率的,保险公司有权解除合同,但为了防止保险公司滥用该解除权,新《保险法》对合同解除权的期限加以限制,规定合同解除权"自保险人知道有解除事由之日起,超过 30 日不行使而消灭"。

同时,新《保险法》还借鉴国际惯例,增设了保险合同"不可抗辩"条款,规定"自合同成立之日起超过 2 年的,保险人不得解除合同"。即保险合同成立满 2 年后,保险公司不得再以该投保人未履行如实告知义为由解除合同。此规则对于长期人寿保险合同项下的被保险人利益的保护意义重大,填补了现行保险法的空白。

(二)年龄误告条款

我国《保险法》规定,投保人申报的被保险人年龄不真实,并且真实年龄不符合合同约定的年龄限制的,保险人解除保险合同,并在扣除手续费后,向投保人退还保险费,但是自合同成立之日 2 年的除外。投保人申报的被保险人年龄不真实,致使投保人支付的保险费少于应付保险费的,保险人有权更正并要求投保人补交保费,或者在给付保险金时按实付保险费与应付保险费的比例支付。投保人申报的被保险人年龄不真实,致使投保人实付保险费多于应付保险费的,保险人应当将多收的保险费退还投保人。

年龄误告条款主要是针对投保人申报的被保险人的年龄不真实,而真实年龄又符合合同约定限制的情况而设立的。法律与保险合同中一般均规定有年龄误告条款,要求保险人按被保险人真实年龄调整保费。

 【案例 7.2】

2013 年 6 月 22 日,谢某向太平洋人寿保险公司购买了一份人身保险,2015 年 8 月谢某因交通事故不幸死亡,他的家人带了相关的证明资料,到保险公司申领保险金,保险公司在查验这些单证时,发现被保险人谢某投保时所填写的年龄与其户口簿上所登记的不一致,保单上所填写的 63 岁是虚假的,实际上,投保时谢某已经超出了人身条款规定的最高投保年龄。保险公司遂以谢某投保时虚填年龄且谢某投保时的实际年龄已超出了保险合同约定的年龄限制为理由,拒付该笔保险金,只同意扣除手续费后,向谢某家人退还谢某的保险费,谢某家人则以谢某并非故意虚报年龄,谢某不存在过错为由,要求保险公司按合同支付保险金,双方争执不下,于是谢某家人将太平洋人寿保险公司告上法院,要求保险公司按照合同支付保险金。

分析

保险公司应当支付谢某部分保险金,我国《保险法》第五十三条第一款明确规定:"投保人申报的被保险人年龄不真实,并且其真实年龄不符合合同约定的年龄限制的,保险人可以解除合同,并在扣除手续费后,向投保人退还保险费,但是自合同成立之日起逾两年的除外,投保人申报的被保险人年龄不真实,致使投保支付的保险费少于应付保险费的,保险人有权更正并要求投保人补交保险费,或者在给付保险金时按照实付保险费与应付保险费的比例支付。"本案中一方面谢某年龄误告构成了对最大诚信原则的违反,虽并非故意虚报年龄,但影响保险人保险费率的核定;另一方面保险公司在订立保险合同时未尽审查义务,有疏忽责任,在出险时解除合同,不予支付,显然对被保险人极不公平,故本案中保险公司应当支付谢某部分保证金。

(三) 宽限期条款

人寿保险所称宽限期是针对投保人而言,主要解决投保人在没有按照合同约定缴纳保险费时如何处理的问题。其基本含义是投保人在第二期及以后各期,如果未能按合同约定的时间缴纳保险费,在一定期限内,保险合同仍然有效,但投保人必须在这一期限内补交其应缴的保险费及其利息,否则合同失效。这一时限即是宽限期。也即在宽限期内,如果给付条件成立,保险人仍然承担保险金的给付责任,但是要扣除所欠缴的保险费及利息。世界上很多国家的宽限期为 31 天,我国《保险法》规定为 60 天。

规定宽限期条款主要是因为投保人因某种客观原因而不能按时缴纳保险费,而且,由于人寿保险合同的缴费期通常较长,每期缴费时间相距较久,极有可能发生投保人不能按期缴费的情况。如果投保人未能按期缴费,保险合同就失效,显然有失公平。而且再办理复效,又须履行体检等繁杂手续,这无论是对保险人还是投保人,都是极其不经济的。

需要注意的是,在宽限期内,保险人仍然承担保险责任,但是从宽限期结束之日起,保险单便失去效力,保险人不承担保险责任。同时宽限期是针对第二期以后的保险费缴纳而言的,对首期保费的缴纳不适用。

(四) 中止和复效条款

保险合同效力中止是指保险合同在有效期间内,由于缺乏某些必要条件而使合同暂时失去效力,称为合同中止;一旦在法定或约定的时间内所需条件得到满足,经过一定程序恢复合同原来的效力,称为合同复效。

复效条款的基本含义就是在保险合同失效后的一定期限内,投保人有权申请恢复原保险单的效力,而不改变一切有关权利与义务的约定。复效的申请时间一般从保险单失效之日起计,超过这一期限,则投保人丧失申请复效的权利,一般这一期限为 2~3 年,我国《保险法》规定为 2 年。复效条款一般来说比较有利于年老的投保人。

但是复效不是没有条件，只有符合条件才可能复效。这些条件有：(1)必须在失效之日起的二年之内提出；(2)补缴失效期间的保险费及其利息，但保险人对失效期间发生的保险事故，不予负责；(3)履行告知义务。对于失效合同，投保人申请复效时，保险人要对被保险人重新审查，目的是防止逆向选择，因为如果保险人不对被保险人进行审查，可能导致只有风险情况恶化者才申请复效，而健康状况良好者则不愿意复效，从而导致保险人风险积累。因此，投保人应履行告知义务，就失效期间的风险变化情况作详细陈述。

(五) 自杀条款

这是关于被保险人自杀死亡后，保险人是否承担责任的规定。一般来讲，保险人对被保险人的自杀死亡不承担责任，但是，如果经保险人同意，则保险人应按约定，承担保险金的给付责任。

保险人约定承担责任的方式有两种，一种是规定一定的时间限制，即在保险合同生效后的一定期限内(通常为 2 年)被保险人自杀，保险人不承担给付责任，超过该期限的自杀，保险人承担给付责任。另一种是无论被保险人何时自杀，保险人都承担给付保险金责任。我国的保险单一般不对被保险人的自杀负责，如果保险人与投保人约定，对被保险人的自杀负责，则必须在保险合同成立之日起满 2 年。也就是说我国的人寿保险单可以采取时间限制办法对被保险人的自杀承担保险金的给付责任。

但是需要注意的是，自杀条款并不是对所有的被保险人都适用。如果被保险人为无行为能力或限制行为能力的人，以及在投保时为正常人而在保险期内丧失行为能力如患精神病，则该条款不适用，对前者不应列入自杀条款，对后者则应当取消此条款。

规定自杀条款的意义在于防止发生为保险金而谋财害命的道德风险。历史上就发生过被保险人为偿还债务或为了获得巨额保险金，投保高额人寿保险后自杀的事件。

【补充阅读 7.6】

心理学家指出，自杀是一种心理异常行为，随时间推移会有所改善，故保险条款中给出 2 年的时间期限，但 10 岁以下的未成年人是不受此限的。实际上，由于认知能力的限制，10 岁以下的未成年人即使实施了自杀行为，一般也不被认定为自杀，而认定为意外。

(六) 不丧失现金价值条款

保险合同成立后，投保人可能因经济收入减少等原因而无力继续承担保险合同所约定的保险费，在此种情况下，保险人如果以未履行义务为由终止合同，必然使投保人利益受到侵害。为了保护投保人利益，人寿保险都有不丧失价值条款规定，其基本内容就是在投保人无力缴纳保险费时，拥有对其保险单所积存的准备金的选择处理权。即投保人有权选择有利于自己的方式来处置保险单的现金价值。也就是说，保险单所具有的现金价值，不会因合同的效力变化而丧失。所以该条款称为不丧失价值条款。因为投保所缴纳的保险费,究其本质,是保险公司对投保人的一种负债,因此,对保险合同项下所积存的责任准备金的处置方式,投保人有选择权,保险人不能没收,所以该条款也称不没收条款。

处置方式有解约退保,领取退保金;或者作为趸缴保险费,将原来的保险单改为缴清保险单;或者改为展期保险单。

(1)解约退保,领取退保金。这种方式就是投保人采取退保方式处理积存的责任准备金,但投保人所领取的退保金一般低于责任准备金。因为保险公司要从中扣除因投保人的退保发生的相应手续费。但按照国际惯例,退保金最低不得低于保险单现金价值的3/4;对于投保人的退保要求,保险人无权阻止,只能同意;退保金的受领人只能是投保人而不是被保险人或受益人。

(2)改为缴清保险单。即以原保单项下积存的责任准备金作为保险费,采取趸缴方式,将原保单改为相同种类,但保险金额较小的保险单。也就是说以降低保险金额的方式处理原保险单。

(3)改为展期保险单。就是改变原保险单的保险期限。即投保人以原保险单的现金价值作为一次性趸缴保费,把原保险合同改为缴清的定期保险。这种方式适宜于风险情况恶化者。

三种方式的共同点是:(1)必须在有效期内申请;(2)以缴纳的保险费所积存的准备金为限;(3)如果有自动垫缴或者保单抵押贷款均需扣除。

(七) 保单贷款条款

人寿保险单经过两年时间后,允许投保人以保单为抵押向保险人申请贷款,贷款金额以该保单项下积累的责任准备金或退保金(也称保单的现金价值)为限。

保险单贷款条款多见于两全保险或终身寿险合同中。实行保单贷款方便了投保人,降低了保单解约率,增加了保险人的资金运用渠道,保单贷款的期限一般不超过一年,贷款金额不得高于保险单项下积累的现金价值,投保人应按时归还贷款并支付利息。贷款利率略高于或等于金融机构的贷款利率,如果投保人在还款前发生了保险事故或退保,保险人从保险金或退保金中扣还贷款本息。当贷款本息达到责任准备金或退保金数额时,保险合同即告终止。

(八) 自动垫缴保费条款

自动垫缴保费条款的基本含义是在保险合同生效后,如果投保人未能按期缴纳保险费,按合同约定,保险人自动以其保险合同项下积存的保险责任准备金垫缴投保人应当缴纳的保险费,保险合同仍然有效。当给付条件成立时,保险公司仍然负责给付,但要从给付的保险金中扣除所欠缴的保险费及其利息。如果经垫缴后,仍有陆续到期应缴纳保险费在宽限期内未缴纳,则继续垫缴,直至其保险单项目下的责任准备金全部垫缴完为止。这时,垫缴保险费超过解约金时,保险合同即行终止。由此可见,自动垫缴保险费的内容包括:(1)必须为投保人同意,即应在保险合同中予以明确,如果未经投保人同意,投保人可以否认；（2）自动垫缴保费是以保险单具有现金价值为前提；（3）自动垫缴期间，保险合同仍然有效，保险人对垫缴期间发生的保险事件承担责任。

（九）红利任选条款

寿险保单包括分红保单和不分红保单。如果投保人投保的是分红保险，则享受红利分配的权利。人寿保险业务中的红利主要来源于三个方面：一是被保险人实际的死亡率低于用来计算保险费的预定死亡率而产生的"死差益"；二是保险人运用保险资金的实际收益超过预定利息而产生的"利差益"；三是保险人实际支出的业务费用低于预定的费用开支而产生的"费差益"。

红利任选条款规定了取得红利的方式如下。

（1）领取现金，即保险单持有人直接领取现金红利。

（2）抵交续期保费。通常保险人会通知保单持有人红利金额及扣除红利应交保费金额。

（3）积累生息，即将红利留在保险公司，并由保险公司支付相应的利息，常有最低利率保证，并可获得保险人所取得的超额利益。

（4）增加保额，即以红利作为趸缴保费，购买日期与原保单相同的缴清保险，或购买定期寿险，通常是用每年的红利来购买附加的一年定期保险。

（5）提前满期，即在生存保险中把红利并入保险责任准备金中，使被保险人提前领取保人险金。在生存保险和两全保险中，如果在责任准备金中加入一笔资金，就可以使责任准备金的数额达到和保险金额相一致，从而可以使保单满期。

保险单持有人可以根据自己的情况选择红利取得的方式。现在有不少保险公司开办分红寿险保单，但规定的红利取得方式仍比较少，常见的取得红利方式是领取现金和积累生息。

（十）战争除外条款

战争除外条款规定将战争和军事行动作为人寿保险的除外责任。该条款是保险人的免责条款。

在战争中往往有大量的人员死亡，远远超过正常的死亡率。对于按照正常死亡率计算保险费而言，保险人若对此也承担给付责任，将会对保险人的正常经营造成很大影响。所以各保险公司一般都将战争或军事行为作为除外责任。

 【案例7.3】

2011年4月28日，严某为其9岁的女儿向某保险公司投保了5份少儿保险，身故受益人为严某。2012年3月22日晚，严某的妻子刘某携带其女儿从11层办公楼跳楼死亡，经公安部门现场勘察和调查询问，认定刘某及其女儿的死亡性质为自杀。事故发生后，受益人严某向保险公司申请赔付意外身故保险金。本案的被保险人在保险合同成立之日起两年内自杀,但其年龄仅 9 岁,属于无民事行为能力,其自杀是否适用责任免除条款?

分析

我国《保险法》第六十五条规定:"以死亡为给付保险金条件的合同,被保险人自杀的,保险人不承担给付保险金的责任,但对投保人已支付的保险费,保险人应按保单退还其现金价值。"其立法宗旨之一在于防止道德风险的发生,遏止被保险人为保险图谋保险金而蓄意自杀,据此保险实务一般将被保险人自杀作为免责条款。但在理论和实务中,一般都认为适用免责条款的自杀必是故意自杀,本案中的严某之女,年仅 9 岁,属未满 10 周岁的无民事行为能力人,其智力状况和认知水平尚低,无法正确理解其行为的性质和预见行为的后果,所以不构成故意自杀,保险公司应当赔付保险金。

若本案的保险人已满 18 周岁具有完全民事行为能力,保险公司将适用自杀免责条款,不承担保险赔偿责任,不过,限制民事行为能力人两年内自杀是否适用免责条款,目前尚无定论。保险实务中,一般认为,精神病人在精神病发作期间的自杀行为不适用免责条款,可以予以赔付。已满 10 周岁不满 14 周岁的被保险人两年内自杀,可以考虑协议赔付,已满 14 周岁时,根据《刑事诉讼法》可以承担刑事责任,故一般可以适用免责条款,予以拒赔。

第三节　人身意外伤害保险

一、人身意外伤害保险的含义及条件

意外伤害保险是人身意外伤害保险的简称,它是指在保险期限内发生意外事故致使被保险人死亡或残废,由保险人按照保险合同的规定向被保险人或受益人给付保险金的保险。

人身意外伤害保险承保的是意外伤害风险,因此只有正确理解意外伤害的含义才能掌握意外伤害保险的保险责任。

意外伤害包含"意外"和"伤害"两个必要条件。目前,我国寿险公司条款中通常对"意外伤害"的界定是:"意外伤害"是指遭受外来的、突发的、非本意的、非疾病的使被保险人身体受到剧烈伤害的客观事件。具体包括以下三个要点。

(1)必须是外来的或外界原因造成的事故。外来的或外界原因造成的事故强调事故的发生原因不是来自于体内,而是身体外部的原因起作用引起事故的发生。如果是由于被保险人身体内在原因造成的,如脑溢血跌倒而死亡就不属于伤害保险合同的范畴,而应当属于疾病保险合同的范畴。

(2)必须是不可预料或非所意图的事故,而不是故意制造的事故。这是指事故的发生及其导致的结果都是偶然的,非本意的。

(3)必须是突然发生且在一瞬间发生剧烈变化的事故,根本来不及预防。如交通事故造成的死亡或伤残,就具有突然性和剧烈性,属于意外伤害。如果长期在有毒的环境下工作慢性中毒死亡、长途跋涉所致脚部摩擦致伤或因长时间暴露寒地所致冻伤,就不具有突然性和剧烈性,不属于意外伤害。

确定某一事件是否属于意外伤害,要依据意外伤害的定义并结合具体情况进行判断,外来性、突然性和不可预料性三个要件缺一不可,缺少任何一个,均不构成意外伤害事故。但要确定保险公司是否承担意外伤害保险责任,还要确定造成伤残或死亡后果的意外伤害事故是否在保险期间内发生。如果意外伤害事故是在保险期间开始前发生,虽然伤残或死亡后果发生在保险期间内,保险公司也不承担保险责任。如果意外伤害事故是在保险期间内发生的,但伤残或死亡后果发生在保险期间以外的一定时间内,如 180 日,且意外伤害事故与伤残死亡后果之间存在近因关系,保险公司仍然要承担保险责任。

问题:猝死构成意外伤害吗?

医疗事故是否构成意外伤害?

2020 年 1 月武汉爆发的新型冠状肺炎病毒感染脑炎属于意外伤害事件吗?

二、人身意外伤害保险的特征

相对其他险种,人身意外伤害保险有以下几个特征。

(一)人身意外伤害保险的保险责任

人身意外伤害保险的保险责任是被保险人因遭受意外伤害而导致死亡、残疾时,由保险人承担给付保险金的责任。构成意外伤害保险责任必须具备三个条件:(1)被保险人在保险期限内遭受意外伤害;(2)被保险人在责任期限内死亡或残疾,责任期限通常是从意外事故发生之日起算的 90 天或 180 天内;(3)意外伤害必须是造成被保险人死亡或残疾的近因或直接原因。死亡和意外伤残给付是人身意外伤害保险的基本保险责任。疾病导致被保险人的死亡和残疾不属于人身意外伤害保险的保险责任。

(二)人身意外伤害保险的保险费率厘定

人身意外伤害保险的纯保险费率是根据保险金额损失率计算的。与人寿保险的被保险人的死亡概率取决于年龄不同,人身意外伤害保险的被保险人遭受意外伤害的概率取决于其职业、工种或所从事的活动,一般与被保险人的年龄、性别、健康状况无必然的内在联系。在其他条件都相同的情况下,被保险人的职业、工种、所从事活动的危险程度越高,应交的保险费就越多。因此,人身意外伤害保险的费率厘定不以被保险人的年龄为依据,而被保险人的职业、工种是人身意外伤害保险费率厘定的重要因素。另外,人身意外伤害保险属于短期保险,保险期限一般不超过 1 年,因此,意外伤害保险的保险费计算一般也不考虑预定利率的因素。基于这一特点,人身意外伤害保险保险费的计算原理近似于非寿险,即在计算意外伤害保险费率时,应根据意外事故发生频率及其对被保险人造成的伤害程度,对被保险人的危险程度进行分类,对不同类别的被保险人分别厘定保险费率。

（三）人身意外伤害保险的承保条件

相对于其他业务,人身意外伤害保险的承保条件一般较宽,高龄者可以投保,而且对被保险人不必进行体格检查。

（四）人身意外伤害保险的保险期限

人身意外伤害保险的保险期较短,一般不超过 1 年,最多 3 年或 5 年。但是,有些意外伤害造成的后果却需要一定时期以后才能确定,因此,人身意外伤害保险有一个关于责任期限的规定,即只要被保险人遭受意外伤害的事件发生在保险期限,自遭受意外伤害之日起的一定时期内即责任期限内(通常为 90 天、180 天或 1 年)造成死亡或残疾的后果,保险人就要承担给付保险金的责任。即使在死亡或者被确定为残疾时保险期限已经结束,只要未超过责任期限,保险人就要承担给付保险金的责任。

（五）人身意外伤害保险金的给付

人身意外伤害保险属于定额给付保险。死亡保险金按保险合同中约定的保险金额定额给付;残疾保险金根据残疾程度按保险金额的一定百分比给付。

残疾保险金＝保险金额×残疾程度对应的给付比例

需要注意的是,一次事故多次残疾或保险期内发生多次伤害,累计的保险金都不能超过保险金额;被保险人先残疾后死亡,死亡保险金要扣除曾经给付的残疾保险金。

（六）人身意外伤害责任准备金的计算

人身意外伤害保险在责任准备金的提存和核算方面,与寿险业务有着很大的不同,往往采取非寿险责任准备金的计提原理,即按当年保险费收入的一定百分比(如 40％、50％)计算。

 【补充阅读 7.7】 保险费率的分级

保险费率(以寿险公司的意外险为例)一般分为四级:第一级主要是非生产部门的脑力劳动,年费率为 0.2％;第二级主要是轻工业工人和手工业劳动者,年费率为 0.3％;第三级主要是重工业工人和重体力劳动者,年费率为 7％;第四级主要是职业危险比较特殊的劳动者,年费率为 10％。

每个人都可能遇到的危险机会有:受伤,危险概率是 1/3;难产(行将生育的妇女),危险概率是 1/6;在家中受伤,危险概率是 1/80;受到致命武器的攻击,危险概率 1/260;死于心脏病,危险概率是 1/340;家中成员死于突发事件,危险概率是 1/700。

三、人身意外伤害保险的种类

意外伤害保险可按多种方式进行分类。

（一）按照保险对象不同分类

意外伤害保险按照保险对象不同,可以分为个人意外伤害保险和团体意外伤害保险。

（1）个人意外伤害保险,是以个人作为保险对象的各种意外伤害保险。这类险种的主要特点是保险费率低,而保障程度较高,投保人只要交纳少量的保险费,即可获得较大程度的保障。

（2）团体意外伤害保险,是以团体为保险对象的各种意外伤害保险。团体意外伤害保险是我国意外伤害保险中最主要和最基本的险种。团体意外伤害保险的基本特点为:以单位为投保人;用对团体的选择取代了对个别被保险人的选择;规定最低保险金额;保险费率低,工作性质不同可采用不同的费率标准。

（二）按照保险承保风险不同分类

按保险承保风险不同,可以分为普通意外伤害保险和特种意外伤害保险。

（1）普通意外伤害保险,又称一般意外伤害保险。意外伤害保险是为被保险人在日常生活中因一般风险导致的意外伤害而提供保障的一种保险。在实际业务中,大多数意外伤害保险均属普通意外伤害保险。这类险种属于意外伤害保险的主要险种,其主要特点是:保险费率低,承保一般可保的意外伤害。

（2）特种意外伤害保险,是指对特定时间、特定地点或特定原因而导致的意外伤害事件的保险。该保险与普通意外伤害保险相比较为特殊,故称为特种意外伤害保险。这类险种的主要特点是:承保危险较广泛;保险期限短;意外伤害的概率较大。在实际业务中,大多采取由投保方和保险方协商一致后临时签订协议的方式办理。其种类主要有旅行意外伤害保险、交通事故意外伤害保险、电梯乘客意外伤害保险及特种行业意外伤害保险等。

（三）按照保险实施方式不同分类

按照保险实施方式不同,可以分为法定意外伤害保险和自愿意外伤害保险。

（1）法定意外伤害保险,又称强制意外伤害保险,是政府通过颁布法律、行政法规、地方性法规强制施行的人身意外伤害保险。强制保险是基于国家保险法令的效力构成的被保险人与保险人的权利和义务关系,自 2006 年 7 月 1 日起实施的机动车交通事故责任强制保险(简称"交强险")是我国第一个法定强制险种。

（2）自愿意外伤害保险,是投保人和保险人在自愿基础上通过平等协商订立保险合同的人身意外伤害保险,即由投保人根据自己的意愿和需求投保的意外伤害保险。我国目前开办的意外伤害保险的险种绝大多数都属于自愿形式。

（四）按照保险期限不同分类

按照保险期限不同，可以分为长期意外伤害保险和短期意外伤害保险。

（1）长期意外伤害保险，是指保险期限超过1年的意外伤害保险。

（2）短期意外伤害保险，一般是指保险期限为1年的人身意外伤害保险业务，可以分为1年期和极短期两种意外伤害保险。在人身意外伤害保险中，1年期意外伤害保险占大部分，极短期意外伤害保险是指保险期限不足1年，只有几天、几小时甚至更短时间的意外伤害保险，极短意外伤害保险大多是特种意外伤害保险。

（五）按照保险承保的责任不同分类

按照保险承保的责任不同可以分为意外伤害死亡残疾保险、意外伤害医疗保险、综合性意外伤害保险和意外伤害失能收入损失保险。

（1）意外伤害死亡残疾保险，是指保险人仅以被保险人遭受意外伤害而致死亡或残疾为保险金给付条件的一种保险。

（2）意外伤害医疗保险，是指当被保险人由于遭受意外伤害需要治疗时，保险人给付医疗保险金的一种保险。

（3）综合性意外伤害保险，是指保险人除了承担被保险人因意外伤害而身故或残疾的保险金给付责任之外，还提供意外医疗保险金，即在普通意外伤害保险的基础上扩大了保障范围的一种保险。它具有投保范围广、保障全面的特点，既保障意外死亡，又保障意外伤残和医疗。

（4）意外伤害失能收入损失保险，是指当被保险人由于遭受意外伤害暂时丧失劳动能力不能工作时，保险人给付误工失能保险金的一种保险，由于薪金标准不好掌握，目前我国这类险种并不多见。

第四节　健　康　保　险

一、健康保险的概念与特征

（一）健康保险的概念

健康保险是指以被保险人身体为保险标的，保险人对被保险人在保险期限内因患疾病、生育或发生意外事故受到伤害所导致的医疗费用或收入损失进行补偿的一种保险。健康保险并不是保证被保险人不受疾病困扰、不受伤害，而是以被保险人因疾病等原因需要支付医疗费、护理费，因疾病造成残疾以及因生育、疾病或意外伤害暂时或永久不能工作而减少劳动收入为保险事故的一种人身保险。根据人身保险业界的习惯，往往把不属于人寿保险、意外伤害保险的人身保险业务全都归入健康保险中。

（二）健康保险的特点

健康保险虽然与人寿保险、人身意外伤害保险同属人身保险的范畴,但健康保险也有许多不同于其他人身保险险种的特点,甚至在某些方面,与普通寿险业务有着较大的区别。一般来讲,健康保险有以下几方面的特点:

1. 保险期限

除重大疾病等保险以外,绝大多数健康保险尤其是医疗费用保险常为一年期的短期合同,原因在于医疗服务成本不断上涨,保险人很难计算出一个长期适用的保险费率,而一般的个人寿险合同则主要是长期合同,在整个缴费期间可以采用均衡的保险费率。

2. 精算技术

人寿保险在制定费率时主要考虑死亡率、费用率和利息率,而健康保险则主要考虑疾病率、伤残率和疾病(伤残)持续时间。健康保险费率的计算以保险金额损失率为基础,年末未到期责任准备金一般按当年保费收入的一定比例提存。此外,健康保险合同中规定的等待期、免责期、免赔额、共付比例和给付方式、给付限额也会影响最终的费率。

3. 健康保险的给付

费用型健康保险适用补偿原则,是补偿性的给付;而定额给付型健康险则不适用,保险金的给付与实际损失无关。对于前者而言,强调对被保险人因伤病所致的医疗花费或收入损失提供补偿,与人寿和意外伤害保险在发生保险事故时给付事先约定的保险金不同,而类似于财产保险。

4. 经营风险的特殊性

健康保险经营的是伤病发生的风险,其影响因素远较人寿保险复杂,逆选择和道德风险都更严重。为降低逆选择风险,健康保险的核保要比人寿和意外伤害保险严格得多;道德风险导致的索赔欺诈也给健康保险的理赔工作提出了更高的要求;精算人员在进行风险评估及计算保费时,除了要依据统计资料,还要获得医学知识方面的支持。

5. 合同条款的特殊性

健康保险的被保险人和受益人常为同一个人。健康保险合同中,除适用一般寿险的不可抗辩条款、宽限期条款、不丧失价值条款等外,还采用一些特有的条款,如既存状况条款、转换条款、协调给付条款、体检条款、免赔额条款、等待期条款等。此外健康保险合同中有较多的名词定义,有关保险责任部分的条款也显得比较复杂。

6. 健康保险的除外责任

除外责任一般包括战争或军事行动,故意自杀或企图自杀造成的疾病、死亡和残废,堕胎导致的疾病、残废、流产、死亡等。

二、健康保险的种类与责任范围

（一）健康保险的种类

20 世纪以来,健康保险在世界各国都得到了较大的发展,承保范围日益扩大,险种日益增多,它已成为各国福利制度不可缺少的组成部分。健康保险按照不同的标准,可以分为不同种类。

1. 按给付方式分类

健康保险是以被保险人所患疾病作为保险事故的,按给付方式划分,一般可分为三种:

(1)给付型。保险公司在被保险人患保险合同约定的疾病或发生合同约定的情况时,按照合同规定向被保险人给付保险金。保险金的数目是确定的,一旦确诊,保险公司按合同所载的保险金额一次性给付保险金。如特种疾病保险、重大疾病保险等就属于给付型。

(2)报销型。保险公司依照被保险人实际支出的各项医疗费用按保险合同约定的比例报销。如住院医疗保险、意外伤害医疗保险等就属于报销型。

(3)津贴型。保险公司依照被保险人实际住院天数及手术项目赔付保险金。保险金一般按天计算,保险金的总数依住院天数及手术项目的不同而不同。如住院医疗补贴保险、住院安心保险等就属于津贴型。

2. 按保险保障的内容分类

按照保险保障的内容不同,健康保险可划分为医疗保险、残疾收入补偿保险和护理保险。

医疗保险,又称医疗费用保险,是指提供医疗费用保障的保险,保障的是被保险人因疾病或生育治疗时支出的医疗费用损失。常见的医疗保险有普通医疗保险、住院保险、综合医疗保险、重大疾病保险等。

残疾收入补偿保险,又称残疾收入保险、丧失工作能力补偿保险、收入保障保险等,是指对被保险人因疾病或意外事故导致残疾后,不能正常工作而失去原来工资收入的补偿保险。在实际生活中,残疾的原因常常是身体内潜伏病症与外在突发伤害的共同作用,因此,需根据近因原则确定责任归属。此种保险常附加有生活指数条款,这样,保险人给付的保险金可随着生活指数进行调整。

护理保险是指以保险合同约定的日常生活能力障碍引发的护理需要为给付保险金条件,为被保险人的护理支出提供保障的保险。

3. 按损失种类分类

健康保险以此可划分为收入保险、死亡和残疾保险、费用保险三类。

收入保险是指当被保险人因患病或遭受意外伤害而丧失部分或全部工作能力时,由保险人定期给付收入保险金。

死亡和残疾保险在被保险人意外死亡时或意外丧失肢体、器官等造成身体残疾时给付一次性死亡或残疾保险金。

费用保险是指当被保险人因病或遭受意外伤害导致医疗费用支出时给付医疗保险金,如住院费用保险单、普通医疗费用保险单等。

4. 按投保方式分类

健康保险可以此划分为个人健康保险和团体健康保险。

个人健康保险是保险公司与保单所有人之间订立的一种合同,是对某一个人或某几个人提供保障的保险。

团体健康保险则是保险公司与团体保单持有人(雇主或其他法定代表)之间订立的合同,它对主契约下的人群提供保障。团体健康保险与人寿保险中的团体保险性质相似。

团体健康保险除提供与个人健康保险相类似的医疗保障,如住院、手术、高额医疗费用保险、长期或短期残疾收入给付外,还提供一些个人健康保险所没有的保障,如牙科医疗、处方药费用等。

5. 按照组织性质分类

健康保险可以此划分为商业健康保险、社会健康保险、管理式医疗保险、自保计划。

商业健康保险是指投保人与保险人双方遵循自愿原则,以双方所达成的保险合同为基础,在被保险人出现合同中约定的保险事故时,由保险人给付保险金的一种保险。

社会健康保险是指国家通过立法形式,采取强制的方式对劳动者因患病、生育、伤残等原因所支出的费用和收入损失进行物质帮助而实施的一种制度。

管理式医疗保险是指将提供医疗服务和提供医疗服务所需资金相结合的一种医疗保障管理模式或管理系统。

自保计划是指企业或事业单位或雇主,通过部分或完全自筹资金的方式承担其职工或雇员的医疗费用开支,并为此承担部分或全部损失赔偿责任。

除了上述比较常见的划分外,我们还可以按险种结构把健康保险划分为健康保险主险和健康保险附加险。前者即单独开办的一张保险单,保险人所承保的责任仅限于健康保险或包括健康保险在内的几项保险责任的组合。后者是附加于主险之上,并且与主险同时投保的健康保险,如危险疾病保险、外科费用保险、意外伤害附加医疗保险等。

(二)健康保险的责任范围

健康保险的保险责任范围主要包括:疾病、分娩、因疾病或分娩所致的残疾和因疾病或分娩所致的死亡四项。前两项以补偿医疗费用损失为目的,属单纯的健康保险。第三项除医疗费用外,还补偿被保险人生活收入的损失,属于残疾保险。第四项弥补丧葬费用并给付遗属生活费用,类似以死亡为条件的人寿保险。因此也有人说健康保险是一种综合保险。事实上,健康保险单独承保的情况比较少,大多数时候都是作为人寿保险的附加险出现,即附加疾病保险和附加分娩保险。

概括地讲,健康保险的承保责任范围包括:工资收入损失;业务利益损失;医疗费用;残疾补贴以及丧葬费及遗属生活补贴等。从总体上看,健康保险承保的主要内容可以分为两大类:一类承保的是由于疾病、分娩等所致的医疗费用支出损失,一般称这种健康保险为医疗保险或医疗费用保险;另一类承保的是由于疾病或意外事故致残所致的收入损失,如果被保险人完全不能工作,则其收入损失是全部的;如果无法恢复所有工作,只能从事比原工作收入低的工作,那么收入损失是部分的,损失数额就是原收入与新收入的差额,一般称这种健康保险为残疾收入补偿保险(该险种目前我国较为少见)。

三、健康保险合同的特殊规定

1. 责任期限

责任期限是意外伤害保险和健康保险特有的概念,是指自被保险人遭受意外伤害之日起的一定时期(90 天或 180 天等)。在此期间内,被保险人因意外伤害导致的死亡、残疾、医疗费用或收入损失由保险人承担。

2. 观察期条款

观察期,也称试保期,是指健康保险合同成立之后到正式开始生效之前的一段时间。由于保险人仅仅凭借过去的病历难以判断被保险人是否已经患有某些疾病,为防止已经患有疾病的人带病投保,保证保险人的利益,通常在首次投保的健康保险单中规定一个观察期(90 天或 180 天等)。被保险人在观察期内所患疾病都推定为投保之前已经患有,其所支出的医疗费或所致收入损失保险人不负责,只有观察期结束后保险单才正式生效。及时续保的健康保险合同不再设置观察期。

3. 等待期条款

等待期,也称免赔期,是指健康保险中因疾病、生育及其导致的疾病、全残、死亡发生后到保险金给付之前的一段时间。等待期的时间长短视健康保险种类及其规定而有所不同。

4. 犹豫期

犹豫期也叫冷静期,是指投保人收到保单之日起 10 日内的一段时间,投保人可以无条件地要求保险公司退还保费,但保险公司可收取最多 10 元的成本费。

5. 免赔额条款

在健康保险合同中通常对医疗费用保险有免赔额条款的规定,在规定的免赔额以内的医疗费用支出由被保险人自己负担,保险人不予赔付。

6. 共保比例条款

共保比例条款,也称共同分摊条款,类似于保险人与被保险人的共同保险。它是指按照医疗保险合同约定的一定比例由保险人与被保险人共同分摊被保险人医疗费用的保险赔偿方式。例如共保比例 80%,表明保险人只对医疗费用负担 80%,被保险人要自负 20%。

7. 给付限额条款

由于健康保险的被保险人的个体差异很大,其医疗费用支出的高低差异也很大,为保障保险人和大多数被保险人的利益,在补偿性质的健康保险合同中通常实行补偿性原则,即对于医疗保险金的给付一般有最高给付限额的规定。

8. 连续有效条款

为方便客户获得保险保障,对于有些希望长期投保健康保险的客户,保险人一般可以在保险单中设定保单连续有效的条款。

四、健康保险的实务

（一）医疗保险

医疗保险，又称医疗费用保险，是指提供医疗费用保障的保险，保障的是被保险人因患疾病或生育需要治疗时的医疗费用支出，包括医生的医疗费和手术费、药费、诊疗费、护理费、各种检查费和住院费及医院杂费等。各种不同的医疗保险所保障的费用一般是其中一项或若干项医疗费用的组合。

在医疗保险中，疾病发生导致被保险人遭受的实际医疗费用损失可以用货币来衡量，所以医疗保险具有补偿性，即保险人在保险金额的限度内补偿被保险人实际支出的医疗费用。当然，医疗保险也可以采用定额给付方式，但仅适用于某些特定保障项目，如住院医疗费、手术费、护理费等。当医疗保险采用补偿方式时，保险人通常按实际医疗费用进行补偿。

医疗保险的范围很广，医疗费用则一般依照其医疗服务的特性来区分，主要包含门诊费用、药费、住院费用、护理费用、医院杂费、手术费用、各种检查费用等。各种不同的健康保险保单所保障的费用一般是其中的一项或若干项之组合。

常见的医疗保险包括普通医疗保险、住院保险、手术保险、综合医疗保险等。

1. 普通医疗保险

普通医疗保险为被保险人提供与治疗疾病相关的一般性医疗费用，主要包括门诊费用、医药费用、检查费用等。这种保险比较适用于一般社会公众，因为到医院看病是常有的事，这种保险的保险费成本较低。由于医药费用和检查费用的支出控制有一定的难度，所以，这种保单一般也有免赔额和比例给付规定，保险人支付免赔额以上部分的一定百分比（例如 80%），保险费用则每年规定一次。每次疾病所发生的费用累计超过保险金额时，保险人不再负责任。

2. 住院保险

由于住院所发生的费用是相当可观的，故将住院的费用作为一项单独的保险。住院保险的费用项目主要是每天住院的床位费用、住院期间的医生费用、使用医院设备的费用、手术费用、医药费等，住院时间长短将直接影响其费用的高低。由于住院费用比较高，因此，这种保险的保险金额应根据病人平均住院费用情况而定。为了控制无必要的长时间住院，这种保单一般规定保险人只负责所有费用的一定百分比（例如 85%）。

3. 手术保险

这种保险提供病人做必要的手术而发生的费用。这种保单一般负担所有手术费用。

4. 综合医疗保险

综合医疗保险是保险人为被保险人提供的一种全面的医疗费用保险，其费用范围包括医疗和住院、手术等的一切费用。这种保单的保险费较高。一般确定一个较低的免赔额连同适当的分担比例(例如 80%)。

(二) 疾病保险

疾病保险指以疾病为给付保险金条件的保险。某些特殊的疾病往往给病人带来的是灾难性的费用支付。例如癌症、心脏疾病等,这些疾病一经确诊,必然会产生大范围的医疗费用支出。因此,通常要求这种保单的保险金额比较大,以足够支付其产生的各种费用。疾病保险的给付方式一般是在确诊为特种疾病后,立即一次性支付保险金额。

1. 疾病保险的基本特点

个人可以任意选择投保疾病保险,作为一种独立的险种,它不必附加于其他某个险种之上。

疾病保险条款一般都规定了一个观察期,观察期一般为 90 天或 180 天。

疾病保险为被保险人提供切实的疾病保障,且程度较高。疾病保险保障的重大疾病,均是可能给被保险人的生命或生活带来重大影响的疾病项目,如急性心肌梗死、恶性肿瘤。

保险期限较长。疾病保险一般都能使被保险人"一次投保,终身受益"。保费交付方式灵活多样,且通常设有宽限期条款。

疾病保险的保险费可以按年、半年、季、月分期交付,也可以一次交清。

2. 重大疾病保险

重大疾病保险在国内比较流行,保障的疾病一般有心肌梗死、冠状动脉绕道手术、癌症、脑中风、尿毒症、严重烧伤、暴发性肝炎、瘫痪和重要器官移植手术、主动脉手术等。

重大疾病保险按保险期间划分,可以分为定期和终身两类。

定期重大疾病保险为被保险人在固定的期间内提供保障,固定期间可以按年数确定(如 10 年)或按被保险人年龄确定(如保障至 70 岁)。终身重大疾病保险为被保险人提供终身的保障。"终身保障"的形式有两种:一种是重大疾病保障,为被保险人终身提供;另一种是指定一个"极限"年龄(如 105 周岁),当被保险人健康生存至这个年龄时,保险人给付与重大疾病保险金额相等的保险金,保险合同终止。终身重大疾病的保险产品都会含有身故保险责任,费率相对比较高。

按给付形态划分,重大疾病保险有提前给付型、附加给付型、独立主险型、按比例给付型、回购式选择型五种。

提前给付型重大疾病保险产品的保险责任包含有重大疾病、死亡和(或)高度残疾,保险总金额为死亡保额,但包括重大疾病和死亡保额两部分。如果被保险人罹患保单所列重大疾病,被保险人可以将一定死亡保额比例的重大疾病保险金提前领取,用于医疗或手术费用等开支,身故时由身故受益人领取剩余部分的死亡保险金;如果被保险人没有发生重大疾病,则全部保险金作为死亡保障,由受益人领取。

附加给付型重大疾病保险产品通常作为寿险的附约,保险责任也包含有重大疾病和死亡高残两类。不同于提前给付型的是该型产品有确定的生存期间。生存期间是指被保险人身患保障范围内的重大疾病始至保险人确定的某一时刻止的一段时间,通常为30天、60天、90天、120天不等。如果被保险人死亡或高残,保险人给付死亡保险金;如果被保险人罹患重大疾病且在生存期内死亡,保险人给付死亡保险金;如果被保险人罹患重大疾病且存活超过生存期间,保险人给付重大疾病保险金,被保险人身故时再给付死亡保险金。此种产品的优势在于死亡保障始终存在,不因重大疾病保障的给付而减少死亡保障。

独立主险型重大疾病保险产品包含的死亡和重大疾病责任是完全独立的,各自的保额为单一保额。如果被保险人身患重大疾病,保险人给付重大疾病保险金,死亡保险金为零;如果被保险人未患重大疾病,则给付死亡保险金。此型产品较易定价,即单纯考虑重大疾病的发生率和死亡率,但对重大疾病的描述要求严格。

按比例给付型重大疾病保险产品针对重大疾病的种类设计,同时可应用于以上诸型产品中,主要考虑某一种重大疾病的发生率、死亡率、治疗费用等因素,被保险人罹患某一种重大疾病时按照重大疾病保险金总额的一定比例给付,其死亡保障不变。

回购式选择型重大疾病保险产品针对前文述及的提前给付型产品存在的因领取重大疾病保险金而导致死亡保障降低的不足,规定保险人给付重大疾病保险金后,如被保险人在某一特定时间后仍存活,可以按照某固定费率买回原保险总额的一定比例(如25%),使死亡保障有所增加;如被保险人再经过一定的时间仍存活,可再次买回原保险总额的一定比例,最终可以使死亡保障达到购买之初的保额。此型产品最早出现在南非,在澳大利亚和英国非常普遍,在我国尚属空白。回购式选择带来的逆选择是显而易见的,因此对于"回购"的前提或条件的设定至关重要。

3. 特种疾病保险

特种疾病保险是保险人以被保险人罹患某些特殊疾病为保险给付条件,按照合同约定金额给付保险金或者对被保险人治疗该种疾病的医疗费用进行补偿的保险。

生育保险是通过国家立法规定,在劳动者因生育子女而导致劳动力暂时中断时,由国家和社会及时给予物质帮助的一项社会保险制度。

我国的生育保险待遇主要包括两项:一是生育津贴,用于保障女职工产假期间的基本生活需要;二是生育医疗待遇,用于保障女职工怀孕、分娩期间以及女职工实施节育手术时的基本医疗保健需要。

生育保险关系到广大女职工的切身利益,对社会劳动力的生产与再生产具有十分重要的保护作用。我国生育保险工作的实践证明,在市场经济条件下,实行生育费用社会统筹和社会化管理服务,对于均衡企业负担、改善妇女就业环境、切实保障女职工生育期间的基本权益,发挥了重要作用。同时,对计划生育、优生优育等工作也产生了积极影响。

牙科费用保险在西方发达国家十分普遍,它是为被保险人的牙齿常规检查、牙病预防、龋齿等口腔疾病治疗而提供医疗费用保障的保险。牙齿常规检查和牙病预防可以有效降低牙科医疗费用总额,因此保险人往往将此列入保障范围内。

眼科保健保险是为被保险人提供接受眼科常规检查和视力矫正时所发生的医疗费用的保险,如眼科检查费、眼镜配置费、隐形眼镜等。

艾滋病保险是一种专门针对普通团体提供的专项艾滋病保险产品，承保因输血导致的艾滋病病毒感染或其他因工作中的意外感染、受犯罪侵害感染等引起的赔偿责任。保险期限 1 年，保险金额为每份 1 万元，总保险金额最高不超过 30 万元。

（三）收入保障保险

如果一个人因疾病或意外伤害事故而不能参加工作，那么他就会失去原来的工资收入。这种收入的损失数额可能是全部的，也可能是部分的，其时间可能较长，也可能较短。提供被保险人在残废、疾病或意外受伤后不能继续工作时所发生的收入损失补偿的保险即是收入保障保险。收入保障保险一般可分为两种：一种是补偿因伤害而致残废的收入损失，另一种是补偿因疾病造成的残废而致的收入损失。在实践中，因疾病而致的残废比因伤害所致的更为多见一些。收入保障保险的给付方式一般有以下几种：

（1）按月或按周给付。

（2）根据被保险人的选择而定，每月或每周可提供金额相一致的收入补偿。

（3）按给付期限给付。给付期限可以是短期或长期的。短期补偿是为了补偿在身体恢复前不能工作的收入损失；长期补偿则是补偿全部残废而不能恢复工作的被保险人的收入，通常规定给付到 60 周岁或退休年龄，被保险人死亡时停止给付。短期给付期限一般为一年到两年。

（4）按推迟期给付。残废后的前一段时间被称为推迟期，在这期间不给付任何补偿，推迟期一般为 3 个月或 6 个月，这是由于在短时间内，被保险人还可以维持一定的生活；同时，取消对短期残废的给付可以减少保险成本。

（四）护理保险

长期护理保险是为那些身体衰弱不能自理或不能完全自理生活、需要他人辅助全部或部分日常生活的被保险人（基本是老年人）提供经济保障或护理服务的一种保险。

长期护理保险的保险范围分为医护人员看护、中级看护、照顾式看护和家中看护四个等级，但早期的长期护理保险产品不包括家中看护。

典型长期看护保单要求被保险人不能完成下述五项活动之两项即可：吃，沐浴，穿衣，如厕，移动。除此之外，患有老年痴呆等认知能力障碍的人通常需要长期护理，但他们却能执行某些日常活动，为解决这一矛盾，目前所有长期护理保险已将老年痴呆和阿基米德病及其他精神疾患包括在内。

医护人员看护是最高级别的护理，需要特殊的护理专长，在医师医嘱下进行 24 小时看护，由有执照的护士或看护人员担任，或由治疗师提供康复治疗。与住院相比，选择医护人员看护会较为便宜。中级看护与医护人员看护相似，只是病人不必 24 小时接受看护，即一种非连续性的医护人员看护。照顾式看护是最基本的看护，通常不含医疗性质，只对那些无人协助就不能做基本活动的人在日常生活上提供照顾，看护人员不需要经专业训练。是否需要照顾式看护由医生决定，护士来监督执行。家中看护指护士或治疗师到病人家中做医疗照顾或治疗,佣人提供家政服务或外出看病购药等的交通服务。越来越多的长期护理保险保单为在家中看护提供了保障。在家中看护比在看护机构看护要便宜,较受老年人欢迎。

长期护理保险保险金的给付期限有一年、数年和终身等几种不同的选择,同时也规定有 20 天、30 天、60 天、90 天、100 天或者 80 天等多种免责期,例如选择 20 天的免责期,即从被保险人开始接受承保范围内的护理服务之日起,在看护中心接受护理的前 20 天不属保障范围。免责期越长,保费越低。终身给付保单通常很昂贵。

长期护理保险的保费通常为平准式,也有每年或每一期间固定上调保费者,其年缴保费因投保年龄、等待期间、保险金额和其他条件的不同而有很大区别。一般都有豁免保费保障,即保险人开始履行保险金给付责任的 60 天、90 天或 180 天起免缴保费。此外,所有长期护理保险保单都是保证续保的,可保证对被保险人续保到一特定年龄,如 81 岁,有的甚至保证对被保险人终身续保。保险人可以在保单更新时提高保险费率,但不得针对具体的某个人,必须一视同仁地对待同样风险情况下的所有被保险人。

最后,长期护理保险还有不没收价值条款的规定,当被保险人撤销其现存保单时,保险人会将保单积累的现金价值退还给投保人。

 【案例 7.4】

2002 年 11 月 4 日张某为自己在保险公司投保了重大疾病保险 10 份,保险金额为 10 万元。根据合同约定,张某如在合同生效 180 天后患合同列明的重大疾病或接受合同列明的重大手术,保险公司将按保险金额的 3 倍给付重大疾病保险金。2003 年 1 月 7 日张某因多发性脑梗死、高血压、肾上腺瘤住院治疗,1 月 24 日好转出院;9 月 5 日张某突发冠心病、高血压、脑梗死、脑萎缩、肾上腺瘤,手术后再次住院治疗,20 日好转出院。2003 年 10 月 10 日张某向保险公司提出索赔申请,要求保险公司给付其重大疾病保险金 30 万元,并提供了相关索赔资料。保险公司经过多方调查,发现张某曾在 2001 年 8 月 1 日因 TIA、脑梗死、高血压住院治疗,8 月 5 日出院;8 月 21 日又因同种疾病再次住院治疗。这两次住院治疗情况张某投保时均未告知保险公司。据此,保险公司根据《保险法》第十条、保险合同责任免除条款之规定拒绝给付张某重大疾病保险金。2004 年 6 月 7 日张某因治疗无效死亡。试分析:若张某之妻严某向当地仲裁委员会提出仲裁申请,要求保险公司给付重大疾病保险金 30 万元,仲裁委员会将如何裁决?

请同学们思考并讨论保险公司就此案进行赔付。

资料来源:我要正义网,http://51zy.cn/125570649.html,法律文献

 【补充阅读 7.8】 中国太平首推高端养老社区"梧桐人家"

保险公司投身养老社区正呈加速之势,2012 年 7 月底中国太平集团在上海投资设立了太平养老产业投资有限公司(以下简称"太平养老产业投资公司"),拟投资约 20 亿元在周浦设立太平养老社区,2013 年该养老社区在上海浦东周浦动工,2014 年 7 月该高端养

老社区正式推出,命名为"梧桐人家",该项目总投资约 37 亿元,可供 3600 多位老人入住。

相关人士介绍,梧桐人家以 home(家)、hotel(酒店)、health & hospital(健康医疗)、happiness(幸福)、holiday(旅行)5H 为服务理念,致力于为长者带来自信、温暖、充实、愉悦的乐龄生活。"梧桐人家"最大的优势在于"医养"结合。由于坐落于集"医、教、研、产"为一体的新型综合性医学园区内,"梧桐人家"拥有优质的医疗资原,区内还设专业护理院,在社区内的住宅也配置了不同的医疗或保健设备。

除了中国太平之外,包括平安、国寿、泰康、合众人寿等多家保险公司都已经在全国纷纷拿地推出养老社区,从武汉到北京,从上海到广州,都能找到险企投资的养老社区,而这些养老社区基本都和保险产品挂钩,年缴保费达到数十万元,缴费期间可以达列 20 年,从保险产品到养老社区,这一条产业链已经在国内渐趋成型。

 【补充阅读 7.9】　重疾险怎么选,这 4 点一定要知道

重大疾病给家庭带来的影响,真的不敢想。很多人都知道重疾险是资产配置中不可缺少的一环,然而,纷繁复杂的保险条款和五花八门的产品设定让很多人无所适从,导致投保战线拉得很长。现在给大家支几招重疾险的挑选方法。

1. 保额要买够

重疾险一次性赔付保额,买多少赔多少,本意是保障被保人在重疾之后整体治疗与后续疗养、康复期间的经济收入和生活水平,所以重疾的具体保额选择与其年收入以及家庭责任占比有很大关系。一般建议保额设定在年收入的 2～3 倍,这样才能覆盖到重疾带来的收入损失、康复支出等一系列的风险。

我们建议,重疾保额最好做到 50 万元或者更高,再低也不能低于 30 万元,同时和医疗险组合配置,互相配合。

2. 要不要身故责任,看钱包和需求

带身故责任的产品,比如身故返保费或者保额,如果保障期内没有得重疾,去世了也能拿回一笔钱,不过保费也会贵一点。

与它对应的是消费型的产品,到期后,没得重疾,不会赔付,价格也相对便宜。

如果想要保障更多一些,价格方面没问题,可以考虑买带身故责任的产品。如果用户预算有限,消费型产品值得拥有。我们建议保费控制在年收入的 10% 左右。

3. 条件允许,优先保终身

保定期,价格便宜,但是到期之后就失去保障了,如果那会儿已经六七十岁,基本上买不到重疾险了。

选择保终身一辈子都有保障,会更安心,承担的保费要更高。

如果条件允许,优先考虑保终身,毕竟年龄越大得重疾概率越高,越需要保障。

我们建议预算有限,那就先保定期,确保身上担子最重的时期,有充足的保障。严重纠结体,还可以考虑两者搭配,比如买一份 30 万元的保终身,再买一份 30 万元的保定期。

4. 癌症保障,值得关注

癌症,易得、难治、烧钱。对于普通家庭来说,最省钱最有效的方法就是提前做足癌症保障。目前市面上出现了不少可附加额外癌症保障的产品,我们分享几个挑选技巧:

① 隔期要短。癌症的复发和转移往往在治疗后的 5 年内,所以两次癌症赔付的间隔期越短越好,目前较短的是 1 年,像 3/5 年的不建议。

② 对癌症的限制要少。有两方面要注意:

首先,有的产品,第二次患癌时,需要初次确诊的癌症病灶已消失才赔付。好的保障,不论是癌症的复发、持续、转移还是新发,都可以赔。

其次,一些产品,如果第一次重疾得的不是癌症,第二次重疾得了癌症就不能赔了,最好是选择能赔的产品。

③ 赔的钱要多。癌症治疗费用高,赔得少了不够用,尽量找赔 100% 保额的,如果能赔更高当然最好。

虽然重疾险配置越早越好,但不代表重疾险购买要"一次敲定终身方案"。理想的做法是先配置一个基本的、长期的保险计划,然后随着年龄的增长、收入水平的增加,以及健康情况的变化,再在原有基本保障计划的基础上叠加配置其他的险种和保额,做到及时动态调整。

 本章小结

1. 人身保险是以人的生命和身体为保险标的的一种保险。人身保险具有保险标的的不可估价性、定额给付性、保险期限的长期性、储蓄性、生命风险的相对稳定性、保险利益的特殊性等特征。

2. 人寿保险是以人的生命为保险标的,以人的生死为保险事件,当发生保险事件时,保险人履行给付保险金责任的一种保险。人寿保险具有保险标的的不可估价性、承保风险的特殊性、风险的变动的规律性、保险经营的稳定性、保险费计算的特殊性、保险期限的长期性及储蓄性等特征。

3. 健康保险是指以被保险人身体为保险标的,保险人承担被保险人在保险期限内因疾病、生育或发生意外事故受到伤害时所导致的医疗费用或收入损失的一种保险。其特点有:保险责任范围的广泛性,承保风险的变动性和不易预测性,承保管理的严格性,保险合同的多样性及短期性。

4. 意外伤害保险是人身意外伤害保险的简称,人身意外伤害是指在被保险人没有预见到或违背被保险人意愿的情况下,突然发生的外来致害物对被保险人的身体明显、剧烈地侵害的客观事实。意外伤害保险具有短期性、给付条件的差异性、保险费率测定基础的不同、保险金的定额性等特征。

 **重要概念**

人身保险　人寿保险　健康保险　意外伤害保险　疾病保险　医疗保险　收入保障

保险　定期寿险　终身寿险　两全保险　年金保险　变额寿险　万能寿险　分红保险
责任期限　犹豫期　团体保险

 思考题

1. 简述人身保险的特点。
2. 人寿保险的特点及功能。
3. 试比较变额人寿保险与万能人寿保险的区别。
4. 简述意外伤害保险与人寿保险的联系和区别。
5. 怎样理解意外伤害保险的意外伤害？
6. 健康保险与意外伤害保险的联系和区别是什么？
7. 健康保险的主要特点是什么？如何对其业务进行分类？

案例分析

1. 公司采购员刘某于 2015 年 10 月 15 日在某旅馆住宿,室内有"请勿吸烟"的标志,但刘某仍在床上抽烟。疲劳至极的刘某很快入睡,手中的烟头掉落在棉絮上引起火灾,刘某的皮肤被大面积烧伤,花去医疗费 8 000 余元,事后刘某持 3 个月前购买的意外伤害附加医疗保险单和其他有关单据向保险公司索赔。

试根据学过的知识分析保险公司是否应当履行赔偿义务,并说明原因。

2. 张某,男,8 岁,某小学二年级学生,2015 年 9 月投保了学生平安意外伤害保险,保险金额 1 万元,年缴保险费 20 元,保险期限 1 年。当年 11 月的一天,张某在学校与同学打架受到老师批评,放学回家后与哥哥又发生争吵,加之不满父母外出打牌忘记自己生日,趁人不注意跳楼自杀身亡。张某父母作为受益人持相关证明到人寿保险公司索赔。

保险公司是否应该赔偿？并说明理由。

 在线自测

第八章

保险公司业务及经营

保险经营是指保险企业为实现一定的经济目标而进行的筹划、决策以及决策实施的过程，也就是以获得一定的经济利益和实现特定职能为目的的经济行为。保险业务经营活动通常包括展业、投保、承保、分保、防灾、理赔及资金运用等环节。狭义的保险公司经营管理是指所有为获得公司持续发展和盈利所从事的一系列展业、承保、理赔、投资等业务管理活动。广义的保险公司经营管理还包括为提升经营效率所从事的组织、精算、财务、计划、人力、偿付能力等内部管理活动。本章主要讨论狭义的保险公司经营管理。

第一节　保险公司经营管理概述

一、保险公司经营管理的特征

保险公司的经营活动是依据保险经营和特征，向被保险人提供必要的风险管理。保险公司的经营活动具有以下几个方面的特征。

（一）保险经营活动是一种特殊的劳务活动

保险经营以特定风险存在为前提，以集合尽可能多风险为条件，以大数法则为数理基础，以经济补偿和给付为基本功能。因此，保险企业所从事的经营活动不是一般的物质生产和商品交换活动，而是一种特殊的劳务活动。首先，这种劳务活动依赖于保险业务人员的专业素质，如果保险企业拥有一批高素质的业务人员，提供承保前后的系列配套服务，社会公众对保险企业的信心会增强，保险公司的竞争力会进一步提高。其次，这种劳务活动体现在保险产品的质量上。保险公司根据保险市场需求，精心设计保险条款，合理确定保险责任范围，科学厘定保险费率，保险公司承保的业务就会扩大，保险公司的经营也会越来越稳定。

（二）保险经营资产具有负债性

保险公司的经营活动是运用所聚集的资本金及各种准备金而建立起来的保险基金，实现风险分散、进行经济补偿的职能。保险公司的经营资产主要来源于投保人按保险合同向保险人缴纳的保险费，而这些保险费正是保险人对被保险人未来赔偿或承担给付责任的负债。

（三）保险经营成本和利润计算具有特殊性

保险经营成本的计算与其他商品成本相比具有不确定性。由于保险产品现时的价格是依据过去的支出的平均成本确定的，而现时的价格又是用来补偿将来发生的损失，即过去成本产生现时价格，现时价格补偿将来成本。这就使保险公司的经营成本具有较大的不确定性，也使保险产品的价格远不如其他商品的价格容易确定。此外，保险公司利润除了从当年的保费收入中减去当年的赔款、费用和税金外，还要减去各项准备金和未决赔款。如果保险公司提取的各项准备金数额比较大，则会对保险公司的利润产生比较大的影响。

（四）保险经营过程具有分散性、广泛性

保险经营的风险、险种比较多，涉及的被保险人也比较广泛。一旦保险公司经营失败，它就会丧失偿付能力，影响被保险人利益，乃至整个社会的安定，因此，保险公司的经营过程不仅是风险大量集合的过程，而且是风险广泛分散的过程。众多投保人将其所面临的风险转嫁给保险人，保险人通过承保将众多风险集合起来，当发生保险责任范围内的损失时，保险人又将少数人发生的损失分摊给全体投保人承担。

（五）投资在保险经营中占有重要地位

保险费收取与保险金赔付之间往往有时间差和数量差，这为保险资金进行投资运用提供了基础条件。因此基于保险基金保值增值需要而进行的保险投资在增强保险公司的偿付能力和市场竞争力、增加利润收益、减轻投保人的经济负担、增加客户来源等方面具有十分重要的作用，在保险经营中占有极其重要的地位。

二、保险公司经营管理的原则

保险公司经营管理的原则是指企业从事保险经济活动的行为准则。从微观上讲，保险公司在经营保险这种特殊商品时，应当遵循如下原则。

（一）风险大量原则

风险大量原则是指保险人在可保风险的范围内，根据自己的承保能力，努力承保尽可能多的风险和标的。因为，第一，保险的经营过程实际上就是风险管理过程，而风险的发生是偶然的、不确定的，保险人只有承保尽可能多的风险和标的，才能建立起雄厚的保险基金，以保证保险经济补偿职能的履行。第二，保险经营是以大数法则为基础的，只有承保大量的风险和标的，才能使风险发生的实际情形更接近预先计算的风险损失概率，从而确保保险经营的稳定性。第三，扩大承保数量是保险企业提高经济效益的一个重要途径。因此，保险企业应积极组织拓展保险业务，在维持巩固现有业务的同时，不断发展新客户，

扩大承保数量,拓展承保领域,实现规模经营。

(二)风险选择原则

风险选择原则要求保险人充分认识、准确评价承保标的的风险种类与风险程度,以及投保金额恰当与否,从而决定是否接受投保。保险人对风险的选择表现在两方面,一方面是尽量选择同质风险的标的承保,另一方面是淘汰那些超出可保风险条件或范围的保险标的。保险公司可以进行事先风险选择,也可以进行事后风险选择。

(1)事先风险选择。事先风险选择是指保险人在承保前考虑是否接受承保。此种选择包括对"人"和"物"的选择。所谓对"人"的选择,是指对投保人或被保险人的评价与选择。所谓对"物"的选择,是指对保险标的及其利益的评估与选择。

(2)事后风险选择。事后风险选择是指保险人对保险标的风险超出核保标准的保险合同作出淘汰的选择。保险合同的淘汰通常有以下三种方式:①待保险合同期满后不再续保;②按照保险合同规定的事项予以注销合同;③保险人若发现被保险人有明显误告或欺诈行为,可以中途终止承保,解除保险合同。

(三)风险分散原则

风险分散原则一般是指由多个保险人或被保险人共同分担某一风险责任。其实这是从风险分散的主体因素来进行定义。保险公司可以与其他保险人等主体分散风险,如分保(再保险)、共同保险、风险证券化等。保险公司也可以与投保人或被保险人分散风险,如限制保险金额、规定免赔额(率)、实行比例承保、共付等。此外,保险公司可以从时间因素方面进行风险分散,即确保保险合同期限不集中在某一特定时期或时点。保险公司也可以从地理因素方面进行风险分散,即确保所承保的业务不集中于某地或某些区域风险特征明显地区。保险公司还可以从业务种类因素方面考虑进行风险分散,如确保各项业务相对均衡发展,不过度集中于某一种业务等。保险公司遵循风险分散原则需要综合考虑多种因素。

第二节　保险展业

保险展业是指以保险宣传开道、广泛组织和争取保险业务的过程。保险企业只有大量地招揽业务,才能在众多的被保险人之间将风险进行分摊,才能积累雄厚的保险基金,在保险市场上增强竞争能力,为被保险人提供更广泛、更优质的服务。因此,展业是保险业务活动的起点和基础,没有展业就没有业务来源,也就无法开展承保、防灾、理赔、投资等其他保险业务。

一、展业的内容

保险展业的具体内容有:(1)宣传保险及保险公司;(2)帮助客户加强风险管理;(3)向

客户解释险种、条款,帮助客户选择适当的险种和费率;(4)动员客户续保。

保险宣传就是保险公司为保险商品做广告的过程,即保险公司支付费用,通过大众传媒向目标客户传递有限公司的保险商品和服务信息,希望其购买的活动。保险商品自身的特点决定了保险宣传的重要性。保险宣传的目的在于使更多的人了解保险商品,具有保险意识和保险知识,最终促使展业对象向保险公司投保。保险宣传的主要内容是向客户介绍各种保险商品的内容、功能以及对客户的益处,并使客户明确投保后所应享有的权利和应尽的义务。保险宣传要坚持实事求是的原则,作为保险展业者不应为了承揽更多的客户而进行非客观的宣传。为了对客户负责,保证保险的信誉,在介绍具体的保险险种时应以条款为依据,不能任意夸大保险条款的保障范畴和赔付责任,更不可欺瞒宣传对象。

二、展业的渠道

开展保险业务的关键在于拥有一支强大的展业(推销)队伍,多方面地开展展业渠道。保险展业渠道大体可以分为直接展业和中介展业两大类。

直接展业是指保险公司依靠本身的专职人员直接推销保险单,以招揽业务的活动。它较适合那些经营规模大、实力雄厚、分支机构健全的保险公司。这些保险公司利用分布在各地的分支机构,或雇请工作人员直接向保户推销保险单。直接展业能够充分发挥专职人员的熟练业务水平和经营技巧,并把展业、承保、防灾、理赔等几个环节紧密结合起来,从而保证业务的质量。但是,仅靠直接展业难以争取到更多的保险业务,而且在经济上也不合算。因为直接展业需要增设机构和配备大量的业务人员,而且由于季节性的原因,在业务旺季时,人员可能显得不够,而在淡季时,人员又显得过多,这势必增加保险经营费用开支,提高业务成本,影响保险企业的经济效益。

中介展业渠道是相对于直接展业渠道而言,即是指保险人利用中介人推销保险商品,这是国外运用最普遍的展业方式。根据中间环节的不同,又可将中介展业渠道分为保险代理人展业和保险经纪人展业。

(1)保险代理人展业。保险代理人展业是保险公司与代理人签订代理合同,委托代理人在职权范围内为保险人招揽业务,保险人按照保费收入的一定比例支付手续费的一种展业活动。保险代理人可以是保险承保管理组织机构,也可以是个人,其对象广泛。保险代理制度对保险人而言是一种十分经济的展业方式,所以被世界各国的保险业所广泛采用。我国的保险代理制度在实践中也已显示出强大的活力和广阔的前景,它是依靠社会力量办保险、发展城乡分散性业务的一种好形式。目前有些险种,如货物运输保险、旅客意外伤害保险、农业保险等,大部分都是委托保险代理人办理的。

保险代理按代理性质不同分为专业代理和兼业代理。前者专门从事保险代理业务,后者则由银行、邮政局、运输公司、旅行社等机构代办保险公司的一些业务。按代理对象不同保险代理又可以分为专属代理人和独立代理人。按授权范围不同还可以分为总代理人、地方代理人和特约代理人。我国目前已经建立了一些专业代理机构,如在城乡地区设立的保险代办站,由保险公司招聘专职代办人员,进行业务培训后,按照规定权限委托其代办保险业务,并按保费收入的一定比例给予佣金。再如,近年来涌现出的保险代理公司也是专业代理机构。兼业代理则有银行、信用社、邮政局、运输公司、旅行社、城乡居委会等。

专业代理和兼业代理相比较,专业代理的优点是代理人员素质较高,代理的业务活动范围较宽,业务质量较高,且便于保险公司进行检查和监督;兼业代理的优点是与投保人联系密切,可结合自身业务为保险公司争取业务,不足之处是代理范围较窄,业务质量稍差,且不利于专业化管理。保险人在建立代理关系时,要从实际情况出发,权衡利弊,择优而定。

(2) 保险经纪人展业。利用保险经纪人展业也是保险展业的一条重要途径。保险经纪人的特点是它独立于保险人之外,是在保险人与投保人之间专门从事保险业务联系的中介人,能够为保险双方提供服务。无论在技术和信息方面,还是在展业方式和展业渠道方面,保险经纪人都具有较高的水平。利用保险经纪人展业,在英、美等国特别盛行。在我国,保险经纪人业务已经开始,目前已有专职的经纪人代表投保人办理保险手续。

 【补充阅读 8-2】 B 站直播、微信增员! 疫情倒逼保险公司线上营销加速

疫情期的特殊方案

受疫情影响,传统保险展业的线下方式受限。银保监会(2020 年)2 月 3 日发文要求,机构要严格落实群防群控要求,调整工作方式、工作计划和考核要求,严厉制止从业人员聚集和客户集中拜访,严禁举行晨会、夕会、演说会、宣讲会、培训、推介会等众人活动。在综合考虑保护员工身体健康、稳定销售队伍和提升专业技能后,多家公司推出了疫情期间"三会一训 高效协同"的工作方案。三会,即机构每日早上的主管早会、业务团队的二次早会、每日下午下班前的业务团队夕会。一训,即每日向机构推送一个专题培训。三会一训都为视频方式。总体上就是要改变模式,改成线上在岗,包括线上指挥体系、线上培训体系、线上销售体系、线上督导体系。

B 站直播、微信增员

多位业内人士认为,疫情短期对销售形成影响,而长期来看,疫情对保险业也将形成正向影响。比如,促进保险公司的转型升级,对于推动保险线上销售,这有可能是一个难得的机会。

据了解,保险公司销售转向线上,所涉及的平台不止限于公司,还充分利用社交平台,比如微信、微店、直播间,在微信增员、举办微产会等。

比如,目前,已经有一些保险公司销售人员"入驻"B 站。在哔哩哔哩直播平台,有 50 个保险类直播间,还有 198 位保险类主播。据保险公司人士表示,目前主要在哔哩哔哩直播介绍保险知识,后续会在直播中增加更多内容。

"尽管有物理空间上的隔离,但要让团队成员更能感受到团队的凝聚力和士气、团队的力量,特别是线下业务团队。同时,这也是解决线上线下融合的好时机。"横琴人寿董事长兰亚东表示,公司过去已对远程办公、远程协作、远程培训、远程管理和督导有一定使用,但是今天需要使用得更到位、更接地气。特别是当拐点出现的时候,公司在业务流程的设计、市场机会的寻找方面,还需要进一步强化。

第三节 保 险 承 保

承保是指签订保险合同的过程,即投保人和保险人双方通过协商,对保险合同的内容取得一致意见的过程。承保是保险经营的一个重要环节,承保质量如何,关系到保险企业经营的稳定性和经济效益的好坏,同时也是反映保险企业经营管理水平高低的一个重要标志。

一、承保的内容

(一)审核投保申请

对投保申请的审核主要包括对投保资格的审核、对保险标的的审核、对保险费率的审核等内容。

1. 审核投保人的资格

即审核投保人是否具有民事行为能力和权利能力及标的是否具有可保利益。审核投保人资格主要是审核后者,即了解投保人对保险标的是否具有可保利益,以防止投保人或被保险人故意破坏保险标的,以骗取保险赔款的道德风险。

2. 审核保险标的

即对照投保单或其他资料核查保险标的的使用性质、结构性能、所处环境、防灾设施及安全管理等情况。

3. 审核保险费率

一般财产和人身可能遇到的风险基本相同,因此可以按照不同标准,对风险进行分类,制定不同的费率等级,在一定范围内使用,以保证保险费率的合理性。

(二)控制保险责任

这是保险人在承保时,依据自身的承保能力进行承保控制,并尽量防止与避免道德风险和心理风险。控制保险责任包括:

1. 控制逆选择

所谓逆选择是指那些有较大风险的投保人试图以平均的保险费率购买保险。保险人控制逆选择的方法是对不符合承保条件者不予承保,或有条件地承保。如投保人就自己易遭受火灾的房屋投保火灾保险,保险人就会提高保险费率承保;投保人患有超出正常危险的疾病,保险人就不同意他投保定期死亡保险的要求,而劝他改为投保两全保险。这样保险人既接受了投保,又在一定程度上抑制了投保人的选择。

2. 控制保险责任范围

只有通过风险分析与评估,保险人才能确定承保责任范围,才能明确对所承保的风险应负的赔偿责任。一般来说,对常规风险,保险人通常按基本条款予以承保,对一些具有特殊风险的保险标的,保险人需要与投保人充分协商保险条件、免赔数额、责任免除和附加条款等内容后特约承保。特约承保是根据保险合同当事人的特殊需要,在保险合同中增加一些特别约定,其作用主要有两个:一是为满足被保险人的特殊需要,以加收保费为条件适当扩展保险责任;二是在基本条款上附加限制条款,限制保险责任。通过保险责任的控制,将使保险人所支付的保险赔偿与其预期损失十分接近。

3. 控制人为风险

避免和防止逆选择和控制保险责任是保险人控制承保风险的常用手段。但有些风险如道德风险、心理风险和法律风险,往往是保险人在承保时难以防范的。因此有必要对这些风险的控制作出具体分析。

道德风险是指人们以不诚实或故意欺诈的行为促使保险事故发生,以便从保险中获得额外利益的风险因素。控制道德风险发生的有效方法就是将保险金额控制在适当额度内,尽量避免超额承保。

心理风险是指由于人们粗心大意和漠不关心,以致增加了风险事故发生的机会并扩大损失程度的风险因素。例如投保了火灾险就不再小心火烛,投保了盗窃险就不再谨慎防盗。从某种意义上说,心理风险比道德风险更为严重,保险人对道德风险尚可在保险条款规定,对被保险人故意造成的损失不予赔偿。但心理风险很难用条款加以约束。因此,保险人在承保时常用的控制手段有:①实行限额承保。即对某些风险,采用低额或不足额的保险方式,规定被保险人自己承担一部分风险。②规定免赔额(率),对小额损失让投保人自行承担,以增强投保人责任心,克服心理风险因素,主动防范损失的发生。

二、承保工作的程序

承保决定是在审核投保申请、适当控制保险责任、分析评估保险风险的基础上做出的。承保的程序包括接受投保单、审核验险、接受业务、缮制单证等步骤。

1. 接受投保单

投保人购买保险,首先要提出投保申请,即填写投保单,交给保险人。这是投保人向保险人申请订立保险合同的依据,也是保险人签发保险单的凭证。

2. 审核验险

审核是保险人收到投保单后,对其进行的审定和核实。主要是对保险标的及其存放地点、运输工具的行驶区域、保险期限、投保明细表、对特殊要求的申请等进行审核。验险是对保险标的的风险进行查验,以便对风险进行分类。验险的内容,因保险标的的不同而有差异。财产保险的验险主要查验投保财产所处的环境、风险隐患及防护措施,查验各种安全管理制度和落实情况等;人身保险的验险主要包括被保险人的健康状况、个人病史及家庭病史,被保险人的年龄、职业、财务情况及生活工作习惯等基本信息。

3. 接受业务

保险人按照规定的业务范围和承保权限,在审核验险后,有权作出拒保或承保的决定。如果投保金额或标的风险超出了保险人的承保权限,他只能向上一级主管部门作出建议,而无权决定是否承保。

4. 缮制单证

这是在接受业务后,填制保险单或保险凭证等手续的过程。保险单是载明保险合同双方当事人权利义务的书面凭证,是被保险人向保险人索赔的主要依据。因此,保险单质量好坏,往往影响保险合同能否顺利履行。填写保险单的要求有以下几点:

(1) 单证相符。要以投保单、验险报告作为原始凭证,填制保险单。单证相符是指投保单、保险单、批单、财产清单、人身保险的体检报告及其他单证都要符合制单要求,其重要内容如保险标的的名称、数量、地址等都应相符。

(2) 保险合同要素明确。保险合同的主体、客体和内容清晰明了、完整准确。这是保证保险单质量的依据,否则将影响保险合同的法律效力和保险人的信誉,损害保险合同双方当事人的合法权益。

(3) 数字准确。填制保险单时,每一个数字代表着保险人和被保险人的利益。数字上微小疏忽,都可能给保险合同双方当事人造成重大损失或导致不该发生的纠纷。

(4) 复核签章,手续齐备。保险人签发的保险单是保险合同成立的依据,其他单证也是保险合同的重要组成部分。因此每一种单证都应要求复核签章,如投保单有投保人的签章,验险报告有具体承办业务员的签章,保险单上必须有承保人、保险公司及负责人的签章等。

三、续保

续保是在原有保险合同即将到期时,投保人在原有保险合同的基础上向保险人提出续保申请,保险人根据投保人的实际情况,对原保险合同条件稍加修改而继续签约承保的行为。

续保是以特定合同和特定的被保险人为对象的。在保险合同的履行过程中,经常与被保险人保持联系,做好售后服务工作,增强他们对保险企业的信心,是提高续保率、保持业务稳步增长的关键。

对投保人而言,续保不仅可以使其从保险人那里得到连续可靠的保险保障和服务,而且作为公司的老客户,也可以在体检、服务项目及保险费率等方面得到公司的通融与优惠。对保险人而言,续保不仅可以稳定公司的业务量,而且还能利用与投保人建立起来的老关系,减少展业工作量与费用。

保险人在续保时应注意的问题有:(1)及时对保险标的进行再次审核,以避免保险期间中断;(2)根据保险标的的危险程度,对保险费率进行相应调整;(3)保险人根据上一年的经营状况,对承保条件与费率进行适当调整;(4)保险人应考虑通货膨胀因素的影响,随着生活费用指数的变化而调整保险金额。

第四节 保 险 理 赔

在保险的经营活动中,理赔是保险经济补偿功能的体现。通过理赔,可以检验承保工作的质量,发现防灾防损工作中的漏洞和问题,为改进工作提供依据。理赔在保险业务经营中占有重要的地位。

保险理赔是保险公司根据合同规定,履行赔偿或给付责任的行为,它是直接体现保险职能和履行保险责任的工作。保险索赔必须在索赔时效内提出,如超过时效,被保险人或受益人不向保险人提出索赔,不提供必要单证和不领取保险金,视为放弃权利。

一、保险理赔的意义

投保人投保的主要目的是在发生保险事故时得到保险保障,所以保险事故发生后,保险人应及时履行赔偿、给付保险金的责任。保险理赔工作从接受被保险人的损失通知开始,经过现场查勘、责任审定、赔款计算,最后向被保险人(或收益人)支付或给付款项,是一项比较复杂又繁重的工作。理赔的意义在于:

(1)保险理赔可以使被保险人遭受的损失及时得到补偿,从而充分发挥保险的经济补偿职能与作用。理赔是保险人依保险合同履行保险责任、被保险人享受保险权益的实现形式。

(2)保险理赔可以对核保和风险管理的质量进行检验,发现保险条款、保险费率制定和防灾减损工作中存在的问题和漏洞,为提高核保工作质量、改进承保条件、完善风险管理提供依据。

(3)保险理赔可以提高保险企业的信誉,扩大保险在社会上的影响,促进保险业务的发展。

二、保险理赔的原则

保险理赔是一项政策性极强的工作,为了更好地贯彻保险经营方针,提高理赔质量,杜绝"错赔、乱赔、滥赔"的现象,保险理赔应遵循以下原则。

(一)重合同、守信用的原则

保险理赔是保险人对保险合同履行义务的具体体现。在保险合同中,明确规定了保险人与被保险人的权利义务,保险合同双方当事人都恪守合同约定,保证合同顺利实施。对保险人来说,在处理各种赔案时,应严格按照保险合同的条款规定,受理赔案、确定损失。理算赔偿金时,应提供充足的证据,不错赔不滥赔,依法办事,坚持重合同、守信用,只有这样,才能树立保险的信誉,扩大保险的积极影响。

（二）坚持实事求是原则

被保险人提出的索赔案件形形色色，案发原因也错综复杂。因此，对于一些损失原因复杂的索赔，保险人除了按照条款规定处理赔案外，还须实事求是、合情合理地处理，使之既符合条款规定又遵循实事求是原则。

保险人的通融赔付是指按照保险合同条款的规定，本不应由保险人赔付的经济损失，由于一些其他原因的影响，保险人给予全部或部分补偿或给付。当然，通融赔付不是无原则的随意赔付，而是对保险损失补偿原则的灵活运用。具体来说，保险人在通融赔付时应掌握的原则有：第一，有利于保险业务的稳定与发展；第二，有利于维护保险公司的信誉和在市场竞争中的地位；第三，有利于社会的安全稳定。

（三）"主动、迅速、准确、合理"八字理赔原则

这一原则的宗旨在于提高保险服务水平，争取更多客户，也是保险理赔工作的最基本要求。"主动"就是要求保险理赔人员对出险的案件，要积极、主动地进行调查了解和现场查勘，掌握出险情况，进行事故分析，确定保险责任；"迅速"就是要抓紧处理赔案，对赔案查得准，办得快，赔得及时；"准确"就是要求保险理赔人员从查勘、定损以至赔款计算，都要做到准确无误，分清责任，合理定损，不错赔，不滥赔。

理赔工作的"八字"原则是辩证的统一体，不可偏废，如果片面追求速度，不深入调查了解，不对具体情况进行具体分析，或者计算不准确，草率处理，可能发生错案。当然如果只追求正确、合理，忽视速度，不讲效率，虽然赔款计算准确，但却耽误了恢复生产和安定生活的时间，也是不可取的。总的要求应该是从生产出发，为保户着想，既要讲速度，又要讲效益。

三、保险理赔的程序

保险理赔的程序主要包括接受损失通知、审核保险责任、进行损失调查、赔偿给付保险金、损余处理及代位求偿等步骤。

（一）损失通知

保险事故发生后，被保险人或受益人应将事故发生的时间、地点、原因及其他有关情况，以最快的方式通知保险人，并提出索赔请求。发出损失通知书是被保险人必须履行的义务。发出损失通知书通常有时限要求，如果被保险人在法律规定或合同约定的索赔时效内未通知保险人，可视为其放弃索赔权利。

被保险人发出损失通知的方式可以是口头的，也可用函电等其他形式，但随后应及时补发正式书面通知，并提供各种必需的索赔单证，如保险单、出险证明、损失鉴定书、损失清单等。

接受损失通知书意味着保险人受理案件，保险人应立即将保险单与索赔内容详细核

对,安排现场查勘等事项,将受理案件登记编号,正式立案。

(二)审核保险责任

保险人收到损失通知后,应立即审核该案件是否是保险人的责任,审核的内容可包括以下几方面:保险单是否有效,损失是否由所承保的风险所引起,损失的财产是否是保险财产,损失发生的地点是否是保单所载明的地点范围,请求赔偿的人是否有权提出索赔,索赔是否有诈等。

(三)进行损失调查

保险人审核保险责任后,应派人到出险现场进行实际勘查,了解事故情况,以便分析损失原因,确定损失程度。(1)分析损失原因。在保险事故中,造成损失的原因通常错综复杂,只有通过实地调查,全面掌握出险情况,对损失原因进行具体分析,才能确定其是否属于保险人承保的责任范围。目的是保障被保险人的利益,明确保险人的赔偿范围。(2)确定保险标的的损失程度和损失金额。保险人要根据被保险人提出的损失清单逐项加以查证,如对于货物短少的情况,要根据原始单据的到货数量,确定短少的数额;对于不能确定货物损失数量的要估算一个合理的贬值率来确定损失程度。保险公司在现场查勘的基础上,根据被保险人的投保范围,经过必要的施救和整理工作后,确定保险标的的损失程度和损失金额。

(四)赔偿给付保险金

保险公司在完成前述几项工作后,按照保险合同的规定,应立即履行赔偿给付的责任。保险人对被保险人请求赔偿或给付保险金的要求应按照保险合同的规定办理,如保险合同没有约定的,就应按照有关法律的规定办理。赔偿的方式通常以货币为多,在财产保险中,保险人也可与被保险人约定其他方式,如恢复原状、修理、重置等。

(五)损余处理

一般来说,财产保险中受损的财产会有一定的残值。如果保险人按全部损失赔偿,其残值应归保险人所有,或是从赔偿金额中扣除残值部分;如果按部分损失赔偿,保险人可将损余财产折价给被保险人以充抵赔偿金额。

(六)代位追偿

如果保险事故是由第三者的责任造成的,第三者对被保险人的损失须负有赔偿责任。保险人可按保险合同的约定或法律的规定,先行赔付被保险人,然后,被保险人应将追偿权转让给保险人,并协助保险人向第三者责任方追偿。如果被保险人已从第三者责任方那里获得了赔偿,保险人可承担不足部分的赔偿责任。

第五节　保险投资与运用

随着金融业全球化趋势的日渐显现,保险业在组织结构、产品创新、服务多样化方面发生了深刻的变化。保险资金运用成为保险业生存和发展的重要支柱,通过保险资金运用带来的收益,可以弥补承保业务的亏损,这已经成为保险公司保持盈利能力和偿付能力的重要途径。

一、保险资金运用与保险投资

商业保险经营是一种负债经营,保险公司通过向众多的投保人收取保险费,建立保险基金,并且对保险基金进行有效的投资运用,使它不断地增值,以保证将来保险金的赔付,履行保险的经济补偿和给付的职能。

从这个角度来看,保险资金运用是指保险企业在组织经济给付过程中,将积聚的保险基金的暂时闲置部分,用于融资或投资,使资金增值的活动。它为经济建设直接提供资金,同时增强保险企业经营的活力,扩大保险承保和偿付能力,降低保险费率,以更好地服务于被保险人。

保险投资与保险资金运用的定义基本一致,是指保险公司将其暂时闲置的保险基金进行合理运用,使其达到增值的过程。在许多情况下,人们将保险投资与保险资金运用相互替用。但从严格意义来讲,这两个概念还是有细微差别的。

在会计上,资金运用专指企业资金占用和使用的情况,它既包括企业拥有的各种财产,也包括企业的各种债权。而保险投资是指增加企业债权或金融资产的活动,它只是资金运用的一种主要形式,因而其范围要小于保险资金运用。根据我国 2009 年颁布的新《保险法》第 106 条使用的保险资金术语,其含义显然是指保险投资,因此,本书中亦将保险资金运用与保险投资作为同义语来使用。

另外,最近几年,保险投资中出现最多的一个词是"资产管理",它是一项针对证券及资产的金融服务,以投资者利益出发并实现投资目标。资产管理是基于委托人与受托人的角度,投资可以是自己的资产,也可以是第三方资产。保险资金运用发展到今天,已经进入了泛资产管理时代(或大资管时代),保险公司组建的保险资产管理公司,不仅对保险资金进行运用,还接受第三方委托,开展公募业务和集合理财计划,不断壮大资产管理的规模,突破了自身投资规模的限制。因此,保险资产管理的范围要大于保险资金运用,投资的机遇与外部市场竞争的挑战同时增加。在当前,保险资金在保险资产管理中仍占了绝对主导地位。

二、保险投资的分类

保险投资可以从不同的角度加以分类。

（一）按保险投资主体分类

按保险投资主体划分，可分为寿险公司投资与产险公司投资。

目前，保险市场主要有人身保险公司和财产保险公司两类经营主体。人身保险公司，通常称为寿险公司，其主要产品包括传统寿险、意外保险、健康保险、分红保险、万能保险和投连险，产品的主要特点是期限长、资金来源稳定、对投资收益率的要求相对较高。

财产保险公司的主要产品包括企业财产保险、家庭财产保险、机动车辆保险、货物运输保险、工程保险、责任保险、意外险和短期健康险等，产品的特点是期限较短、赔付波动性强，因此两类经营主体在投资方面的表现有较大差异。寿险公司较产险公司投资金额较大，资金运用量较高，投资工具的期限较长，对投资收益的要求更高。从产品的特点来看，寿险资金的投资性角色比产险资金要重，一般提到保险投资时，狭义上可理解为寿险投资。尽管我国目前对于两类投资并没有分开管理，但两者在投资方面还是体现出明显不同的特点。在理论与实践中，我们不区分寿险公司投资和产险公司投资，而是分为寿险资金运用与非寿险资金运用。下面我们将对这两类投资作进一步的界定与区分。

（二）按保险投资工具风险收益特征分类

按保险投资工具风险收益特征，可分为现金类投资、固定收益类投资、权益类投资和另类投资。

现金类投资包括现金、同业存款、货币市场基金以及期限小于 7 天的债券逆回购等银行间和交易所各类货币市场工具。这类投资具有期限短、变现能力强、风险低和收益稳定等特点，保险公司投资的目的是满足企业的流动性而暂时持有。

固定收益类投资是指投资于银行定期存款、协议存款、国债、金融债、企业债、可转换债券、债券型基金等固定收益类资产。我们可以按照银行定期存款、国库券等金融产品的特性来理解固定收益的含义，一般来说，这类产品的收益不高但比较稳定，风险也比较低。

权益类投资是指投资于股票、股票型基金等权益类资产。权益类资产包括股票、股票型和混合型基金、权证等。

另类投资是指投资于传统的股票、债券、现金之外的金融和实物资产，如不动产、证券化资产、对冲基金、私人股本基金、大宗商品、艺术品等，其中证券化资产就包括了次级房贷为基础的债券以及这些债券的衍生金融产品。

（三）按资金账户性质分类

按资金账户性质可分为普通账户投资和独立账户投资。

普通账户是指由保险公司部分或全部承担投资风险的资金账户。保险公司资本金参照普通账户管理，普通账户的资金运用受到保险监管机构有关各项资金运用规定的严格约束。通常保险投资的各项政策针对的就是普通账户的资金运用，这一点要明确。

独立账户是指独立于普通账户，由投保人或者受益人直接享有全部投资收益的资金账户。保险公司应当根据自身投资管理能力和风险管理能力,遵循独立、透明和规范原则,为投保人或者受益人利益,管理独立账户资产。独立账户反映保险人与保险持有人的一种委托关系,双方按照委托合同履行各自的权利与义务,较少受到保险监管机构的投资政策约束。

传统寿险等一般账户首先关注的是其具有的长期负债成本要求,构建投资组合的首要目标在于获取能够覆盖负债成本的长期稳定回报,并能够保持盈余稳定增长,十分注意安全性。因此投资策略比较稳健,以债券、贷款和存款等投资特点与负债需求相适应,以能够有效控制降低利率风险的固定收益类资产作为主要投资品种,对价格波动较大的股票、不动产等投资较为谨慎。与普通账户相比,投连险等独立账户资金的投资风险与上述很不同,投资属性强,风险由客户承担,不存在大量配置固定收益资产对冲利率风险的情况,只按协议中约定的品种和比例进行操作。

三、保险投资的作用

保险资金运用是保险金融中介功能的集中体现,是保险企业运转的两个重要轮子之一,同时,对一同经济发展也起到"助推器"的作用,保险公司投资的作用体现在以下几个方面。

(一)保证资产与负债的适当匹配

保险资金运用最根本的原因是,资金(资本)本身的属性决定了资本只有在运动中才能增值。保险企业将暂时闲置的资金加以运用,以增加利润,这是资本自身的内在要求。负债组合是影响寿险公司资产战略的主要因素。为了实现与负债匹配,公司投资管理部门必须应用一系列复杂的策略于资金运用,所有这些策略都是为了使更多可控制的资产现金流与相对更少可控制的负债现金流相匹配。通过资金运用,可以使资产的种类、期限和流动性适合未来的负债,防止两者间出现大的缺口,以维持公司负债业务的正常运转。

(二)增强公司经营新型产品的能力,提高公司的竞争力

从国际保险业发展趋势来看,寿险公司在死差益与费差益上基本处于微利或亏损状况,主要收益来自利差益,即寿险投资,尤其是在资本市场的投资收益。从表面来看,寿险公司之间的竞争就是产品价格(保费)和服务的竞争,实际上,这种竞争的基础在于各个公司之间的资金运用能力。只有提高了资金运用的收益,寿险公司才能在相同保费收入的情况下,提高保障的水平;或在相同保障水平下,降低费率。此外,现代人身保险产品的结构发生了重大变化,新型寿险产品的投资功能大大增强。公司资金运用得好,不但可以弥补承保方面的损失,而且可以给投保人更多回报,从而提高公司的市场竞争力,赢得更大的市场。

（三）促进资本市场的发展

从西方国家资本市场发展历史来看,保险公司特别是寿险公司是最重要的机构投资者之一,庞大的、不断增加的保险基金必然会对资本市场的发育和成熟起到巨大的作用。

（1）保险投资可以有效地促进资本市场规模的扩大。保险公司在其经营过程中,经过精确的预测,将沉淀下来的闲置的资本金以及大部分准备金等进行合理的期限安排和资产重组后,可以投资于资本市场,从而大量增加资本市场的资金供给,刺激并满足当时市场需求主体的筹资需求。

（2）保险投资可以促进资本市场主体的发育、成熟和经济效率的提高。在资本市场上,存在众多的供求主体,如工商企业、商业银行、中央银行、保险公司、共同基金等。保险公司的投资从以下三个方面对促进资本市场的发育、成熟和经济效率的提高起到了重要作用。第一,通过购买公司股票和债券,成为企业的股东或债权人,并将其稳健的经营思想和专业管理经验带到新的企业中,促进其产权结构调整,提高企业的经营效率。第二,当政府发行政府债券或央行进行公开市场业务操作时,保险公司可以通过买卖政府债券影响到政府财政收支平衡和央行货币政策的效果。第三,保险公司可以通过投资于其他金融机构,如创立或加入共同基金、金融咨询公司、不动产信托投资公司等,促进资本市场组织更加完善。

（3）增加资本市场的金融工具,促进金融深化。由于保险公司对其可投资基金拥有极大的信用责任,它的任务就是在寻求更高可能收益的竞争中采取适当措施以应付结构性支付。因此,不论其本身对风险的偏好如何,一般都必须采取严格的方法来进行风险管理,这无疑将刺激资本市场金融工具的创新和深化。

（4）有利于改善资本市场结构。规模庞大的保险公司的投资决策往往还会直接影响到资本资产的价格,导致资本资产收益率的上升或下降。保险公司大量投资资金对资本市场的注入,可大大提高资本的流动性,由此活跃二级市场,并因此提高投资者在二级市场上购买各种新股票、新债券的积极性,刺激一级市场证券的发行,从而改变一级、二级市场的市场结构,促进两者的协调发展。

四、保险投资资金的构成

保险公司投资的资金基本上由资本金、责任准备金和承保盈余三部分组成,在保险公司的资产负债表上表现为负债项目和所有者权益项目。

（一）资本金

资本金是保险公司的开业资本。资本金是保险公司开业初期赔付保险金的资金来源,是保险公司日后积累资本的基础,也是偿付能力的重要组成部分。资本金是保险企业的最后一道防线,无论从法律监管的角度还是从企业本身安全经营的角度出发,都必须保证其持有充足的资本存量。

对资本金构成保险资金的来源,在各个国家的保险市场已达成共识。保险公司的资本金作为公司的所有者权益部分,是保险公司的自有资金,不存在偿付责任,只有在发生特大自然灾害事故或经营不善以致偿付能力不足时才动用。因此,在正常情况下,保险公司的资本金除了上缴部分保证金以外,基本上处于闲置状态,必须充分运用以提高资金的利用率。因此,资本金一般可作为长期投资。

(二) 保险责任准备金

所谓保险责任准备金,是指保险公司为了承担未到期责任和处理未决赔偿而从保险费收入中提存的一种资金准备。保险责任准备金不是保险公司的营业收入,而是保险公司的负债,因此保险公司因有与保险责任准备金等值的资产做后盾,随时准备履行保险责任。为了保证保险公司履行经济补偿或给付的义务,确保保险公司的偿付能力,保险公司应按规定从保费收入中提存各种责任准备金。责任准备金包括:

(1) 未到期责任准备金。由于保费的收到总是早于未来义务的履行,加之保险年度与会计核算年度不相吻合,对会计核算年度内收取的保费不能全部作为当年收入处理,而应按权责发生制原则将部分保费以责任准备金的方式提存起来,作为未来履行赔偿或给付责任的资金准备,这种资金准备被称为未到期责任准备金。

人身保险业务中短期的意外险和短期的健康保险,与产险业务性质相同,需要按日、月或年提存未到期责任准备金。由于期限较短,一般不超过一年,因此只能作一些短期投资,对流动性的要求比较迫切。

(2) 赔款准备金。赔款准备金是用于赔付所有已经发生但尚未赔付损失的金额,它包括两种情况,已经报告但尚未支付的索赔和已经发生但尚未报告的索赔。为准确核算保险公司当年的损益,应根据已报告未决赔款和已发生但尚未报告的未决预计数来提存赔款准备金的方式,从当年的保费收入中扣除,保证以后年度这部分赔款的资金需要,因此,赔款准备金包括已报告未决赔款准备金和已发生未报告赔款准备金两种。

(3) 寿险责任准备金。寿险责任准备金是经营人寿保险业务的保险人为履行未来的给付责任而提存的准备金。由于人寿保险承保的是被保险人的生、老、病、死这一自然规律,保险期限一般较长,再加上费率厘定和准备金的计提都是建立在科学精算的基础上,即使有时需要给付较大数量的保险金和退保金,当年的保费收入往往就足以承担支出,因此寿险责任准备金处于长期备用状态。随着寿险业务的不断扩大,责任准备金的规模也在不断增大。寿险责任准备金的 90% 可用作长期投资,可以部分投资于流动性较差的不动产。

(4) 长期健康责任准备金。长期健康责任准备金是寿险公司对长期性健康保险业务为承担未来保险责任而按规定提存的准备金。其提存的原理与寿险责任准备金一致,也可以作长期投资。

(5) 一般风险准备金。一般风险准备金,又称总准备金,是从保险公司的税后利润中计提的,用于应付特大风险损失的一项专用准备金。一般风险准备金只有在当年的保险业务经营发生亏损并且当年的投资利润还不足以弥补时才动用。因此,在正常情况下,一般风险准备金是长期沉淀的,是保险公司长期投资的一项主要资金来源。一般风险准备金归属为所有者权益。

(6)存出(或存入)分保准备金。除了上述几种准备金外,存出(或存入)分保准备金也是保险公司投资的资金来源。存出(或存入)分保准备金是指保险公司的再保险业务按合同约定,由分保分出人扣存分保接受人部分分保费以应付未了责任的准备金。存出(或存入)分保准备金通常根据分保业务账单按期扣存和返还,扣存期限一般为 12 个月,至下年同期返还。

(7)储金。储金是一种返还式的保险形式,它以保户存入资金的利息充当保险费,在保险期限内发生的保险事故,保险公司给予赔偿,如果保险期内没有发生保险事故,则到期偿还本金。储金既是长期性人身保险业务的一项主要负债,又是财产保险公司的一项资金来源。养老保险、子女保险等储蓄性保险业务,保单上规定了利息率,到合同约定的给付时间归还本金和利息。

(三)承保盈余

承保盈余是指保险公司平时的保险收支结余。财产保险和短期人身保险的承保盈余就是保费收入减去保险赔款支出,再扣除各种准备金后的差额。人寿保险的承保盈余包括死差益、费差益以及退保益等。这一部分资金随着保险经营的科学化和合理化是稳步增长的,除了抵补某些年份的保险费不敷赔付外,一般可以作长期运用。

五、保险投资的主要方式

(一)存款

存款是指保险公司将闲置资金存放于银行等金融机构。存款安全性高和流动性强,但相比其他投资方式,收益率最低。因而,存款主要作为保险公司正常赔付或寿险保单满期给付的支付准备,不应该作为保险公司的主要投资品种。

在保险业发达的国家,银行存款占保险资产总额的比例较低,仅满足一般的流动性需求。我国长期以来受到投资监管的限制,资本市场不发达,保险投资工具较少,因而我国保险投资中银行存款占比较高。

(二)债券

购买债券是保险投资的重要方式。依据发行主体,债券可以分为政府债券、金融债券和公司债券。从保险投资实践来看,债券具有安全性高、变现能力强、收益相对稳定的优点。美国保险投资以债券为主,寿险公司债券投资占比一般保持在 70% 左右,财险公司在 65% 左右。德国保险投资债券的比例也较高,在 60% 左右。

我国 1995 年颁布的《保险法》规定,保险资金可投资于政府债券、金融债券。1999 年

5月批准保险资金可投资于信用评级在 AAA 级以上的中央企业债券。1999 年 8 月批准保险公司在银行间债券市场进行债券回购,交易的品种为经批准的国债、中央银行融资券、政策性银行金融债券等。2003 年 6 月,允许保险资金投资于信用评级在 AA 级以上的企业债券。2005 年 3 月债券占比首次超过银行存款,成为保险投资的最主要方式。2019 年我国保险投资中债券占比为 36.5%。

(三)股票

股票是股份有限公司发给股东作为持股凭证并借以取得股息和红利的一种有价证券。股票投资收益来自股息收入和资本利得。股票投资流动性强,保险公司作为股东享有多项权利,包括盈余分配权、剩余财产分配请求权、表决权、股票配售等,但是股票投资风险较大,股息收入的多少取决于公司的盈亏状况,资本利得则取决于股票价格的走向。为了保证保险投资的安全,各国对保险公司的股票投资均有严格的比例限制。

2004 年 2 月,国务院发布《关于推进资本市场改革开放和稳定发展的若干意见》,明确说明保险资金可以直接入市。同年 10 月,经国务院批准,中国保监会和中国证监会联合发布了《保险机构投资者股票投资管理暂行办法》,允许保险机构投资者直接进入证券市场。为了加强对保险资金股票投资的管理,防范风险,保监会要求保险机构投资者投资股票应当符合以下规定:

(1)保险机构投资者股票投资的余额,传统保险产品按成本价格计算,不得超过本公司上年末总资产扣除投资连结保险产品资产和万能寿险产品资产后的 10%;投资连结保险产品投资股票的比例,按成本价格计算最高可为该产品账户资产的 100%;万能寿险产品投资股票的比例,按成本价格计算最高可为该产品账户资产的 80%。

(2)保险机构投资者投资流通股本低于 1 亿股上市公司的成本余额,不得超过本公司可投资股票资产(含投资连结、万能寿险产品)的 20%。

(3)保险机构投资者投资同一家上市公司流通股的成本余额,不得超过本公司可投资股票资产的 5%。

(4)保险机构投资者投资同一家上市公司流通股的数量,不得超过该上市公司流通股本的 10%,并不得超过上市公司总股本的 5%。

(四)证券投资基金

证券投资基金是通过发行基金份额,集中投资者的资金,由基金托管人托管,由基金管理人管理和运用资金从事股票、债券等金融工具投资,并将投资收益按基金投资者的投资比例进行分配的一种间接投资方式。证券投资基金的风险低于直接购买股票,其收益又高于债券,保险公司还可以享受基金管理公司的专业理财服务。

1999 年 10 月,国务院批准保险公司可以通过购买证券投资基金间接进入股票二级市场,保险公司可以在二级市场买卖已上市的证券投资基金和在一级市场上配售发行的证券投资基金,投资比例为公司总资产的 5%。在随后的几年内,该比例几经调整。当前,保监会规定保险公司通过证券投资基金间接入市的比例为 10%;经批准开办的投资连结保险可以设立证券投资基金比例为 100% 的投资账户;万能寿险产品可以设立证券投资基金比例为 80% 的投资账户。

(五)贷款

保险资金用于贷款是指向需要资金的单位或个人提供融资,按约定期限收回资金并获得利息的活动。保险人发放的贷款可以分为抵押贷款、信用贷款和保单质押贷款。

20 世纪 70 年代前,贷款曾经是寿险公司最主要的投资方式。随着资本市场的发展,筹资方式的多元化,保险投资于贷款的比例下降。2007 年美国的寿险公司抵押贷款和保单质押贷款的比重从 1980 年的 35.99% 下降至 8.89%。

(六)不动产投资

不动产投资是指保险公司通过购买土地、建筑物或修建住宅、商业建筑、基础设施建设等,获取收益的投资形式。保险公司的不动产投资在 19 世纪就已经出现。当前,不动产投资是保险投资的主要方式之一。由于不动产投资的期限长、资金占用量大、风险高、流动性低,因而保险公司对这一投资方式较为谨慎。

2005 年 3 月,经国务院批准,中国保监会正式发布《保险资金投资基础设施项目试点管理办法》,规定保险资金可以投资交通、通信、能源、市政、环境保护等国家级重点基础设施项目。

2009 年《保险法》规定保险公司的资金运用形式包括银行存款,买卖债券、股票、证券投资基金份额等有价证券,投资不动产,以及国务院规定的其他资金运用形式。

随着我国保险投资渠道的拓宽,不动产投资纳入保险投资范围,各保险公司纷纷试水。如泰康人寿在 2006 年成立泰康置地公司进行物业投资。中国平安在 2008 年以股权投资形式介入京沪高铁项目,以 160 亿元出资规模成为该项目第二大股东。

除以上保险投资方式外,保险资金还可参与同业拆借、票据贴现,投资黄金外汇,进行海外投资等。

六、保险投资的原则

保险投资的基本原则包括安全性、流动性、收益性。

(一)安全性原则

安全性是指收回保险投资资金的可靠程度。由于保险公司业务经营中保费收入与保险金赔付之间存在着时间和数量差,使保险公司有大量的资金处于闲置状态。这些资金大部分属于保险公司的负债。随着保险公司规模的不断扩大,这些资金也不断积累,成为保险投资的主要资金来源。

从数量上看,保险基金总量应与未来损失赔偿和保险给付的总量一致,若不能安全返还,必将影响保险公司的经济补偿能力。保险投资的负债性决定了保险投资应遵循安全性原则,并将安全性原则作为首要原则。

为保证保险资金运用的安全,保险公司一定要做好投资的可行性分析。值得注意的是,安全性原则是针对全部投资而言,并非要求每一项投资都绝对安全。

(二)流动性原则

流动性是指保险投资的流动性是由保险经营中风险的不确定性所决定的。在保险期限内保险事故的发生具有不确定性,为了满足支付保险赔款和给付保险金的需要,保险投资必须具有一定的流动性,有一部分资产能够随时变现。

不同的保险业务对流动性要求不同,一般财产保险和短期人身意外伤害险的保险期限短,自然灾害和意外事故发生的随机性高,未来的赔偿额、赔偿时间难以确定,对保险投资的流动性要求较高;而人寿保险一般以长期业务为主,承保风险是被保险人的生、老、病、死,风险相对较小,业务收入和给付较有规律,流动性要求较低。

与安全性原则一样,流动性原则并非要求每一项投资都具有较强的流动性,只要在总体上确保具有一定的流动性即可。

(三)收益性原则

收益性是指保险投资活动获取投资收益的能力。保险投资的直接目的就是盈利,如果投资收益低,保险公司所要求的平均利润将主要来自保险费,这样会加重投保人的保费负担,削弱保险公司的竞争能力。反之,如果投资收益高,可以减轻投保人的保费负担,刺激保险需求。坚持收益性原则,有利于吸引更多的客户,增强保险公司的实力,实现保险经营的良性循环。

投资收益和投资风险往往是正相关的,保险公司在选择投资项目时,应该在一定风险限度内力求实现收益最大化。

安全性、流动性、收益性三个原则之间相互联系、相互制约。安全性是收益性的基础,流动性使是安全性的保证,收益性是安全性、流动性的最终目标。保险投资需要兼顾安全性、流动性和收益性,保证资金的安全性和流动性,在此基础上努力追求资金运动的收益性。

 【案例 8-1】 保险资产投资配置现状——以中国平安保险为例

中国平安保险集团的综合实力在世界上都名列前茅,在中国更是第二大寿险公司和第二大财产保险公司。中国平安经过十几年的发展,从一个小小的地区保险公司成为在世界上都举足轻重的保险集团公司。中国平安的发展是我国保险业发展的缩影,具有典型性。保险公司不同于其他公司,它是以负债为中心开展业务,承保的也是风险,所以如何降低风险,增加保险公司的收益,提高偿债能力是公司的重要考量,这些都离不开保险资金的运用。

（一）中国平安投资资产配置概况

截至 2016 年 12 月 31 日，中国平安保险资金的投资资产总额已达到 19 717.98 亿元，同比增长 23.9%，净投资收益率达到了 6%，同比上升 0.2 个百分点；总投资收益率达到了 5.3%，同比下降 2.6 个百分点。从近几年来看，虽然总投资收益率有所下降，但是净投资收益率一直在保持着稳定的上升，还是处于一个良好的发展态势。中国平安保险资金的投资组合主要包括固定收益投资（存款、债券、投资、债券投资计划、理财产品投资及其他固定收益投资）、股权投资、证券投资基金、权益证券、理财产品投资及其他权益投资、资产、现金及现金等价物等。

（二）中国平安投资资产收益分析

中国平安长期以来投资收益均比较稳定，在整个保险行业都处于中上游水平。2016年，全球经济形势较为复杂，在资本市场上，A 股大幅下跌，股权市场、债券市场波动剧烈，信用危机创历史新高。中国平安集团通过不断研究，整体把握宏观经济形势，积极优化投资资产配置，在不触及风险底线的前提下，调整固定收益资产、优先股配比；适度参与港股投资，促进资产配置多样化，进一步分散投资组合风险。通过这些措施，中国平安在2016 年的净投资收益率保持着良好的增长态势。平安的及时性策略使得平安近几年的收益率一直保持在平稳水平，2015 年净收益率 5.9%，2016 年净收益率 6.1%。总投资收益率 2015 年达 7.9%，2016 年为 5.3%。

 本章小结

1. 保险是在特定的灾害事故发生后，在合同约定的责任范围内，由保险人对被保险人的经济损失和人身伤亡进行赔偿或给付保险金的行为。保险行业是一个特殊的行业，其经营范畴属于商品经营，但它经营的是一种特殊的商品——风险，因此保险经营有其独特的经营思想和经营行为。

2. 保险展业也称推销保险单，是保险展业人员引导具有保险潜在需求的人参加保险的行为，也是为投保人提供投保服务的行为，是保险经营的起点。保险展业的目的是通过满足消费者的保险需求来获取利润，提高保险公司的市场地位和市场占有率，树立良好的社会形象，实现保险公司可持续发展。

3. 核保与理赔是保险经营的核心环节。核保的本质是对可保风险的判断与选择，是承保条件与风险状况适应或匹配的过程。核保工作对标的的选择及对承保条件的制定直接影响到保险企业业务质量的高低和盈利大小，是保险企业防范经营风险的第一步，也是最重要的一关。

4. 理赔时受理报案、现场勘查、责任判定、损失核定以及赔案缮制、赔款支付的过程，核心是审核保险责任和核定保险赔偿额度与事项，具体体现为保险合同的履行。保险公司要保证赔得准确、快捷、合理,让客户满意,这完全取决于合理的理赔流程、理赔技术水平和理赔人员的素质。

5.保险投资是现代保险业得以生存和发展的重要支柱。从微观层次上看,保险投资不仅可以弥补承保亏损并获利,而且能够降低产品价格,扩大市场占有率,提高公司的竞争地位;从宏观层次看,一个运行良好的资本市场离不开一定数量的机构投资者。

重要概念

保险展业　保险承保　保险核保　保险理赔　保险投资　保险责任准备金　赔偿准备金

思考题

1.保险公司经营的原则有哪些?

2.保险公司的经营目标有哪些?

3.保险公司承保的主要环节有哪些?

4.简述保险承保的意义、程序及主要内容。

5.简述理赔的意义与原则。

6.保险公司理赔的程序有哪些?

7.保险投资形式有哪些?

在线自测

第九章

保险费率的厘定

本章介绍保费的构成和计算方法。关于保费的构成，需要掌握毛保费、净保费等基本概念及不同类型的保费之间的关系，寿险及非寿险保单的基本收入及支出项目，保费厘定的现值公式。关于保费计算，需要掌握寿险保单与非寿险保单在损失风险类型上的差异及其在现值公式中的表现形式，以及不同风险对于保费定价的影响。通过本章的学习，学生还应掌握保费计算中常用的分布假设及各分布的基本特征，应能够在各风险因子分布已知且相互独立时，使用现值公式计算净保费。

第一节　保险费率厘定概述

思考：一个 20 岁男子购买终身死亡寿险，死亡的保险金额为 100 万元，在死亡的年度末给付，保费于每年年初缴纳，那么该如何确定每年应缴纳的保费额度？保险公司的日常运营成本、管理成本、经营风险应如何在保费中体现？若该男子在 30 岁时即发生意外死亡，保险公司按保单合约规定，仍需向该男子家人支付 100 万元赔偿金，此种情况下，保险公司是否应向该男子收取高额保费以防止自身的损失呢？

本节介绍在对上述保单进行定价（厘定保费）时需要使用的基本概念、假设和计算的基本原则。

一、保险费的构成

保险费是投保人为获得经济保障而缴纳给保险人的费用。保险费由纯保险费和附加保险费构成。纯保险费主要用于保险理赔支出。附加保险费主要用于保险业务的各项营业支出，其中包括营业税、代理手续费、企业管理费、工资及工资附加费、固定资产折旧费以及企业盈利等。

保险费率是保险费与保险金额的比例，保险费率又被称为保险价格，通常以每百元或每千元的保险金额应缴的保险费来表示。在厘定保费时，无套利原则要求保单的理论价值等于保单所面临的风险的期望价值，而这一理论价值被定义为保单的净保费。在现实的保险市场中，实际收取的保费通常大于净保费。实际收取的保费通常被称为毛保费，其构成除净保费外，还涵盖了保险公司的经营成本、利润以及风险附加成本。由于保险公司的经营成本、利润通常给定，保费厘定的核心即是计算净保费与风险附加成本。

二、保险费率厘定的基本原则

保险人在厘定费率时要遵循权利与义务平衡的原则,具体包括以下几个原则:

(一)公平合理原则

公平有两方面的含义,对保险人来说,其收取的保费应与其承担的风险相当,对投保人来说,其负担的保费应与被保险人获得的保障相对应;但公平只能是一定程度上的,并非绝对公平。合理是指保险费率的制定应尽可能合理,保费的多少应与保险种类、期限、金额等相对应。

(二)充分原则

充分原则是指收取的保费在支付赔款及合理的营业费用、税收后,仍有一定利润。充分原则要求保费的厘定应确保保险人的偿付能力。在竞争激烈的保险市场上,保险人常常以降低保险费率来提高自己的竞争力,从而导致部分保险人偿付能力不足,不利于保险业稳健发展,因此为了贯彻充分原则应对保险费率进行管制,以保证偿付能力。

(三)相对稳定原则

相对稳定原则是指在一定时期内应保持费率的稳定。稳定的费率有利于保险机构核算。对投保人来说,稳定的费率使其支出稳定而免遭费率变动之苦。如果费率经常上涨,会逐步减少投保人的购买;如果费率呈下降趋势,投保人也会减少购买以等待一个更低的价格。不稳定的价格会给保险机构的经营带来负面影响,因此在费率的厘定上一定要遵循相对稳定原则。

(四)促进防灾防损原则

促进防灾防损原则是指保险费率的厘定应有利于促进防灾防损。具体方法是,对注重防灾防损工作的被保险人采取较低的费率,从而既可以减少对保险人的支出,又减少了整个社会财富的损失。

三、保费厘定的定性分析方法

在实际业务中,为方便业务开展,存在不同的费率厘定方法。保险费率的计算方法大致可分为三种:分类法、增减法、观察法。

(一)分类法

分类法是指将性质相同的风险分别归类,而对于统一分类的各风险单位,根据它们共同的损失概率,定出相同的保险费率。这是最常用也是最重要的费率厘定方法。由于分类费率所反映的是每一集团的平均损失经验,因此在决定分类的时候应注意每类中所有各单位的风险性质是否相同，以及在适当的时期中，其损失经验是否一致，以保证费率的精确度。分类费率确定之后，经过一定时期，如与实际经验有所出入，则需要进行调整，调整公式为

$$M = \frac{A - E}{E} \times C$$

式中，M 为调整因素，即保险费应调整的百分比；A 为实际损失比率；E 为预期损失比率；C 为信赖因素。

保险费率可通过两种方法来计算，即纯保险费率法和损失比率法。纯保险费率法是以实际经验为计算基础，损失比率法则是以整个行业的实际损失比率为计算基础；当费率调增或调减时，损失比率法要求把增减额分摊于各类，而纯保费法则不需要这样做。

（二）增减法

增减法是指同一费率类别中，对被保险人给以变动的费率。其变动或基于在保险期间的实际损失经验，或基于其预想的损失经验，或同时以两者为基础。增减法对分类费率可能有所增加，但也可能有所减少，主要在于调整个别费率。增减法在实施中又有表定法、经验法、追溯法等。

1. 表定法

表定法是以每一危险单位为计算依据，在基本费率的基础上，参考标的物的显著危险因素来确定费率。使用表定法，首先要在分类中就各项特殊危险因素设立客观标准。表定法的优点有以下几点：能够促进防灾防损，若被保险人的防灾意识不强，可能会面临较高的保险费率，为此，被保险人将主动减少危险因素；适用性更强，表定法可适用于任何大小的危险单位，而经验法和追溯法不能做到这一点，其缺点就是成本太高。

2. 经验法

经验法是被保险人过去的损失记录，对按分类法计算的费率加以增减，但当年的保费额并不受当年经验的影响，而是以过去数年的平均损失来修订未来年份的保险费率。经验法的优点是，在决定被保险人的保费时，已考虑到若干具体影响因素，而表定法只是给出了物质因素，不包括非物质因素。与表定法相比，经验法更能全面地顾及影响危险的各项因素。

3. 追溯法

追溯法是以保险期间的损失为基础来调整费率的。投保人起初以其他方法确定的费率购买保单，而在保险期届满后，再依照本法最后确定保费。如果实际损失大，缴付的保费就多，实际损失小，缴付的保费就少。

（三）观察法

观察法是就某一被保风险单独厘定出费率，在厘定费率的过程中保险人主要依据自己的判断。观察法的优点有两点。一是根据不同性质的风险，确定出相应的费率，更具有

灵活性。在标的物数量较少的情况下,不能将各种风险生硬地集中在一起来厘定费率,这样做违反了大数定律,无法保证费率的准确性。二是用观察法厘定费率,尽管主要考虑个别风险因素,但仍不可避免地运用相关的经验和数据。

四、保费厘定的数理基础与量化方法

(一)保费厘定的数理基础

精确的保费厘定是基于数学概率论基础、统计学、金融学等理论知识的,基本的原理可以简单归纳为收支相等原理和大数法则。

所谓收支相等原理(现值原理)就是使保险期纯保费收入的现金价值与支出保险金的现金价值相等。根据不同的需要,可以用三种不同的方式进行计算:根据保险期间末期的保费收入的本利与支付保险金的本利保持平衡来计算;根据保险合同成立时的保费收入的现值与支付保险金的现值来计算;根据在其他某一时点的保费收入与支付保险金的现值相等来计算。

所谓大数法则,是用来说明大量的随机现象由于偶然性相互抵消所呈现的必然数量规律的一系列厘定的统称。其主要有切比雪夫大数法则、伯努利大数法则、普阿松大数法则等。

(二)保费厘定的量化方法

由于保险费率的厘定关键在于净保费率的厘定,本部分以净保费的计算为例,具体介绍收支相等原则与大数定律如何在保单定价中发挥指导作用。

1. 净保费的计算与现值公式

由于保险的给付总是发生于保费支付与保险合同生效之后,因此为保单厘定保费时,需要考虑被保险人支付的保费的时间价值。同时,给付是否发生与给付金额的确定通常依赖于保险合约内规定的风险事件的发生,因此给付金额与给付时间在保险合约生效之时不能确定,厘定保费时需要使用给付金额的期望价值来替代给付的实际金额。综上所述,根据金融学中的无套利原则,净保费应当等于给付金额的期望价值的现值,即

$$V_0 = \sum_{t=0}^{T} (R_t - I_t)/e^{rt} + B_T/e^{rT} \tag{9-1}$$

其中,T 代表保单合约内规定的风险事件的发生时间,通常假设为服从某分布的正值随机变量。V_0 代表一单位保单承保风险的净现值,R_t 代表按照保单合约第 t 期应向投保人支付的年金数额。I_t 表示利用保单保费收入进行投资,在第 t 期所能带来的投资收益,通常假设 I_t 是依赖于保费 V_0 的非负随机变量;而根据合约条款的差异,I_t 还可能依赖 t 期之前的年金序列 $\{R_0, \cdots, R_{t-1}\}$。非负常数 r 为贴现率,用于衡量未来现金流的现值,通常取为市场上的无风险利率(如国债利率),e^{rT} 表示复利计息法下的折现因子。B_T 代表风险事件发生时,保单合约规定的给付金额,如果保单承保单风险事件,B_T 为非负常数,而保

单若承保复合风险,则 B_T 为一个依赖于风险事件类型的非负随机变量;更一般地,当保单承保 N 项风险($N>1$),且各项风险的出险时间不同时,现值公式(1)可以被进一步一般化为

$$V_0 = \sum_{(t=0)}^{T} (R_t - I_t)/e^{rt} + \sum_{i=1}^{N} B_{T_i}/e^{rT_i} \tag{9-2}$$

由于一般情况下,等式(9-2)右端为一随机变量,取值不唯一,而单一保单的净保费必须为常数,因此对等式两端求数学期望,即可得到如下的净保费现值公式:

$$V_0^* = E[V_0] = E\left[\sum_{t=0}^{T} (R_t - I_t)/e^{rt} + \sum_{i=1}^{n} B_{T_i}/e^{rT_i}\right] \tag{9-3}$$

其中 V_0^* 为一单位保单的净保费,现值公式要求净保费与保单所承保的风险净现值的期望值相等,这也是保费厘定的基本原则。

2. 净保费现值公式的含义

通过取数学期望得到的等式(9-3)具有很强的经济学含义。对于等式(9-3)的经济学含义,可以通过数理统计学中的大数定律和中心极限定理加以理解。

定理:(弱)大数定律与中心极限定理

给定独立同分布随机变量序列 $X_1, \cdots, X_n, \cdots$,如果对于每个正整数 n,随机变量 X_n 的期望与方差都存在并且有限,即 $\mu_X \in (-\infty, \infty)$,$\sigma_X \in (0, +\infty)$,那么

(1)(弱)大数定律:随机变量 $\dfrac{\sum\limits_{i=1}^{n} X_i}{n}$ 依概率收敛至常数 μ_X,即对于任意 $\varepsilon > 0$,

$$\lim_{n \to \infty} Pr\left(\left|\frac{\sum_{i=1}^{n} X_i}{n} - \mu_X\right| < \varepsilon\right) = 1 \tag{9-4}$$

(2)中心极限定理:随机变量 $\dfrac{\sum\limits_{i=1}^{n} X_i - \mu_X}{\sqrt{n}\,\sigma_X}$ 依分布收敛至标准正态分布,对于任意实数集上的有界连续函数 f,都有

$$\lim_{n \to \infty} E\left\{f\left(\frac{\sum_{i=1}^{n} X_i - \mu_X}{\sqrt{n}\,\sigma_X}\right)\right\} = E(f(Z)) \tag{9-5}$$

其中,Z 是服从标准正态分布的随机变量。

当保险公司向大量彼此独立的被保险人提供同质的风险保单时,每份保单的风险损失的净现值(由式(9-1)和式(9-2)给出)可以看作是独立同分布的随机变量,因此由大数定律可知,由全部同质保单构成的一类保险产品或保单池,其内部风险损失的平均值应当近似等于等式(9-3)右端的期望值。因此,净保费现值公式(9-3)给出了在统计学意义上任意一类同质的保单产品的平均风险损失的计算公式。

微观经济学理论表明,在完全竞争市场条件下,同质保单的定价必定相同,同时任意

一类保险产品的完全竞争价格应当等于其在完全竞争市场中的平均供给成本。而对于保险产品,其供给成本正是保单的风险损失,因此现值公式(9-3)右端给出了同质保单的平均供给成本。在这个意义上,同质保单的净保费正是保单产品的完全竞争价格,而净保费现值公式本身则是微观经济学中的完全竞争理论在同质的保单产品市场中的应用。

3. 不同类型的保单的保费差异

公式(9-3)给出了净保费厘定的一般性准则,在计算具体保单的保费时,通常需要对公式(9-3)中的随机变量做出符合保单特征的假设和现值,本小节针对几类重要保单,给出净保费现值公式(9-3)的变体。

(1) 年金寿险净保费现值公式

年金寿险保单的一个基本特征是,保险的给付以年金的形式进行,因此不存在针对风险事件的给付(即 $B_T \equiv 0$)。同时给付的年限、年金的金额在合约中规定,因此 T 为已知常数并且 $R_t \equiv c$(c 为常数)。故,年金寿险的净保费现值公式变为

$$V_0^* = \sum_{t=0}^{T} (c - E[I_t])/e^{rt} \tag{9-6}$$

(2) 死亡寿险的净保费现值公式

死亡寿险与年金寿险相反,死亡寿险的给付基于风险事件(投保人死亡)的发生,同时给付数额在保单合约中已规定,因此,B_T 为已知的正值常数,并且 $R_t \equiv 0$。由于投保人死亡的事件并不确定,因此 T 为非退化的正值随机变量。基于以上信息,死亡寿险的净保费现值为

$$V_0^* = E[B_T/e^{rT}] - E\left[\sum_{t=0}^{T}/(I_t)/e^{rt}\right] \tag{9-7}$$

(3) 车辆险与健康险的净保费现值公式

车辆险(财产险)与健康险都有一定的保险期限,通常为一年($T=1$),因此不需要进行年金给付($R_t \equiv 0$),同时由于期限较短,通常不考虑投资收益的核算($I_t \equiv 0$)与贴现因子。由于保险存续期内,承保的风险事件通常有多个,且事件发生时间并不一致,存在多次出险的可能,因此净保费现值公式可表示为

$$V_0^* = \sum_{i=1}^{N} E[B_{T_i}] \tag{9-8}$$

在健康险与车险实务中,风险事件的个数(N)通常也是事先未知的,因此,需要由整数型随机变量加以刻画。

第二节　寿险保费的厘定

本节讨论在对人寿保险进行净保费厘定时常用的基本概念、术语以及关于风险分布的基本假设。由于生死两全险同时涵盖了年金寿险与死亡寿险两个险种,因此本节主要关注生死两全险。

一、死亡时间的概率分布

在寿险费率厘定时,核心的不确定因素是被保险人的死亡时间。死亡时间在签订保险合同时是未知的,而且是不确定的,因此在计算保单净保费时需要使用死亡时间的分布函数。

(一) 生存函数

生存函数(S)是一个以时间t为自变量的函数,对每一个$t \geqslant 0$,$S(t)$表示了死亡时间T超过t的概率,即

$$S(t) = Pr(T > t) \tag{9-9}$$

生存函数与死亡时间T的累积概率分布函数F的关系可表示为

$$S(t) = 1 - F(t) \tag{9-10}$$

因此,生存函数包含了死亡时间在概率意义上的全部信息。

(二) 条件生存概率

由于被保险人的参保年龄的差异,在进行寿险费率厘定时,保险公司不仅会考虑绝对的生存概率,还会考虑特定年龄阶段的被保险人的条件生存概率。使用保险精算学中的符号,条件生存概率可定义为如下函数:

$$_tS_{t'} = \frac{Pr(T > t + t')}{Pr(T > t)} \tag{9-11}$$

即条件生存概率$_tS_{t'}$表示给定被保险人当前年龄t的条件下,被保险人存活年龄超过$t + t'$的概率。

(三) 死亡力

与条件生存概率密切相关的一个概念是死亡力,在连续时间条件下:

$$\lambda(t) = \lim_{t' \to 0} + \frac{1 - {}_tS_{t'}}{t'} \tag{9-12}$$

死亡力是一个依赖于时间t的函数,它刻画了给定时间t下瞬时死亡的条件概率密度。运用微积分的基本知识,可以证明,死亡力、生存函数以及条件生存函数三者之间的关系可以表示如下:

$$_tS_{t'} = S(t') = e^{-\int_0^{t'} \lambda(t+s) ds} \tag{9-13}$$

公式(9-13)表明,死亡力函数包含了死亡时间在概率意义上的全部信息,与生存函数和死亡时间的分布函数等价。对比定义式(9-11)与(9-12),可知死亡力函数是一个非负函数,而生存函数是一个有界且单调不增的非负函数,因此,在估计死亡时间的相关信息时,使用死亡力函数的限制较少,应用更加普遍。

在保险公司的实际应用中,死亡力函数和生存函数的具体形式是未知的。常用的替

代品是生命表,生命表记录了一系列离散时点上的条件生存概率。

二、投资收益风险与死亡风险的独立性假设

在寿险费率厘定时,除死亡时间外,另一个主要的不确定因素来自于各期的投资收益(I_t),该收益既取决于保险公司所持有的投资组合的内部结构,同时也受到金融市场中的风险因素的影响。通常情况下,影响投资收益的风险因素独立于被保险人的死亡时间,因此 T 与每一期的 I_t 作为随机变量相互独立。利用独立性假设,生死两全寿险的净保费现值公式(在连续时间下)可以进一步简化为如下积分表达式:

$$V_0^* = \int_0^\infty \int_0^{t'} (c - E[I_{t+s}]) e^{-r(t+s) - \int_0^{t'} \lambda(t+s)\,ds} \lambda(t+s)\,ds\,dt' +$$

$$\int_0^\infty B_{t'} e^{-r(t+t') - \int_0^{t'} \lambda(t+s)\,ds} \lambda(t+t')\,dt' \tag{9-14}$$

三、拓展

在寿险实务中,通常存在一份保单涉及多个被保险人的情形,死亡保险金的给付可能依赖于某个或某几个被保险人的死亡,也可能依赖于所有被保险人的死亡,甚至可能依赖于各被保险人的死亡顺序。在厘定存在多个被保险人的寿险保单的净保费时,需要考虑各个被保险人死亡时间($T_1, \cdots, T_n$)的联合生存函数。通常情况下,各个被保险人的死亡时间并不独立(例如:被保险人为夫妻时,研究表明,夫妻一方存活时间对另一方是否在世具有很强的依赖性)。当各被保险人的死亡时间存在复杂的依存关系时,仍然使用独立性假设厘定净保费,会导致对给付风险的严重低估,因此,在推导死亡寿险的净保费现值公式时,需要明确地界定各个被保险人死亡时间的相依性结构。在保险精算学中,这一相依性结构通常由 copula 函数加以刻画。针对具体险种的 copula 函数的选择是保险精算学的热点研究对象,并且与统计学、概率论等学科有着深度的交叉。

与财产险、健康险等产品不同,在寿险产品的设计中,往往会根据投保人或被保险人的实际需求而调整保单的内容条款,因此寿险产品是相对非标准化的,在使用大数定律对寿险产品进行定价时,同分布假设往往难以成立。尽管大数定律在非同分布假设下依然成立,极限分布的均值的估计与计算将更加困难。同时,对于风险损失期望值明显不同的两类寿险产品,仍然可以使用一致的保险费率,是否公平? 如果不使用同样的费率,那么单一保单的费率如何厘定? 对上述问题的解答往往依赖于对特定的寿险产品进行参数化建模,这部分内容也是寿险精算学中的核心。

第三节　非寿险保费的厘定

与寿险保单不同,非寿险保单的承保对象是一定时间期限内的风险事件,并且标的风险事件存在多次发生的可能,出险频次以及每次出险后的给付金额在多数情况下是未知

的。因此,在厘定净保费时,风险事件的发生次数与给付金额的大小通常被假设为服从特定分布的正整数随机变量与正值随机变量。通过统计手段,估计相关分布中的未知参数,并与净保费现值公式相结合,可得非寿险保单的净保费率。

一、出险频次的数学刻画

在保险实务中,通常假设出险次数服从特定的参数化整数分布,常见的分布假设包括:

参数为 λ 的泊松分布:

$$Pr(N = n) = \frac{\lambda^n \, \mathrm{e}^{-\lambda}}{n!}, \qquad n = 1, \cdots, \infty \tag{9-15}$$

参数为 (m, q) 的二项分布:

$$Pr(N = n) = C_m^n q^n (1-q)^{m-n}, \qquad n = 1, \cdots, m \tag{9-16}$$

参数为 (r, β) 的负二项分布

$$Pr(N = n) = C_{n+r-1}^n \left(\frac{1}{1+\beta}\right)^r \left(\frac{\beta}{1+\beta}\right)^n, \qquad n = 1, \cdots, \infty \tag{9-17}$$

二、出险金额的数学刻画

通常假设出险金额(损失)是服从特定的参数化分布的正值随机变量,常用的分布假设包括:

参数为 (μ, σ) 的对数正态分布,其概率密度函数可表示为

$$f(x) = \frac{1}{\sqrt{2\pi}\sigma x} \, \mathrm{e}^{-\frac{(\ln x - \mu)^2}{2\sigma^2}} \tag{9-18}$$

参数为 α 的指数分布

$$f(x) = \alpha \mathrm{e}^{\alpha x} \tag{9-19}$$

三、独立性假设与保单池的定价

如果各个风险事件的出险次数独立于每个风险事件的损失,同时不同风险事件的损失相互独立并且服从相同的分布,则非寿险保单的净保费现值可以简化为

$$\sum_{k=0}^{\infty} k\mu_B \, Pr(N = k) \tag{9-20}$$

其中 μ_B 是每个风险事件发生的损失期望值,在同分布假设下它恒为常数。

由于非寿险保单通常是高度标准化的,因此适用于大数定律下的定价方式,即利用大量同质且风险独立的保单构建保单池,对保单池进行定价,而每份保单的净保费可以视为保单池总价的算术平均值。这种定价方式的好处是,由多份独立同质保单构成的保单池可用于分散单个保单的风险,从而降低保单池的整体风险,压低保险费率,增加保险公司的盈利能力。非寿险保单的高度同质化特性,使得保单在前期定价与后期风险管理方面可以充分地实现流程化与标准化,这也是目前我国非寿险市场(如车险市场)发展相对完

善的一个重要原因。

四、拓展

　　保险池的定价依赖于对于池中单个保单的损失期望值与方差的先验知识。在单个保单的出险频次与每次出险的损失金额相互独立时，损失的期望与方差可由公式（9-20）给出。然而，在很多场合中，损失次数与损失金额的分布之间存在强相关，同时不同出险事件的损失金额也并不独立。例如，在健康险中，被保险人在保险期间如果经历过一次手术，则在术后再次住院的概率将明显降低，同时术后的医疗费用也会呈现明显的降低趋势。因此，进行单个保单的风险损失估值时，会考虑对损失的积累进行随机过程建模，将出险次数用随机点过程加以刻画，同时将损失的积累过程描述为一个隐马尔科夫过程，容许每一时刻的损失增量依赖于当前的累计损失金额与累计出险次数。通过蒙特卡洛模拟法，可以对上述损失过程的最终损失的期望值与方差进行数值求解。

 本章小结

　　1. 保险费是投保人为获得经济保障而缴纳给保险人的费用。保险费由纯保险费和附加保险费构成。纯保险费主要用于保险理赔支出。附加保险费主要用于保险业务的各项营业支出。

　　2. 保险费率是保险费与保险金额的比例，保险费率又被称为保险价格，通常以每百元或每千元的保险金额应缴的保险费来表示。

　　3. 保险费率的厘定要遵循公平合理、充分、相对稳定及鼓励防灾防损的原则。

　　4. 保险费率的计算方法大致可分为三种：分类法、增减法、观察法。精确的保费厘定是基于数学概率论基础、统计学、金融学等理论知识的，基本的原理可以简单归纳为收支相等原理和大数法则。

　　5. 寿险保费的厘定与人的生存率、死亡率、保险费产生的时间价值及其投资收益有关。

　　6. 非寿险保费的厘定与承保对象在一定期限内的发生风险事件概率、出险频次及每次出险后产生的损失金额、赔偿给付额的多少有关。

 重要概念

　　保险费　保险费率

 思考题

　　1. 保险公司的保险费是由哪些方面构成的？
　　2. 保险费率的厘定依据的原则是什么？用什么方法来厘定？
　　3. 根据所学知识和给定条件，请完成以下产品设计。

考虑一个附加有健康险的生死两全寿险产品(记该产品为 DH1)：

(1) 被保险人当前 55 岁，男性，保单合同当期生效；

(2) 保单有效期至被保险人年满 80 岁；

(3) 保单规定在被保险人退休(60 岁)后，向被保险人每月支付 3500 元；

(4) 在被保险人退休后，被保险人在就诊心血管及病后，可凭借该保单向保险公司申请报销治疗与住院费用；

(5) 如果保险人在保险有效期内死亡，保险公司需向被保险人指定受益人支付抚恤金 5 万元。

问题(1)：以一年为一期，针对上述 DH1 产品：

① 请写出年金支付序列 $\{R_t : t = 1, 2, \cdots\}$ 的具体表达式；

② DH1 保单合约的条款 5 规定了死亡抚恤金的给付条件，即被保险人在保险合约有效期内死亡，若被保险人在保险合约过期后死亡，则不会发生死亡抚恤金的给付，上述给付条件会如何影响净保费现值公式中的风险事件发生时间(写出的表达式)？

③ 保单合约中的健康附加险的有效期依赖于基本寿险保单的有效期，因此，条款 5 会如何影响健康附加险的净保费现值(考虑如何在现值公式(9-8)中引入随机的保单合约有效期)？

问题(2)：在健康附加险和基本生死两全寿险同时存在的情况下，保单 DH1 的净保费现值公式应当如何表示？它与传统的寿险产品现值公式(9-6)、(9-7)以及传统的健康险保单现值公式(9-8)有何不同？

问题(3)：假设

① 投资收益率恒为常数 5%；

② 被保险人自投保后发生心血管疾病并需要入院治疗的次数服从参数为 $\lambda = 30$ 的泊松分布，而每次入院治疗的费用服从参数为 $\mu = 10, \sigma = 7$ 的对数正态分布，且入院次数与治疗费用相互独立，多次入院的治疗费用彼此之间也相互独立；

③ 被保险人的死亡时间与其因心血管疾病而入院治疗的次数与花费相互独立；

④ 假设被保险人的死亡实践服从参数为 $\alpha = 7.5$ 的指数分布。

基于以上假设以及保单合约的条款，利用问题(1)、(2)中的分析结果，请计算：

a. 基本生死两全险保单的净保费；

b. 健康附加险的净保费；

c. 保单 DH1 的净保费。

拓展问题：

① 在假设③中治疗费用不随被保险人年龄的增长而变化，是不合理的，如果仍然假设被保险人入院次数与治疗费用相互独立、多次入院的治疗费用彼此之间也相互独立，并假设被保险人的治疗费用仍然服从对数正态分布，参数 $\sigma \equiv 7$，但均值参数 μ_t 会随着被保险人年龄的增加而增大，即 μ_t 是时间 t 的单调增函数，此时，DH1 保单的净保费应当如何表示？

②心血管疾病作为老年人群体的多发病症,随着年龄的增长,不仅其严重程度会不断加剧,它的发病还经常性地伴随着老年人的离世,换言之,对 DH1 保单,其健康险部分的索赔次数、索赔金额与被保险人的死亡时间之间并不独立,因此,题(3)中的假设③并不合理。那么,如果你是保险公司的精算师,你会如何刻画被保险人死亡时间与其健康险的使用情况之间的依存关系呢? 相应地,由于上述依存关系,DH1 保单的净保费发生怎样的变化呢?

 在线自测

第十章

保险市场及保险组织

第一节　保险市场概述

保险市场是市场的一种形式,是保险商品交换关系的总和或是保险商品供给与需求关系的总和。它既可以指固定的交易场所如保险交易所,也可以是所有实现保险商品让渡的交换关系的总和。在保险市场上,交易的对象是保险人为消费者所面临的风险提供的各种保险保障。较早的保险市场出现在英国的保险中心伦巴弟街,后来随着劳合社海上保险市场的形成,参与保险市场交易活动的两大主体——供给方与需求方渐趋明朗,但这种交换关系仍比较简单。之后,随着保险业的不断发展,承保技术日趋复杂化,承保竞争日趋尖锐,保险商品推销日趋区域化与全球化,仅由买卖双方直接参与的交换关系已远远不能适应形势的发展,这时保险市场的中介力量应运而生,使保险市场趋于成熟。尤其是在当今,信息产业的高速发展,互联网、云计算等技术在保险业的应用,使客户足不出户就可以完成保险的交易活动。

一、保险市场的特征

保险市场是金融市场的一个主要组成部分。它不同于消费品市场或劳动力市场,而有其独有的特征。

(一)保险市场是直接的风险市场

这里所说的直接风险市场,是就交易对象与风险的关系而言。尽管任何市场都存在风险,交易双方都可能因市场风险的存在而遭受经济上的损失,但是,一般商品市场所交易的对象,其本身并不与风险联系,而保险市场所交易的对象是保险保障,即对投保人转嫁于保险人的各类风险提供保险保障,所以本身就直接与风险相关联。保险商品的交易过程,本质上就是保险人聚集与分散风险的过程。风险的客观存在和发展是保险市场形成和发展的基础和前提。"无风险,无保险",也就是说,没有风险,投保人或者被保险人就没有通过保险市场购买保险保障的必要。所以,保险市场是一个直接的风险市场。

(二)保险市场是无形市场

现代的保险经济活动,基本上是通过电脑设施随时进行的。这种没有固定场所和时间,通过现代化技术手段进行交易行为的市场,即为无形市场。现代市场经济,特别是金融市场绝大多数为无形市场;保险这一金融活动包括展业、投保、签单、索赔、理赔、追偿等环节,都可以通过现代化通信手段进行,不受固定场所和时间的限制,因此保险市场从空间概念来说是无形市场。

(三)保险市场是特殊的"期货"交易市场

由于保险的射幸性,保险市场所成交的任何一笔交易,都是保险人对未来风险事件发生所致经济损失进行补偿的承诺。而保险人是否履约,即是否对某一特定的对象进行经济补偿,则取决于保险合同约定的时间内是否发生约定的风险事故,以及这种风险事故造成的损失是否达到保险合同约定的补偿条件。只有在保险合同所约定的未来时间内发生保险事件,保险人才可能对被保险人进行经济补偿,这实际上交易的是一种"灾难期货"。因此,保险市场是一种特殊的"期货"市场。

(四)保险市场是非即时结清市场

所谓即时结清市场是指市场交易一旦结束,供需双方立刻就能够确切知道交易结果的市场。无论是一般的商品市场,还是金融市场,都是能够即时结清市场。而保险交易活动,风险的不确定性和风险的射幸性使交易双方都不可能确切地知道交易结果。因此,保险交易不能立刻结清。相反,在保险交易中还必须通过订立保险合同,来确定双方当事人的保险关系,并且依据保险合同履行各自的权利和义务。因此,保险单的签发,看似保险交易的完成,实质是保险保障的开始,最终的交易结果还要看双方约定的保险事故是否发生。所以,保险市场是非即时结清市场。

二、保险市场的分类

按照保险业务的性质不同,保险市场可分为人身保险市场和财产保险市场。人身保险市场,是专门为社会公民提供各种人身保险商品的市场。财产保险市场,是从事各种财产保险商品交易的市场。

按照保险业务承保的程序不同,保险市场可分为原保险市场和再保险市场。原保险市场,也称直接业务市场,是保险人与投保人之间通过订立保险合同而直接建立保险关系的市场。再保险市场,也称分保市场,是原保险人将已经承保的直接业务通过再保险合同转分给再保险人形成保险关系的市场。

按保险业务活动的空间不同,保险市场可分为国内保险市场和国际保险市场。国内保险市场,是专门为本国境内提供各种保险商品的市场,按经营区域范围又可分为全国性保险市场和区域性保险市场。国际保险市场,是国内保险人经营国外保险业务的保险市场。

三、保险市场的模式

按保险市场的竞争程度不同,保险市场的模式可分为完全垄断型保险市场、完全竞争型保险市场、寡头垄断型保险市场和垄断竞争型保险市场四种模式。

(一)完全垄断型保险市场模式

完全垄断型保险市场,是由一家或几家保险人独占市场份额的保险市场,在完全垄断的市场上,价值规律、供求规律和竞争规律受到极大的限制,市场上没有竞争,没有替代品,没有可供选择的保险人。因此,保险公司可凭借其垄断地位获得超额利润。

完全垄断模式分为两种形式,一种是专业型完全垄断模式,即在一个保险市场上同时存在两家或两家以上的保险公司,各自垄断某类保险业务,相互之间业务不交叉,从而保持完全垄断模式的基本性质;另一种是地区型完全垄断模式,指在一个国家中同时存在两家或两家以上的保险公司,各垄断某地区的保险业务,相互之间的业务没有交叉。

(二)完全竞争型保险市场模式

完全竞争型保险市场,是保险市场上存在数量众多的保险人,保险商品交易完全自由,价值规律和市场供求规律充分发挥作用的保险市场。在这种模式下,保险市场处于不受任何阻碍和干扰的状态中,同时,由于存在大量的保险公司,且每个保险公司在保险市场上所占的份额都很小,因而任何一个保险公司都不能单独左右市场,而由保险市场自发地调节保险商品的价格。保险资本可以自由流动,价值规律和供求关系充分发挥作用。政府保险监管机构对保险企业管理相对宽松,保险行业协会在市场管理中发挥重要作用。

一般认为完全竞争模式是一种理想的市场模式,它能充分、适度、有效地利用生产资源。因此,保险业发展较早的西方发达国家在早期多为该种模式。但是,自由竞争发展的结果,必然导致垄断。

(三)寡头垄断型保险市场模式

寡头垄断型保险市场,是指在一个保险市场上,只存在少数相互竞争的保险公司。在这种模式的市场中,保险业经营依然以市场为基础,但保险市场具有较高的垄断程度,保险市场上的竞争是保险垄断企业之间的竞争,整个市场相对封闭。存在寡头垄断模式市场的国家既有发展中国家,也有发达国家。

(四)垄断竞争型保险市场模式

垄断竞争型保险市场,是大小保险公司在自由竞争中并存,少数大公司在保险市场中分别具有某种业务的局部垄断地位的保险市场。在垄断竞争型的保险市场中,大小保险公司并存,少数大公司在市场上取得垄断地位。竞争的特点表现为:同业竞争在大垄断公司之间、垄断公司与非垄断公司之间激烈展开。

四、保险市场的功能

保险市场作为一种无形的金融市场,其功能主要表现在以下几个方面。

(一) 合理安排风险,维护社会稳定的功能

保险市场通过保险商品交易合理分散风险,提供经济补偿,在维护社会稳定方面发挥着积极的作用。

(二) 聚集、调节资金,优化资源配置的功能

保险资金收入和支出之间有一个时间差,保险市场通过保险交易对资金进行再分配,从而充分发挥资金的时间价值,为国民经济的发展提供动力。

(三) 实现均衡消费,提高人民生活水平的功能

保险市场为减轻居民消费的后顾之忧提供了便利,使之能够妥善安排生命期间的消费,提升人民生活的整体水平。

(四) 促进科技进步,推动社会发展的功能

保险市场运用科学的风险管理技术,为社会的高新技术风险提供保障,由此促进新技术的推广应用,加快科技现代化的发展进程。

五、保险市场机制及其作用

(一) 保险市场机制

保险市场机制是指将市场机制应用于保险活动中所形成的价值规律、供求规律和竞争规律三者之间相互制约、相互作用的关系,表现为保险商品价格和供求之间相互影响的关系。保险商品价值规律表现为保险商品价格由价值决定。

保险商品价值是指生产保险商品所花费的社会必要劳动时间。保险商品价格分为理论价格和市场价格。理论价格是保险商品价值的理论表现,主要由保险商品精算费率、保险企业合理费用率、行业平均利润率、存在道德风险和逆向选择条件下的费率加成构成。市场价格是指由于市场机制的作用所形成的价格。

供求规律的作用使保险商品市场价格受供求关系的影响,围绕价值上下波动。供小于求,则价格上升;供大于求,则价格下降。但从长期变动趋势看,保险商品总价格应与其价值趋于一致。

竞争规律的核心是优胜劣汰。竞争会引起供求力量的对比发生变化,使商品价格发生变动;竞争会促使保险企业创新产品、改善服务、加强管理;竞争会导致资本流动,引起保险业的整合和重组。合理、有序的竞争能极大地促进保险业的发展。

（二）保险市场机制的调节作用

保险市场机制对社会经济运行的调节作用主要表现在以下几个方面。

1. 对资源配置的调节作用

保险市场机制使风险由集中到分散,使一些本来难以开展的风险投资得以实现,从而为资源的优化配置铺平了道路。在商品生产过程中,不同部门、不同领域的生产者,其内部经营条件和外部经营环境面临着不同的风险。从经济部门看,朝阳工业面临的风险要比夕阳工业大;从地域环境看,落后地区由于自身条件限制会给投资者带来较多的风险。生产经营决策者可视情况选择有关保险,把风险转嫁给保险人,从而使某些资源在一定条件下或一定地域内优化配置成为可能。

此外,我国市场经济的发展客观上要求优化资源组合,合理利用有效的社会资源。从整体上看,我国社会资源并不丰富,特别是许多行业或部门还表现出局部结构失衡,产生资源低效率或无效率的现象,造成资源的巨大浪费。改革的重要任务之一就是让市场机制充分发挥作用,合理有效地配置社会资源。保费的收取和保险金的给付过程就是风险的转移、分散和组合的过程,也是风险中的生产要素和资源得到重新分配和转移的过程。

2. 对资金市场的调节作用

保险经营聚集了大量的资金,其投放和运用对资金市场的影响很大。保险经营的时间越长,责任准备金积累就越多,这种影响就越大,这已为国际保险市场的经验所证明。此外,政府或有关部门利用保险来调节资金流量也是不可忽视的。

保险经济活动从本质上看还体现了资金的再分配。保险再分配的资金来源是投保人的货币收入和资金收入的一部分,这部分收入作为保费交给保险人后,投保人便失去了对这部分资金的使用权与占有权,所得到的是受损后的经济补偿权。保险基金的用途是补偿经济损失和给付保险金。这部分资金支出后,保险公司便失去了对这部分资金的所有权,转化为受灾企业或个人的所有权。由此可见,保险形式的再分配,实际上是对货币和资金占有权的再分配。保险资金收入和支出之间有一个时间差,期间的资金归入社会总资金,参与社会总资金的运动,并通过种种形式调节资金市场,如参与同业拆借、进入资本市场。

3. 对收入分配的调节作用

保险再分配的资金来源是投保人的货币收入和资金收入的一部分。保费的收取和保险金的支付,在一定程度上调节了人们的收入结构。从社会总产品的分配看,用作后备的保险资金所占比重的大小,直接影响对其他事业的投资和分配。保险作为一种再分配的手段,将国家、企业、个人在初次分配中形成的收入进行再次分配,这种分配对整个分配过程是一种调节。

4. 对个人消费的调节作用

保险市场机制对个人消费的调节可以从以下几个方面加以分析。

（1）购买保险,尤其是购买储蓄性的人寿保险,使购买者的消费分散在一个较长的时期内,起到调节个人消费的作用。

(2)购买保险也是一种消费形式,即保险消费。保险是一种向人们提供安全保障服务的消费品。任何形式的消费品,都必须具有满足人们某种需要的功能。保险消费所满足的是人们对安全的需要。安全需要是人类生存发展的基本需要,因此,保险消费是商品消费的一个必不可少的组成部分。一个合理的消费结构,离不开一定比例的保险消费,保险消费是维护合理消费结构平衡与发展的重要保证。

(3)保险消费不仅仅是一种后备形式的消费,它对整个消费还具有重要的引导作用。

5. 对心理的调节

一种可能发生的风险对人们的心理是一种负担、一种潜在的威胁。通过保险市场机制,人们可以将生命、身体及财产所面临的风险损失转移出去。这就为生产和生活创造了稳定、安全的环境,消除了人们的忧虑和恐惧心理。

第二节 保险公司的设立与组织形式

一、保险公司的设立

作为一种典型的金融机构,保险公司的设立需要具备一定的条件,同时还要严格遵循一定的程序。

(一)保险公司设立的条件

我国《保险法》第六十八条规定,设立保险公司应当具备下列条件:①主要股东具有持续赢利能力,信誉良好,最近3年内无重大违法违规记录,净资产不低于人民币2亿元;②有符合本法和《中华人民共和国公司法》规定的章程;③有符合本法规定的注册资本;④有具备任职专业知识和业务工作经验的董事、监事和高级管理人员;⑤有健全的组织机构和管理制度;⑥有符合要求的营业场所和与经营业务有关的其他设施;⑦法律、行政法规和国务院保险监督管理机构规定的其他条件。

(二)保险公司设立的基本程序

我国对保险公司实行较为严格的审批制度,根据《保险法》及《保险公司管理规定》,设立保险公司需经过申请、筹建和开业三个阶段。

申请设立保险公司时,申请人首先要向保险监督管理部门提出申请,经批准后进行筹建。筹建就绪,经验收合格,由保险监督管理部门颁发经营保险业务许可证和法人机构许可证,并向工商行政管理机构办理企业登记,领取营业执照,然后才能开业。

《保险公司管理规定》规定,中国保监会应当对筹建保险公司的申请进行审查,自受理申请之日起6个月内作出批准或者不批准筹建的决定,并书面通知申请人。决定不批准的,应当书面说明理由。经中国保监会批准筹建保险公司的,申请人应当自收到批准筹建通知之日起 1 年内完成筹建工作。筹建期间届满未完成筹建工作的,原批准筹建决定自动失效。筹建机构在筹建期间不得从事保险经营活动,不得变更主要投资人。筹建完成后,申请人应当向中国保监会提出开业申请,并向保监会提交相关文件资料。中国保监会应当自收到完整的开业申请文件之日起 60 日内,做出核准或者不予核准的决定。决定核准的,颁发经营保险业务许可证;决定不予核准的,应当书面通知申请人并说明理由。经核准开业的保险公司,应当持核准文件及保险许可证,向工商行政管理部门申请办理注册登记手续,领取营业执照后方可营业。

二、保险公司的典型组织形式

(一) 保险市场一般组织形式

保险市场是指依法设立、登记,并以经营保险为业的机构。从国际保险市场的现状来看,保险经营组织形式多种多样,从财产所有制角度看,保险市场主要有以下几种组织形式:

(1) 国营保险组织。这是由国家或政府投资设立的保险经营组织,可以由政府机构直接经营,也可以通过国家法令规定某个团体来经营,如国有独资保险公司或国有控股保险公司。

(2) 私营保险组织。这是由私人投资设立的保险经营组织。它多以股份有限公司的形式出现,保险股份有限公司是现代保险企业制度下最典型的一种组织形式。我国《保险法》规定:"保险公司应该采取下列组织形式:(一)股份有限公司,(二)有限责任公司。"

(3) 合营保险公司。合营保险公司包括两种形式:一种是政府与私人共同投资设立保险经营组织,属于公私合营保险组织形式;另一种是本国政府或组织与外商共同投资设立的合营保险组织,我国称之为中外合资保险经营组织形式。如 1998 年 10 月,中国太平洋保险股份有限公司和荷兰国际集团(ING)合资组建太平洋安泰人寿保险有限公司。

(4) 合作保险组织。合作保险组织是由社会上具有共同风险的个人或经济单位,为了获得保险保障,共同集资设立的保险组织形式,它可以采取公司形式(如相互保险公司),也可以采取非公司形式(如相互保险社和保险合作社)。

保险合作社与相互保险公司都属于非营利的保险组织,但二者存在区别:①保险合作社属于社团法人,而相互保险公司属于企业法人。②就经营资金的来源而言,保险合作社的经营资金包括基金和股金,相互保险公司的经营资金为基金。③保险合作社与社员间的关系比较永久,社员认缴股本后,即使不投保,仍与合作社保持关系。相互保险公司与社员间,保险关系与社员关系是一致的,保险关系建立,社员关系存在,反之,则社员关系终止。④就适用的法律而言,保险合作社主要适用保险法及合作社法的有关规定,相互保险公司主要适用保险法的规定。

(5) 行业自保组织。这是指某一行业或企业为本系统或本企业提供保险保障的组织形式。行业自保组织具有一般商业保险公司所具备的优点,但其使用范围有限,所以不能像商业保险那样普遍采用。

（二）几种典型的保险市场组织形式

由于社会经济制度、经济管理体制和历史传统等方面的差异，各国保险市场组织形式不尽相同。主要包括保险股份有限公司、保险有限责任公司、国有保险公司、相互保险公司、相互保险社、保险合作社等几种，其中保险股份有限公司居主导地位。

1. 保险股份有限公司

股份制保险公司是指经国家保险监管机关批准设立、经营保险业务的股份制公司。它由股东认购股份并以获取利润为目的，公司将全部资本分成等额股份，股东以其所持股份为限对公司承担责任，不负连带无限责任。保险股份公司的控制权一般操纵在认购股份最多的股东手里，由于经营目的是为了投资者获取利润，容易忽视被保险人的利益。

股份制保险公司的特征主要包括以下几个方面。

（1）通过发行股票（或股权证）筹集所需的大量资本。由于入股人数多，股份制保险公司比较容易筹集到大量资本，使经营资本充足，资金实力雄厚，有利于业务扩展和风险的更广泛分散，使经营更加安全，从而增强对被保险人的保障能力。

（2）采用所有权与经营权相分离的方式。以营利为经营的首要目标，促使公司不断改善内部经营管理，开发适销对路的新险种，提高保险服务质量，提高经营管理效率，增加保险公司的利润，增强偿付能力，使保险经营步入正规化、科学化的良性循环轨道。

（3）采用确定保费制。使投保人的保费负担确定，排除了向被保险人追补的情况，既符合现代保险的特征和投保人的需要，又便于保险业务的扩张。

由于股份制保险公司的经营目的是营利，因此比较适用于那些风险较大、投机性较强的财产保险业务。在美国的财产和责任保险业务中，股份制保险公司是占支配地位的保险组织形式，其保费收入约占私营财产和责任保险保费总收入的四分之三。

2. 国有保险公司

保险国有思想由来已久，可以追溯到 17 世纪，贡献最为卓著的当推著名哲学家雷布尼兹（V. Leibnitz）所提倡的国有保险论。近代国有保险思想的代表是经济学者华格纳（Adolph Wagner），他在所著的《国家与保险》一书中，曾极力提倡保险国有论。国有保险公司是由国家或政府投资设立的保险经营组织，由政府或其他公共团体所经营，其经营可以营利为目的的作为增加财政收入的手段，组织形式为举办商业保险的保险组织；也可以政策的实施为宗旨，组织形式为举办社会保险的保险组织等。

国有保险就其实施而言，通常有强制保险和非强制保险。强制保险主要是社会保险，但强制保险并不一定都由国家办理。非强制保险一般采取商业经营方式，可以分为由政府垄断的保险和与民营保险自由竞争的非垄断保险。从实践上看，法国曾实施过国有保险，但由于效率低下等原因，逐步股份化，一些则转化为国家控股的保险公司。在社会主义国家，国有保险公司是一种最基本的保险组织形式。苏联、朝鲜等国家所设立的国家保险局，在一定程度上具有国有保险公司的性质。在资本主义国家，国有保险公司也广泛存在,如由政府投资设立的专门经营信贷保险或海外投资风险保险的组织,通常都采取该种公司形式。国有独资保险公司是国有保险公司最重要的组织形式,是一种特殊的国有企业。

国有保险公司是由政府或公共团体所有并经营。根据经营目的,可分为两类:一是以增加财政收入为营利目的,即商业性国有保险公司。它可以是非垄断性的,与私营保险公司自由竞争,平等地成为市场主体的一部分;也可以是垄断性的,具有经营独占权,从事一些特别险种的经营。二是为实施宏观政策而无营利动机的,即强制性国有保险公司,通常各国实施的社会保险或政策性保险大都采取这种形式。

当前国有保险公司在组织形式上发生了一些新的变化,主要是国有保险公司并非都由政府出资设立,也并非必须由政府设机构经营,如国有控股的保险公司。

3. 相互保险公司

相互保险公司是一种由保单持有人所拥有的保险公司,是由所有参加保险的人自己设立的保险法人组织,是保险业特有的一种非营利性的公司组织形式。它在西方国家的寿险业中占有特别重要的地位。

相互保险公司具有以下几个特点。

(1) 相互保险公司的投保人具有双重身份。投保人既是公司的所有者,又是公司的客户;既是投保人或被保险人,又是保险人。在相互保险公司这一组织形式下,投保人只要缴纳保险费,即可成为公司的成员。成员关系与保险合同关系结合在一起,保险合同关系一旦终止,成员关系也就消失。

(2) 相互保险公司是一种非营利性组织。相互保险公司没有资本金,公司创立时所需的经营资金称为基金,由各成员以缴纳保费的形式筹集,用以承担将来的全部保险责任,不足额可以向外筹借。相互保险公司采用不确定保费制,如果经营有盈余,在支付借入基金的利息及成员所缴基金的利息扣除提留后,剩余部分将分配给成员或作为以后的保费。如果经营出现亏损,则要向成员增收保费或通过减付保险金、减少公积金来弥补。

(3) 相互保险公司的加入者同时成为公司成员。它可以参与公司的经营和盈余分配,成员的利益也就是被保险人的利益,利益关系密切,相互依存,彼此监督,可以有效避免保险人的不正当经营和被保险人的欺诈行为。此外,由于相互保险公司不以营利为目标,因此保费内不包括预期利润,保费负担较轻。

相互保险公司比较适合于人寿保险业。作为现代人寿保险开端的英国公平保险公司于1962年以相互公司的形式成立。美国最大的人寿保险公司,如谨慎人寿保险公司、大都会人寿保险公司等都是相互保险公司。相互保险公司与保险股份公司比较,具有如下不同点:一是性质不同。保险股份公司以营利为目的,而相互保险公司不以营利为目的。二是资金不同。保险股份公司股东出资为资本金,而相互保险公司出资人的出资为基金。三是最高权力机关不同。保险股份公司的最高权力机关为股东大会,而相互保险公司的最高权力机关为成员大会或成员代表会。四是保险关系不同。保险股份公司以订立保险合同建立起保险关系,而相互保险公司的成员关系和保险关系同时发生。五是损益归属不同。保险股份公司的损益归属股东,而相互保险公司的损益归属成员。

随着寿险业的发展,相互保险公司最初的相互性正在逐渐消失,与股份制保险公司之间的区别已不再明显。一方面,由于激烈的市场竞争和股份制保险公司开办分红保险,使股份制保险公司与相互保险公司接近;另一方面,相互保险公司可以不提供分红保险,使它与股份制保险公司的区分标志不复存在。此外,由于相互保险公司大量招揽投保人,随着成员数量的增加,公司自治与成员意识逐渐减弱,成员已不能直接参与公司的经营,成员对相互公司的责任变成仅以保费为限度的有限责任。事实上,股份制保险公司和相互保险公司可以相互转化,不少相互保险公司最初也是以股份制公司形式设立的,然后通过退股实现相互公司化。

4. 相互保险社

相互保险社是同一行业的人为了应付自然灾害和意外事故所造成的经济损失而自愿组合起来的非公司组织,它是最早出现的保险组织,也是最原始的保险组织形态,其中每个社员为其他社员提供保险,每个社员又同时获得其他成员提供的保险。相互保险社在当今欧美国家仍相当普遍,如美国的"互助会",是一种为其会员提供社会福利和保险给付而成立的组织。尽管相互保险社的会员资格向一般公众开放,但这种互助会的成员通常具有共同的种族、宗教信仰或职业背景。美国约有 50 个这样的保险合作组织,大多数规模较小,但也有几个规模较大的,如洛杉矶的农民保险合作社和专门经营汽车保险的联合服务汽车保险协会。

相互保险社具有以下几个特点。

(1) 相互保险社的成员之间相互提供保险保障,体现"我为人人,人人为我"的思想。

(2) 相互保险社无股本,经营资本来源于社员缴纳的分担金。一般在每年年初按暂定分担额向社员预收,用于赔偿和管理方面所需款项和开支,在年度结算时计算出实际的分担额后再多退少补。

(3) 相互保险社的保费采取事后分摊制,事先并不确定,对承保业务保险费的计算,并无数理基础,而是采用赋课方式,即依保险金给付的多少,由各社员分摊。

(4) 相互保险社的最高管理机构是由社员选举出来的管理委员会。在通常情况下,委员会指定一个有法人资格的代理人主持社务,处理有关保险与社内财务等一切事务。

(5) 相互保险社的组织与经营十分简单,保险单持有人即为该社社员,各保险单之保险金额并无多大差别,故每人有相等的投票权来选举理事及高级职员。

5. 保险合作社

保险合作社是由一些对某种风险具有同一保障要求的人自愿集股设立的保险组织,依合作原则从事保险业务,一般以人身保险为主。保险合作社是同股份有限公司和相互保险公司并存的一种保险组织,一般属于社团法人,是非营利机构,以较低的保险费来满足社员的保险需求,社员与投保人是一体的。最早的合作保险组织为 1867 年英国的合作保险公司,迄今已有 30 多个国家和地区有保险合作社这种组织,其中以法国的保险合作社数量最多。在美国、日本和新加坡,保险合作社均有一定的影响。保险合作社与相互保险公司有许多共性,如均为非营利机构和投保人为社员等,但二者是有区别的。

(1) 保险合作社属于社团法人,而相互保险公司属于企业法人。

(2) 保险合作社的经营资金包括基金和股金,而相互保险公司的经营资金仅为基金。

(3) 保险合作社主要适用《保险法》及《合作社法》,而相互保险公司主要适用《保险法》。

(4) 保险合作社与社员的关系比较永久,社员认缴股本后,即使不利用合作社之服务,其社员关系依然存在,而相互保险公司与其社员之间仅为一时之目的而结合,仅在加入保险期间,与组织保持关系,如果最终保险合同终止,两者之间的关系即自动解除。

(5) 保险合作社的业务范围仅仅限于合作社的社员,只承保合作社社员的风险,而相互保险公司实质上是一种开放式的社员结构。

6. 个人保险组织

个人保险组织是以个人名义承保保险业务的组织形式。由于个人的资本实力和信誉有限,很难得到投保人的认可。因此,世界上个人保险组织比较少。但是以个人单独承保并承担无限责任的劳合社却发展起来,并且在世界保险市场上起到了举足轻重的作用,其中最有名的是伦敦劳合社(Lloyd's)。劳合社是世界上非常特别的保险组织,其独特之处在于它不是一家保险公司,而是由承保人个人组成的集团,即所谓"分则为保险商,合则为劳合社"。其性质相当于交易所,是一个保险市场,并没有传统意义上的股东和注册资本。劳合社的承保人虽然以个人名义接受保险业务,但他们并不同投保人直接打交道,所有保险业务都是劳合社保险经纪人介绍来的。劳合社作为一个保险人,已得到英国金融服务局、英国政府、欧盟和世界上其他一些国家和地区的保险监管部门的认可。劳合社的资本由保险公司和富豪提供,他们都是劳合社的成员,是实际承担风险的承保人,不限国籍,但成员资格必须经严格审定。加入劳合社通常需具备如下条件:一是经 1 名成员推荐,5 名成员附议。二是愿意承担个人无限责任。劳合社社员一般保持在 3 万人左右,会员之间各自独立,自负盈亏,对自己承保的份额负有无限责任,即以他们个人的全部财产作为所负责任的抵押,但不负责任何其他成员的赔偿义务。三是个人财产不少于 75 万英镑。四是经劳合社委员会审查批准。另外,还应向劳合社管理公司提供不少于 1 万英镑的保证金。

7. 行业自保组织

行业自保组织是指某行业或企业为本企业或本系统提供保险保障的组织形式,常以公司命名。欧美国家的许多大型企业集团,都有自己的自保保险公司。第一次和第二次世界大战期间,行业自保公司首先在英国兴起;到 20 世纪 50 年代,美国也开始出现这种专业性自保公司。欧美国家的许多大型企业集团都有自己的专业自保公司。我国的新疆生产建设兵团保险公司在成立时就属于这种性质的保险组织。行业自保公司具有一般商业保险公司所具备的优点,但因其适用范围有限,所以不能像商业保险公司那样普遍。

行业自保组织一般是由母公司为保险目的而设立并拥有的保险公司,它主要向母公司及其众多子公司提供保险服务,同时也承保外界的风险和接受再保险业务。很多跨国公司都拥有自己的自保公司。最近,自保公司发展成为多数经济单位附属的保险机构,称为联合自保公司或集团自保公司。自保公司具有降低被保险人的保险成本、增加承保弹性、减轻税收负担等优点,但也有业务量有限、组织规模简陋和财务基础脆弱等缺点。根据美国的法律,自保并不具有保险的特性,不由保险监督官监管。

行业自保组织主要分为纯粹的行业自保组织、协会的行业自保组织和营利导向的行业自保组织三种。纯粹行业自保组织的设立,主要是考虑自保的保险成本较低,另外可以减轻税负,在资金流动方面也较为便利。协会行业自保组织是由多家企业共同设立的,主要目的是解决大家共同面临的风险和责任问题,而这些风险和责任通常是商业保险公司不予承保的。营利导向的行业自保组织的设立,尽管也解决企业内部的保险问题,但更多考虑的是将自设保险公司作为企业营利的新途径,所以,这类自保公司承保大量外来保险和再保险业务。

三、我国保险市场的组织形式

现阶段,我国保险市场的保险组织形式主要有国有保险公司、保险股份有限公司、相互保险公司、中外合资保险公司等。

1. 国有保险公司

我国原有国有独资保险公司 4 家,即中国人民保险公司、中国人寿保险公司、中国再保险公司和中华联合财产保险公司。如今,4 家国有独资保险公司股份制改造都已完成,股改后的中国人保、中国人寿还成功实现了海外上市,国内保险企业的资本实力及市场竞争能力大大增强。

2. 相互保险公司

相互保险公司是由所有参加保险的人自己设立的保险法人组织,其经营目的是为各保单持有人提供低成本的保险产品,而不是追逐利润。相互保险公司没有股东,保单持有人的地位与股份公司的股东地位类似,公司为他们所拥有。相互保险公司没有资本金,也不能发行股票,其运营资金来源于保费,公司设立前期所需资金一般是通过借贷等方式由外部筹借;各成员也以其交纳的保费为依据,参与公司的盈余分配并承担公司发生亏空时的弥补额。

补充阅读 10-1

中国首家相互制寿险来了 保险未来竟然可以这样!

截至 2015 年年底,我国只有一家相互保险公司——阳光农业相互保险公司。阳光农业相互保险公司是在黑龙江垦区 14 年农业风险互助的基础上,经国务院同意、中国保监会批准,在国家工商总局注册的我国首家相互制保险公司。作为一家全国性专业农业保险公司,公司承担着国家农业保险试点及中国保险制度创新的任务。

3. 中外合资保险公司

中外合资保险公司是我国政府或组织与外商共同投资建立的合营保险组织。目前我国保险市场上已有多家这样的保险公司,这是外资人寿保险公司进入中国保险市场的唯一方式。其中第一家中外合资保险公司是 1996 年 11 月 26 日由中化集团对外贸易信托投资公司与加拿大宏利人寿保险公司合资成立的中宏人寿保险有限公司。还有 1998 年 10 月 16 日由中国太平洋保险股份有限公司与美国安泰人寿保险公司合资设立的太平洋安泰人寿保险有限公司,1999 年 1 月由德国安联保险集团与中国大众财产保险股份有限公司合资成立的安联大众人寿保险有限公司,等等。

4. 外国保险公司分支机构

外国保险公司分支机构是指外国保险公司依照本国公司法和保险法的规定,在本国境内设立的经营性保险组织。外国保险公司分支机构的具体形式在法律上并无特别的限制,但不论何种形式设立的外国保险公司分支机构,都具有以下几个特点。

(1)隶属于外国保险公司。外国保险公司分支机构须由外国保险公司设立,是外国保险公司在地域上相分离的一个组成部分,它不能独立于该外国保险公司而存在。

(2)依据本国的法律规定设立。外国保险公司依据其所属国法律而设立,但其在外国的分支机构则必须依据所在国法律设立,这是国际上通行的一般规则。外国保险公司在我国设立分支机构除了要符合我国《公司法》中规定的外国公司分支机构设立的程序、条件等要求外,还必须满足我国《外资保险公司管理条例》中规定的各项条件,如向保监会提交申请,获得在我国经营保险业务的许可证,等等。

(3)在本国境内设立。在本国境内设立是指外国保险公司分支机构必须在本国境内有固定的住所,有确定的代表人或代理人,有相应的经营活动资金,并开展连续性的活动。外国保险公司分支机构必须在本国境内设立,才具有本国法律上规定的外国保险公司分支机构的资格,依照本国公司法和相关法律受到相应的保护。

(4)从事保险活动。外国保险公司分支机构在所在国可以从事何种保险活动,通常取决于所在国的经济政策,尤其是保险产业政策,并由法律明文规定。在我国,除属于法律明确规定不允许外国保险公司分支机构从事的保险经营活动之外,外国保险公司分支机构与我国保险公司享有同样的经营权利。

(5)不具有独立的法人资格。外国保险公司分支机构并非独立的法人,而是法人的一个组成部分。因此,就外国保险公司在中国的分支机构的法律地位而言,具有以下两个特点。第一,外国保险公司分支机构虽然按中国法律进行登记,但不具有中国法人资格。其登记目的是出于对外国保险公司在我国的活动进行管理的需要,也就是对外国保险公司在我国从事经营活动给予法律上的认可。第二,外国保险公司分支机构虽然在保险经营活动上具有一定的独立性,但并不具有独立的民事能力。因此,外国保险公司分支机构在中国境内进行经营活动所产生的民事责任,应当由设立该分支机构的外国保险公司承担。

自从 1992 年 9 月 29 日美国国际集团(AIG)全资附属的子公司美国友邦人寿保险公司在上海设立全国第一家分公司开始,目前我国保险市场上已有多家外国保险公司分支机构,如瑞士丰泰保险(亚洲)有限公司上海分公司、英国皇家太阳联合保险集团上海分公司、美国丘博保险集团联邦产物保险公司上海分公司、日本东京海上火灾保险公司上海分公司、韩国三星火灾海上保险公司上海分公司,等等。

第三节　保险市场的要素

现代保险市场是保险商品交换关系的总和,是参与保险市场交易的各类要素相互作用,使保险交易得以实现的机制。保险市场作为市场经济的组成部分,同样受价值规律、竞争规律和供求规律的支配。

保险市场的构成要素主要有四个,即保险市场供给、保险市场需求、保险产品价格和保险中介。这四个要素相互依存、相互作用,共同构成了完整的保险市场体系。

一、保险市场供给

保险市场供给就是在一定的保险价格条件下,保险市场各家保险公司愿意并且能够提供的保险商品的数量总和。保险市场的供给方主要是指保险人,包括国有保险人、私营保险人、合营保险人、合作保险人、个人保险人等,它们必须是经过国家有关部门审查认可并获准专门经营保险业务的法人组织。保险市场供给用保险市场上的承保能力来表示,它就是各个保险公司的承保能力之和。

保险供给是以保险需求为前提的,保险需求是制约保险供给的基本因素。在存在保险需求的前提下,保险市场供给受到保险资本,保险费率,保险互补品、替代品的价格,保险技术水平,市场的规范程度和政府的监督管理等方面的影响。

二、保险市场需求

保险市场需求是指在一定的费率水平上保险消费者愿意并有能力从保险市场上购买的保险商品的数量。保险市场的需求方是指保险市场上所有现实的和潜在的保险商品的购买者,即各类投保人。根据保险消费者不同的需求特征,可以把保险市场的需求方划分为个人投保人、团体投保人、农村的投保人、城市投保人等。根据保险需求的层次还可以把保险市场的需求方划分为当前的投保人与未来的投保人等。

保险市场需求是一个变量,受诸多因素的影响,当这些因素发生变化时,保险市场需求会增大或减少。影响保险市场需求的主要因素有风险因素、保险费率、消费者的收入水平、互补品与替代品的价格、人口问题和结构、经济体制、文化传统等。

三、保险产品价格

保险产品价格是指某种保险的单位保险金额(一定数额的货币量作为该种保险的一个计量单位)的保险费。保险价格的具体形式是保险费。保险费计算的基础是保险费率。

保险费率一般由纯费率和附加费率两部分组成。习惯上,将由纯费率和附加费率两部分组成的费率称为毛费率。纯费率也称净费率,是保险费率的主要部分,它是根据损失概率确定的,按纯费率收取的保险费称为纯保费,用于保险事故发生后对被保险人进行赔偿和给付。附加费率是保险费率的次要部分,按照附加费率收取的保险费称为附加保费。

它是以保险人的营业费用为基础计算的,用于保险人的业务费用支出、手续费支出以及提供部分保险利润等。

四、保险中介

保险市场的中介是指活动于保险人与投保人之间,充当保险供需双方的媒介,把保险人和投保人联系起来并建立保险合同关系的人。保险市场中介包括保险代理人、保险经纪人、保险公估人等。

1. 保险代理人

保险代理人是根据保险人的委托,向保险人收取代理手续费,并在保险人授权的范围内代为办理保险业务的单位或个人。

保险人委托保险代理人代为办理保险业务的,应当与保险代理人签订委托代理协议,依法约定双方的权利和义务及其他代理事项。保险代理人根据保险人的授权代为办理保险业务的行为,由保险人承担责任。保险代理人为保险人优先办理保险业务,有超越代理权限行为,投保人有理由相信其代理人,并已订立保险合同的,保险人应当承担保险责任。但是,保险人可以依法追究越权的保险代理人的责任。

经中国保监会批准,保险代理机构可以经营以下业务:代理收取保险费、代理销售保险产品、根据保险公司的委托代理相关业务的损失勘查和理赔。

2. 保险经纪人

保险经纪人是基于投保人的利益,为投保人与保险人订立保险合同提供中介服务,并依法收取佣金的单位。

保险合同订立后,保险经纪人向保险人索要酬金,代理保险人收取保费。如因本身过失疏忽而使被保险人的利益受到损害,保险经纪人要负民事法律责任,给予经济补偿。保险经纪人的法律地位,与一般商业居间人大致相同,但不同的是,民法中的居间的报酬原则上由双方均摊,而保险经纪人仅向保险人收取。

经中国保监会批准,保险经纪公司可以经营下列业务:选择保险人,为投保人拟订投保方案,办理投保手续;协助被保险人或受益人进行索赔;再保险经纪业务,为委托人提供防灾、防损或风险评估、风险管理咨询服务等。

3. 保险公估人

保险公估人是指受保险当事人委托,专门从事保险标的评估、勘查、鉴定、估损、赔偿和理算等义务的单位。

保险公估人的主要任务是在保险合同订立时对危险进行勘验、评估,以及危害发生后,对损失的原因及程度进行勘验和估计。未经中国保监会批准,任何单位和个人不得在中华人民共和国境内以保险公估机构名义从事保险标的的评估、勘查、鉴定、估损、理算等义务。保险公估人只站在公正的第三者的立场上,凭借专门的技术知识和经验,对客观实际做出实事求是、公正准确的判断和证明。

经中国保监会批准,保险公估机构可以经营下列业务:保险标的承保前的检验、估价及风险评估;对保险标的出险后的勘查、检验及理算;经中国保监会批准的其他业务。

 本章小结

1. 保险市场是保险商品交换关系的总和或是保险商品供给与需求关系的总和。保险市场具有风险市场、无形市场及特殊期货市场的特征。按竞争程度不同,保险市场可分为完全垄断型保险市场、完全竞争型保险市场、寡头垄断型保险市场和垄断竞争型保险市场四种模式。

2. 保险市场机制是指将市场机制应用于保险活动中所形成的价值规律、供求规律和竞争规律三者之间相互制约、相互作用的关系,表现为保险商品价格和供求之间相互影响的关系。保险商品价值规律表现为保险商品价格由价值决定。

3. 从财产所有制角度看,保险市场主要有以下几种组织形式:国营保险组织、私营保险组织、合营保险公司、合作保险组织及行业自保组织。

4. 由于社会经济制度、经济管理体制和历史传统等方面的差异,各国保险市场组织形式不尽相同。典型的保险组织主要包括保险股份有限公司、保险有限责任公司、国有保险公司、相互保险公司、相互保险社、保险合作社等几种,其中保险股份有限公司居主导地位。

5. 保险市场供给就是在一定的保险价格条件下,保险市场各家保险公司愿意并且能够提供的保险商品的数量总和。保险市场的供给方主要是指保险人,包括国有保险人、私营保险人、合营保险人、合作保险人、个人保险人等,它们必须是经过国家有关部门审查认可并获准专门经营保险业务的法人组织。保险市场供给用保险市场上的承保能力来表示,它就是各个保险公司的承保能力之和。

6. 保险市场需求是指在一定的费率水平上保险消费者愿意并有能力从保险市场上购买的保险商品的数量。保险市场的需求方是指保险市场上所有现实的和潜在的保险商品的购买者,即各类投保人。根据保险消费者不同的需求特征,可以把保险市场的需求方划分为个人投保人、团体投保人、农村投保人、城市投保人等。根据保险需求的层次还可以把保险市场的需求方划分为当前的投保人与未来的投保人等。

 重要概念

保险市场　完全垄断型保险市场　完全竞争型保险市场　垄断竞争型保险市场　保险费率　保险股份有限公司　相互保险公司　保险合作社　保险代理人　保险经纪人保险公估人

 思考题

1. 保险组织的一般形式有哪些?
2. 保险市场是如何分类的?

3. 保险市场的特征包括哪些？

4. 保险市场的主要模式有哪些？

5. 保险市场的功能有哪些？

6. 保险市场的要素有哪些？

7. 保险合作社与相互保险公司的区别是什么？

 在线自测

第十章

保 险 监 管

在现代社会经济中,由于经济活动的复杂性,垄断、不正当竞争、非对称信息等因素的存在,社会对公平、公正目标的追逐以及为缓和周期性的经济波动,保证充分就业和价格稳定,政府对经济活动的介入成为一种必然。也就是说,现代社会经济中的任何一个行业都可能受到政府的监管。但可以这样说,保险是受监管最为严格的行业之一。在西方保险业,甚至流行着这样一句话,"保险是法律的产儿"。没有法律监管,就没有保险业。

第一节　保险监管概述

一、保险监管的必要性

保险监管是指一个国家对本国保险业的监督和管理。保险监管有广义与狭义之分,狭义的保险监管仅指国家保险监管机构根据有关法律、法规及其授权,依据一定的规则和程序,检查处理违反保险管理规定的行为,并对违反保险管理规定的市场主体和个人追究法律责任。通常情况下,人们往往把保险监管理解为行政监管。而广义的保险监管还包括立法监管、司法监管、行业自律组织及社会有关机构对保险机构及其有关活动进行的监督和管理。

保险监管制度通常由两大部分构成:国家通过制定有关保险法规,对本国保险业进行宏观指导与管理;国家专司保险监管职能的机构依据法律或行政授权对保险业进行行政管理,以保证保险法规的贯彻执行。

综观世界各国,无论是经济发达的国家还是发展中国家,无论是崇尚自由经济的国家还是推行政府积极干预经济的国家,无不对保险业实施监管。保险监管之所以必要,主要是由保险业的特殊性质及其经营的特点决定的。

(一)对保险业监管取决于保险业的特殊性

金融业是现代经济发展的核心,在现代社会中占有举足轻重的地位。保险业作为金融业的重要组成部分,与人们的生活息息相关,在现代社会中的地位也十分重要。保险业是经营风险的特殊行业,保险商品与普通商品相比,具有许多独有的特性:一是保险是一种无形产品,是保险公司对合同约定的保险责任进行赔偿或给付的一种承诺。二是保险经营具有负债性、社会性和公共性的特征。如果保险公司破产或倒闭退出，广大被保险人的利益和社会利益将受到损害，造成社会福利损失，影响社会生产和生活稳定，负面影响远比一般公司或企业更为严重。三是人寿保险业务具有长期性、复杂性的特点。正是由于保险业的这些特性，为了保护社会公众的整体利益，世界各国无不对保险业实施严格的监管。

（二）对保险业监管是保险健康发展的需要

市场经济是自由竞争的经济，竞争是市场经济的必然产物，也是市场运行的基本机制。在理想化的竞争状态下，通过市场主体的积极竞争，就能促进主体的经济发展与整体生产力的提高，使社会资源得到优化配置，保证满足消费者的需求。但是由于经济生活中存在着非适度竞争、信息不对称、负外部效应和"搭便车"等经济现象，导致产生缺乏公平和效率的市场失灵，客观上就需要由具有协调和平衡社会利益功能的政府出面，解决竞争缺陷问题。保险市场是现代市场经济的重要组成部分，也会出现种种"市场失灵"的情况。因此，政府应根据国情对保险市场进行适当的干预，以确保保险市场的活力和效率，为保险人提供一个适度竞争和公平有效的市场环境。政府在传统上往往强调出现"市场失灵"后进行纠正，但现代政府更加注重防止"市场失灵"的事前监管。对保险市场准入与退出进行监管，能调整保险市场结构，保护自由竞争，限止不正当行为，防止形成垄断，促进保险业健康发展。

二、保险监管的目标

保险监管是政府对保险市场的一种规制行为。政府与市场的关系问题，始终是经济学中一个重要的基础性、根本性问题。现代经济生活中，大多数经济都属于混合经济。政府和市场共同对经济资源的配置发挥重要的作用和影响。保险监管的目标对保险市场的发展起着至关重要的作用，决定了监管的原则、方式和效果，是保险监管工作的出发点和归宿点。

保险监管目标是保险监管机构履行监管职责的宗旨，是制定监管政策和做好各项工作的方向。一般而言，保险监管的目标选择取决于该国经济、政治、法律、文化和保险市场发展情况等多方面的因素。尽管世界各国的经济状况和保险法律制度各不相同，保险监管目标也不尽相同，但是维护保险业安全与稳定，促进保险业的发展，保护被保险人和社会公众利益却是各国保险监管的共同目的。

根据我国《保险法》的规定，我国保险监管的目标是规范保险活动，保护保险活动当事人的合法权益，加强对保险业的监督管理，促进保险业的健康发展。

三、保险监管的基本原则

保险监管的基本原则是指保险监管机构运用各种手段对保险业实施监督和管理时所依据的准则。保险监管的原则与保险监管的目标相辅相成，监管目标指导监管原则，具体

的原则为监管目标服务。为此,我国保险市场监管应遵循以下原则:

(一)依法监管原则

保险作为市场经济的一种重要活动,必须在法制的框架下进行,确立依法监管的原则,体现为如下两方面的内容:一是保险市场主体必须接受保险监管机构的监管;二是保险监管机构必须依法监管即依法行政。

(二)坚实原则

保险监管实行坚实原则的目的是为了维护保险业的偿付能力,以保护广大保险消费者的权益。其内容包括资产坚实和负债坚实,前者是对保险业资产的要求,不仅数量充足,而且质量要好;后者是对各种准备金要求充足,以满足各种保险损失补偿或给付的需要。

(三)公平原则

公平原则是指保险监管者对保险参与者以及订立合同的公平。前者包括申请加入保险行业的资格公平、条件公平以及保险经营过程中的竞争公平;后者包括对保险消费者的费率公平和条款公平。

(四)健全原则

健全原则是指保险监管者在监管过程中指导、督促保险业的正常经营和健康发展,提高保险经营效益,维护股东及合伙人的权益,其内容包括提高保险服务质量,提供适合社会需要的保险产品,创造保险经营的社会效益和经济效益等。

四、保险监管方式

一个国家采用何种方式对保险业实施监管,国际上没有形成固定的标准,不同的国家根据其不同的经济环境和法律选择不同的方式。通常使用的方式有以下3种。

(一)公示主义(公告管理)

公示方式作为保险监管中的一种宽松监管方式,是指政府对保险业的经营不进行直接监督,只是规定保险人按照政府规定的格式及其内容,将其营业结果定期呈报给主管机关,并予以公布。关于保险业的组织形式、保险合同格式的设计、保险资金的运用等,均由保险人自行决定,政府不作过多干预。保险经营的好坏,由被保险人及一般大众自行判断。公示监管的内容包括:①公告财务报表;②规定最低资本金与保证金;③订立边际偿付能力标准。这样的监管方式将政府与大众结合起来,有利于保险人在较为宽松的环境中自由发展,但也存在固有的缺陷。由于被保险人和一般公众处在信息不对称的不利一方,所以他们很难掌握评判保险企业优劣的标准,对于不正当的经营,表现得无能为力。

因此,采用此种监管方式必须具备一定的条件,包括:国民经济一定程度的发展,保险机构的普遍存在,投保人具有选择保险人的可能;保险企业具有一定的自制能力,保险市场具有平等的竞争条件和良好的职业道德;社会公众具有较高的文化水准和参与意识,被保险人对保险公司的优劣有适当的判断能力和评估标准等。在历史上,英国曾采用此种监管方式。按照合同的规定,经营保险业无须执照或其他特别批准。如果是公司经营,仅需要按照正常方式办理公司登记,个人经营仅需要取得劳合社的会员资格即可。随着现代保险业的发展,尤其是20世纪六七十年代保险公司的破产事件的不断出现,改变了英国对保险监管方式的看法,公示监管方式也由于不利于切实有效地保证被保险人的利益而被放弃。

(二) 准则主义(规范管理)

准则监管方式又称规范监管方式或形式监管方式,是指国家对保险业的经营制定一定的准则,要求保险业者共同遵守的一种监管方式。政府规定的准则仅涉及重大事项,如保险公司的最低资本额、资产负债表的审查、法定公布事项的主要内容、监管机构的制裁方式等。这种方式强调保险经营形式上的合法性,因此比公示监管方式具有更大的可操作性,曾被视为"适中的监管方式"。但是,由于这种监管方式仅从形式出发,难以适应所有保险机构,加之保险技术性强,涉及的事物复杂多变,所以仅有某些基本准则难以起到严格有效监管的作用。

(三) 批准主义(实体管理)

实体监管方式亦称严格监管方式或许可监管方式,是指国家制定有完善的保险监督管理规则,主要机构根据法律、法规赋予的权力,对保险市场尤其是保险公司进行全面监督管理的一种方式。这种监管方式最早由瑞士创立,现已被各国所采用。我国对保险业的监管亦采用此种方式。实体监管方式的过程大致可分为以下3个阶段。第一阶段为保险企业设立时的监管,即保险许可证监管,保险主管机关依照法令规定核准其营业登记并发给营业执照,包括新公司、合资公司、分公司的设立及其增设分支机构等所需的最低资本金、保证金等。第二阶段为保险企业经营期间的监管,此阶段监管过程为实体监管的重心,因此,采用实体监管的国家,大多由保险法、保险业管理法、外国保险业许可管理法等对保险经营过程予以规范,并对保险企业作实体监督和检查。第三阶段为保险企业破产的监管,即在保险公司经营失败时,对其破产和清算进行监管。

五、我国保险监管模式的选择

我国的保险监管可以分为如下几个阶段:第一阶段是国内保险业恢复的初始阶段,保险监管和保险经营没有明确分离。第二阶段是以1985年3月国务院颁布《保险企业管理暂行条例》为标志,我国保险监管与保险经营正式分离,国务院以行政法规的形式明确中国人民银行履行保险监管的职责。第三阶段是以1995年6月《中华人民共和国保险法》

正式颁布为标志,我国保险监管开始进入一个依法监管的新阶段。第四阶段是以 1998 年 11 月中国保监会的成立为标志,我国保险监管开始进入一个专业化监管的新时期。第五阶段是以 2018 年保监会与银监会合并为标志,我国进入综合监管阶段。

从我国保险监管的发展历程分析,我国保险监管从整体上属于较为严格的监管模式,即以政府监管为主,以行业自律和社会监督为辅助。主要特点如下:(1)分业监管机构。银保监会为全国商业保险的主管机关,行使保险市场的监管职能。(2)直接的实体监管方式。通过一系列的法规条文严格规定了保险企业的经营规则,对保险企业进行直接监管。(3)严格的监管内容。对保险企业的监管内容不仅涉及范围广,并且限制性很强,如实行严格的市场准入限制,对保险企业的经营活动也作了严格的限制。

第二节　保险监管的内容

一、国家对保险市场准入的监管

我国保险市场的准入主要有机构准入和业务准入两类。机构准入是指新的保险机构的准入,包括内资保险公司、外资保险公司、再保险公司及保险中介机构的准入监管。

国家对保险组织的监管是指国家依据法律及有关规定对保险组织形式、资本金、保险经营人员、停业和外资保险企业等几方面进行监管。

(一)保险组织形式监管

保险业直接关系到公众利益和社会稳定,因此,各国保险法一般都实行保险业务经营许可证特许管理,特别规定经营者的资格。保险公司是指依法设立从事保险经营活动的机构,是保险市场的供给主体。对保险人的组织形式,各国保险管理制度都有适合国情的规定。综观各国的保险法,保险组织形式主要有股份有限保险公司、合作保险公司、相互保险公司、互助保险组织,以及国有独资保险公司等几种。其中,股份有限公司是各国普遍采取的保险组织形式。英国劳合社采用个人承保人的组织形式。我国保险法规定,我国保险公司采取股份有限公司和国有独资公司的组织形式,保险合作社和自保公司也是保险组织形式的重要补充。对保险公司的组织形式进行限制,是保险市场准入监管的重要内容。

(二)保险企业开业审批监管

保险企业作为经营风险的金融性法人,其设立必须经过国家金融监督管理部门的批准,取得经营保险业务许可证,并经国家工商行政管理部门办理登记注册,取得营业执照,方能经营保险业务。国家对保险企业的设立实行审批制度,有利于切实有效地加强对保险企业的监督管理。

我国《保险法》规定,设立保险公司,必须经保险监督管理机构批准,国家对保险企业的设立实行许可经营制度,未经保险监督管理部门核准,任何人不得经营保险业务,设立保险企业必须经过申请、筹建、批准、办理公司登记、提交保证金5个环节。经批准设立的保险公司,由批准部门颁发经营保险业务许可证,向工商行政管理机关办理登记,领取营业执照。保险公司在中华人民共和国境内外设立分支机构,须经保险监督管理机构批准,取得分支机构经营保险业务许可证。

(三)资本金与保证金监管

资本金的监管是保证保险企业清偿能力的基础监督管理。保险企业开办业务必须有一定数量的开业资本金,各国保险法对此都有明确规定,凡是达不到法定最低资本金限额者,不得开业。英国保险公司法规定,股份保险公司最低实收资本为10万英镑。美国纽约州保险法规定,经营火险需资本金25万美元,寿险股份有限公司的资本金不得低于300万美元。瑞士政府规定,申请设立经营保险业务的瑞士企业,必须具备实缴资本金5万~1000万瑞士法郎。申请在瑞士设立保险分支公司的外国企业,应在瑞士国家银行存入一笔保证金,金额相当于在瑞士收取保费的50%。

我国《保险法》规定,设立保险公司,其注册资本的最低限额为人民币2亿元,保险公司注册资本最低限额必须为实缴货币资本。各国对开业资本金有如此严格的规定,首先是因为保险人在办理业务初期有可能发生赔案,即发生赔款的支付。此时,开业资本金具有双重功能,既要用于支付开业费用,还要用于开业之初可能发生的保险赔款的支出。其次是因为开业初期承保范围有限,分保体系尚未发达,风险过于集中,容易造成责任累积,这也要求开业资本金必须达到一定的规模,以使保险公司有能力应付这种可能出现的巨额损失索赔。当保险公司的资本金和盈余低于最低资本限额时,就被认为偿付能力不足;当保险公司的资本金和盈余为负,即负债大于资产时,保险公司即不具有偿付能力。

保证金是指保险企业设立后,应按照其注册资本总额的20%提取的资金,存于监管部门指定的银行,用于担保企业的偿付能力,除保险公司清算时用于清偿债务外,不得动用。

(四)保险从业人员监管

保险从业人员一方面是指保险公司的管理人员,另一方面是指保险公司各类专业人员。保险公司的经营专业化程度高,因此,公司高级管理人员必须具有一定的专业知识和业务工作经验,以确保保险公司的正常经营,维护被保险人的利益,以利于保险市场的健康发展。世界各国对保险业的高级管理人员的任职资格都有较高的要求,并进行严格的资格审查。不符合法律规定的任职条件,不能担任公司的高级管理职务;合格领导人没有达到法定数量,公司不能营业。保险企业的领导人条件包括文化程度、保险实践经验和道德素质等。

对保险从业人员的管理还包括对保险从业人员的培训和教育。对保险公司的各种专业人员,如核保员、理赔员、精算人员、会计师等专业技术人员的配备,各国法律都有相应的规定。我国《保险法》规定保险公司必须聘用经保险监督管理机构认可的精算专业人员,建立精算报告制度。

(五)停业监管

国家对保险企业监管的基本目的,是避免保险企业破产,以保障被保险人的合法权益。当保险企业由于经营不当发生财务危机时,国家一般采取扶助政策,利用各种措施帮助其解决财务困难,继续营业,避免破产。但是,保险企业若违法经营或有重大失误,以致不得不破产时,国家便以监督者的身份,令其停业或发布解散令,选派清算员,直接介入清算处理。

(六)对外资保险企业的监管

各国政府对外国保险企业在本国开业的分支机构,都有相对应的管理规定。各国国情不尽相同,因此,监督管理的基本出发点和具体内容也不相同。但有两点是相通的,即各国都在开放保险市场的同时,保护本国的保险企业,并对外资保险企业实施较为严格的监管。

二、国家对保险业务经营的监管

保险业务经营的监管是指对经营范围、偿付能力、保险费率、保险单条款、再保险及资金运用等方面的监管。

(一)经营范围的监管

经营范围的监管是指国家通过法律或行政命令,规定保险企业所能经营的业务种类和范围。一般表现为以下两方面:

(1)金融业间的兼业问题。即是否允许保险人兼营保险以外的金融业务,或非保险机构经营保险业务。自美国颁布实施《1933年银行法》后,世界上大多数国家实行银行业、证券业和保险业之间的分业经营、分业监管的体制,禁止混业经营。进入20世纪80年代后,英国、日本、美国先后通过法案,取消或放宽跨行业经营的限制。但多数国家仍实行严格的分业经营制度。依我国现行法律规定,保险、证券、银行、信托必须分业经营。但随着银行业和保险业及其他金融业务的相互融合,金融产品的不断创新,我国金融市场上出现一些金融控股公司,以设立银行、证券、保险子公司的形式进行兼业经营。

(2)保险业内不同业务的兼营问题。即同一保险人是否可以同时经营性质不同的保险业务。目前多数国家禁止保险公司同时从事性质不同的保险业务,具体规定随各国保险的划分标准不同而有差别,但一般都是实行人寿保险和财产保险分业的经营原则,即同一保险人不得同时兼营财产保险和人寿保险业务。日本保险业法将保险业务分为损害保险和生命保险两类,任何一家保险公司除采用子公司形式外,不得同时兼营两类保险业务。美国越来越多的州规定,保险公司只能根据法律限制承保单一险种,火灾保险、伤害保险、寿险不得兼营。

我国《保险法》明确规定同一保险人不得同时兼营财产保险业务和人身保险业务。之所以要分业经营，是由于财产保险和人身保险的标的不同，决定了两者在保险期限、保险费率的厘定、风险测定、经营管理的内容、资金运用、准备金提取及赔付方式等方面存在差异。若两者混合经营，难以反映经营成果的真实性和准确性，容易发生挪用长期寿险资金弥补财险经营亏损的情况，不利于人身保险业务的顺利发展。

（二）偿付能力的监管

保险公司偿付能力监管是保险监管的核心内容。所谓偿付能力是指保险公司清偿到期债务的能力。保险公司偿付能力需要关注偿付能力额度、实际偿付能力及最低偿付能力三个指标。偿付能力额度等于保险人的认可资产与认可负债之间的差额。

从保险监管的角度看，保险公司的偿付能力一般分为保险公司的实际偿付能力和最低偿付能力。实际偿付能力即是在某一时点上保险公司认可资产与认可负债的差额。最低偿付能力是由保险法或保险监督管理机构颁布有关管理规章来规定的，是保险公司必须满足的监管指标。如果保险公司实际偿付额度小于最低偿付额度这一指标，即被认为偿付能力不足，保险监管部门会根据偿付能力不足的程度作出相关处理决定，包括责令保险公司补充资本金、办理再保险、转让业务、停止接受新业务、调整资产结构等措施直至对保险公司进行接管。

当然，偿付能力监管并不仅仅局限于偿付能力额度的监管，还包括对所有影响偿付能力的因素如资本和盈余、产品和定价、资产负债匹配、公司管理、财务报告制度等方面的监督管理。此外，有关保险公司保证金的提存和法定再保险业务的安排等规定，也都是对保险公司偿付能力监管的重要措施。

（三）保险费率的厘定和保险条款的审定

保险费率是保险商品的价格。各国保险监管机构对保险费率监管的目标是保证费率：(1)充足性，即费率必须充分反映实际损失和经营成本，不能因费率过低而影响保险公司的偿付能力；(2)合理性，即保险公司不能因追求过高利润而使用损害消费者利益的费率；(3)公平性，即费率只能以风险为基础，相同的风险不得使用差别费率。因费率计算基础不同，各国对人寿保险和财产保险的费率监管采用不同的方式。对寿险费率，多数国家并不直接加以控制，虽然各公司费率因竞争而略有高低之差，但制定寿险费率的数理基础是相同的，监管机构只要规定统一生命表及所依据的利率，并规定其提存准备金的计算方法，这样即便由各公司自定费率，差别也不会太大，监管机构只需要间接控制即可。而对财产保险，多数国家的费率监管要比寿险严格，一般均规定经监管机构核定后方可使用。

保险条款是保险合同的核心内容。由于保险的专业性及保险合同的附合性，对保险条款的监管有利于保护被保险人的利益；同时也可以避免保险人因竞争压力而对投保人作出不合理的承诺,确保保险人的偿付能力。对保险条款的监管,首先是对条款内容的监管,即对保险标的、保险责任与责任免除、保险期限、保险价值与保险金额、保险费及缴费方式、保险赔款及保险金给付办法、违约责任和争议处理等内容的监管。其次,对条款的格式、文字及表述进行监管,要求保险条款用词准确、表述清晰。第三,根据不同险种的重要性和技术特点,以保险条款的审批或备案方式实施。

我国的《保险法》规定,商业保险的主要险种的基本保险条款和保险费率由金融监督管理部门制定。保险公司拟定的其他险种的保险条款和保险费率,应当报金融监督管理部门备案。前者的制定权在金融监督管理部门,后者的制定权在保险公司,但应报请金融监督管理部门备案以接受其监督管理。

保险公司使用的保险条款和保险费率违反法律、行政法规或监管机构有关规定的,由保险监管机构责令停止使用、限期修改;情节严重的,可以在一定期限内禁止申报新的保险条款和保险费率。

(四) 再保险业务的监管

对再保险业务的监管,有利于保险公司分散风险,保持经营稳定。但各国因经济发达程度和保险公司实力不同而采取不同的方式。一般而言,经济发达国家的保险业比较发达,保险市场比较成熟,保险公司自律能力比较强,因此,国家对再保险很少直接干预,一般也没有法定再保险的规定。相反,发展中国家保险业较为落后,为控制保险公司的经营风险,防止保费过度外流,扩大本国保险市场的承保能力,减少对外国公司再保险的依赖,一般对再保险业务做出相关规定。

我国《保险法》明确规定,保险公司从事再保险业务,应当经保险监督管理部门核准;保险公司对每一危险单位,即对一次保险事故可能造成的最大损失范围所承担的责任,不得超过其实有资本金加公积金总和的10%,超过的部分,应当办理再保险;保险公司应当按照保险监督管理机构有关规定办理再保险,保险公司需要办理再保险分出业务的,应当优先向中国境内的保险公司办理。保险监督管理机构有权限制,或者禁止保险公司向中国境外的保险公司办理再保险分出业务,或者接受中国境外再保险分入业务。监管部门对国际再保险业务的限制有利于维护本国保险公司的利益和偿付能力的稳定。

(五) 保险资金运用的监管

承保业务和投资业务是现代保险业的两大支柱,在保险市场竞争日趋激烈、巨灾事故频繁发生的情况下,资金运用对保险公司资产的保值增值、偿付能力的维持和增强,具有十分重要的意义。因此,各国监管当局都把保险资金的运用监管作为资产监管的主要内容。由于金融市场、保险公司管理水平不同,各国对保险资金运用监管的方式和内容也不尽相同,但都强调安全性、流动性和收益性相结合的原则,并且保险资金运用监督管理的内容都是规定资金运用范围、形式及比例等。

各国对保险资金运用的监管因国情差异而不尽相同。比较而言,英国保险业历史悠久,保险市场机制完善,所以其对资金运用的监管较为宽松。日本和美国对保险资金运用的监管较为严格。各国法律监管的内容基本上是对保险资金运用原则、运用范围、运用比例及投资方向等加以限定。

我国《保险法》对于保险公司的资金运用也有具体规定,保险公司的资金运用必须稳健,遵循安全性原则,并保证资产的保值增值。保险公司的资金运用,限于银行存款、政府债券、金融债券和国务院规定的其他资金运用形式。保险公司的资金不得用于设立证券经营机构,不得用于设立保险业以外的企业。保险公司运用的资金和具体项目的资金占其资金总额的具体比例,由保险监督管理机构规定。比较而言,目前我国对保险资金运用的限制是严格的。这是由于我国的投资市场和法制建设处于尚待完善阶段,保险市场的自我约束机制不健全。随着我国保险业的进一步发展,保险资金运用的效果将是既有利于保证偿付能力,增强竞争能力,又有利于发挥保险资金的社会效益。

(六)国家对保险企业的财务管理

国家对保险企业的财务管理是指国家对保险企业的财务活动作出法律、政策规定,包括各种准备金的提取和财务报告制度监管两个方面。

(1)各种准备金提取的监管。准备金是履行未来债务的资金准备,如果计提不足,就不能保证被保险人及时得到赔偿和给付。可见,准备金的提取直接关系到保险公司的未来偿付能力,因而各国监管机构均把对保险准备金的监管作为负债监管的核心内容。在各国的保险法规中,都有准备金提取的明确规定,且内容大体一致。如保险公司除了缴存保证金以外,还要依法提取和结转未到期责任准备金、未决赔款准备金、保险保障基金与公积金。

(2)保险公司的财务报告制度。保险公司必须建立、健全各项财务制度。财务制度贯穿于保险公司业务经营活动的全部过程,可以全面、综合地反映保险公司的经营管理。保险公司的财务报告制度包括业务资料的保管、月营业统计报表、年度报告制度。为了有效地监督管理保险企业的经营,随时了解和掌握保险企业的营业状况,各国法律对此均有相应规定,赋予保险管理机关以相当的权力检查保险企业的各种财务报表,甚至可以直接去保险企业进行检查。

我国《保险法》规定,保险公司应当妥善保管有关业务经营活动的完整账簿、原始凭证及有关资料。保管期限,自保险合同终止之日起计算,不得少于10年。保险公司应当于每一会计年度终了后3个月内,将上一年度的营业报告、财务会计报告及有关报表报送保险监督管理部门,并依法公布。保险公司应当于每月月底前将上一月的营业统计报表报送保险监督管理机构。《保险管理暂行规定》还要求保险公司报送的营业报告、财务会计报告和精算报告必须有公司法人代表,保险监管部门认可的注册会计师、精算人员的签章。

法律上对财务报告制度的规定,使保险企业的财务管理制度有法律依据,也使国家监管有法可依,有利于保险企业财务活动的法制化,有利于保证保险企业的偿付能力,防止其发生财务危机。

三、对保险公司市场退出的监管

保险市场退出有广义和狭义之分。狭义的保险市场退出通常指将不具备经营条件的保险机构清除出保险市场,即市场主体资格的消灭,如解散、撤销和破产等。广义的保险市场退出还包括限制业务范围、停业及市场退出前的危机处理和挽救机制,如接管、整顿和建立保险保障基金进行救济等。

市场退出监管是在保险公司不能满足保险监管机构的审慎要求时,对保险公司采取的适当干预。市场退出监管与市场准入监管、业务经营监管一起共同服务于维护保险市场的公平竞争、安全与稳定,保护投保人、被保险人和社会公众的利益,促进保险市场的平稳运行和保险功能的发挥,从而实现保险监管的目标。

我国保险市场退出应根据我国现行法律法规,参照国际惯例,以有效防范和化解保险市场风险,最大限度地保护保单持有人的利益,提高保险业的信誉,维护社会稳定为目标。因此,保险市场退出应遵循如下原则:(1)审慎监管原则。首先采取一切可能的手段进行挽救,如接管和整顿等,重相对退出轻绝对退出,把风险和成本降低到最小。(2)依法监管原则。市场退出要按照法律规定的条件和程序进行。(3)保护投保人和被保险人利益的原则。选择对保单持有人最有利的方式,鼓励保险公司进行兼并、合并和股权收购。

我国保险市场退出的形式主要包括:(1)限制业务范围和责令停止接受新业务或者吊销经营保险业务许可证。这类退出属于暂时退出,并不导致主体资格的消灭。保险公司有下列行为之一并且情节严重的,会被加以此类处罚。如违反诚信原则、超范围从事保险业务、未按规定提存或动用保证金、未按规定提取或结转各项责任准备金、未按规定提取保险保障基金和公积金、偿付能力不足及其他情形等。(2)解散。解散是指依法设立的保险公司因法定原因或章程规定的事由出现,并经保险监督管理机构批准,关闭其营业机构、停止从事保险业务,丧失其法人资格的一种法律事实,是一种主动的市场退出方式。我国《保险法》第 85 条规定:"保险公司因分立、合并或者公司章程规定的解散事由出现,经保险监督管理机构批准后解散。保险公司应当依法成立清算组,进行清算。经营有人寿保险业务的保险公司,除分立、合并外不得解散。"(3)依法被撤销。这是保险公司违法经营,保险监管机构经吊销其经营保险业务许可证而强制保险公司关闭的行为。(4)破产。这是指保险公司在不能清偿到期债务时,经保监机构同意,债权人或保险公司向有管辖权的法院提出申请,由法院经过审理依法宣告其破产,并将全部财产公平清偿给所有债权人的法定程序。破产是保险公司主体资格消灭的一种特殊形式。保险公司破产必须具备两个条件:一是不能清偿到期债务,二是经保险监管机构同意。

【补充阅读 11-1】 中国银行保险监督管理委员会依法结束对安邦集团的接管

据银保监会网站消息,2020 年 2 月 22 日,中国银行保险监督管理委员会(以下简称中国银保监会)发布公告,根据《保险法》第 147 条规定,从安邦保险集团股份有限公司(以下简称安邦集团)拆分新设的大家保险集团有限责任公司(以下简称大家保险集团)已基本具备正常经营能力,中国银保监会依法结束对安邦集团的接管。

2018年2月23日,原中国保险监督管理委员会发布公告,鉴于安邦集团存在违反《保险法》规定的经营行为,可能严重危及公司偿付能力,依照《保险法》第144条规定,决定对安邦集团实施接管,接管期限一年。国务院机构改革后,中国银保监会取代原中国保监会依法履行对安邦集团的接管职责,推动化解安邦集团风险。2019年2月22日,依照《保险法》第146条规定,中国银保监会决定将安邦集团接管期限延长一年。

实施接管以来,中国银保监会依法有序推动风险处置工作,在有关方面的共同努力和支持下,圆满完成了各项工作任务。截至2020年1月,接管前安邦集团发行的1.5万亿元中短存续期理财保险已全部兑付,未发生一起逾期和违约事件,保险消费者和各有关方面的合法权益得到切实保障。基本完成世纪证券、邦银金租、和谐健康等非核心金融牌照处置,成都农商行也已挂牌。中国银保监会全力配合司法机关开展资产追缴,最大程度减少了原安邦集团董事长吴小晖违法犯罪行为给公司造成的损失。

为切实化解安邦集团风险,中国银保监会剥离安邦集团非涉案涉诉资产,批准设立大家保险集团,依法受让安邦人寿保险股份有限公司(以下简称安邦人寿)、安邦养老保险股份有限公司和安邦资产管理有限责任公司股权,新设大家财产保险有限责任公司,承接安邦财产保险股份有限公司的合规保险业务。安邦集团和安邦财险将依法予以清算注销。

大家保险集团成立以来,管理重整和业务转型成效明显。寿险保障期限5年及5年以上的产品规模占比提升到75%以上,较原安邦人寿以中短期产品为主的负债结构明显改善,银保期缴长期型业务从零起步,2019年实现保费收入55.7亿元。公司积极响应社会养老保障需求,大力探索养老业务模式,试点开展城市核心区域养老项目,为城区老年人提供靠近儿女、临近医院的更具人性化的高品质养老服务。

目前,大家保险集团正积极引进战略投资者,已基本锁定社会投资人。中国银保监会将推动大家保险集团保持民营性质,完善治理结构,不断提升偿付能力和经营水平,加强审慎监管,促进公司持续健康发展。

第三节　对保险公司的监督检查及危机处理

一、对保险公司的监督检查

保险监督管理机构有权检查保险公司的业务状况、财务状况及资金运用状况,有权要求保险公司在规定的期限内提供有关的书面报告和资料。保险公司应依法接受中国银保监会的监督管理。中国银保监会对保险公司的监督管理,遵循偿付能力监管和市场行为监管相结合的原则。对保险机构的监督检查采取现场监管与非现场监管相结合的方式。保险机构或者其工作人员违反规定,由中国银保监会给予警告责令改正,并根据有关法律、行政法规给予行政处罚;涉嫌犯罪的,依法移交司法机关追究其刑事责任。

（一）现场检查

中国银保监会对保险机构的现场检查包括下列全部或者部分事项：(1)机构设立或者变更事项的审批或者报备手续是否完备；(2)申报材料的内容与实际情况是否相符；(3)资本金、各项准备金是否真实、充足；(4)偿付能力是否充足；(5)资金运用是否合法；(6)业务经营和财务情况是否良好，报表是否齐全真实；(7)是否按规定对使用的保险条款和保险费率报请审批或者备案；(8)与保险中介的业务往来是否合法合规；(9)高级管理人员的任用或者变更手续是否完备；(10)需要事后报告的事项是否及时报告；(11)中国保监会认为需要检查的其他事项。

中国银保监会对保险机构进行现场检查，保险机构应当予以配合，并按中国保监会要求提供有关文件材料。中国银保监会工作人员进行现场检查时，检查人员不得少于2人，并应当出示有关证件和检查通知书。中国银保监会委托会计师事务所等社会中介机构代其检查时，应当采用书面委托的形式。保险监督管理机构进行检查时，有权查询保险公司在金融机构的存款。

（二）非现场检查

保险公司应当于每一个会计年度终了后3个月内，将上一年度的营业报告、财务会计报告及有关报表报送保险监督管理机构，并依法公示。保险公司应当于每月月底前将上一月的营业统计报表报送银行保险监督管理机构。保险公司必须聘用经保险监督管理机构认可的精算专业人员，建立精算报告制度。保险公司的营业报告、财务会计报告、精算报告及其他有关报表、文件和资料必须如实记录保险业务事项，不得有虚假记载、误导性称述和重大遗漏。保险公司的营业报告、财务会计报告、偿付能力报告和有关报表应当由公司法定代表人或者总经理签名，年度财务报告和偿付能力报告还应当经注册会计师审计。保险公司的精算报告应当由中国银保监会认可的精算人员签字。保险公司分支机构的报告和报表应当由机构负责人签名和分支机构签章。保险公司的股东会、董事会的重大决议，应当于决议作出后30日内向中国银保监会报告。中国银保监会根据监管职责的需要，可以对保险机构的高级管理人员进行监管谈话或者质询，要求其就保险业务经营活动和风险管理的重大事项作出说明。

（三）重点检查

保险机构有下列情形之一的，中国银保监会可以将其列为重点检查对象：(1)严重违法、违规；(2)偿付能力不足；(3)财务状况异常；(4)提供虚假的报告、报表、文件和资料；(5)中国银保监会认为需要重点检查的其他情形。

二、对保险公司的危机处理

保险公司市场退出是市场竞争的必然结果，由于保险业属于经营风险的金融企业，市场退出影响面广,因此,世界各国对经营不善的保险公司在市场退出前均采取先挽救的做法,尽量避免市场退出引起的负面效应和后果。从世界各国的通常做法和我国金融市场的成功经验来看,在保险公司市场退出之前,一般先实行整顿和接管,并设立保险保障基金等挽救和援助机制。

(一)整顿

对保险公司进行整顿,是指保险公司不能在一定期限内执行保监机构纠正其不法行为的措施,由保险监管机构监督清理整治其业务状况、财务状况或资金运用、经营管理状况的行为。根据我国《保险法》的规定,保险公司未按照法律规定提取或者结转各项准备金,或者未按法律规定办理再保险,或者严重违反法律关于资金运用的规定,由保监机构责令限期依法办理或纠正,若保险公司在限期内未予改正,由保监机构决定选派保险专业人员,组成整顿组织,对该保险公司进行整顿。

(二)接管

接管是金融监管部门对发生信用危机,可能损害债权人利益的金融机构,成立接管组织行使被接管机构的经营管理权,帮助其恢复正常经营能力的临时性措施。接管保险公司是保险监管机构清理保险公司经营状况较为坚决的,比整顿更为严厉的行政措施。

在接管期间,接管组织直接介入保险公司的日常经营,负责保险公司的全部经营活动并控制公司事务,但被接管公司市场主体资格和债权债务关系不因接管而变化。对保险公司接管的目的是对被接管的保险公司采取必要措施,以保护被保险人的利益,恢复保险公司的正常经营。

对保险公司接管的原因,各国保险立法规定如下:一是保险公司有违反保险法及其他法律行为,且情节严重;二是保险公司的行为严重损害公共利益;三是违反保险资金运用监管规定且情节严重;四是保险公司的行为已严重损害其偿付能力;五是违反公司成立规定,虚报注册,可能严重危及被保险人的合法权益与正常经营。根据我国《保险法》的规定,对保险公司实施接管的条件如下:保险公司违反法律规定,损害社会公共利益,可能严重危及或者已经危及保险公司的偿付能力,具体来说是指保险公司的偿付能力充足率在30%以下。接管期限不超过两年。接管期限届满,根据被接管保险公司情况,有如下两种处理情况:一是被接管公司已恢复正常经营的,接管终止。二是接管组织认为被接管保险公司财产已不足以清偿所负债务的,经保监机构批准,依法向人民法院申请宣告破产。到目前为止,我国曾发生永安财产保险股份有限公司、安邦保险股份有限公司因存在严重违法和违规问题,依法被行政接管。

接管保险公司是一种较严厉的改善保险公司经营状况的措施,对保险公司和被保险人的利益影响比较大,因此,世界各国都采取了比较慎重的态度。

三、保险公司的危机处理机制——保险保障基金

保险保障基金是保险监管机构强化保险公司的偿付能力,保护保单持有人的利益,根据法律要求事前或事后提取的用于预防保险公司破产并进行救济的法定基金,其基本职能是支付对无偿付能力的保险公司索赔超过其资产的那一部分。目前,保险保障基金制度已经被绝大多数国家的保险监管部门所接受和采用。

根据《保险法》,我国的保险保障基金是由保险公司缴纳形成,按照集中管理、统筹使用的原则,在保险公司被撤销、被宣告破产及中国银保监会认定符合特殊情形的情况下,用于向保险单持有人或者保单受让公司等提供救济的法定基金。特殊情形是指保险业面临重大危机,可能严重危及社会公共利益和金融稳定的情形。保险保障基金分为财产保险公司保障基金和人寿保险公司保障基金;基金由保监会集中管理,统筹使用,通过设立保险保障基金专门账户,分户核算;由保险保障基金理事会对基金的管理和使用实施监督,按一定的规则对保单持有人或保单受让公司提供救济。

四、国家对保险中介的监管

由于保险业务很大一部分是通过保险中介机构和个人开展或经营的,因此,对保险中介机构和个人进行监督管理是国家政府对保险业监督管理的一项特别重要的内容。保险中介包括代理人、经纪人和公证人等,对其监督管理主要从以下 3 个方面进行。

1. 资格监督管理

多数国家的保险立法都规定,保险中介机构和个人开展业务经营必须取得营业执照,在取得营业执照之前要通过有关资格考试,在从事保险中介工作期间,还应接受继续培训方可维持更新其营业执照。我国台湾地区还规定,保险代理人、经纪人、公证人必须向财政当局登记,缴存保证金后方可取得营业执照,才能开业。我国《保险法》和《保险代理人管理暂行规定》也对代理人资格要求作出类似的明确规定。

2. 业务监督管理

各国保险法规定,保险中介人在开展保险业务时不得采用不良手段从事非法经营。不良手段包括越权和超范围代理业务、误导陈述、恶意招揽和保费回扣等行为。所谓误导陈述,是指代理人在向投保人介绍公司业务时,有意欺骗或误述有关保险人和保险合同的重要情况。所谓恶意招揽,是指保险中介人诱使投保人无故取消已存在的保险,而购买其推销的合同,使投保人蒙受经济损失。恶意招揽包括采用诽谤手段肆意攻击其他保险人或其中介人的行为。所谓保费回扣,是指中介人许诺投保人可享受保费返还为条件而诱使其投保。

我国保险法律和行政法规除严格禁止上述行为外,还补充规定中介人不得利用行政权力、职务或职业便利,以及其他不正当手段,强迫引诱,或者限制投保人订立保险合同;并且,经营人寿保险业务的代理人不得同时接受两个以上保险人的委托。对保险中介人的有效监督管理是维护保险市场公平竞争、有序经营的重要手段。

3. 报表账簿的监督管理

由于保险中介人在代办业务时向投保人收取大量保险费,直接关系到保险合同的成立时间、保险业务数量和财务数量的核算,所以必须对其实行财务监督管理。我国《保险法》规定,保险代理人和保险经纪人应当设立专门的账簿,记载保险代理业务或经纪业务的收支情况,并接受保险监督管理委员会的监督管理。

 本章小结

1. 保险监管是指一个国家对本国保险业的监督和管理。保险监管有广义与狭义之分,狭义的保险监管仅指国家保险监管机构根据有关法律、法规及其授权,依据一定的规则和程序,检查处理违反保险管理规定的行为,并对违反保险管理规定的市场主体和个体追究法律责任。通常情况下,人们往往把保险监管理解为行政监管。而广义的保险监管还包括立法监管、司法监管、行业自律组织及社会有关机构对保险机构及其有关活动进行的监督和管理。

2. 维护保险业安全与稳定,促进保险业的发展,保护被保险人和社会公众利益是各国保险监管的共同目的。

3. 保险监管必须坚持依法监管、坚实原则、公平原则、健全原则。

4. 我国保险市场的准入主要有机构准入和业务准入两类。机构准入是指新的保险机构的准入,包括内资保险公司、外资保险公司、再保险公司及保险中介机构的准入监管。

5. 国家对保险组织的监管是指国家依据法律及有关规定对保险组织形式、资本金、保险经营人员、停业和外资保险企业等几方面进行监管。

6. 保险业务经营的监管是指对经营范围、偿付能力、保险费率、保险单条款、再保险及资金运用等方面的监管。

7. 保险市场退出有广义和狭义之分。狭义的保险市场退出通常指将不具备经营条件的保险机构清除出保险市场,即市场主体资格的消灭,如解散、撤销和破产等。广义的保险市场退出还包括限制业务范围、停业及市场退出前的危机处理和挽救机制,如接管、整顿和建立保险保障基金进行救济等。

 重要概念

保险监管　保险机构监管　保险业务监管　保险条款监管　保险兼业与保险兼营　保险偿付能力　保险保障基金

 思考题

1. 什么是保险监管?保险监管的必要性主要体现在哪些方面?

2. 保险监管的目标是什么?怎样开展保险监管?

3. 保险监管的主要内容包括哪些方面?

4. 设立保险公司应具备哪些条件?

5. 查阅相关资料谈谈中国保险监管制度的现状及发展趋势。

 在线自测

第十二章

保险并购及其监管

　　随着世界保险市场朝着全球一体化方向发展的步伐加快,保险公司与银行业、证券业相互兼业混合经营将成为一种新的趋势,国际保险业之间的竞争将日益激烈,保险并购已越来越引起业界的关注和重视。

第一节　保险并购概述

一、保险并购含义

　　并购是合并和收购的简称。企业合并是指两个或两个以上企业依据法定条件和程序通过订立合并协议而并为一个企业的法律行为。根据我国《公司法》的规定,公司合并可以采取吸收合并和新设合并两种形式。一个公司吸收其他公司为吸收合并,被吸收的公司解散。两个以上公司合并设立一个新的公司为新设合并,合并各方解散。公司合并时,合并各方的债权债务,应当由合并后存续的公司或者新设的公司承继。在美国,吸收合并又称为兼并。公司收购是指一个企业购买另一公司的全部或部分股权的行为,目标公司依然存续。按照取得股权的比例,可以分为参股收购、控股收购和全面收购。

　　根据我国《证券法》的规定,上市公司收购可以采取要约收购或者协议收购的方式。合并与收购有许多相似之处和联系。收购往往被用作合并的手段,产生合并的后果。收购方取得被收购方的股份后可以决定将被收购公司撤销。但合并和收购是不同的法律概念:首先,主体不同。合并是公司间的行为,主体是参加合并的各公司。收购是收购公司和目标公司股东之间的交易行为。其次,效力不同。合并的后果是公司实体的变化,被合并公司遣散,丧失法人资格。收购的后果是目标公司控股股东的变化,目标公司依然存续。与此相联系,债权债务的承担也不同。合并与兼并也不尽相同。兼并在经济学中经常使用,是指一个企业或者公司吞并或者控制其他企业或者公司的行为。按照国家体改委、国家计委、财政部、国家国有资产管理局于 1989 年 2 月 19 日发布的《关于企业兼并的暂行办法》的规定,兼并是指一个企业购买其他企业的产权,使其他企业失去法人资格或改变法人实体的行为。1991 年国务院发布的《国有资产评估管理办法》中也对兼并的含义作出了规定,是指一个企业以承担债务、购买、股份化和控股等形式有偿接收其他企业的产权,使被兼并企业丧失法人资格或者改变法人实体。若被兼并企业丧失法人资格,兼并和吸收合并可以等同。

保险公司并购也包括合并和收购两层含义,保险公司合并是指两个或者两个以上的保险公司依照法律规定和协议规定而组成一个保险公司的法律行为。保险公司收购是指一家保险公司通过有偿获得另一家或多家独立保险公司的经营控制权的方式,而使该保险公司的经营决策权改变的经济交易行为,它强调作为买方的保险公司对作为卖方的保险公司的购买。

二、保险公司并购将是未来我国保险市场进入的重要形式

(一) 保险公司并购是国际保险业发展趋势

20 世纪 90 年代,国际保险业的并购首先发生在保险业发达的地区和国家,之后国际保险业的并购潮也发生在发达国家与发展中国家之间及新兴的工业化国家内部。此外,再保险业之间、再保险与直接保险之间以及保险业与银行业之间的并购也不断发生。据资料显示,1996 年,全球有 382 家保险公司完成了兼并和收购工作,总金额达到 410 亿美元。1997 年至 2001 年的 5 年间,全球保险业的并购达 5 114 宗,涉及金额达 1 100 亿美元。由此可见,保险并购在 21 世纪国际保险业发展过程中将有越来越强烈之趋势。保险业国际并购发展如此之快,有其宏观背景:一是世界经济一体化的推动和促进。二是保险全球化发展的必然要求。自 20 世纪 90 年代以来,全球金融保险一体化的步伐明显加快,使保险业实际上呈现出无国界经营态势,导致国际保险市场份额和市场格局的重新调整,从而推动和促进了国内和跨国之间保险业的大规模并购。三是先进的技术手段成为大规模保险并购的重要技术支撑。四是政府政策导向和监管条例的变化,对保险业的并购起到了推波助澜的作用。20 世纪 90 年代,欧美等国对包括保险业在内的企业并购都采取积极支持和扶持的态度,各国纷纷修改出台一系列政策法规,鼓励保险业内外并购,提高本国保险业的国际竞争力。日本 1999 年出台新规定:在日本可以成立金融控股公司来控制银行、证券和保险子公司,2000 年 8 月金融服务厅撤销了禁止人寿保险公司与非人寿保险公司合作共同销售对方产品的禁令,允许产、寿险跨界进行各层面合作。1999 年 11 月,美国国会废止了《格拉斯—斯蒂格尔法》,通过了《金融服务现代化法案》,标志着由美国国会创立后被许多国家效仿的金融分业经营、分业监管时代的结束。政府监管上的松动,强有力地推动了保险业之间,保险业与银行业、证券业之间的混业与合并。

20 世纪 90 年代以来国际保险业并购显现出如下特征:一是并购主体由过去的弱弱合并和以强吞弱逐步转向强强合并。二是并购由过去的国内并购为主,逐步走向跨国并购。三是并购形式由过去比较单一的横向并购开始向混合并购转化。四是并购策略由过去的恶意并购和强制并购为主转向主动合作和自然并购。目前,许多大型保险公司都将并购特别是跨国并购作为拓展市场领域、扩大市场规模的主要方式。

【补充阅读 12-1】　全球保险业最大并购 怡安 300 亿美元收购韦莱韬悦

在新冠肺炎疫情逐渐在全球蔓延开来的 2020 年 3 月,国际保险界传来一个重磅消息:全球市值第二的保险经纪公司怡安保险宣布,已与全球市值第三的保险经纪公司韦莱韬悦达成协议,将以换股的形式进行合并。如果最终顺利完成,那两者合并后的新公司估值预计高达 800 亿美元,将超越威达信成为全球最大保险经纪公司。

怡安集团是全球最大规模的保险集团公司之一,集风险管理服务、保险经纪和再保险经纪、人力资源咨询服务于一体。怡安集团在 1982 年由瑞恩保险集团公司和联合国际公司合并而来,目前业务覆盖全球 120 多个国家,设立了 500 多家分支机构,员工人数达到 6.5 万人左右。

韦莱韬悦是全球领先的咨询、经纪和解决方案公司,设计和提供解决方案来管理风险、实现利益最大化、培育人才及增强资本力量,让组织与个人得到有力保障。自 1828 年成立以来,韦莱韬悦已在 140 多个国家开展业务,拥有 4.5 万名员工。

事实上,早在一年前怡安即对韦莱韬悦提出 240 亿美元全股票收购要约。随后,不断有消息传出,但一直未能成行。怡安也发出过声明:终止收购。岂料,一年后,合并计划终再度落地,且收购价格比 240 亿美元又增加了 60 亿美元,达到 300 亿美元。

一波三折的收购背后,其实也是这些世界保险巨头的另一条成名路径:并购吞噬,做大做强。尤其是大型保险中介巨头间的并购也是过去二十年的独特风景线。

20 世纪的最后十年,怡安先后并购了世界第二大、第七大和第十大保险经纪公司,三次并购使得怡安的佣金收入从 1996 年 17 亿美元提高到 1998 年的 38 亿美元,至 1999 年跃居成为全球第二大保险经纪集团。

进入 21 世纪,怡安并购步伐继续:2008 年先后收购 30 余家保险经纪和再保公司,其中最重要的一笔交易是以 17.5 亿美元并购英国奔福特再保险公司;2010 年怡安以 49 亿美元收购年收入 40 亿美元的翰威特咨询公司,从此奠定了怡安百亿美元收入的根基。

世界第一的威达信也在 20 世纪最后十年中,并购了世界第三大和第四大保险经纪公司,力保江湖第一地位。另一个巨头韦莱(Willis)则在 2008 年并购了美国第八大保险经纪公司,2016 年与韬睿惠悦(Towers Watson)并为韦莱韬悦,并于当年成功重组上市。

不难看出,上述巨头的成长史也是一部并购的历史。

(二) 保险并购是 21 世纪我国保险市场进入的重要形式

20 世纪 90 年代以来,跨国公司在我国已有兼并收购活动,但由于我国政策、体制对外资进入方式有较大限制,对跨国兼并收购缺乏法律框架的配套,跨国兼并收购活动极为有限。近年来,以跨国公司为主导的跨国兼并收购方式空前活跃。大多数新的外国直接投资是以兼并收购的形式实现的。我国加入世界贸易组织后,随着相关产业的开放和法律体系的不断完善,跨国兼并收购可望成为我国吸引外资的主要方式。从保险业来看,加入世界贸易组织后,我国保险业的市场化、国际化改革进程将会加快。若干年后,随着保险市场准入范围的扩大和国内外保险经营主体的增加,跨国兼并收购将成为保险市场进入的重要方式。因为通过兼并收购方式进入我国保险市场,比传统的直接投资设立新公司要方便得多,可以利用被并购公司的营业网点拓展业务。而且,保险公司并购也将获得保险监管机构的政策支持。因为保险公司兼并收购,有助于改善资源配置效率,调整保险市场结构。从市场退出和被并购的公司的角度讲,并购也是解决经营不善的保险公司退出市场的有效手段和方式。保险公司一旦出现问题就有可能破产倒闭,各国保险监管当局对此类事情的处理一般采取兼并重组和破产清算等方式。但总体来讲,兼并重组的效果要优于政府救助和破产清算,因为并购可以减轻国家财政和企业的负担,充分挖掘陷入危机保险公司的生存价值,也可以减少对社会和保险体系的冲击。

第二节　发达国家关于保险公司并购的监管

一、美国

美国许多州的保险公司受到不同州的法律约束。许多州的保险法是依据全国保险监督协会制定和执行的示范文本而制定的。下面根据美国全国保险监督协会示范法规的具体条款和纽约州保险法的规定,来论述美国的保险公司并购。

(一)合并

典型的保险法律允许保险公司合并,但只允许相互保险公司并入相互保险公司以及股份保险公司并入股份保险公司。也有少数法律允许相互保险公司并入股份保险公司。此外,合并通常发生在许可经营类似业务的保险公司之间,如寿险公司只能与寿险公司合并而不能与财产或责任险公司合并。保险公司合并必须得到合并双方经营地所在州的监管者的同意。相互保险公司合并除了要得到监管者的同意外,还需要得到合并双方拥有2/3以上表决权的保险单持有人投票通过。一些保险公司合并法规定,除非批准合并会造成对本州保险公司保险单持有人不公平或减少对本州保险公司提供的保障和服务,否则,监管者必须批准合并。

(二)兼并和收购

若合并导致一方在合并后继续存在而另一方不再存在,则这种合并受到"兼并"部分规则的制约,即兼并。20世纪90年代以后,美国保险业间的兼并和联合飞速发展。只要是美国的保险公司被兼并,该兼并行为必须经过被兼并方所在州的监管者的审查和批准。兼并方必须向所在州监管者提交申请,列明有关兼并和兼并行为的某些情况。主要包括:第一,兼并方的身份,包括其业务经营状况、财务状况和管理状况;第二,兼并如何实施和供款的声明;第三,兼并方对被兼并的保险公司的未来计划,包括兼并方是否打算对被兼并的公司进行清算、变卖资产或收购股票或其他分红资产。通常法律也要求对州内保险公司收购控制权须取得监管者同意,亦规定监管者必须批准对控制权的收购,除非经过公开听证后监管者发现:第一,控制权变化后,本州的保险公司不再具备经营许可经营的险种的条件;第二,收购控制权的结果将大大减少本州保险公司的竞争甚至造成保险市场的垄断;第三,兼并方的财务状况使保险公司的财务稳定性受到威胁,或是会损害其投保客户的利益;第四,兼并方计划对保险公司进行清算、变卖资产或与其他人对其并购或合并,或对其经营、组织机构或管理进行实质性变动,该计划或建议将对投保客户造成不公平且毫无道理,并损害公众利益;第五,合并或收购控制权后,保险公司的经营人具有的能力、经验、诚信程度不能维护该公司投保客户及公众利益;第六,兼并行为很可能对保险消费公众造成损害。根据美国一些州的法律,并购后必须进行变更登记。

二、英国

根据英国的保险法规,保险公司收购和兼并活动受同一规章制度的限制。每一种情形中都发生财务总监的变更。财政部管理局有 3 个月的时间对新财务总监进行考察:(1)是否胜任和担当保险公司的主管;(2)是否有可能对公司满足保险单持有人的合理期望产生不利影响。新主管人若想获得保险公司 10% 或更多的股份,必须按规定向财政部保险管理局呈交本人的详细情况,特别应该包括他将以何种方式筹措资金购买股份以及一旦他获得公司主管权后怎样改变公司经营战略。在公司控制权发生变化的前 5 年内,财政部保险管理局可以在任何时候增添新的要求。这些要求应和那些适用于新近批准设立的公司的要求相同,而且在公司控制权发生变化后的 10 年内有效。英国关于保险并购方式的立法体现在《公司法》《保险公司法》及相关判例中:一是以现金购买资产的并购,即以一家保险公司的现金去购买另一家保险公司的资产,现金作为直接的购买支付手段。二是以现金购买股票的并购,是指一家公司使用现金购买另一家保险公司的股票,以实现控制其资产和经营权的并购。

三、日本

在日本,保险公司的组织形式主要是股份有限公司和相互公司。日本《保险业法》规定,相互公司与其他相互公司或经营保险业的股份有限公司合并,合并后继续存在的公司或因合并而设立的公司必须是下列形式:一是相互公司合并,合并后的公司为相互公司;二是相互公司与经营保险业的股份有限公司合并,合并后的公司为相互公司或经营保险业的股份有限公司;三是相互公司与股份有限公司合并,分别以本法和商法有关合并的规定为准。而且《保险业法》规定了不同合并情况下合并合同应记载的事项。欲进行合并的保险公司从合并的决议之日起两个星期以内,须将合并合同的要旨及公司的资产负债表予以公告。保险公司的合并要得到内阁总理大臣的许可,否则无效。内阁总理大臣接到申请时,应审查其是否符合下列事项:(1)该合并按照保护投保人的原则是适当的;(2)该合并不存在损害保险公司间的公正竞争关系的可能性;(3)能确认该合并后继续存在的保险公司或因该合并而设立的保险公司能够在合并之后切实、公正、有效地从事其业务。若合并后继续存在的保险公司或因该合并而设立的保险公司为相互公司时,因合并而解散的保险公司的投保人进入该相互公司。但根据合并后继续存在的相互公司或因该合并而设立的相互公司章程的规定,与该投保人的保险合同相同种类的保险合同的投保人不被吸收为会员时,不在此限。

第三节 我国对保险公司并购的监管

一、我国对保险并购监管需要考虑的因素

从国外立法分析,保险并购在原则上是自由的但同时也要受到一定的限制。对保险公司并购进行监管是世界各国的普遍做法,保险并购必须得到保险管理当局及有关部门的批准,保险监管部门在审批时要考虑如下因素。

(一)《反垄断法》的限制

如果保险公司并购后会造成垄断或限制竞争,则不予批准。如根据瑞士《联邦反托拉斯法》的规定,如果合并的企业按营业额计算能够实质性地影响市场,就有责任在合并前作出通知。对于保险市场的合并,则规定了特殊的起点。在下列情况下,保险市场的合并必须通知反托拉斯当局:(1)该有关保险公司公布的年保险费总额至少达到20亿法郎或来自瑞士市场的年保险费总额至少达到1亿瑞士法郎;(2)该有关保险公司中至少有两家各宣布来自瑞士市场的年保险费总额至少达到1亿法郎。

(二)公司组织形式的限制及其他

日本《保险业法》规定,相互公司与其他相互公司或经营保险业的股份有限公司才可以合并。在澳大利亚,只有股份保险公司相互之间及有限责任公司之间可以兼并,相互保险公司与其他形式的保险公司一般不能兼并。相互保险公司如若兼并,必须先改组为保险股份有限公司。对于保险公司收购,也予以限制:限制上市保险公司的数额;限制上市保险公司的条件;限制上市收购中的敌意收购等。

(三)股东及保险单持有人的保护

对于可能严重损害股东或保单持有人利益的并购,也不予批准。如美国法律规定保险公司接受兼并时必须由保险单持有人进行投票,过半数才能进行兼并。除此之外,各国保险监管部门还比较注意对敌意收购的监管。敌意收购产生于20世纪50年代,理论界对敌意收购的争论极大地完善了美国的敌意收购制度。在保险公司的并购中,也必须严格遵循敌意收购的规章制度:一是敌意收购的报告制度,主要包括对目标公司的持股报告和对证券管理委员会的敌意收购报告。二是敌意收购的运行规则,主要包括敌意收购与反收购的行为规则和破产式敌意收购应遵循的行为规范及其界定等。三是对敌意收购后

果的监督。敌意收购使公司经营者产生不稳定感,破坏了经营者与自己的公司和其他公司建立的合作关系。因此,美国对保险公司的敌意收购,注意监督其后果,不允许损害投保人利益的行为存在。

二、我国《保险法》对保险并购监管的内容

我国《保险法》及相关法律法规对保险公司并购也有规定,主要是关于保险公司合并的规定。我国《保险法》第 82 条规定:"保险公司有下列变更事项之一的须经保险监督管理机构批准:(1)变更名称;(2)变更注册资本;(3)变更公司或者分支机构的营业场所;(4)调整业务范围;(5)公司分立或者合并;(6)修改公司章程;(7)变更出资人或者持有公司股份百分之十以上的股东;(8)保险监督管理机构审查其任职资格。"

第 85 条规定:"保险公司因分立、合并或者公司章程规定的解散事由出现,经保险监督管理机构批准后解散。保险公司应当依法成立清算组,进行清算。经营有人寿保险业务的保险公司,除分立、合并外,不得解散。"同时,第 91 条规定:"保险公司的设立、变更、解散和清算事项,本法未作规定的,适用公司法和其他有关法律、行政法规的规定。"因此,保险公司合并要遵循《公司法》规定的程序,即公司合并应当由公司的股东会作出决议,由合并各方签订合并协议,并编制资产负债表及财产清单。公司应当自作出合并决议之日起 10 日内通知债权人,并于 30 日内在报纸上至少公告 3 次。债权人自接到通知书之日起 30 日内,未接到通知书的自第 1 次公告之日起 90 日内,有权要求公司清偿债务或者提供相应的担保。不清偿债务或者不提供相应担保的,公司不得合并。另外,保险公司必须经保险监管机构批准后方能合并。

补充阅读 12-2
安邦重组模式更清晰! 大家保险迎来 4 位新成员

三、我国保险公司并购监管存在的问题及建议

由于保险公司不同于一般的工商企业或公司,我国《公司法》规定的合并条件和程序并不能满足保险公司合并,尤其是跨国兼并收购和涉外兼并收购的要求,也缺乏对投保人利益的特别保护机制和可操作性,增加了监管的难度。另一方面,现行一些有关法律的规定又不利于保险并购的广泛深入开展,如《中华人民共和国商业银行法》《中华人民共和国证券法》和《中华人民共和国保险法》等法律法规都强调要实行分业经营分业管理,限制了我国保险业开展混合并购。因此,在鼓励外资公司兼并收购的同时,要借鉴发达国家的立法经验和做法,修改和完善《保险法》中有关兼并收购方面的规定,完善兼并收购的法律操作程序,使得兼并收购活动能够有法可依,防止外资公司钻我国法律的空子,最大限度地保护国内保险公司和被保险人的利益。在此基础上,还可以考虑制定《保险公司并购条例》等并购法规,也要对一些现行的法律法规中的有关并购的限制性条款进行修改,为保险业并购的开展扫除法律障碍。同时,要加强对保险并购的监管,要认真研究兼并收购活动对我国保险业发展的深刻影响,制定相关政策以防止破坏市场公平竞争和垄断市场的

行为出现,尽快制定《反垄断法》等法律。最后,要以法律形式明确政策和保险公司在跨国兼并收购中的审批权力,多利用市场规则和社会中介机构的资信评级,减少过多的行政干预,同时避免产权交易中的权力错位、"暗箱操作"和国有资产流失。之所以要规范保险并购中的政府行为,是因为在我国目前特定的历史条件下,保险并购离不开政府的支持和推动。但保险并购毕竟是市场行为,必须要符合市场经济规律的客观要求,要按照市场经济的运行原则进行。具体来说,在目前的法律框架下,对保险公司并购的监管主要是并购的条件和程序,涉及并购的主体资格、并购协议的内容、并购审批的标准和对投保人如何保护的处理机制等。

(一)对并购主体资格的监管

对于保险公司合并来说,首先,应满足保险业分业经营的要求。也就是说,在现行的法律框架下,保险公司合并应限于同类业务的保险公司之间。具体来说,只能是商业性的财产保险公司和财产保险公司合并,人寿保险公司和人寿保险公司合并。其次,在合并公司的组织形式方面,应限定在有限责任公司之间以及有限责任公司和股份有限公司之间。至于有限责任保险公司和今后出现的相互保险公司是否可以合并,需要进一步研究。当然,保险法律需要对合并后存续的保险公司的组织形式作出规定。对于收购保险公司股权来说,应符合向保险公司投资的主体资格。

(二)对并购协议的内容的监管

日本《保险业法》对各种形式的保险公司合并,均规定了合并合同应记载的事项。如在股份有限公司与相互公司合并的情况下,合并后设立的保险公司是股份有限公司时在合并合同中应记载下列事项:(1)《商法》第 409 条第 1 款、第 3 款、第 6 款以及第 8 款(兼并、合并的合并合同书)所列事项;(2)因合并而设立的股份有限公司在合并时发行的股票种类及数量以及对各公司股东或成员分配股份的有关事项;(3)就应支付给各公司的股东或基金的出资者或成员的金额作出了规定时,其有关规定;(4)合并后投保人权利的有关事项;(5)就合并后剩余金额作出了规定时,其金额;(6)各公司召开批准合并合同决议的股东大会的日期;(7)合并日期;(8)各公司在合并日以前进行利润的分配或商法第 293 条第 5 款第(1)项的钱款分配或盈余分配时,其限额;(9)其他总理府令、大藏省令规定的事项等。根据德国《股份公司法》和《保险业法》等法律的规定,并购各方所签订的并购合同应包括如下内容:存续公司增加股份的总量、种类和数量;存续公司对并购公司的股东如何分配新股;存续公司应增加资本额和关于公积金的事项;存续公司应支付现金给并入公司的股东的事项;并购各方召开股东大会批准该合同的时间,进行并购的具体时间等。鉴于保险并购直接影响到保险单持有人的利益,且与一般并购不同,我国保险立法应借鉴国外立法经验,对保险并购协议尤其是合并协议应包括的内容作出原则性规定,包括合并后存续的保险公司的组织形式,新设合并发行股份的总数、种类及各股份数额,吸收合并股份的增加形式,合并比率,合并支付金,合并决议日期,合并日期等。

（三）并购审批的标准和原则

保险公司并购是公司重大事项，一般必须经股东大会通过，且要在规定的期限内向保险监管机构报批。对此，美国实行保险并购的特许权制度。保险监管机构在审查批准时，应遵循如下标准和原则：一是要考虑是否能够充分保护投保人的利益；二是要考虑是否能够实现保险市场结构的调整，促进保险市场的公平竞争，要把防止出现限制竞争、不公平竞争和垄断放到重要的位置。因为适度并购有利于发挥规模经济的作用，但是不当的并购则会减少、限制甚至消灭竞争。因此，要通过制定《反垄断法》并依据禁止保险公司并购的实质性标准来规制并购。美国的反垄断审查标准主要有合法竞争的标准和是否形成或加强并购方市场支配的标准。我国在制定控制标准时，应考虑并购行为和损害有效竞争的可能性。同时，要考虑我国保险市场模式的选择，制定不同于一般工商企业或公司的并购控制标准。

（四）对投保人的保护机制

由于保险合同的投保人均是保险公司的债权人，比一般企业或公司的债权人要多得多。若按照《公司法》规定的程序，提前清偿债务就是保险合同的解除。根据我国《保险法》的规定，投保人自由解除合同是原则，不能解除合同是例外。该法规定："除本法另有规定或者保险合同另有约定外，保险合同成立后，投保人可以解除保险合同。除本法另有规定或者保险合同另有约定外，保险合同成立后，保险人不得解除保险合同。"也就是说，只有在法律另有规定或者保险合同另有约定的情况下，投保人解除合同的权利才会受到限制。但笔者认为，为了有效保护投保人的利益，应把保险公司合并作为投保人解除保险合同的法定事由。而且，在作为债权人的投保人提出异议的情况下，若根据《公司法》的规定均提供债权担保，不但不现实，而且对合并后存续公司的投保人比例也是不公平的。为此，应规定一定的比例限制，即提出异议的投保人达到一定比例时，保险公司不得进行合并。对于因保险公司合并而解散的人身保险合同的转让及投保人的保护机制的建立，在上一章保险市场退出这一部分进行了详细论述。

（五）对保险公司并购要进行联合监管

如果是跨保险行业的并购，中国保监会还应与中国证监会等部门加强协调与配合，提高监管质量与效率。如果是跨国并购，还应加强与国外保险监管机构等的合作与交流，根据其要求和原则开展对保险并购的监管，并与其保持密切联系，沟通监管信息，以提高国际保险并购的监管水平。

本章小结

1. 保险公司并购包括合并和收购两层含义，保险公司合并是指两个或者两个以上的保险公司依照法律规定和协议规定而组成一个保险公司的法律行为。保险公司收购是指一家保险公司通过有偿获得另一家或多家独立保险公司的经营控制权的方式,而使该保险公司的经营决策权改变的经济交易行为,它强调作为买方的保险公司对作为卖方的保险公司的购买。保险公司并购是国际保险业发展趋势,也是 21 世纪我国保险市场进入的重要形式。

2. 发达国家保险并购的相关法律为我国保险市场的并购提供了宝贵的经验。

3. 保险并购在原则上是自由的,但同时也要受到一定的限制。对保险公司并购进行监管是世界各国的普遍做法,保险并购必须得到保险管理当局及有关部门的批准。

 重要概念

保险合并　保险收购　保险并购

 思考题

1. 保险合并与收购有何联系区别?

2. 为什么要对保险公司并购行为进行监管?

3. 国外发达国家的保险并购立法对我国有何启示?

4. 我国保险公司并购监管存在哪些问题? 你对此有何建议?

 在线自测

主要参考书目

1. 汪丽青. 最新中华人民共和国保险法配套解读与实例[M]. 北京：法律出版社，2020.

2. 陈玲. 财产保险[M]. 上海：立信会计出版社，2019.

3. 崔惠贤. 保险中介理论与实务[M]. 第 2 版. 北京：清华大学出版社，北京交通大学出版社，2019.

4. 丁继锋. 保险学[M]. 第 2 版. 成都：西南财经大学出版社，2019.

5. 杜鹃. 人身保险学[M]. 上海：立信会计出版社，2019.

6. 孔月红. 风险管理与保险[M]. 北京：中国金融出版社，2019.

7. 李海波. 保险学[M]. 第 3 版. 哈尔滨：哈尔滨工业大学出版社，2019.

8. 李鹏. 风险管理[M]. 上海：立信会计出版社，2019.

9. 马宜斐. 保险原理与实务[M]. 第 4 版. 北京：中国人民大学出版社，2019.

10. 牟晓伟. 保险学原理与实务[M]. 上海：上海财经大学出版社，2019.

11. 粟芳. 财产保险学[M]. 上海：上海财经大学出版社，2019.

12. 魏丽. 保险学[M]. 第 3 版. 大连：东北财经大学出版社，2019.

13. 许飞琼. 保险学概论[M]. 北京：中国金融出版社，2019.

14. 张智勇. 保险学：原理、实务、案例、实训[M]. 北京：清华大学出版社，2019.

15. 郭丽军. 保险教学案例精选[M]. 北京：北京大学出版社，2018.

16. 郭颂平. 保险学[M]. 第 2 版. 北京：高等教育出版社，2018.

17. 蒋虹. 人身保险[M]. 第 2 版. 北京：对外经济贸易大学出版社，2018.

18. 兰虹. 保险学基础[M]. 第 5 版. 成都：西南财经大学出版社，2018.

19. 粟芳. 保险营销学[M]. 第 4 版. 上海：上海财经大学出版社，2018.

20. 庹国柱. 保险学[M]. 第 8 版. 北京：首都经济贸易大学出版社，2018.

21. 魏巧琴. 新编人身保险学[M]. 第 4 版. 上海：同济大学出版社，2018.

22. 张虹. 保险学原理[M]. 北京：清华大学出版社，2018.

23. 张旭升. 保险学原理与实务[M]. 北京：电子工业出版社，2018.

24. 国务院. 中华人民共和国保险法注解与配套[M]. 第 4 版. 北京：中国法制出版社，2017.

25. 李丹. 保险学原理与实务[M]. 第 2 版. 北京：中国林业出版社，2017.

26. 李亮. 保险学[M]. 北京：清华大学出版社，2017.

27. 李秀萍. 保险实训[M]. 上海：上海财经大学出版社，2017.

28. 刘子操. 保险学概论[M]. 第 6 版. 北京：中国金融出版社，2017.

29. 孙祁祥. 保险学[M]. 第 6 版. 北京：北京大学出版社，2017.

30. 孙秀清. 保险学[M]. 第 2 版. 北京：经济科学出版社，2017.

31. 王绪瑾. 保险学[M]. 第 6 版. 北京：高等教育出版社，2017.

32. 魏华林. 保险学[M]. 第 4 版. 北京：高等教育出版社，2017.

33. 熊福生. 保险学[M]. 第 3 版. 北京：经济管理出版社，2017.

34. 徐爱荣. 保险学原理[M]. 上海：立信会计出版社，2017.

35. 许谨良. 保险学原理[M]. 第 5 版. 上海：上海财经大学出版社，2017.

36. 凌氤宝. 风险管理与保险概论[M]. 台北：华泰文化事业股份有限公司，2017.

37. 胡丁. 保险学基础[M]. 第 2 版. 成都：西南财经大学出版社，2016.

38. 兰虹. 财产与责任保险[M]. 第 3 版. 成都：西南财经大学出版社，2016.

39. 刘颖. 保险学原理与应用[M]. 北京：经济科学出版社，2016.

40. 刘永刚. 保险学案例分析[M]. 北京：中国财政经济出版社，2016.

41. 刘永刚. 保险学[M]. 第 2 版. 北京：人民邮电出版社，2016.

42. 杨艳华. 保险学[M]. 厦门：厦门大学出版社，2016.

43. 张代军. 保险学[M]. 第 2 版. 杭州：浙江大学出版社，2016.

44. 丁继锋. 保险学[M]. 成都：西南财经大学出版社，2015.

45. 马宜斐. 保险原理与实务[M]. 第 3 版. 北京：中国人民大学出版社，2015.

46. 孙蓉. 保险学原理[M]. 第 4 版. 成都：西南财经大学出版社，2015.

47. 王健康. 保险经济学[M]. 第 2 版. 北京：电子工业出版社，2015.

48. 许飞琼. 财产保险[M]. 第 5 版. 北京：中国金融出版社，2015.

49. 许谨良. 人身保险原理和实务[M]. 第 4 版. 上海：上海财经大学出版社，.

50. 钟明. 保险学[M]. 第 3 版. 上海：上海财经大学出版社，2015.

51. 陈云中. 保险学要义：理论与实务[M]. 第 10 版. 台北：三民书局股份有限公司，2014.

52. 李春蓉. 保险学[M]. 北京：北京大学出版社，2014.

53. 许文彦. 保险学：风险管理与保险[M]. 第 4 版. 台北：新陆书局股份有限公司，2013.

54. 陈彩稚. 保险学[M]. 增订 3 版. 台北：三民书局股份有限公司，2012.

55. 袁宗蔚. 保险学概要[M]. 修订 6 版. 台北：三民书局股份有限公司，2012.

56. 许崇苗. 中国保险法原理与适用[M]. 北京：法律出版社，2006.

教学支持说明